JN265587

湯浅邦弘編

懐徳堂研究

汲古書院

目　次

第五部　幕末の懐徳堂

第六部　明治・大正の懐徳堂

懐徳堂研究

序章　懐徳堂研究の歴史

湯浅邦弘

懐徳堂と懐徳堂文庫

江戸時代の大坂に、昌平黌と肩を並べる学校があった。その名を「懐徳堂《かいとくどう》」という。享保九年（一七二四）、大坂の有力町人たちは、三宅石庵《みやけせきあん》を招いて懐徳堂を創設した。二年後に江戸幕府から公認され、「大坂学問所」となるが、その後も、大坂町人が主体となる運営形態は変わらず、言わば「半官半民」の漢学塾として、大阪文化の形成と商道徳の育成に寄与した。

懐徳堂は異色の学校であった。士農工商という厳格な身分制の時代にあって、学生はみな「同輩」であるとされた。町人と武士が机を並べ、経済力に応じた学費で受講することができたのである。だが、単なる町人のための学校ではなく、そこでは高度な教育・研究が展開された。第四代学主中井竹山《なかいちくざん》（一七三〇～一八〇四）、弟の中井履軒《りけん》の頃に全盛期を迎え、懐徳堂の名は全国に轟いた。当時、関西を訪れる知識人は必ず懐徳堂に立ち寄ったとされる。懐徳堂の門下からは、富永仲基、山片蟠桃、草間直方などの近代的英知も輩出している。

その後、懐徳堂は明治二年（一八六九）に百四十余年の歴史を閉じるが、明治の末には、懐徳堂の復興と顕彰を目的とする懐徳堂記念会が設立され、大正五年（一九一六）、関西の政財界・言論界の支援を得て、学舎が再建された。これを重建《ちょうけん》懐徳堂と称する。重建懐徳堂は、江戸時代の懐徳堂の精神を継承して広く市民に講座を開放し、大阪の市民大学としての役割を果たした。

しかし、昭和二十年（一九四五）三月の大阪大空襲により、懐徳堂は、コンクリート造りの書庫を残して焼失した。講義は、瓦礫の上の仮設テントの中で再開されたものの、事業は縮小のやむなきにいたり、また膨大な書籍の管理は、焦眉の課題となった。

ちょうどその頃、大阪大学に法文学部が設立され、翌昭和二十四年（一九四九）に文学部が独立した。懐徳堂記念会は、これを機に、所蔵資料を一括して大阪大学に寄贈し、その事業も大阪大学との密接な連携のもとに行うことを決議した。

これに基づき、大量の書籍・器物が中央区本町橋の焼け跡から、当時阪大本部のあった中之島キャンパスに、仲介に当たった古書肆中尾松泉堂のリヤカーによって次々と運び込まれた。

翌年、この膨大な資料群は、大阪大学豊中キャンパスに移送され、受入先となった文学部によって順次、受入手続きが進められた。当時は部局としての図書館はあったものの、まだ本館は建設されておらず、これらは資料整理を経つつ文学部内の図書館分室（のち分館と改称）や関係研究室に分散収蔵された。懐徳堂文庫に「昭和二十六年支那哲学（現在の中国哲学研究室）」の受入印が多く見られるのは、そのためである。

その後、昭和三十一年（一九五六）に、懐徳堂文庫は文学部から附属図書館に管理換となり、昭和三十五年（一九六〇）、附属図書館本館の竣工により、ようやくその一部が図書館に移転した。さらに昭和四十一年（一九六五）、本館第二期工事（書庫棟一～二層の増築）の完成により、資料は一括して書庫棟第二層に収蔵された。但し、一部はなお文学部内にあった。

昭和四十五年（一九七〇）からは、図書目録編纂のための総合調査が始まり、これに併せて、文学部内に残されていた資料も、順次、書庫棟第二層に配架されていった。調査の成果は、昭和五十一年（一九七六）、『懐徳堂文庫図書目録』（大阪大学文学部）として刊行された。これにより、懐徳堂文庫の概要が初めて知られるようになったのである。

そして昭和五十六年（一九八一）、附属図書館書庫棟が増築（三～六層）され、懐徳堂文庫は第六層の貴重図書コーナーに移転し、以後二十年間、その場を移動することなく二十一世紀を迎えたのである。

平成十二年（二〇〇〇）三月、大阪大学附属図書館新館が竣工した。これにより、収蔵能力は一挙に増加したが、新たな問題も浮上した。それは、旧館に収蔵されている懐徳堂文庫をどのように取り扱うかであった。新館六階の貴重図書室床面積は一六五㎡、貴重図書閲覧室の四五㎡を合わせても二一〇㎡であり、旧館書庫棟六階の貴重図書コーナー二七七㎡に遠く及ばなかったからである。この難問については、関係者が協議を重ね、書架の増設によって移転可能であるとの見通しを得た。これをうけて、平成十三年（二〇〇一）八月、懐徳堂文庫の総合移転が行われた。膨大な書籍は、伝統的な経史子集の四部分類によって配架され、また、多くの器物類も、専用の棚や箱に配置された。資料整理や配架の微調整は現在も継続して行われている[1]。

この懐徳堂文庫の特徴は、江戸時代から昭和に至る貴重な資料群がまとまって残されているという点に、まず求められるであろう。また、資料の形態が、漢籍に加えて、和書・文書類、さらには書画・扁額・聯・扇・印章・版木などの器物に及んでいることも大きな特色である。さらに、現在も、懐徳堂記念会の購入や関係者からの寄贈により、資料点数が増加している点も、「生きている文庫」として高い価値を持っている。懐徳堂文庫の総点数は現在約五万点にのぼる。

懐徳堂研究の進展

長い歴史と膨大な資料を有する懐徳堂の全容を把握するのは、決して容易なことではない。懐徳堂全体を研究対象として捉えた初の業績は、西村天囚《にしむらてんしゅう》（朝日新聞記者、のち京大講師）の『懐徳堂考』である。明治四十三年（一九一〇）に創設された懐徳堂記念会の理事を務め、重建懐徳堂の教壇にも立った天囚は、大阪朝日新聞に「懐徳堂研究」を連載し、それを『懐徳堂考』上下二巻にまとめて同士に配布した。部数は僅か上巻三十五部、下巻七十五部であったが、この書は、江戸時代の懐徳堂創設から閉校までを描ききった初の懐徳堂通史であった。

これに続いたのは、大正十三年（一九二四）に創刊された、懐徳堂記念会機関誌『懐徳』である。ここには、江戸時代の懐徳堂に関する研究や資料調査、および大正時代に再建された重建懐徳堂に関する貴重な同時代資料が掲載されていった。『懐徳堂考』と『懐徳』は、今も、懐徳堂研究における最も重要な基礎資料になっている。

戦後、懐徳堂の資料が大阪大学に移管されて後の研究は、まず、昭和二十年代から四十年代にかけての資料調査に始まり、昭和五十一年（一九七六）の『懐徳堂文庫図書目録』の刊行によって一応の基盤が整えられたと言える。この研究基盤の整備によって、先鋭な懐徳堂研究が世に現れることとなった。加地伸行ほか『中井竹山・中井履軒』（明徳出版社、一九八〇年）、宮本又次『町人社会の学芸と懐徳堂』（文献出版、一九八二年）、Tetsuo Najita : Vision of Virtue in Tokugawa Japan—The Kaitokudo, Merchant Academy of Osaka—1987, Chicago（邦訳に子安宣邦訳『懐徳堂　一八世紀日本の「徳」の諸相』、岩波書店、一九九二年）、陶徳民『懐徳堂朱子学の研究』（大阪大学出版会、一九九四年）などがそれである。また、一般向けの刊行物として、図録『懐徳堂—浪華の学問所—』（懐徳堂友の会・懐徳堂記念会、一九九四年)、脇田修・岸田知子『懐徳堂とその人びと』(大阪大学出版会、一九九七年)、宮川康子『自由学問都市大坂—懐徳堂と日本的理性の誕生—』(講談社、二〇〇二年)なども大きな役割を果たした。

さらに、昭和五十年代後半から、懐徳堂記念会の事業として行われた「懐徳堂古典講座」などの公開講座、昭和六十年代から始められた貴重文献の復刻刊行事業などによって、徐々に懐徳堂研究の成果が一般にも知られるようになった。

こうした地道な調査研究と刊行事業に大きな転機が訪れたのは、平成十年(一九九八)頃である。右のように、懐徳堂文庫の貴重資料については、大阪大学懐徳堂文庫復刻刊行会が昭和六十三年(一九八八)に復刻刊行事業を開始し、これまで、『非徴』『非物篇』『史記雕題』『論語雕題』など十二点を刊行した。しかしながら、こうした形態の刊行には多額の刊行費が必要となることから、平成十一年(一九九九)刊行の『孟子雕題』を最後に復刊事業は中止となり、翌十二年からは、これに代わる公開方法、すなわち電子情報化の検討が進められた。

この流れを決定づけたのは、大阪大学創立七十周年記念事業であった。昭和六年(一九三一)に開学した大阪大学は、平成十三年(二〇〇一)五月の創立記念事業として、大学の二つの源流である懐徳堂と適塾を、最新のマルチメディア技術によって顕彰する事業を行った。「バーチャル適塾・懐徳堂」と命名されたデジタルコンテンツでは、それぞれの学舎をCG(コンピュータグラフィックス)によってバーチャル空間に再現し、塾生や貴重資料のデータベースを作成して公開した。[2]

この内、懐徳堂関係コンテンツについては、その後も、科学研究費による共同研究を中心として研究が推進され、一時的なイベントで終わるはずであった事業がさらに大きく進展することとなった。[3] 平成十八年(二〇〇六)現在、懐徳堂研究の成果としての関係デジタルコンテンツは次のように整理される。

（一）大阪大学附属図書館ホームページ（http://www.library.osaka-u.ac.jp/）

「電子展示で見る懐徳堂」として、懐徳堂関係図版約七十点、および貴重書九点の全文画像を掲載。平成九年（一九九七）から始まった「電子図書館化」計画の一環。管理運営は、附属図書館情報サービス課。また、平成十二年（二〇〇〇）には館内に研究開発室が設置され、筆者もその室員（兼任）として電子化事業に参画している。

（二）大阪大学文学研究科中国哲学研究室ホームページ（http://www.let.osaka-u.ac.jp/chutetsu/）

「懐徳堂と中国古典の世界」として懐徳堂関係の研究情報を提供する。大阪大学における筆者の授業と連動して、「懐徳堂資料の電子情報化」「懐徳堂の講義」「懐徳堂の精神」「懐徳堂と漢語」などのコンテンツを掲載している。主としてテキストデータ。

（三）財団法人懐徳堂記念会ホームページ（http://www.let.osaka-u.ac.jp/kaitokudo/）

明治四十三年（一九一〇）に創設された懐徳堂記念会の活動を紹介する。主として一般・会員向けのコンテンツからなり、研究情報は少ないが、懐徳堂と懐徳堂記念会の歴史、現在展開されている各種事業の状況が充実したコンテンツによって把握できる。

（四）バーチャル懐徳堂および懐徳堂データベース

平成十三年（二〇〇一）五月、大阪大学創立七十周年記念事業として公開されたデジタルコンテンツ。制作は学内に特設されたマルチメディアコンテンツ実行委員会。イベントとしての公開であったため、いわゆるスタンドアローンでの制作となった。主内容は、①江戸時代の懐徳堂学舎をCGによってバーチャル空間に再現した「バーチャル懐徳堂」、②貴重資料約百点を根幹とする懐徳堂データベース、③懐徳堂の合理的精神と近代的英知に焦点をあてたコンテンツ「懐徳堂の知の宇宙」（超高精細モニタでの公開）。④懐徳堂・適塾の精神と本事業の概要を紹介する高精細ハイビジョン作品「知の光彩・未来へ」などである。また、同年十二月には、右の②のコンテンツを再編した、『懐徳堂事典』（湯浅邦弘編著、大阪大学出版会）が刊行された。

（五）懐徳堂センターでの電子展示（http://www.let.osaka-u.ac.jp/kaitoku-c/）

右の（四）のコンテンツを大阪大学文学研究科の懐徳堂センターにおいて電子展示するもの。十七インチパソコンモニタと三十インチ液晶モニタで、バーチャル懐徳堂と懐徳堂データベースを常時公開するほか、貴重資料のパネル、懐徳堂ＣＧタペストリー、一次資料若干点を展示する。これまで、学内関係者のほか、学外の研究者、懐徳堂記念会の会員、大学説明会の際に来学した高校生などが本センターを訪れ、職員の説明を聞きながらデジタルコンテンツの操作を行うなど、体験的展示の成果を挙げている。

また、これらは学外でのイベントでも公開を要請される機会が多く、平成十四年（二〇〇二）二月の船場博《せんばはく》（旧懐徳堂があった大阪市中央区の町おこしイベント）に出展したほか、同年十月には、大阪大学総合学術博物館創立記念展（於ＮＨＫ大阪・大阪歴史博物館）に出展し、十一月には大阪市立扇町総合高等学校の要請で、筆者がこれらのコンテンツを活用した授業を、高校二年生を対象に行った。[4]

（六）科学研究費による共同研究

平成十三年度から三ヶ年計画で遂行された共同研究「デジタルコンテンツとしての懐徳堂研究」（研究代表者下條真司大阪大学教授）。平成十三年度の成果として、（四）の貴重資料データベースを約三倍に拡充した。また、昭和五十一年（一九七六）に刊行され、現在絶版となっている『懐徳堂文庫図書目録』全頁を電子化した「懐徳堂文庫電子図書目録」を制作し、その成果を筆者が平成十四年（二〇〇二）六月、全国漢文教育学会（於盛岡大学）で報告した。[5]

（七）ＷＥＢ懐徳堂（http://kaitokudo.jp/）

懐徳堂研究の総合サイト。「懐徳堂文庫電子図書目録」「貴重資料データベース」という二大コンテンツを中心に、「懐徳堂入門」「平成の懐徳堂」など、基本情報や最新情報を提供するコンテンツも備える。平成十七年（二〇〇五）には、下記（九）の文化庁委託事業の成果を盛り込んで、さらに充実した内容となった。ＷＥＢ懐徳堂に至るまでのデジタルコンテンツ制作の概要については、平成十七年三月、第一回文科省・知的資産のための技術基盤シンポジウム（於大阪大学）において、筆者が「大阪大学懐徳堂文庫のデジタルアーカイブ化」と題して講演した。

（八）研究・教育用ＣＤ—ＲＯＭ

右の（七）がインターネット接続を前提としたコンテンツであるのに対して、ＣＤ—ＲＯＭを媒体としたコンテンツ。一つは、「電子懐徳堂考」。これは、明治四十三年（一九一〇）、西村天囚が朝日新聞に連載した後、同士に配布した『懐徳堂考』の全頁を電子化したもの。単にページを画像として提供するのみではなく、目次から該当本文へのジャンプ機能、画面の拡大・縮小機能などを備え、さらに主要語句を事典解説にリンクさせるなど、閲覧を支援する工夫が加えられている。平成十五年（二〇〇三）に制作された。今ひとつは、「体験懐徳堂」ＣＤ—ＲＯＭ。これは、主として懐徳堂に初めて出会う人を想定して、「歴史資料室」「研究室」「教授室」「図書室」などのバーチャル空間を設定し、その中で、懐徳堂の基礎的情報を体験学習してもらうという教育用コンテンツである。平成十六年（二〇〇四）に制作された[6]。

（九）文化庁委嘱事業

文化庁から委嘱された「全国の博物館・美術館等における収蔵品デジタル・アーカイブ化に関する調査・研究事業」による研究成果。平成十六年度～十七年度実施。具体的な研究テーマは「「懐徳堂文庫」貴重資料のデジタル・アーカイブ化に関する調査研究」。二年間の成果として、第一に、近年新たに収蔵され、目録未収録・未公開となっている貴重資料、特に書画と印章関係の資料について、その総合調査を行い、基礎的な書誌情報を採録した。第二に、それらをデジタルアーカイブ化するために写真撮影を行い、データベース化した。第三に、こうして完成したコンテンツを、「懐徳堂の小宇宙―懐徳堂印章展示―」、および「絵図面で見る懐徳堂の歴史―懐徳堂絵図屏風展示―」として、上記（七）のWEB懐徳堂に搭載した(7)。

懐徳堂研究会の活動と本書の構成

以上のような懐徳堂研究の展開は、関係者の長年にわたる努力のたまものである。特に、電子情報化時代を迎えてからは、多くの関係者の協力が必須となってきた。そこで、筆者は、こうした時代の要請にも充分応えられるメンバーを学内外から選出し、平成十二年四月、「懐徳堂研究会」（事務局は大阪大学文学研究科中国哲学研究室）を創設した。約十名ほどから成る小さな組織ではあるが、全員が懐徳堂に愛着を持ち、懐徳堂研究の実績を持つという精鋭のチームである。このメンバーの協力を得て、資料の総合調査、電子情報化事業、懐徳堂文庫の総合移転などが次々に行われていったのである。

資料調査の成果は、上記の『懐徳堂事典』のほか、『懐徳堂文庫の研究』（大阪大学大学院文学研究科、二〇〇三年）、および『懐徳堂文庫の研究二〇〇五』（大阪大学大学院文学研究科、二〇〇五年）という共同研究報告書として刊行するとともに、すべてデータベース化し、WEB懐徳堂にも掲載した。また、懐徳堂の編年史『懐徳堂紀年』の研究を基にして、懐徳堂の歴史を多くの関係画像とともに紹介する『懐徳堂の歴史を読む』（湯浅邦弘・竹田健二編著、大阪大学出版会、二〇〇五年）を刊行した。

一方、研究会メンバーによる個々の研究成果も、この資料調査の成果を受けて徐々に発表されるようになってきた。しかし、個別の雑誌に個人の努力で論考を掲載している段階では、懐徳堂研究の総合的な成果を世に問うという我々の目的はなかなか達成されなかった。そこで、メンバーが執筆した論考を持ち寄り、懐徳堂の総合的な研究成果としてまとめようとの計画が持ち上がった。論考の数は優に三十本を越え、その中から二十本を精選して、時代順に再編した。

こうして完成したのが本書である。構成は、懐徳堂研究史を概説した序章に続き、懐徳堂の歴史に沿って全六部とした。第一部は、「懐徳堂通史」として、懐徳堂の歴史全体に関わる二つの論考を掲載する。ここでは、特に、朱子『家礼』に基づく『喪祭私説』、および『論語』注釈の検討を通じて、主に朱子学との関係から、懐徳堂学派の基本的な立場や懐徳堂の歴史の特質を概観する。

第二部は、「初期懐徳堂」。ここでは、初代学主三宅石庵や初期懐徳堂で助教として活躍した五井蘭洲《ごいらんしゅう》に関わる二つの論考を掲載する。今から二八〇年前頃となる初期懐徳堂の実態を示す資料は必ずしも多くはなく、これらの論考は、それを掘り起こそうとしたものである。

第三部は、「中井竹山」。懐徳堂第四代学主として懐徳堂の黄金期を築いた中井竹山に関する論考である。竹山の活動範囲は広く、ここでも、単に経学研究という観点からではなく、書道や詩作などを含め、多面的に竹山の学問と活動に迫ろうとしている。第一章では、懐徳堂が奈良の墨の老舗・古梅園《こばいえん》に発注した墨の発見を話題に、寛政の改革前後における竹山を探り、第二章では、竹山の書論を解析して、懐徳堂における唐様書道の特色を明らかにした。また第三章では、竹山の『詩律兆』を、第四章では、「十無詩」をそれぞれ取り上げて、そこに見える竹山の蘐園学派批判の様相や詩作態度を考察した。

第四部は、「中井履軒」。竹山の二歳年下の履軒は、懐徳堂で最も多くの学問的業績を残した学者である。履軒は膨大な経書注釈書を残しており、本部の七つの論考では、そこに見られる中国思想の主要概念「聖人」「孝」「性」「王覇」、および『春秋』観や『論語』注釈の特質、さらには宇宙観などを対象として、履軒の学問的特質を追究する。

第五部は、「幕末の懐徳堂」。江戸時代末期、最後の教授として懐徳堂の掉尾を飾ったのは並河寒泉《なみかわかんせん》である。ここでは、寒泉に関する二つの論考により、幕末期における懐徳堂の様相と、寒泉の攘夷の思想とについて論究した。

最後の第六部は、「明治・大正の懐徳堂」。懐徳堂は大正五年（一九一六）に再建される。ここでは、その重建期における懐徳堂について、当時の政治・学問との関係にも留意しながら考察した。特に、懐徳堂の編年史『懐徳堂紀年』は、これまでほとんど注目されなかった重要資料である。


大阪には、適塾と懐徳堂という二つの大きな学問的源流がある。適塾は、緒方洪庵によって開設された蘭学塾であり、福沢諭吉、大村益次郎、橋本左内など、幕末維新にかけて活躍した多くの著名な人材を輩出した。

これに比べると懐徳堂の知名度は低い。しかし、その創設は、適塾よりも百年ほど早く、また、開設期間も、重建期を合わせると約百七十年の長きにわたる。日本の学術史と大阪の文化に与えた影響の大きさは計り知れないものがあると言えよう。

また、日本漢学という観点から考えれば、従来の研究は、江戸の漢学に偏重しており、そこにせいぜい京都の漢学を加える程度であった。ここにもう一つの柱として大阪の漢学を加え、日本漢学史を再構築する必要があろう。

さらに、懐徳堂は単なる漢学塾ではない。中井履軒の業績に見られる通り、経学研究に加えて、医学、本草学、天文学など、自然科学に関する先端的な業績も見逃せない。適塾を洋学、懐徳堂を漢学とするような二分法では、懐徳堂の実態を十分に捉えることはできないであろう。加えて、懐徳堂には、書画、印章、屛風、版木など、文化財としても貴重な器物が多数残存している。本書では、できるだけそれらをも視野に入れ、懐徳堂の魅力を総合的に描き出すよう努めた。

本書が、懐徳堂の研究、および日本漢学史、近世学術史、中国思想史など諸領域の研究に、いささかなりとも貢献できれば幸いである。

注

（1）懐徳堂文庫総合移転の詳細については、拙稿「懐徳堂文庫の総合移転」（『大阪大学図書館報』一四〇号、二〇〇一年）参照。

（2）大阪大学創立七十周年記念事業に関わる懐徳堂デジタルコンテンツ制作については、拙稿「懐徳堂データベースの構築―全体構造と今後の課題―」（『懐徳』第七〇号、二〇〇二年）、および「懐徳堂データベース全コンテンツ」（『大阪大学大学院文学研究科紀要』第四二巻、二〇〇二年）参照。

（3）平成十三年から十五年に至る科学研究費による共同研究の成果については、拙稿「「WEB懐徳堂」主要コンテンツ紹介」（平成十三～十五年科学研究費補助金基盤研究（A）（2）研究成果報告書『デジタルコンテンツとしての懐徳堂研究』（研究代表者下條真司）、課題番号一三三〇九〇一一、二〇〇四年）、および同報告書所収拙稿「懐徳堂文庫貴重資料解題」参照。

（4）こうした懐徳堂センターの活動については、拙稿「展示室を飛び出した「懐徳堂」―大阪大学懐徳堂センターの活動―」（『懐徳堂センター報二〇〇四』、二〇〇四年）参照。

（5）全国漢文教育学会における報告の詳細については、拙稿「懐徳堂文庫デジタルコンテンツの展開―古典籍資料の電子情報化について―」（全国漢文教育学会『新しい漢字漢文教育』第三五号、二〇〇二年）参照。

（6）　これらの詳細については、拙稿「電子懐徳堂考の制作」（『懐徳』第七二号、二〇〇四年）、および「体験懐徳堂ＣＤ—ＲＯＭの制作と懐徳堂モニターの取り組み」（『懐徳堂センター報二〇〇五』、二〇〇五年）参照。

（7）　文化庁委嘱事業の詳細については、拙稿「文化庁アーカイブ事業の概要—成果と課題—」（平成十六年度（二〇〇四）文化庁委託全国の博物館・美術館等における収蔵作品デジタル・アーカイブ化に関する調査・研究事業『調査研究報告書』、大阪大学大学院文学研究科懐徳堂センター、二〇〇五年）参照。

第一部　懐徳堂通史

第一章　懐徳堂の祭祀空間―中国古礼の受容と展開―

湯浅邦弘

はじめに

明治四十四年（一九一一）十月、府立大阪博物場美術館において懐徳堂展覧会が開催された。その前年、西村天囚《にしむらてんしゅう》らの呼びかけで江戸時代の大坂学問所「懐徳堂」の復興と顕彰を目的とする「懐徳堂記念会」が設立され、懐徳堂の儒者たちを追悼する記念式典の挙行、貴重書の復刻刊行など、積極的な顕彰活動が開始されていた。本展覧会もそうした事業の一環として開催されたもので、会期は十月一日～六日の六日間であった。

この展覧会に出品された資料の中で、ひときわ目を引く大きな屏風があった。「懐徳堂絵図屏風」である（P.43図1・P.44図2参照）。これは、中井家子孫の中井木菟麻呂《つぐまろ》が江戸時代の懐徳堂学舎に関わる絵図・記録類を屏風一双に貼り付けたものであり[1]、各六面、計十二面からなる。各面は縦一八五cm×横八五cm、十二面をすべて展開すると幅が一〇二〇cmになる大型の屏風である。

　ここには、創立時から幕末に至る懐徳堂の絵図・平面図が多数貼り付けられているが、そこに共通して見られる空間として、「玄関」「講堂」などの主要部のほか、「祠堂《しどう》」または「祠室《ししつ》」と記された祭祀の場があることに気づく。懐徳堂は、儒教（朱子学）を基盤とした漢学塾である。そこで行われた祭祀とはどのようなものであったのか。本章では、こうした観点から、懐徳堂の祭祀空間に注目してみることとしたい。

一　『家礼』と『喪祭私説』の「祠堂」

　この課題を追究する前に、まず検討しておかなければならないのは、朱子の『家礼《かれい》』である。南宋の朱子の著作とされる『家礼』は、儒教文化圏に最も大きな影響を与えた文献の一つである。それは、一般士人の家庭内における礼作法を記したもので、冠婚葬祭という最も重要で基礎的な礼を説く文献である。

　もっとも、朱子の没後十年が過ぎてから世に出た未定本であるため、本書については、その真偽を初め種々疑義が提出されてきている。しかし、朱子の著作とされる文献として、東アジア世界に伝播し、大きな影響を与えた(2)。『家礼』のテキストには、五巻本、十巻本、不分巻本など数種がある。この内、最古の系統とされる五巻本によれば、全体の構成は、「通礼」「冠礼」「昏礼」「喪礼」「祭礼」からなり、「通礼」の冒頭に「祠堂」の項目が置かれている。

　「祠堂」は、「君子将に宮室（屋敷）を営まんとすれば、先ず祠堂を正寝（中心的な部屋、正庁）の東に立つ（君子將營宮室、先立祠堂於正寝之東）」とされ、全ての礼に共通する最も重要な祭祀空間である。

　儒教（朱子学）を根幹とする懐徳堂でも、当然この『家礼』が重視されたと考えられる。懐徳堂において、この

『家礼』、特に「祠堂」はどのように受容されたのか。また、それは懐徳堂学舎内の祭祀空間に、どのように反映されていたのであろうか。

この内、前者の問いについては、重要な手がかりが存在する。『喪祭私説《そうさいしせつ》』という文献である。『喪祭私説』は、懐徳堂第二代学主中井甃庵《しゅうあん》（名は誠之）の撰で、古礼の中で最も重要な「喪」「祭」二礼について漢文で説いた書である。甃庵の子の竹山（名は積善）・履軒（名は積徳）の補訂を経ている。

享保六年（一七二一）二月の自序によれば、その前年の七月、「先考（亡くなった父を指す呼称、即ち中井養元）」の逝去が執筆の動機となり、朱子の『家礼』を基礎として、我が国諸儒の書を斟酌し、また家庭の旧儀と師友から伝聞したものとを集めて一巻とし、「喪祭私説」と命名したものであるという。甃庵は、この書により、「我家（中井家）」に古礼の実践されていたものがあることを後人に知らしめ、それをもって祖先への「孝」を明らかにしようと考えたのである。[3]

こうした甃庵の遺志は、その子竹山《ちくざん》および履軒《りけん》に継承された。宝暦八年（一七五八）、甃庵が没すると、その二年後の宝暦十年（一七六〇）、懐徳堂預り人に就任していた竹山は、弟の履軒とともに本書の補訂を行った。

本文全二十四葉では、「祠室」「神主」から「忌日」「祭禮餘考」まで、条ごとに『家礼』の説を踏まえつつ、考証を加えている。[4] そこでまずは、「祠堂」について、朱子の『家礼』と懐徳堂の『喪祭私説』とを比較してみることにしよう。

以下に対照表を作成した。『家礼』の「祠堂」に関する記述を便宜上①～⑪に区分した上で、表の上段に『家礼』の本文と夾注、その下に各々対応する『喪祭私説』の文言を掲げる。

『家礼』『喪祭私説』対照表（便宜上①～⑪に分段）

朱子『家礼』（上段本文、下段夾注）

①君子將營宮室、先立祠堂於正寢之東（君子は屋敷を構えようとする時には先ず正寝の東に祠堂を立てる。）

祠堂之制、三間、外爲中門、中門外爲兩階、皆三級、東曰阼階、西曰西階。皆下隨地廣狭以屋覆之、令可容家衆敍立。又爲遺書衣物祭器庫及神厨於其東。繚以周垣、別爲外門、常加扃閉。若家貧地狭、則止爲一間、不立厨庫、而東西壁下置立兩櫃、西藏遺書衣物、東藏祭器亦可。正寢謂前堂也。地狭、則於廳事之東亦可。凡祠堂所在之宅、宗子世守之、不得分析。凡屋之制、不問何向背、但以前爲南、後爲北、左爲東、右爲西、後皆放此。

『喪祭私説』

「凡屋宇之間、先立祠室」

朱子祠堂之制、三間、而有中門外門、及神厨遺書衣物祭器庫、我邦士庶之家、往々狭隘、不能輒具、朱子又為家貧地狭者、設一間之制、然謂立之於正寝若廳事之東、亦亦或難行之、今但視屋宇之制、就便設之、其制大容三席、南設戸二扇、以擬外門、其内近北一席、架滑板為龕、大竟席、高三尺、施戸二扇、以擬中門、龕下亦設戸、以擬厨庫、蔵遺物祭器、龕前二席、置香案設香爐、以為家衆拝位、不許置他物、大抵祠室、須準此制、随宜増損焉、人有貧富、勢有可否、礼廢之久、不可拘以定制也、

○屋宇之制、不問何向背、但以前為南、後為北、左為東、右為西、後皆倣此、

②爲四龕、以奉先世神主 （四つの区間から成る祭壇「龕」を作り、祖先の位牌「神主」を祭る。）	祠堂之内、以北近一架爲四龕、每龕内置一卓。大宗及繼高祖之小宗、則高祖居西、曾祖次之、祖次之、父次之。……神主皆藏於櫝中、置於卓上、南向。龕外各垂小簾、簾外設香卓於堂中、置香爐香合於其上。兩階之間、又設香卓亦如之。非嫡長子、則不敢祭其父。若與嫡長同居、則死而後其子孫爲立祠堂於私室、且隨所繼世數爲龕、俟其出而異居乃備其制。若生而異居、則預於其地立齊以居、如祠堂之制、死則因以爲祠堂。主式見喪禮治葬章。	「以奉先世神主」高祖考、各為一櫝、置於卓上、南向、高祖居西、曾祖次之、祖次之、考次之、其考妣二主、皆同櫝、朱子家禮、分龕為四、各藏一櫝、今從簡制、四櫝共一龕、
③旁親之無後者、以其班祔 （傍系親族で子孫のいない者の位牌は、世襲に従って	伯叔祖父母、祔於高祖。伯叔父母、祔於曾祖。妻若兄弟、若兄弟之妻、祔於祖。子姪祔於父。皆西向。主	「旁親無後者、以其叙祔」禮、祔位各祔其祖父母、皆西向、今祠室狭隘、祔叙不得若制、乃有祔主者、宜一以尊卑叙列、

あわせ祭る。）

櫝並如正位。姪之父自立祠堂、則遷而從之。程子曰、無服之殤不祭。下殤之祭、終父母之身。中殤之祭、終兄弟之身。長殤之祭、終兄弟之子之身。成人而無後者、其祭終兄弟之孫之身。此皆以義起者也。

本主之次、……○善按、三殤之祭、程子所以義起、今據國制、十七以上為成人、則改以十二至十六、通為長殤、而不立中殤、其長殤之祭、終兄弟之身、成人之祭、終兄弟之子之身、亦或可、

④置祭田（祭祀の費用をまかなうための不動産を用意する。）

初立祠堂、則計見田、每龕取其二十之一以爲祭田、親盡則以爲墓田、後凡正位祔者、皆放此、宗子主之、以給祭用。上世初未置田、則合墓下子孫之田、計數而割之、皆立約聞官、不得典賣。

⑤具祭器（祭祀のための用具を揃える。）

牀、席、倚、卓、盥盆、火爐、酒食之器、随其合用之數、皆具貯於庫中而封鎖之、不得它用、無庫、則貯於櫃中。不可貯者、列於外門之内。

「具祭器」

卓、案、火爐酒食之器、随其合用之数、皆具貯于龕下、不得他用、不可貯者、列于外門之内、若家貧不悉備者、厨下割烹之具、或用燕器、代之、可也、

⑥主人晨謁於大門之内（祠堂祭祀の責任者「主人」は毎朝正門の中で拝礼する。）	主人謂宗子、主此堂之者。晨謁、深衣、焚香再拜。	「主人、晨謁於外門之内」主人謂宗子主祭者、晨謁便衣裳、焚香再拜、
⑦出入必告（外出・帰宅は必ず祠堂に告げる。）	主人主婦近出、則入大門瞻禮、而行歸亦如之。經宿而歸、則焚香再拜。遠出經旬以上、則再拜焚香、告云、「某將適某所、敢告」。又再拜。而行歸亦如之、但告云、「某今日歸自某所、敢見」。經月而歸、則開中門、立於階下、再拜、升自阼階、焚香告畢、再拜降、復位再拜。餘人亦然、但不開中門。凡主婦、謂主人之妻。凡升降、惟主人由阼階、主婦及餘人雖尊長亦由西階。凡拜、男子再拜、則婦人四拜、謂之俠拜、其男女相答拜亦然。	「出入必告」主人主婦近出、瞻禮而行、歸亦如之、經宿而歸、則焚香再拜、遠出經旬以上、則焚香告以適某所、再拜而行、歸亦如之、但告以歸自某所、經月而歸、則開中門、焚香告畢、再拜四（而）退、餘人亦然、但不開中門○凡主婦、謂主人之妻、

⑧正至、朔望則參（新年や冬至、毎月の一日と十五日には祠堂に参拝する。）	正至、朔望前一日、灑掃齊宿。……
⑨俗節則獻以時食（俗習の祭日には季節の料理を供える。）	節如清明・寒食・重午・中元・重陽之類。凡郷俗所尚者、食如角黍、凡其節之所尚者、薦以大盤、間以蔬果。禮如正至・朔日之儀。
⑩有事則告（何か重大事が起こったら祠堂に告げる。）	如正至・朔日之儀。但獻茶酒、再拜訖。主婦先降復位。主人立於香卓之南。……凡言祝版者、用版長一尺、高五寸、以紙書文、黏於其上、畢、則揭而焚之、其首尾皆如前。但於皇高祖考・皇高祖妣、自稱「孝元孫」、於皇曾祖考・皇曾祖妣、自稱「孝曾孫」、於皇祖考・皇祖妣、自稱「孝孫」、於皇考・皇

	⑪或有水火盗賊、則先救祠堂、遷神主遺書、次及祭器、然後及家財。易世則改題主而遞遷之。（洪水・火災・盗賊などに遭ったら、まず祠堂を救い、祖先の位牌や書き物、ついで祭祀の用具を他の場所に移す。家財道具はそのあと。世代が替われば位牌の文字を書き換え、祭壇の配列も変更する。）
妣、自稱「孝子」。有官封謚則皆稱之、無則以生時行第稱號、加於府君之上。妣曰「某氏夫人」。凡自稱、非宗子不言孝。告事之祝、四龕共爲一版、自稱以其最尊者爲主、止告正位、不告祔位、茶酒則並設之。	改題遞遷、禮見喪禮大祥章。大宗之家、始祖親盡則藏其主於墓所、而大宗猶主其墓田、以奉其墓祭、歳率宗人一祭之、百世不改。其第二世以下祖親盡、及小宗之家高祖親盡、則遷其主而埋之、其墓田則諸位迭掌、而歳率其子孫一祭之、亦百世不改也。
	「或有水火盗賊、則先救祠室、遷神主遺書、次及祭器、然後及家財、易世則遞遷之」 親盡之主、埋之於墓側、或墓遠者預設木凾、姑祧之其中、以藏龕下可也。

この表から明らかなように、『喪祭私説』は、必ずしも『家礼』の文言をそのまま忠実に襲っているわけではない。結論を先に言えば、『喪祭私説』は「祠堂」について、『家礼』の精神を尊重しながらも、日本の住宅事情や貧富の差などを考慮して、その規定については必ずしも墨守せず、柔軟に受容しようとしていることが分かる。

まず「祠堂」という名称については、「朱子、廟制の経に見えず、且つ士庶の為すを得ざる者有るを以て、特に祠堂を以て之に名づく。今、其の簡に従い別に構えざるを以て、姑く祠室を以て称す」と述べて、以下「祠室」と称す。つまり、朱子の『家礼』を簡略化し、祠堂を独立した構造物として建設するのではなく、あくまで部屋の一部をそれに当てるという意味で、「祠室」と称するというのである。

次に、①では、『家礼』の「君子将營宮室、先立祠堂於正寢之東」という規定に対して、ただ「凡そ屋宇の間、先ず祠室を立つ」とだけ記し、「正寝の東」という方位については言及しない。また、朱子の「三間」の制について、日本の家は「往々にして狭隘」で、「中門外門」「神厨遺書衣物祭器庫」などを完備するのは難しいと説く。「祠堂」を「正寝」の東に設営するのが困難であるというのも同様の理由である。その上で、「戸一扇」を「外門」に「擬」するなどして、可能な限り『家礼』の趣旨を尊重しようとする。

②では、「四龕」を作り、各々に一神主を祭るという『家礼』の規定に対し、「簡制」により、「四櫝」を「一龕」に収めるとする。「龕」を作るという点については『家礼』に従うわけであるが、四つの祭壇の区画を設けるという点については、右の「往々にして狭隘」という事情に配慮して、「簡制」でよいとするのである。

③の『家礼』の規定は、「旁親之無後者（傍系親族で子孫のいない者の位牌）」は世襲に従って各々あわせ祭るとするもので、これは例えば、「伯叔祖父母は高祖に祔す（伯叔祖父母、祔於高祖）」とする如くである。しかし、『喪祭私説』は、祠室が狭隘な場合には、尊卑の序列に従い「本主」の側に一括して祭るとしている。これも、②の「四龕」を設

けなくてもよいとする点に関連する見解であろう。

このように、『家礼』の精神を尊重しつつも簡易な方法でよいとする点は、次の⑤も同様である。⑤の「具祭器」では、もし貧しくて祭器を全て備えることができない場合には、日常飲食用の器で代行してもよいとする。祭器と日常の飲食器とは、本来区別すべきであるが、『喪祭私説』は、貧困のため祭器を常備できないという場合を想定し、配慮しているのである。⑪では、墓が遠い場合には、木箱の中に神主を入れて、龕下に仮置きしてもよいとする。これも、同様に「簡制」の趣旨と理解できる。[5]

なお、『喪祭私説』は、④の「置祭田」、および⑧⑨⑩については言及せず、⑥の「主人晨謁於大門之内」と⑦の「出入必告」については、ほぼ『家礼』に従っている。この内、⑥⑦が特に『家礼』と相違していないのは、それが基本的な設営や備品に関することではなく、挨拶に関することだからであろう。①②③⑤などは住宅事情や経済力などに関わることであるが、挨拶という行為は、そうした物的要因に左右されることなく遵守できるからである。

以上、『家礼』と『喪祭私説』とを対照してみた。それにより、『喪祭私説』が『家礼』の精神を尊重しつつも、日本の実情を踏まえて、「祠堂」に関する規定を柔軟に受容しようとしていたことが判明した。

二　懐徳堂の祭祀空間―「祠堂」の変遷―

それでは、こうした『喪祭私説』の考え方は、実際に「懐徳堂」という空間においてどのように反映されていたのであろうか。もちろん懐徳堂は学問所という公的な空間であるが、同時に、歴代教授の住居という私的な空間でもあった。朱子『家礼』との関係が注目される。

そこで、懐徳堂絵図屏風に目を転じてみよう。この屏風は、全十二面からなる。その第十面（図3）に、中井桐園の題字による「懐徳堂結構新旧図」という表題が見える。つまりこの屏風は、創立以後、何度かにわたって増改築を経た懐徳堂の姿を列挙したものなのである。

以下では、この資料を手がかりに、懐徳堂の「祠堂」について考察を加えてみたい。なお、この屏風に貼り付けてある主な図面は九枚あるが、それらを時代に沿って便宜上①〜⑨の番号を付けて検討する。

（一）創立時から寛政類焼前まで

まず、享保九年（一七二四）の懐徳堂創立時から寛政四年（一七九二）に懐徳堂が全焼するまでの時期の図面を検討しよう。

①―aは創立時の懐徳堂を描いたとされる図面である。屏風第十面に貼り付けられており、中井木菟麻呂は「学校最旧絵図」と称している。[6]「懐徳堂」という明確な表題はないものの、図面下部に「此街自東達西、呼曰尼崎一丁目」の記載があり、「講堂」が描かれていることから、懐徳堂であることは間違いない。また、この図面の下段に貼り付けられた附記（①―b）によれば、間口（東西）六間半、奥行（南北）十間、計百三十坪とされており、こうした記述からもこれが懐徳堂であったことが裏付けられる。

この図面によれば、懐徳堂は北側の「講堂」、中間部の中庭、南側の「師室」から構成されていたことが分かる。この内、「師室」の奥（西）に「書格」「祠龕」とあり、この内の「祠龕」が『家礼』の説く「祠堂」に相当する空間であったことが推測される。但し、その位置は、敷地全体の中では南西部、「師室」を基準にしてもその西側であり、『家礼』の「先立祠堂於正寝之東」という規定からは外れている。また、「祠龕」とは記されているものの、図面ではそれが四区画には区切られておらず、『家礼』の規定する「四龕」があったかどうかは確認できない。

なお、この図面はこれまで図①―aのように単独で紹介されてきているが、その下段に貼り付けられている一枚の附記部分（①―b）も、本来はその図面の左側に連続していたことが、資料の接合状況から分かる。この屏風に貼り付ける際、またはそれ以前に、図面の部分と附記の部分とが裁断されたと推測される。

次に②―a（屏風第四面）は、図面上部に「大坂学校之図」、下部に「天明二年（一七八二）十一月二十三日桑名克一書」の記載がある。欄外に「街　今橋筋尼崎町壹丁目、地　東西十一間四尺五寸、南北二十間」「此図也以鐵尺二寸當一畝」の注記も見え、敷地北側に「道明寺屋醬油倉」があることも確認できる。

この図では、一階各部屋の畳数は各々克明に記されているが、祠堂あるいはそれに該当すると思われる記述はない。そこで、屏風第三面に貼り付けられている二階部分の図（②―b）に目を転ずると、二階の「四畳半」に隣接した一角に「祠室」と記されていることが分かる。また、二階全体に「中井二階之図」という表題があり[7]、「祠室」の左横には「祠室ハ講堂ノ上へ出ヅ」との注記が見える。つまり、一階の講堂のほぼ上部に「祠室」があったわけである。

③―a（屏風第二面）はこれとほとんど同様の図面であり、二階部分（③―b、屏風第二面下部左側）についてはやはり「四畳半」に隣接した一角に「祠室」がある。左横の注記が「コレハ講堂ノ上へ出ヅル」となっている点だけが僅かな相違点である。抄写者も恐らく②同様、「桑名克一」であろう。

この②③と一階の構造がやや異なるのが④―a（屏風第一面）である。これは、寛政焼失前の懐徳堂で、「大坂尼崎町一丁目学校類焼前之図」と表題が記され、上部欄外に「尼崎町一丁目学校表口十一間四尺五寸裏行二十間」と注記されている。抄写者について、中井木菟麻呂は、「桑名克一」としている[8]。

この図が抄写された時期は未詳であるが、手がかりとなるのは「道明寺屋醬油倉」の有無である。もともと懐徳堂の敷地北側には、②—a、③—aのように「道明寺屋醤油倉」があった。これは、懐徳堂の敷地を提供したのが五同志の一人道明寺屋であったことによる。ところが、この図には、その「醤油倉」のあった位置に「土蔵」「納屋」が設けられていることが分かる。従って、この④—aは、その後改築された懐徳堂の図面で、表題にある通り、寛政年間に焼失する直前の図ではなかったかと推測される。

但し、「祠室」の位置については、②③と同様であり、屏風第二面下部右側に貼り付けられている二階部分の図（④—b）に目を転ずると、二階の「四畳半」に隣接した一角に「祠室」と記されていることが分かる。

これら初期懐徳堂の平面図からは、一応「祠室」の存在が確認できるものの、『家礼』の「君子将營宮室、先立祠堂於正寢之東」「爲四龕」という規定が遵守されていた形跡はない。むしろ、祠堂を正寝の東に設置するのは困難で、「龕」も一つでよいとする『喪祭私説』の立場に近いと言える。ただ、これは、懐徳堂の敷地がもともと道明寺屋から提供されたものであり、主要な構造物を建設する際にも、その敷地・建物が制約となって、懐徳堂側の理念がそのまま反映されなかったという可能性も一応想定できる。

それでは、寛政年間に懐徳堂が焼失し、その再建計画を立案する際に、『家礼』の規定はそのまま受容されたのであろうか。そこで次に寛政再建時における懐徳堂の構造に目を転じてみよう。

（二）　寛政再建時

寛政四年（一七九二）五月、懐徳堂は市中の大火により類焼し、学舎は全焼した。時の学主中井竹山は、直ちに再建に乗り出し、大坂町奉行所、江戸幕府との交渉を重ね、ようやく寛政七年（一七九五）に再建計画が整い七月に着工、翌寛政八年七月に竣工した。この間の事情について、中井木菟麻呂が記した懐徳堂の編年史『懐徳堂紀年』には、次のような説明が見える。

・四年壬子……夏五月十六日、大坂大災あり。十七日、火府に及ぶ。片瓦も完からず。是の月、竹山本府に上書して官学を興建するを請う。

・五年癸丑……是の月（夏四月）竹山命を承けて重建図様二通を上る。其の一は区を増して聖廟を建造す。其の一は旧区に拠りて稍堂構を弘む。府前者を許さず。亦命に依りて経営予算を上る。計千四五百金なり。更に命に依りて算を改め、計千八十なり。府之を許りて千三十金と為す。冬十二月、江府更に減算を命ず。意は五百金に在り。

・六年甲寅春正月、更に之を減じ、七百五十金より以て五百三四十金に至る。図様を回収して之を請う。府之を容る。

・七年乙卯……秋七月六日、西衙竹山を召して、大命を宣諭し、黌舎を重建するを許し、賜うに金鈑三百を以てす。明日衙に至りて拝謝す。八月十日、工に即く。学寮より始めて以て門塀・玄関・講堂・東西房に及ぶ。以下次に依る。

・八年丙辰七月、竣を告ぐ。堂構旧に復す。費やす所七百余金なり。同氏・門生貲を捐てて鳩功し、以て完成を致す。

ここで注目されるのは、寛政五年四月に中井竹山が「重建図様二通」を提出したという点である。前者は「区を増して聖廟を建造す」、すなわちこの機に乗じて敷地を拡大し、新たに「聖廟」（孔子廟）を設けようとする案であり、後者は「旧区に拠りて稍堂構を弘む」、つまり敷地面積は旧来通りながら講堂をやや拡張するという案であった。この内、基本的に認められたのは後者の案であり、しかも、『懐徳堂紀年』が記す通り、その後、懐徳堂側の見積額と幕府からの援助金との摺り合わせが激しく繰り返された。当初、「千四五百金」と弾き出された見積額は、度重なる査定の末に、結局は「三百金」まで減額された。総工費は「七百余金」。幕府からの下賜金を除く四百余金は懐徳堂の支援者や門生の醵金によって賄われたのである。

さて、この再建に関わる図面は、計四枚確認できる。まず⑤―a寛政再建設計図における懐徳堂（一―一）（屏風第六面上段）は、「聖廟」（北西）と三十畳の「講堂」（中央）、「教授宅」（南西）を備えた壮大な案であり、『懐徳堂紀年』に記された「重建図様二通」の内の「前者」に相当するものである。

構造物の配置を見ると、学舎北西側に「祠堂」（⑤―b）があり、その東鄰には「土蔵」、西鄰に「聖廟」がある。「祠堂」は独立した建物で西向きに設置され、「通リエン」を通って西側から入る構造となっている。祠堂の奥（東）には「ヒラキ戸」を隔てて「四龕」が描かれている。

このように、「前者」の案では、祠堂の位置は『家礼』の規定に外れているものの、独立した構造物として重視され、かつ、「四龕」の設置は『家礼』の規定に合致している。また、先の『喪祭私説』の記述を参考にすれば、「ヒラキ戸」が「中門」に擬されている可能性もある。初期の懐徳堂に比べれば、『家礼』の精神をより忠実に反映させようとする案であったと言えよう。

この⑤と同様なのが、⑥―a寛政再建設計図における懐徳堂（一―二）（屏風第六面下段）である。これは、基本的には右の⑤と同様であるが、「祠堂」（⑥―b）が南向きに配置され、「廻リエン」を通って南側から入る構造となっている点に相違がある。祠堂の前（南）には「エン」、格子二枚で隔てられ、奥（北）には「板間」の奥に、やはり「四龕」

がある。ここでも、「格子」が「外門」に擬されている可能性もある。

⑤⑥はこのように、『家礼』の「先立祠堂於正寝之東」という規定には違反しているものの、「祠堂」を独立した構造物として設置し、また、「爲四龕」という点においては『家礼』の規定を遵守しようとしていることが分かる。(9)

しかし、この「前者」の案は結局認められなかった。再建計画の基本として認定されたのは、「後者」の案である。

⑦—a寛政再建設計図における懐徳堂（二—一）（屏風第七面）は、⑤⑥とは異なり、「聖廟」や「教授宅」を備えない案で、『懐徳堂紀年』に記された「重建図様二通」の内の「後者」に相当する案である。「講堂」も三十畳から十五畳に縮小されている。表題は「寛政五年癸丑八月　学校旧地面再建絵図」とある。

この図面では、学舎北西の隅に、南向きの「祠堂」（⑦—b）が見える。南側の「ヌレエン」から入る四畳半の部屋で、四龕の記述はないが、奥に「板敷」が描かれており、棚が四区画に仕切られている。「前者」の案ほど明確ではないが、やはり「四龕」を設置するという意識はあったのであろう。

これと同様なのが、⑧寛政再建設計図における懐徳堂（二—二）（屏風第十一面）である。この図面は、他の図面に比べると極めて簡略な図で、言わばラフスケッチといった描かれ方をしている。ただ「講堂」が「二十畳」と記載されているので、⑦を単にラフに書いたものというよりは、⑦の案に落ち着く前の下絵であったという可能性も考えられる。

全体の構造は、基本的には⑦と同様であるが、「祠堂」が東向きで、「マハリエン」を通って横（南）から入る構造となっている点がやや異なる。また祠堂の奥に棚らしきものが描かれている。畳数の記載はないが、他の部屋との比較から四畳半くらいかと推測される。

以上は、中井竹山が提出した「重建図様二通」に関連する図面である。そこからは、竹山が大坂町奉行所や江戸幕府と困難な交渉を重ねていった労苦が偲ばれる。ただいずれにしても、全焼した敷地に改めて再建しようとした案であるにも関わらず、「先立祠堂於正寝之東」という『家礼』の規定が図面上には反映されておらず、「祠堂」の位置はやはり初期懐徳堂と同じく敷地全体の中では北西部に設定されているのである。従って、やはり竹山は、『喪祭私説』の考え方を念頭に置いて、『家礼』の規定を柔軟に取り入れようとしていたのである。

（三）　寛政再建から幕末に至る懐徳堂

そして、度重なる交渉の果てに最終的な着工図面となったのが、⑨寛政再建着工時における懐徳堂（屏風第十二面）である。ここには、中井竹山の手により「寛政七年乙卯（一七九五）七月六　官命を受候　学校再建同八月十日釿始」と記載されており、これが、着工時の最終図面であったことが分かる。「講堂」は⑦と同じく十五畳、学舎北西の隅に、東向きの「祠堂」が描かれている。「祠堂」は障子四枚で隔てられた独立した構造物で、東側の「ゑん（縁）」から入る三畳の部屋となっている。障子が中門に擬されている可能性もあるが、祠堂の位置が敷地の北西である点、「このたな四にしきる」と注記されているものの「四龕」と明記されていない点、広さが三畳に縮小されている点など、「前者」（⑤⑥）からは大きく後退した案であると言える。

こうして竣工した懐徳堂は、基本的には幕末まで変更されることはなかったようである。図4の図面でそのことを確認してみよう。これは中井木菟麻呂が幼時の記憶を基に記した「旧懐徳堂平面図」（『懐徳』第九号、一九三一年）である。これによれば、学舎の北西、土蔵の南側に「祠堂」があり、基本的には、寛政再建時の位置を継承していることが分かる。⑨に見えていた「池」が埋められ、書庫蔵が増設されているなどの部分的な増改築はあったようであるが、講堂など他の主要な構造物はそのままで、寛政八年（一七九六）に竣工した懐徳堂が、基本的には幕末までその姿を保持したことが分かる。

この幕末の懐徳堂については、木菟麻呂の妹・中井終子が「安政以後の大阪学校」（『懐徳』第九号、一九三一年）として、その構造を次のように解説している。

・文質より北は皆家族の居間に当ててありました……先づ文質の北鄰、此は「奥」と称へて八畳、左の廻り縁を隔てた一室は「祠堂」と称へて、元は歴代の神主を祀ってありましたが、何時頃よりか神主は二階に移されて、此は隠居所になって居ました。

・文質と学寮との間に、二階へ登る表梯子が掛って居ました。二階は六畳二間と二畳一間、それに物置が一間で、竹山の頃から此は全部教授の室と定まって居りましたから、安政以後は教授並河氏の一族が棲まれて、その隣室の六畳には、中井家の祀壇を設け、甃庵以下歴代の神主を祭ってあったといふ事です。

ここには、「祠堂」と「神主」についての重要な証言がある。まず、一階の構造について、もともと「文質（歴代預り人の書斎）より北」は、「奥」すなわち「家族の居間」という中井家の私的空間であったとされている。敷地南側の玄関、東房、講堂などが懐徳堂の公的空間だとすれば、「文質より北」は私的空間として理解されていたのである。そして、その一室に「祠堂」があり、「歴代の神主を祀って」いたという。ところがいつの頃からか、その「神主」は二階に移されたという。二階は、「文質と学寮との間」にあった梯子で登ったところにあり、「竹山の頃から此は全部教授の室と定まって」いたという。そして二階の六畳には、「中井家の祀壇を設け、甃庵以下歴代の神主を祭ってあった」という。これが、二階に移されたという「神主」である。

ここで注目されるのは、懐徳堂の「祠堂」（または「祠室」）が一階から二階にいつかの時点で移されたこと、またいずれにしても、それは、懐徳堂の公的空間ではなく中井家の私的空間内にあったということ、そして、祭祀の対象たる「神主」が、懐徳堂初代学主の三宅石庵《みやけせきあん》や三代学主の三宅春楼《しゅんろう》ではなく、第二代学主の中井甃庵以下、歴代の中井家の教授の神主であったということである。このように、終子の証言によれば、懐徳堂の祠堂とは、少なくとも幕末時点では、初代学主三宅石庵以来の懐徳堂歴代教授を祭る祠堂ではなく、中井家の祠室としての意識が強かったことが分かるのである。

このことは、単に祠堂の性格のみではなく、懐徳堂という学問所そのものの基本的性格を示唆する重要な手がかりとなるであろう。懐徳堂は享保九年（一七二四）、大坂の有力町人が三宅石庵を学主に迎えて設立した学問所であり、その時点では、言わば民営の学校であった。二年後に官許を得て、懐徳堂は大坂学問所として公認される。敷地は、名目上、幕府から下賜されたとの形式を取り、お預かりしているとの意味から、その事務長を「預り人」と称した。ただ基本的な運営は、その後も大坂町人が主体的に担っていったので、実質的には「半官半民」の学校であったと言ってよい。学主も当初は世襲を禁じていたが、のち解禁となり、第四代学主の中井竹山以降は、基本的に中井家に関わる学者が学主を務めて幕末に至った。懐徳堂は中井家の私学という性格も否定できない状況にあったのである。

また、明治から大正にかけて、懐徳堂の顕彰と復興を進める運動が展開されるが、その際、注目されるのは、復興と顕彰にかける関係者の意識の微妙なずれである。中井家子孫として中井家学の再興を目指す中井木菟麻呂と、懐徳堂を単に中井家の私学ではないとする懐徳堂記念会、特に記念会を主導した西村天囚との間には、微妙な意識のすれ違い、あるいは確執があったと推測されている(10)。そうした中で、少なくとも木菟麻呂にとっては、この「祠堂」という祭祀空間の位置と甃庵以下の中井家歴代教授を祭ったという「神主」の存在とは、懐徳堂が中井家の学問所であったことを端的に表明するものであったと言えよう。

以上、懐徳堂学舎の歴代の構造、特に「祠堂」「祠室」について概観してきたが、次に、江戸時代の懐徳堂を離れ、別の角度からその特質について考えてみることにしよう。

三　「観光院」──幻の京都学問所──

天明二年（一七八二）、中井竹山は、京都の公家高辻胤長《たかつじたねなが》（一七四〇～一八〇三）の下命によって御所内の学校の設計に取り組み、その内容を「建学私議」（天明二年壬寅七月）にまとめるとともに、図面を呈上した。「建学私議」（『竹山国字牘』所収）によれば、竹山は、校名を『易』の言葉に因んで観光院と名付け、なるべく御所の敷地内に然る地面を取り、「聖堂」を建設し、「配享」は「十哲」などの俗習を絶ってわが日本にての配享の法を定めるべきであり、学派は程朱を宗とすべきことなどを説いた。[11] また、校内の各建物を中国古典の言葉に因んで命名し、六十間四方（三千六百坪）という壮大な敷地の上に配置しようとした。これにより、竹山は、江戸の昌平黌、京都の観光院、大坂の懐徳堂を三都の官立学校と位置づけようとしたのである。

この計画は、京都の大火などにより結局は実現しなかった。幻の京都学問所となったのである。竹山が設計したという図面も散逸したままであったが、昭和五十五年（一九八〇）になってその図面が発見されたことが、梅溪昇「新出の新造学校観光院図について」（『大坂学問史の周辺』、思文閣出版、一九九一年）に紹介されている。

図面（図5）には、「新造学校観光院図」との表題があり、「天明二年壬寅孟秋　大阪中井積善私擬拝呈　門人古林尚柔謹謄」と附記されている。古林尚柔とは、竹山の門人古林謙斎のことであり、中井竹山に「古林君明壙誌」（『奠陰集』）がある。

この図面を概観すると、敷地の中央奥（北）に「聖堂」があり、その手前（南）に二間計四十八畳の「講堂」、その両側に各十八畳からなる「東廂」「西廂」が配置されていることが分かる。観光院は、基本的な性格としては、江戸の昌平黌と同様「官学」であるとの意識であろうか、図面上に祠堂は見られない。この点が、懐徳堂との大きな相違点である。確かに、昌平黌や他の藩校は、公的な建築物であり、敷地内に聖堂を備えるものはあるが、懐徳堂のように歴代学主の祠堂や祠室が設置される例はない。

このことからも、懐徳堂の半官半民という性格、また、公的空間と私的空間の折衷という特質を改めて理解することができよう。

四　重建懐徳堂の祭祀空間

最後に本章では、大正時代に再建された懐徳堂（いわゆる重建懐徳堂）について言及しておきたい。懐徳堂は幕末の社会変動を乗り切ることができず、幕府と命運をともにした。明治二年（一八六九）、最後の教授並河寒泉は、中井一家とともに懐徳堂を離れ、府下の本庄村に転居した。懐徳堂百四十余年の歴史の幕が下ろされたのである。

だが、それから約四十年の後、懐徳堂の復興運動が盛り上がり、懐徳堂の再建が決定する。明治四十三年（一九一〇）一月、大阪人文会の席上、西村天囚は五井蘭洲伝を講演、懐徳堂記念会の発足が決議された。

さっそく精力的な顕彰活動が開始され、記念会は、明治四十四年以降、毎年十月五日前後の土曜日に記念祭（恒祭、公祭、恒典）を挙行した。同年、懐徳堂の貴重資料が「懐徳堂五種」として復刊され、西村天囚の新聞連載「懐徳堂研究」が『懐徳堂考』として刊行された。さらに、懐徳堂資料を大阪府立博物場において公開する展覧会が催された。先に検討した屏風は、この折に制作され、出展されたものである。大正四年（一九一五）には重建懐徳堂の設計図が完成して八月に着工、翌年九月に竣工した。そこでも無論、懐徳堂公祭は恒例行事として継続された。

それでは、この重建懐徳堂において、祭祀の問題はどのように考えられていたのであろうか。図6の重建懐徳堂設計図および図7の重建懐徳堂平面図によれば、講堂の奥（東側）に壇（ステージ）があり、その奥に扉を付けた祭壇のような設備があることが分かる。図面ではそれを「祠堂」と称している。

また、大正十五年制定の「懐徳堂記念会奉祀規定」には、次のようにある。

・第一条　懐徳堂記念会ハ本会ノ事業並ニ功労アリタル物故者ヲ奉祀シ毎年一回恒祭ヲ行フ
・第二条　奉祀者ハ理事会ニ於テ之ヲ銓衡シ評議員会ニ協議シテ之ヲ決定ス

祭礼時には、「懐徳堂師儒諸先生神主」および「懐徳堂記念会物故師儒先生功労者諸賢」と記した神位に供物を捧げ、祭壇の前で記念会の理事長が祭文を読み上げたとされる。大阪大学懐徳堂文庫には、大正二年から昭和五十六年までの祭文が残っており、[12]図8は、その祭文の一例である。図9は昭和十四年（一九三九）に中井木菟麻呂が中井家伝来の遺書遺物を寄進した際の告文を読み上げている写真であり、奥に二つの大きな神位が見える。

このように、大正時代に再建された懐徳堂では、独立した構造物としての祠堂は見られないものの、講堂奥の祭壇がそれに替わる機能を果たし、また、儒式による祭礼が脈々と継続されていたことが分かるのである。また、祭祀の対象は、江戸時代の懐徳堂のように、中井家歴代の教授に限定することなく、江戸時代の懐徳堂教授、そして明治・大正以降における懐徳堂の教師・功労者を広く包括するものであった。

おわりに

懐徳堂初代学主の三宅石庵は、朱子学を根幹としながらも諸学の良い点を柔軟に取り入れたため、その学問は「鵺《ぬえ》学問」であると揶揄されることもあった[13]。だが、助教の五井蘭洲や第二代学主中井甃庵によって厳格な朱子学の路線が確立され、これが基本的には幕末まで継承された。

但し、中井履軒の経学研究に端的に見られるとおり、懐徳堂の朱子学は、単なる朱子注釈の祖述ではなかった。朱子を初めとする中国学者の理解、時には経文自体についても、大胆な新解釈を提示する。三宅石庵以降継承された、懐徳堂学派の代表的学説「中庸錯簡説」も、『中庸』の本文配列に異を唱えるものであった。こうした点から、懐徳堂学派の特色は、朱子学という大枠の中ではあるものの、かなりの「自由」「独創」にあったと言うことも可能である。

また、そもそも中国の文物や学問の受容は、日本の儒者にとって、時に大きな難題と感じられることもあった。そのままでは受容・踏襲できないという場合であり、祠堂の設置はその端的な例である。その際、懐徳堂学派が選んだのは、朱子学の精神については可能な限り尊重しつつも、日本の実情に照らして困難と思われる構造物などについては、柔軟に代替案を用意するというものであった。懐徳堂の祠堂とは、江戸時代の学者が、朱子の規定と折り合いを付けながら中国文化を受容しようとした、その苦心の跡を示す祭祀空間だったのである。

注

（1）その詳しい経緯については、中井木菟麻呂「懐徳堂遺物寄進の記」（『懐徳』第十一号、一九三三年）に次のように記されている。「西村碩園博士が海外旅行より帰られた際、網嶼の鮒宇にて歓迎会があつて、余も招請に預つたが、同日加島村小笠原氏に預けてあつた懐徳堂の刻額や、破れたる竹行李を取り来りて、鮒宇の席上に開展したのであつたが、その行李の中には、余も始めて見たる懐徳堂の絵図類や諸種の記録類などがあつたが、懐徳堂展覧会の際、それらの絵図類や家に保存してあつた書類より懐徳堂の構図に関する者を収輯して、大屏風一双を造つたのが是である」。なお、この屏風を含め、本章に掲載する画像は、すべて大阪大学懐徳堂文庫所蔵資料による。

（2）小島毅『中国近世における礼の言説』（東京大学出版会、一九九六年）、吾妻重二『朱熹『家礼』の版本と思想に関する実証的研究』（科研報告書、二〇〇三年）参照。

（3）『喪祭私説』自叙に「乃ち僭踰を忘れ、朱子家礼・丘氏儀節に拠り、併せて我が邦諸儒の書を攷《かんが》え、参互斟酌し、間《まじ》うるに家庭の旧儀と師友に聞く所とを以て輯めて一巻と為し、名づけて喪祭私説と曰う」、「庶わくは吾が従子輩、長成の日、此の書を覩るを得、乃ち我が家に古礼の行うべき者有るを知りて敬依崇奉し、以て孝を祖先に致し、併せて以て余の追念を佑けん」とある。

（4）本章で対象とするテキストは、懐徳堂文庫所蔵本の内の『喪祭私説附幽人先生服忌図』（抄者未詳）である。外形寸法は縦二六．七cm×横一九．三cm。『懐徳堂文庫図書目録』該当頁は国書十二頁上である。このテキストを含む懐徳堂文庫本『喪祭私説』の書誌情報の詳細については、湯浅邦弘編『懐徳堂文庫の研究二〇〇五』（大阪大学文学研究科、二〇〇五年）参照。

（5）もっとも、『喪祭私説』全体には、『家礼』を受容することによる仏教批判の一面があったとされる。この点については、高橋文博「『喪祭私説』における「家礼」受容―徳川儒教における仏教批判の一方向―」（『懐徳』第六十一号、二〇〇三年）参照。氏の見解に依拠すれば、ここも、仏寺側の力の及びやすい墓所ではなく、あくまで家の内部の祭祀空間に力点を置こうとしていた意識の反映と捉えることもできよう。

（6）注（1）前掲の中井木菟麻呂「懐徳堂遺物寄進の記」。

（7）この点は、懐徳堂と学主との関係を考察する上で貴重な手がかりとなる。詳細については、本節の（三）で後述する。

（8）注（1）前掲の中井木菟麻呂「懐徳堂遺物寄進の記」。

（9）中井木菟麻呂「懐徳堂遺物寄進の記」は、この⑤⑥の関係について、⑤が⑥の「下図」（下絵）であり、⑥が幕府に提出したものの「下図」であるとしている。

（10）大正天皇に献上された懐徳堂の編年史『懐徳堂紀年』をめぐる両者の関係について考察したものに、竹田健二氏の一連の論考がある。詳細については、本書の第六部第一章・第二章参照。

(11)「ソノ配享ノ義ハ、假ノ舎菜ノ時ハトモカクモノ御事カ、モシ聖堂御建立モゴザ候節ハ、屹度御議定ヲ以テ、永制ヲ御立遊バサレ、十哲ナドノ俗習ヲ廃絶シ、吾日本ニテノ配享ノ法モゴザアルベキコトニ存ジ奉リ候」。

(12) 記念祭は戦時中も絶えることなく継続されたようで、昭和十年代、二十年代の祭文も各年度のものが残っている。ただ、なぜか昭和三十四年と三十五年の祭文が散逸している。また、昭和五十七年からは、懐徳堂友の会が結成されたことにより、記念祭に代わる行事として、中井家の菩提寺である誓願寺において毎年春に懐徳忌が挙行されている。

(13) 鵺とは、伝説上の怪獣の名で、頭は猿、足は虎、尾は蛇に似ていると言われる。『先哲叢談』には、「世石菴を呼んで鵺学問と為す。此れ其の首は朱子、尾は陽明、而して声は仁斎に似たるを謂うなり」という香川修徳（号は太沖）の言が見える。

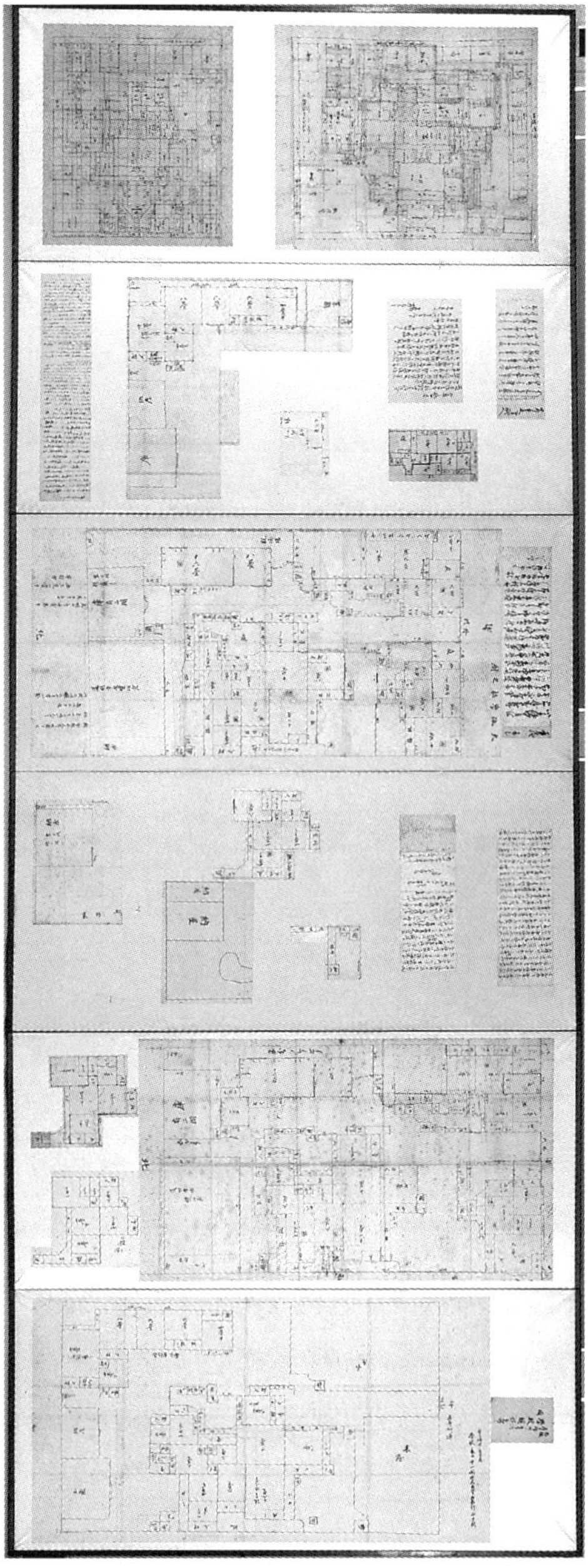

図1　懐徳堂絵図屏風1

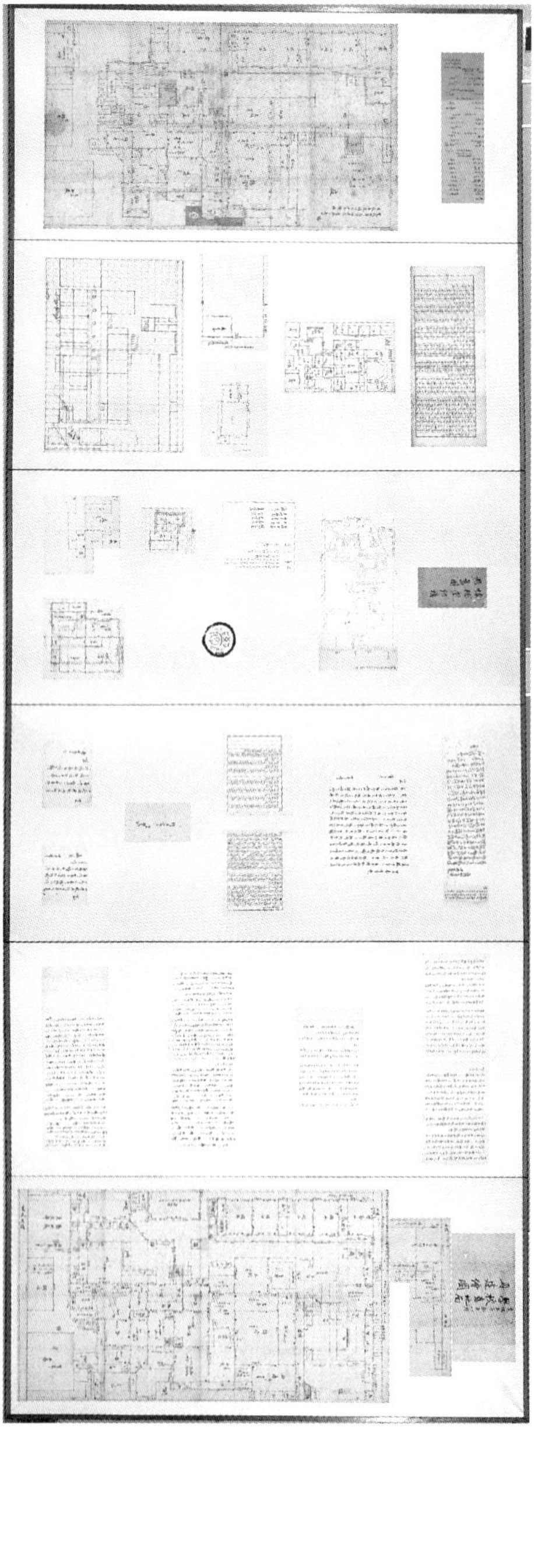

図2　懐徳堂絵図屏風2

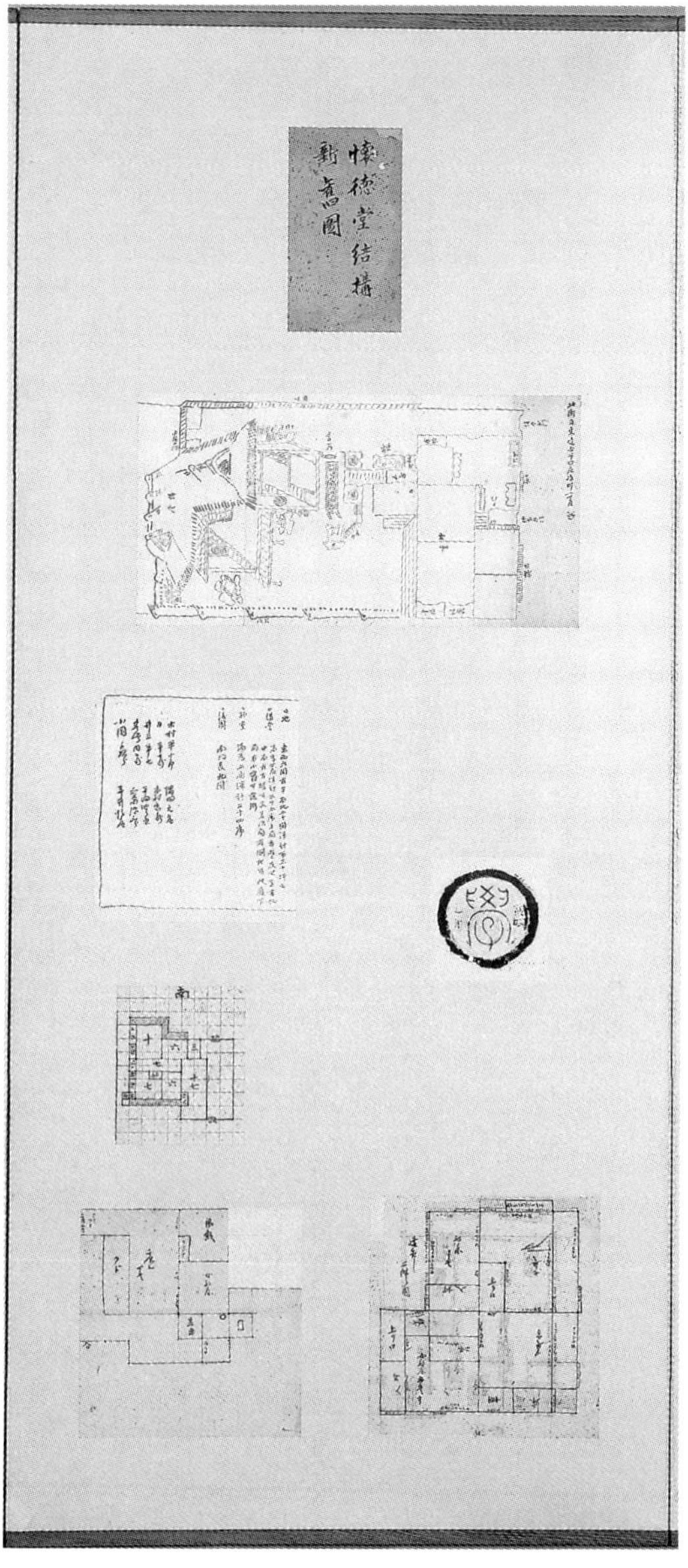

図３　懐徳堂絵図屛風第十面

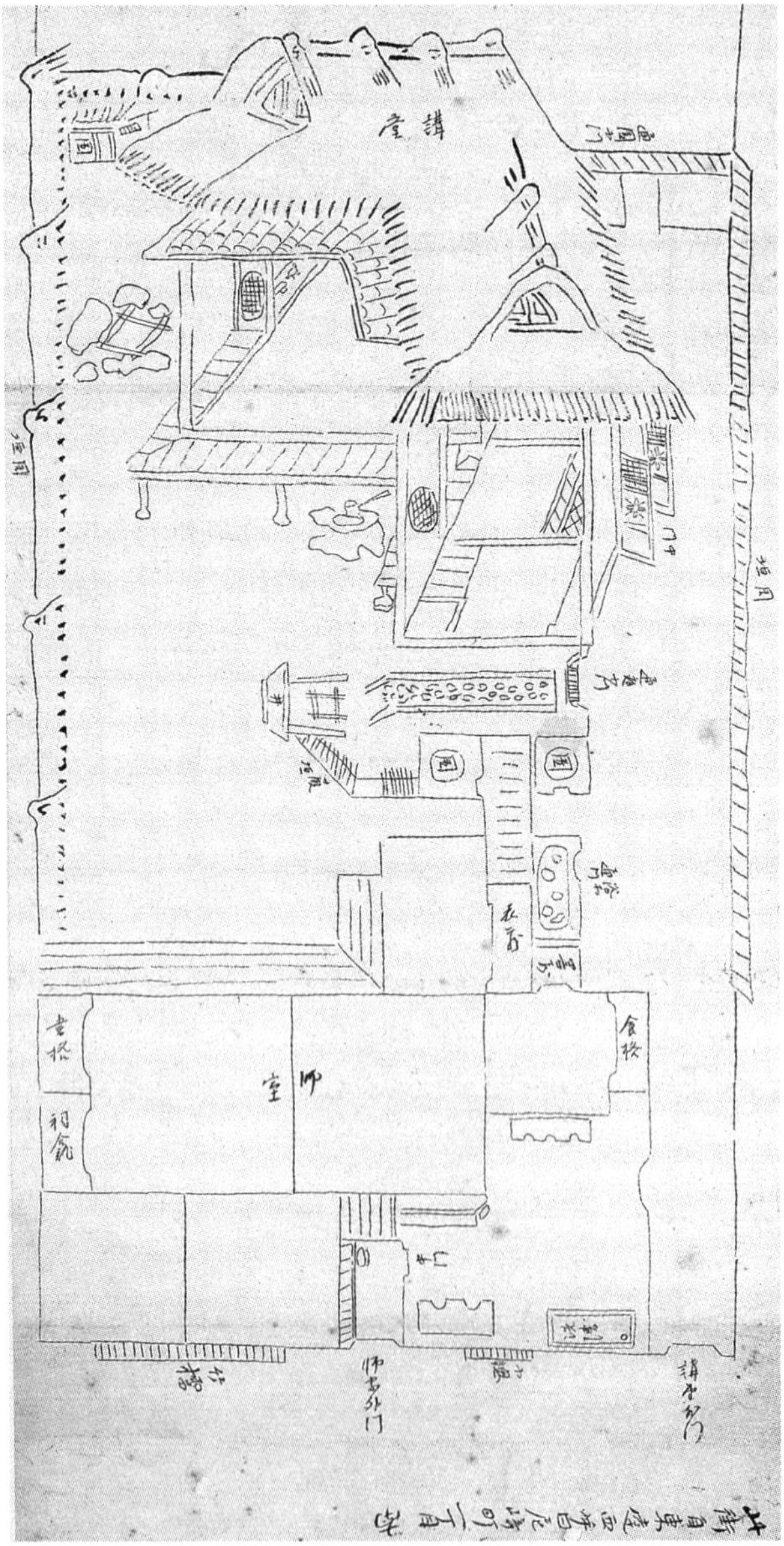

①—a　創建時の懐徳堂

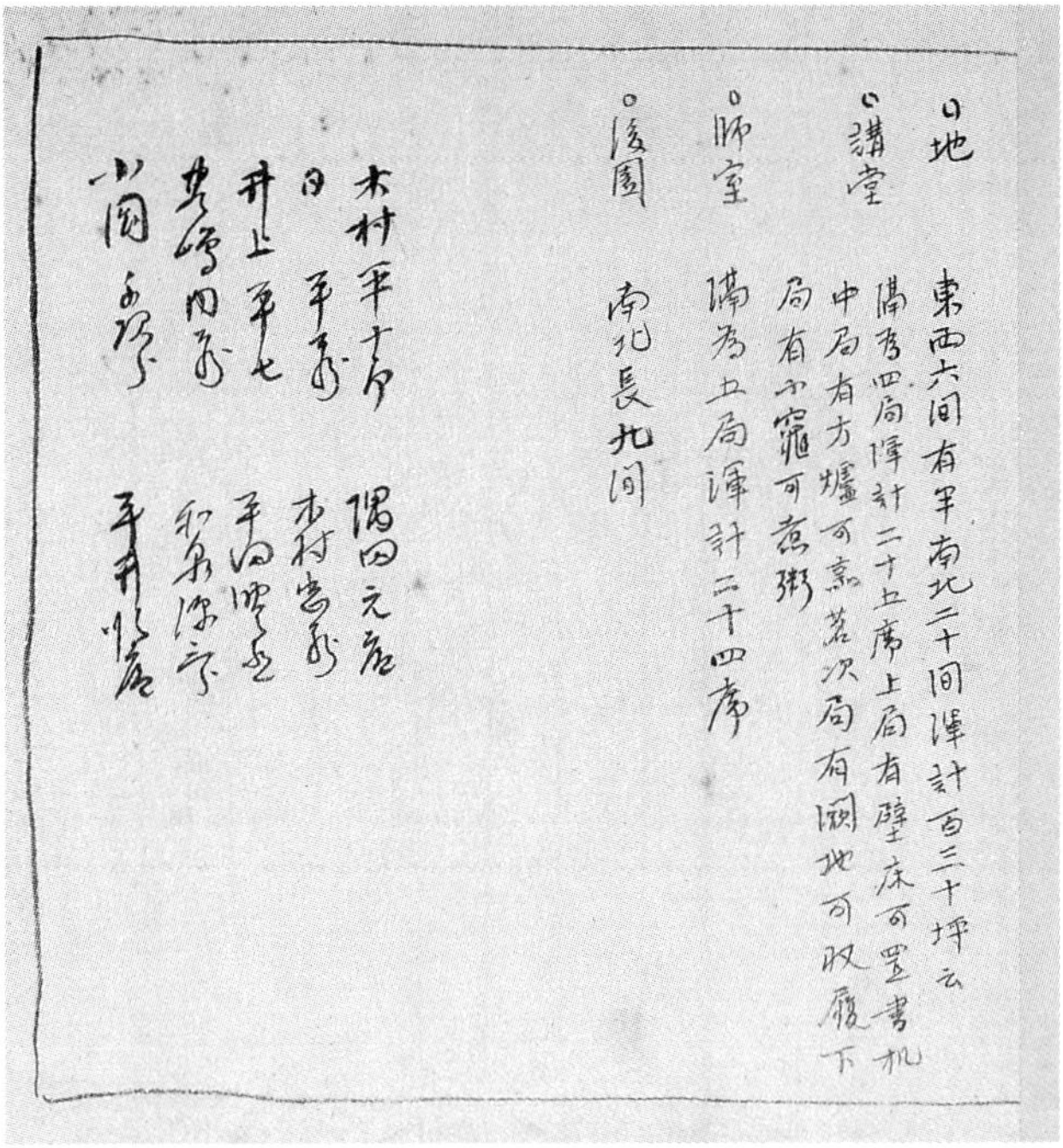
○地　東西六間有半南北二十間渾計百三十坪云
○講堂　備為四局渾計二十五席上局有壁床可置書机
中局有方爐可烹茗次局有園地可取履下
局有小竈可煮粥
○師室　備為五局渾計二十四席
○後園　南北長九間

①―b　創建時の懐徳堂・附記

②—b　大坂学校之図・
二階部分

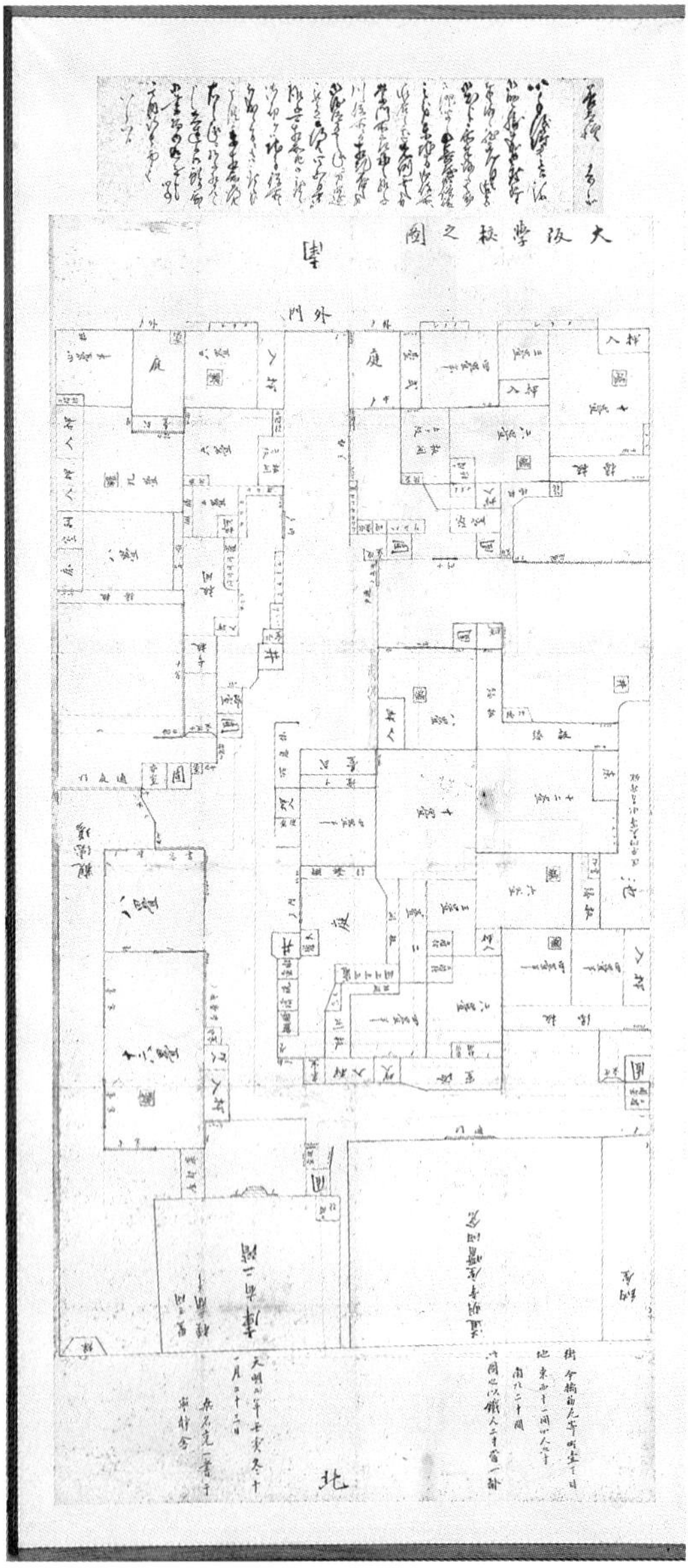

②—a　大坂学校之図

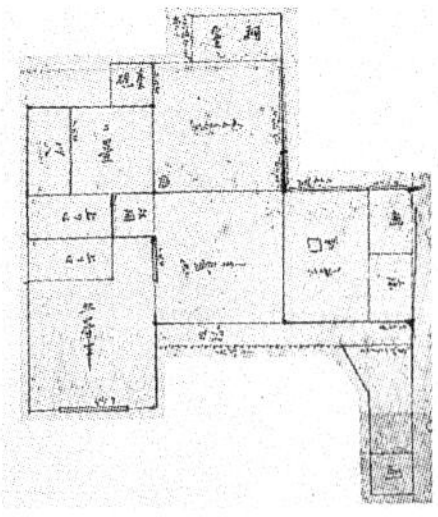

③—b　屏風第二面下部
左側・二階部分

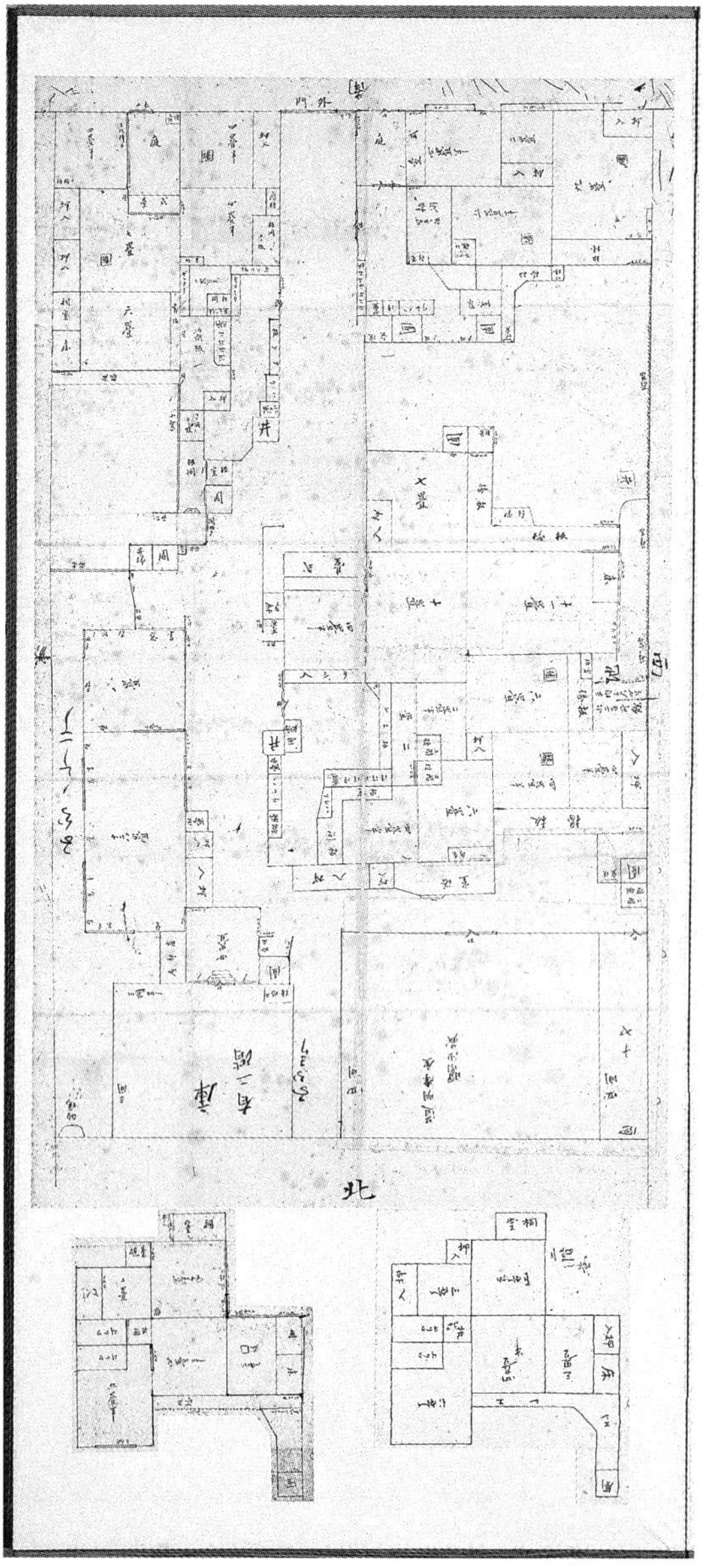

③—a　懐徳堂絵図屏風第二面

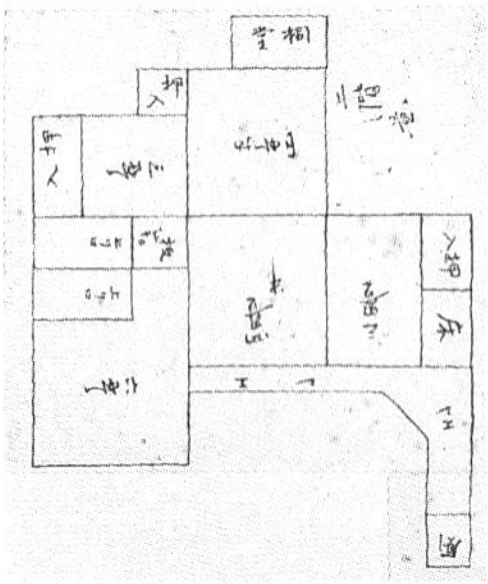

④—b　屏風第二面下部
右側・二階部分

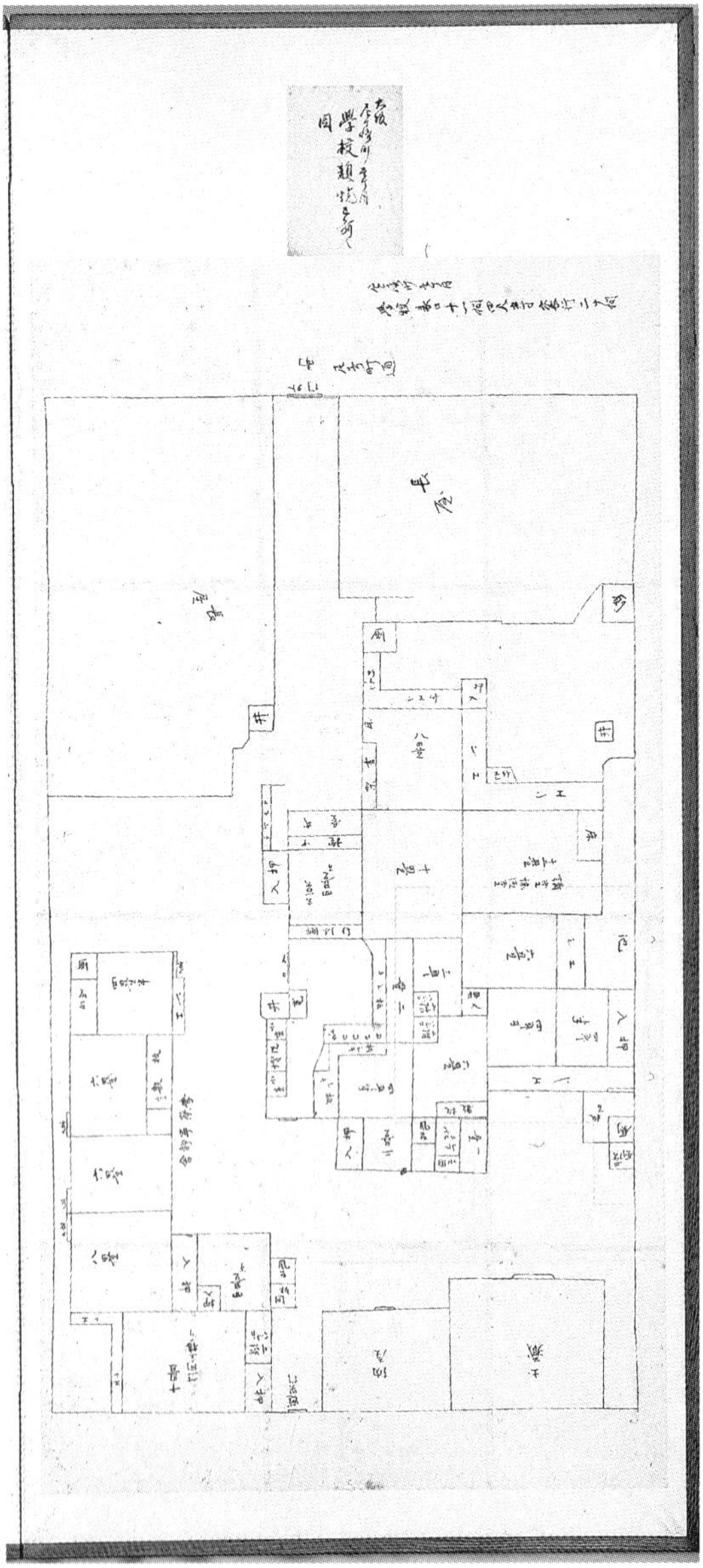

④—a　屏風第一面「大坂尼崎町一丁目学校類焼前之図」

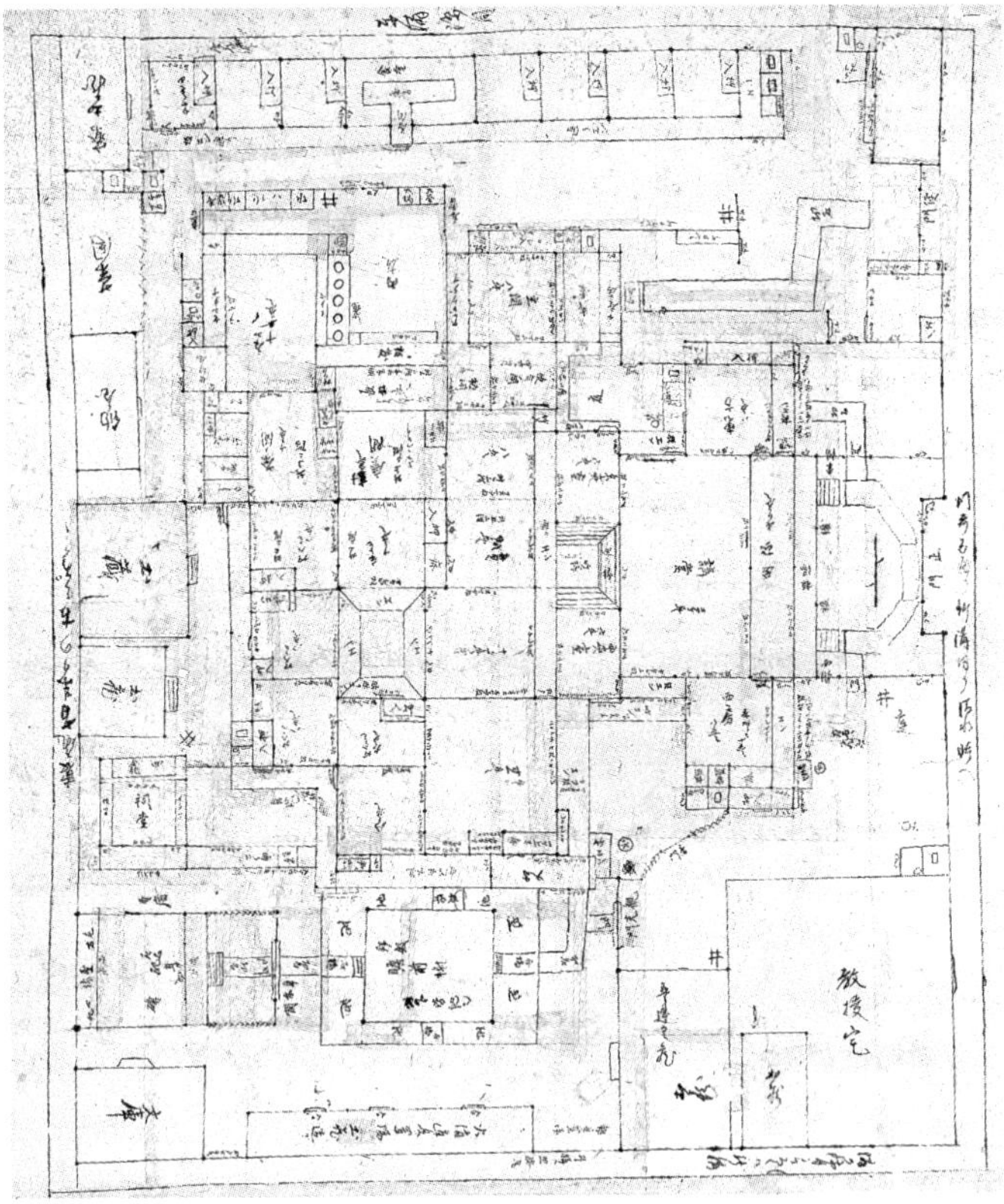

⑤—ａ　寛政再建設計図における懐徳堂（１—１）

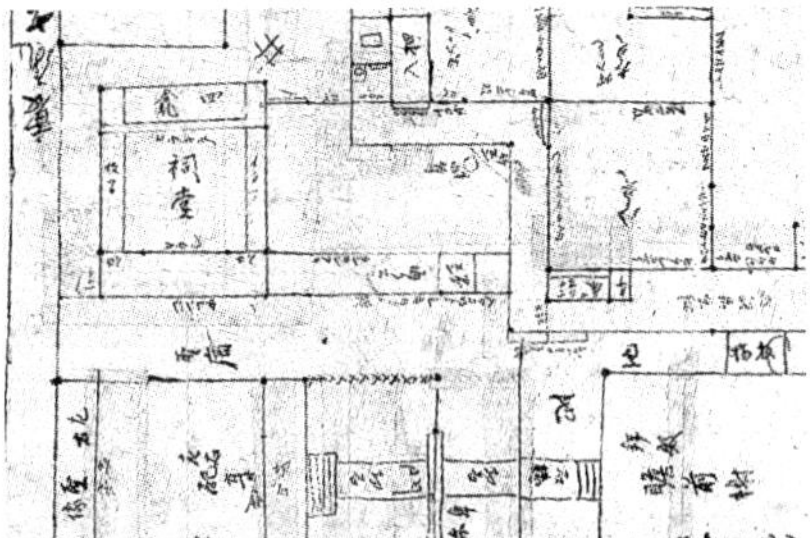

⑤—ｂ　（１—１）の「祠堂」「聖廟」

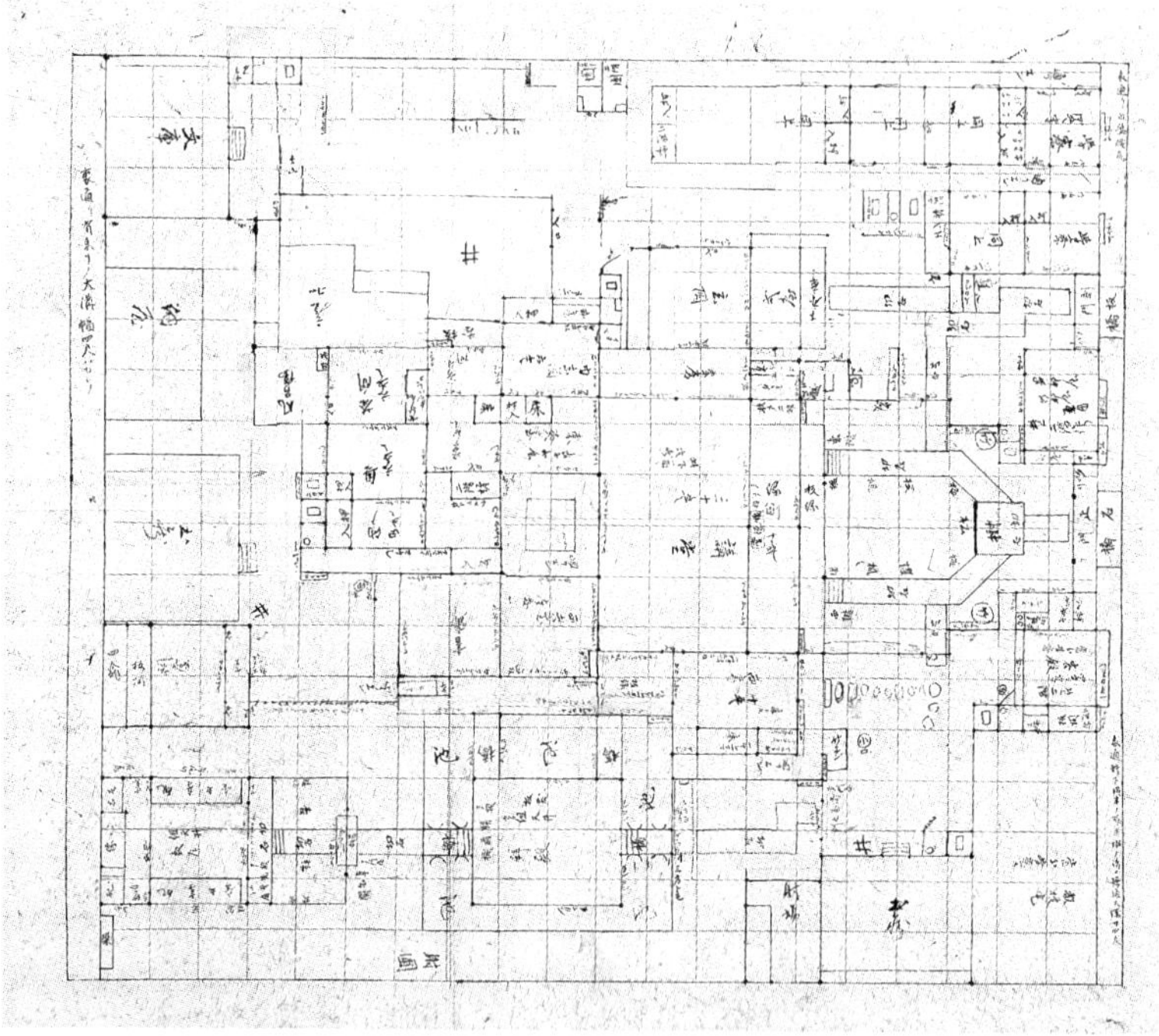

⑥—a　寛政再建設計図における懐徳堂（1—2）

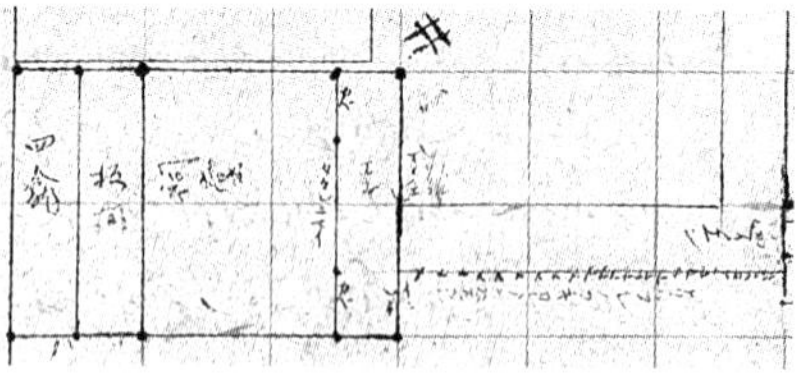

⑥—b　（1—2）の「祠堂」

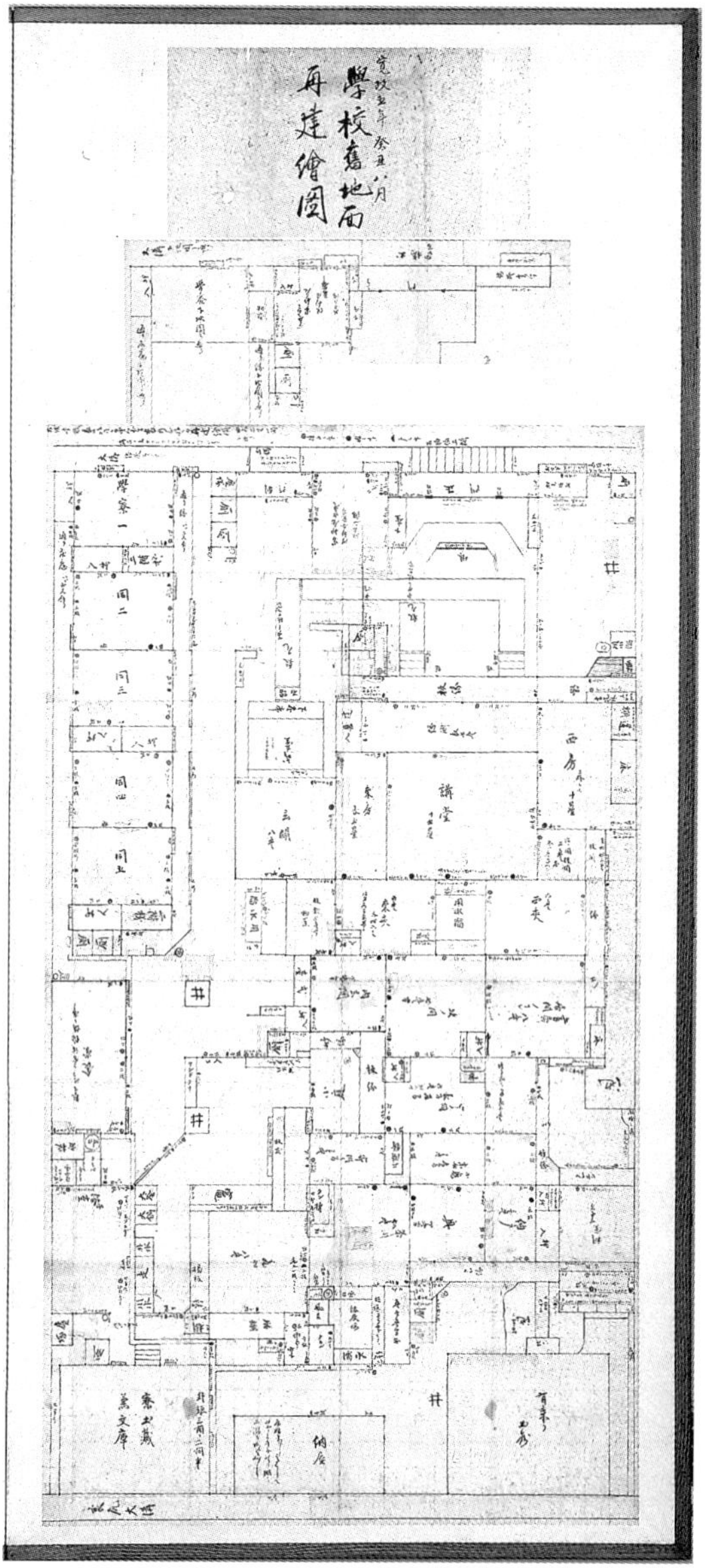

⑦—a　寛政再建設計図における懐徳堂（2—1）

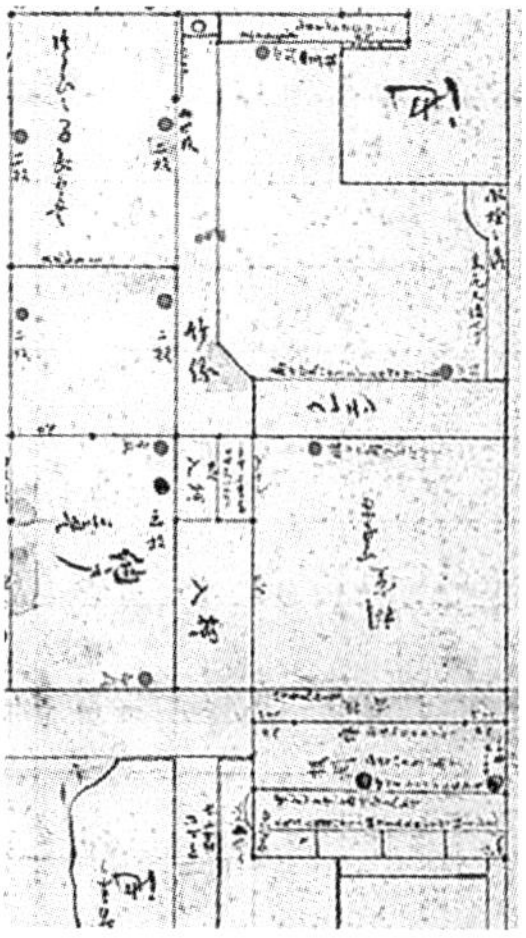

⑦—b　（2—1）の「祠堂」

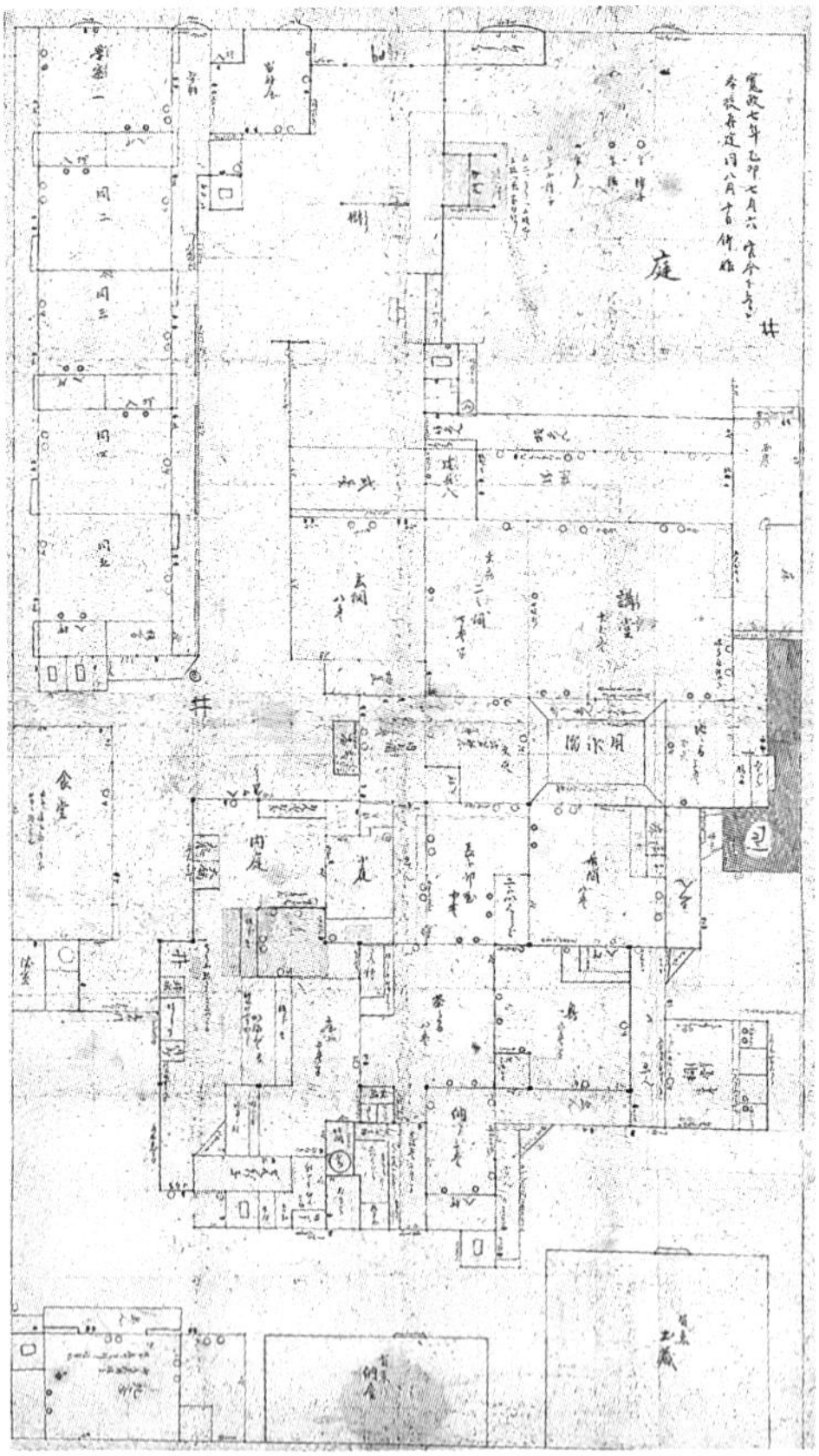

⑨　寛政再建着工時における懐徳堂

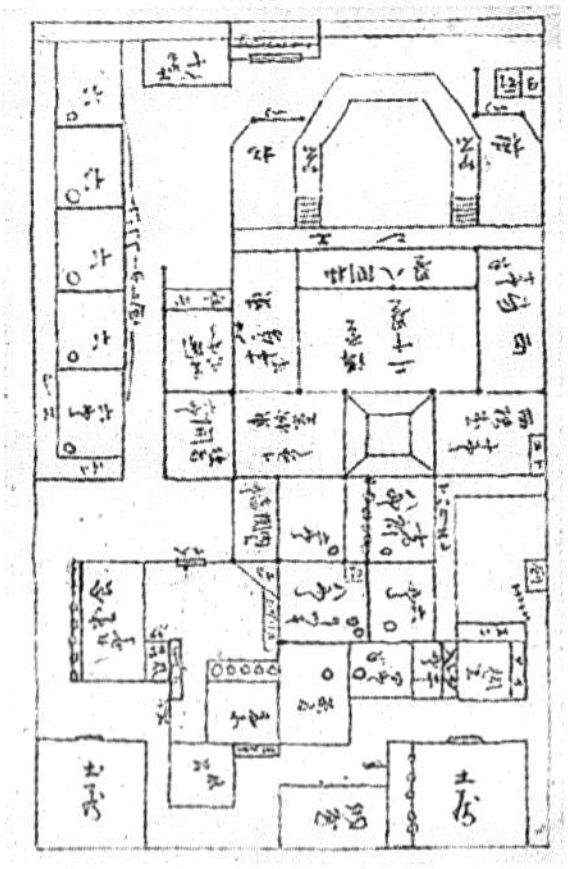

⑧　寛政再建設計図における懐徳堂（２―２）

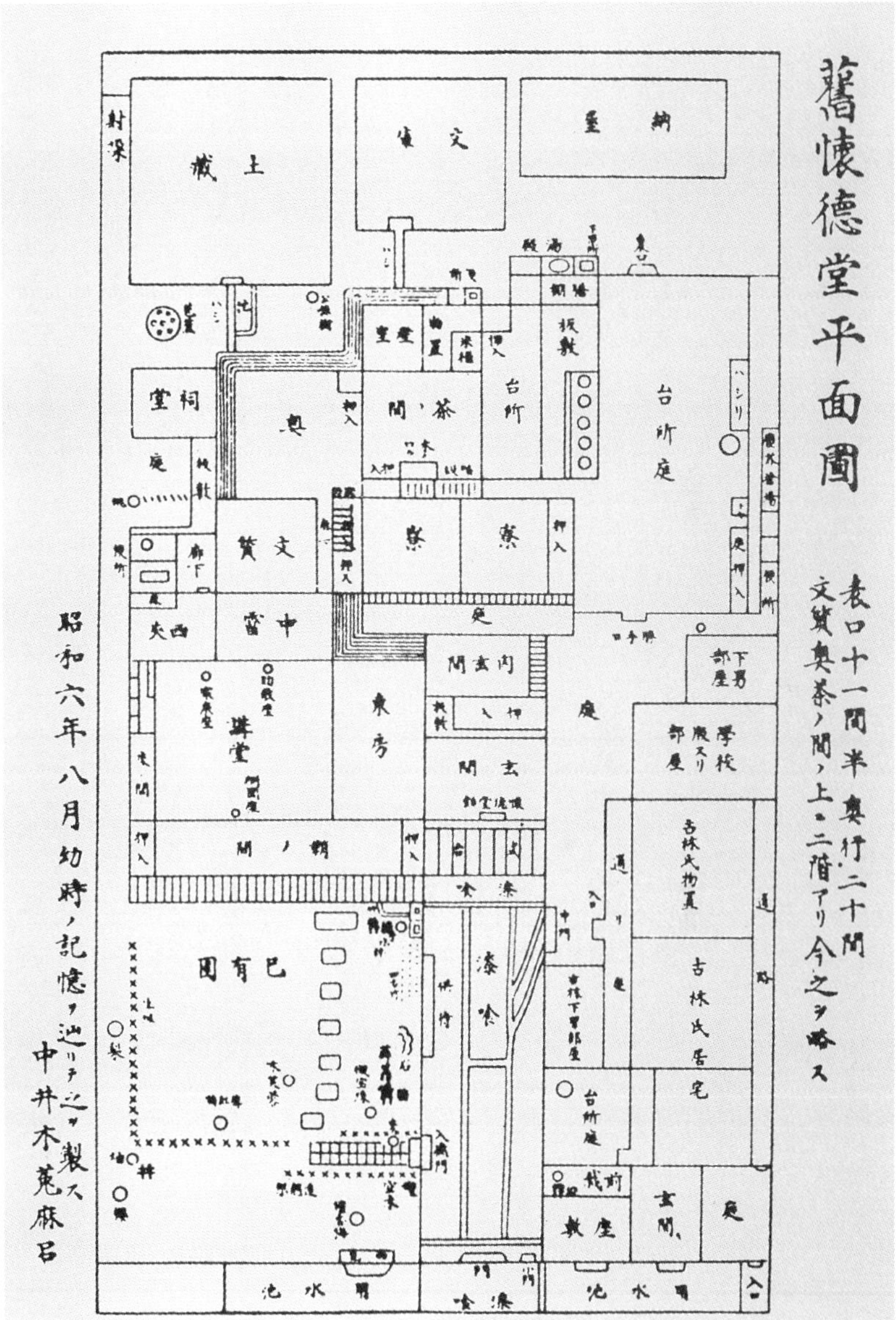

舊懐徳堂平面圖
表口十一間半奥行二十間
文質奥茶ノ間ノ上ニ二階アリ今之ヲ略ス
昭和六年八月幼時ノ記憶ヲ辿リテ之ヲ製ス
中井木菟麻呂
台所
台所庭
講堂
玄関
東房
古林氏居宅

図 4　旧懐徳堂平面図

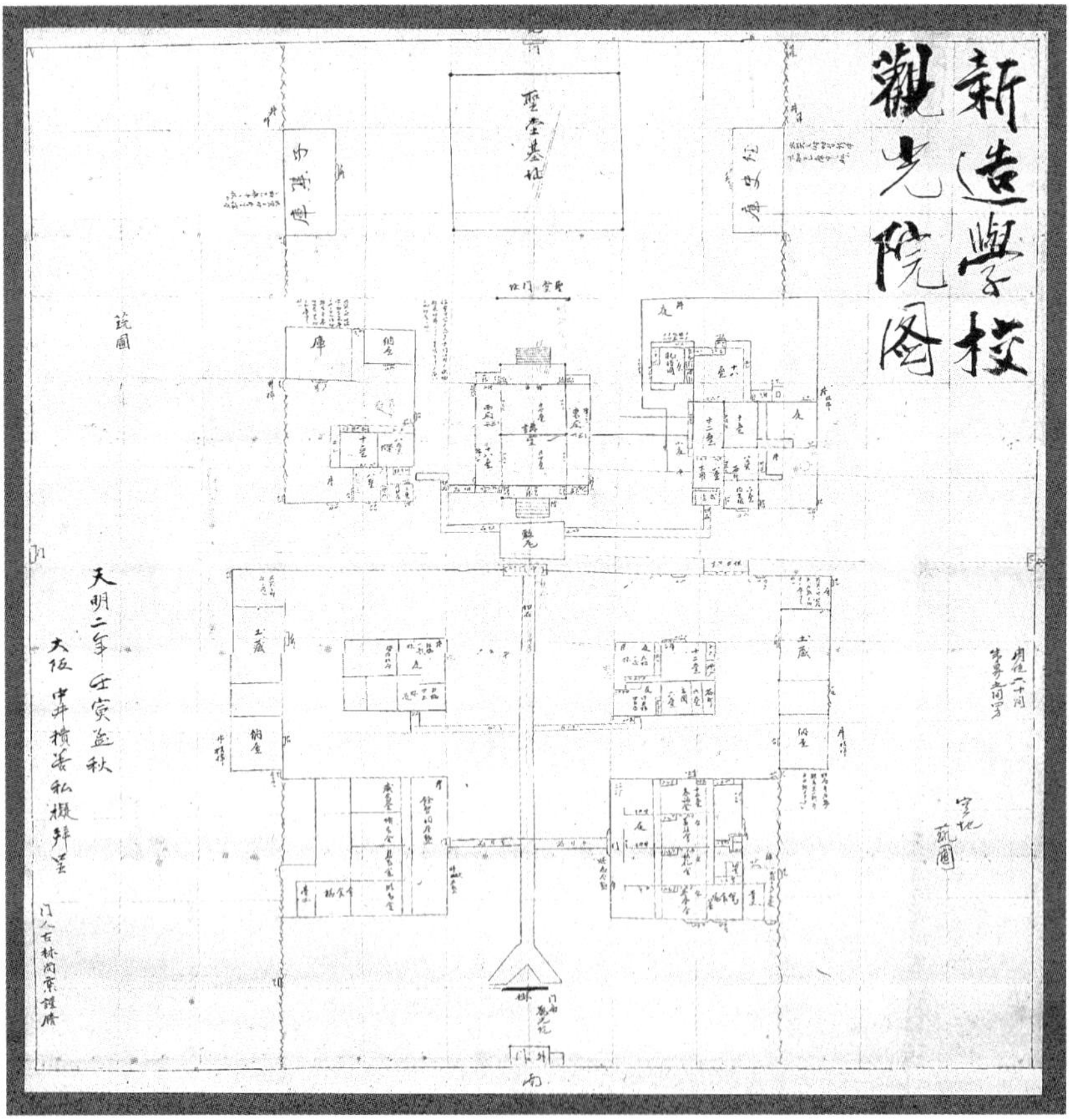

図５　新造学校観光院図

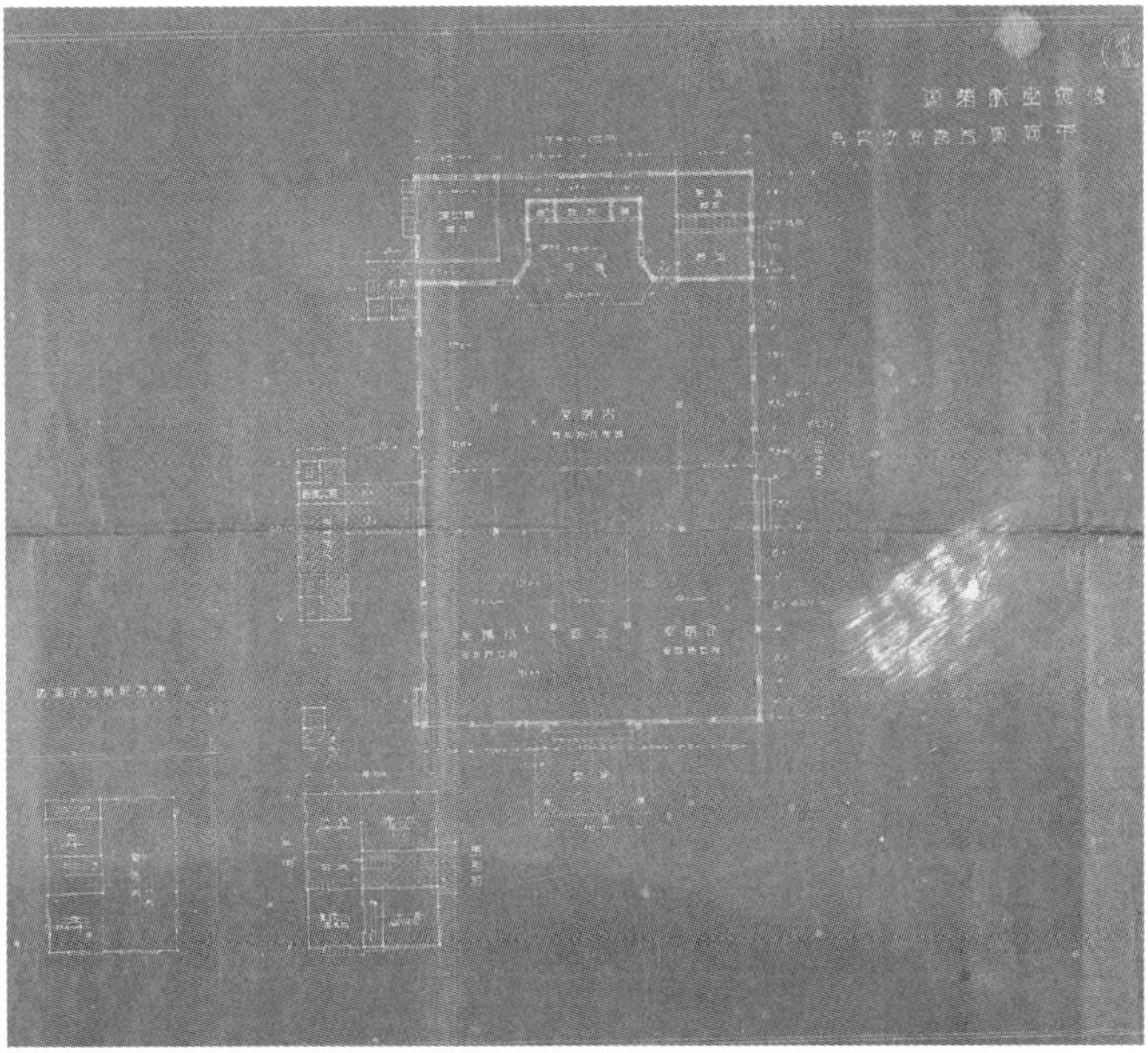

図 6　重建懐徳堂設計図

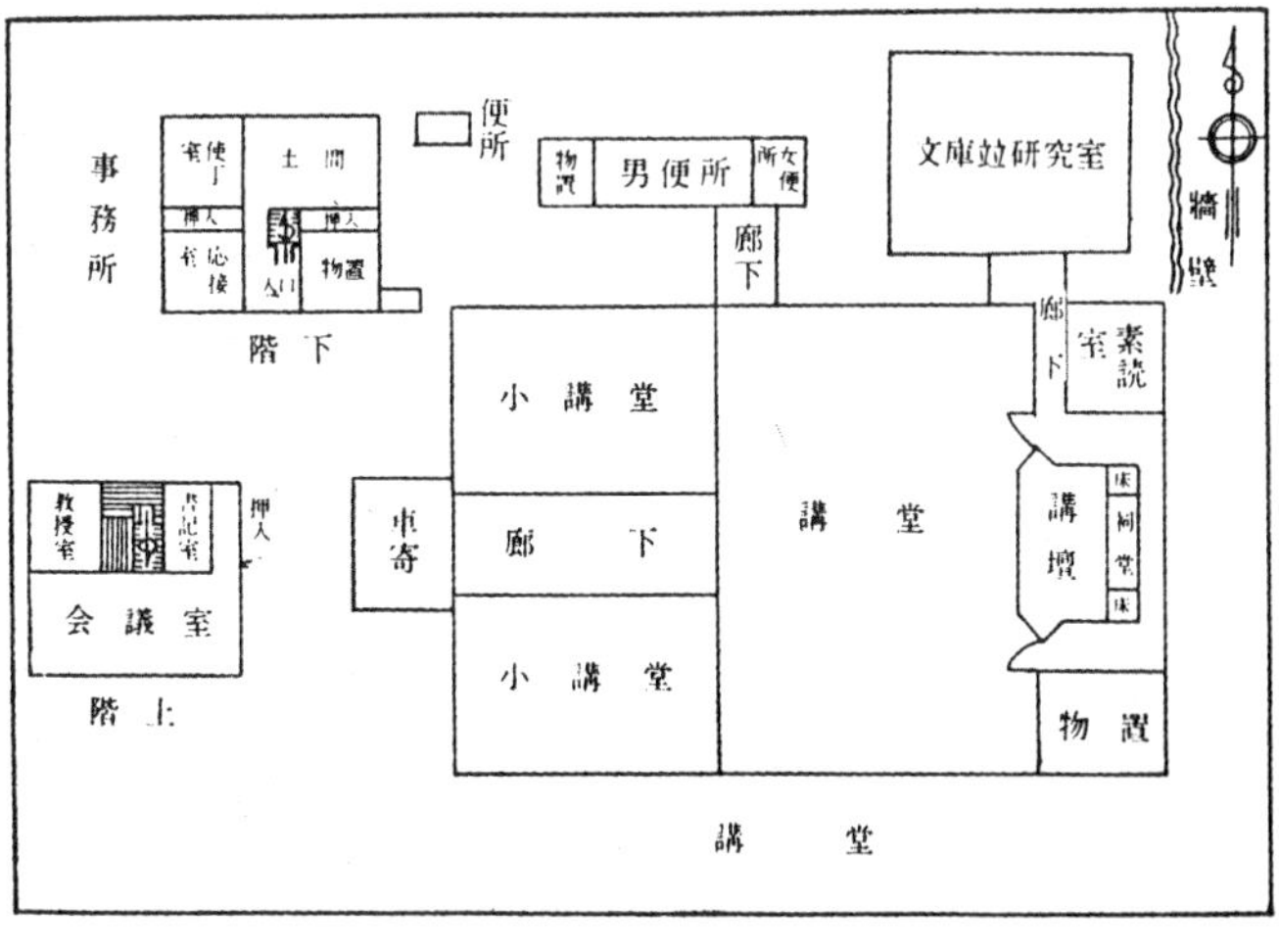

図 7　重建懐徳堂平面図

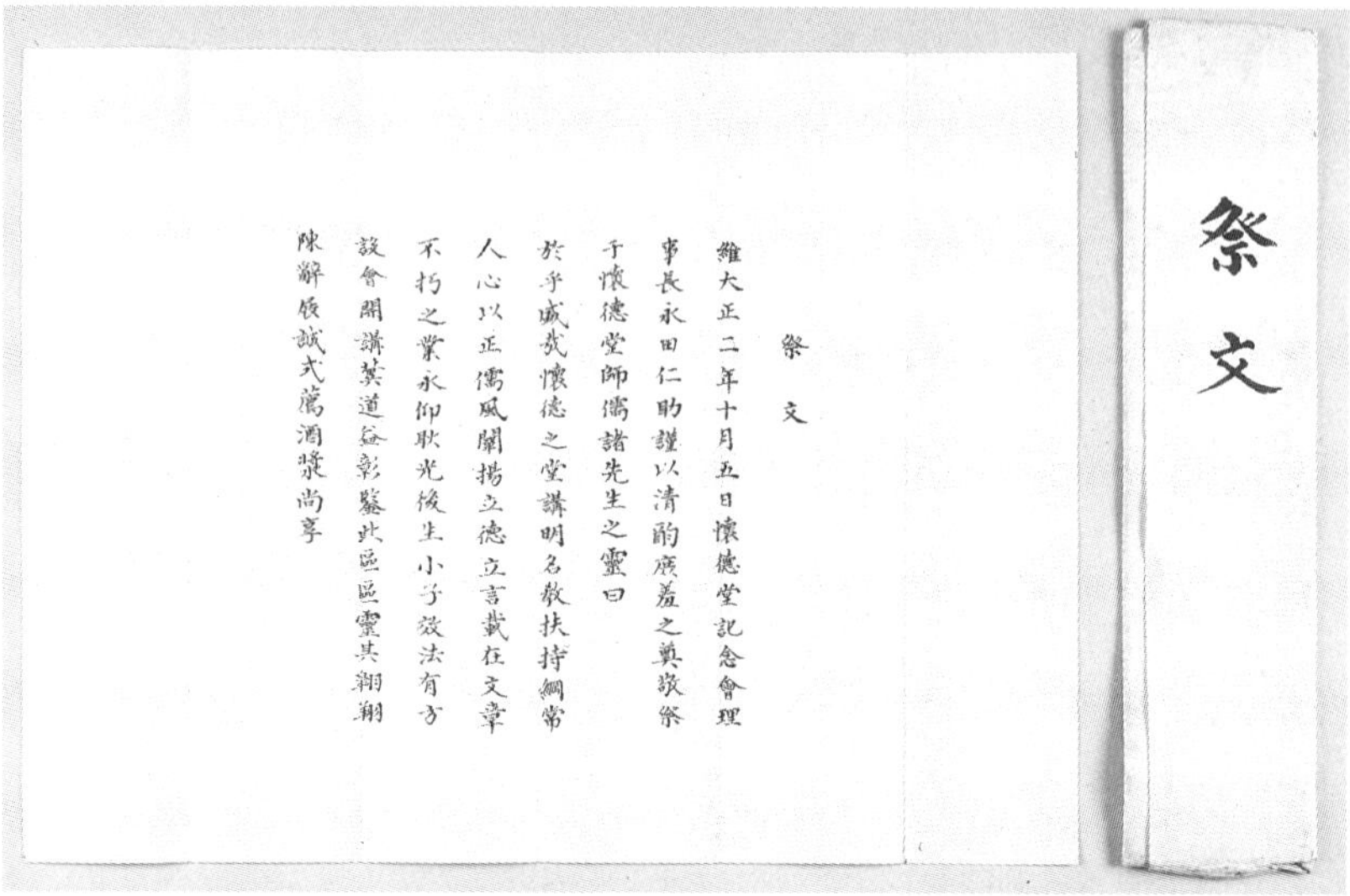

祭文

祭文

維大正二年十月五日懷德堂記念會理
事長永田仁助謹以清酌庶羞之奠敬祭
于懷德堂師儒諸先生之靈曰
於乎盛哉懷德之堂講明名教扶持綱常
人心以正儒風闡揚立德立言載在文章
不朽之業永仰耿光後生小子效法有方
設會開講斯道益彰鑒此區區靈其翔翔
陳辭伸誠式薦酒漿尚享

図 8　記念祭祭文

告文を讀む中井木菟麻呂先生
（書堂遺書遺物寄進の日——昭和十四年三月十四日撮影）

図 9　告文を読む中井木菟麻呂

第二章　懐徳堂学派の『論語』注釈—孔子の見た夢—

湯浅邦弘

はじめに

享保九年（一七二四）、大坂尼崎一丁目（現・大阪市中央区今橋三丁目）に誕生した懐徳堂は、有力商人五同志の出資によって経営され、町人に開かれた異色の学問所であった。

初代学主三宅石庵（一六六五～一七三〇）の頃は、その雑学的傾向が「鵺学」と評されることもあったが、助教として先鋭な学問を展開した五井蘭洲（一六九七～一七六二）によって朱子学の基本路線が確立され、その弟子の中井竹山（一七三〇～一八〇四）・履軒（一七三二～一八一七）兄弟の頃には江戸の昌平黌をも凌ぐ隆盛を誇った。また、懐徳堂には、自治都市大坂の風土を反映した合理精神、批判精神が見られ、そこからは、後にその近代的英知が高く評価される富永仲基、山片蟠桃らの町人学者が輩出した。

本章では、この懐徳堂学派の思想的特質を解明する作業の一環として、懐徳堂の『論語』注釈を検討することとしたい[1]。対象として取り上げたのは、『論語』述而篇甚矣吾衰章である。この章は、『論語』の中で唯一、「夢」に関わる孔子の言葉を伝えており、中国思想史上において、聖人論、運命論、精神論という観点から古来注目を集めている。

以下、行論の前提として、本章に対する古注系・新注系の代表的な理解を確認した後、懐徳堂学派の主要な『論語』注釈を順次検討していきたい。また、その過程では、懐徳堂学派の思想形成に深い関わりのあるとされる伊藤仁斎、荻生徂徠の解釈についても触れることとする。

なお、資料の引用に際しては、漢文の場合、その書き下し文を原文の後の（　）内に記し、また、便宜上、①②などの番号によって内容を区分する。

一　古注系・新注系の解釈

子曰、甚矣吾衰也。久矣吾不復夢見周公。（子曰く、甚しきかな吾が衰えたるや。久しきかな吾れ復た夢に周公を見ず。）

『論語』述而篇に記されたこの孔子の言葉について、古注系の注釈書は、次のような理解を示す。

①孔（安国）曰、孔子衰老不復夢見周公、明盛時夢見周公、欲行其道也。（孔（安国）曰く、孔子衰老して復た夢に周公を見ず。盛んなる時夢に周公を見、其の道を行なわんと欲するを明らかにするなり。）（『論語集解』引く孔安国）

②正義曰、此章孔子歎其衰老、言我盛時嘗夢見周公、欲行其道、今則久多時矣、吾更不復夢見周公、知是吾衰老甚矣。（正義に曰く、此の章、孔子其の衰老するを歎く。言うこころは、我れ盛んなる時嘗て夢に周公を見、其の

道を行なわんと欲す。今は則ち久しく多時、吾れ更に復た夢に周公を見ざれば、是れ吾が衰老するの甚だしきを知る。）（『論語正義』）

①は『論語集解』の引く孔安国の説であり、②は劉宝楠『論語正義』の説である。いずれも、この夢を孔子が実際に見た夢であるとした上で、老衰によってその夢を見なくなったことを孔子が述べていると解釈する。また、これらの説は、夢を見なくなったという孔子の言葉以上に、若き日の孔子が周公旦をしばしば夢に見ていたことを強調しようとする点でも共通している。

これに対して、新注系の解釈は、前提となる「夢」の理解が根本的に異なっている。

①故李充曰、聖人無想、何夢之有、蓋傷周徳之日衰、哀道教之不行、故寄慨於不夢、発歎於鳳鳥也。（故に李充曰く、聖人は想う無し。何の夢みることか之れ有らん。蓋し周徳の日々衰うるを傷み、道教の行われざるを哀み、故に慨きを夢みざるに寄せ、歎きを鳳鳥に発するなり。）（『論語義疏』引く李充）

②孔子盛時、志欲行周公之道、故夢寐之間、如或見之、至其老而不能行也、則無復是心、故因此而自歎其衰之甚也。（孔子盛んなる時、志周公の道を行わんと欲す。故に夢寐の間、或いは之を見るが如し。其の老いて行う能わざるに至るや、則ち復た是の心無し。故に此れに因りて自ら其の衰うるの甚だしきを歎く。）（『論語集注』）

③程子曰、孔子盛時、寤寐常存行周公之道。……蓋存道者心、無老少之異、而行道者身、老則衰也。（程子曰く、孔子盛んなる時、寤寐常に周公の道を存し行わんとす。……蓋し道を存する者の心に、老少の異なり無きも、道を行う者の身、老うれば則ち衰うるなり。）（『論語集注』引く程子）

①は皇侃『論語義疏』の引く李充の説である。李充は、「聖人」は「無想」であり、「夢」を見ることはないとした上で、本章の「夢」は正道の行われなくなった世を嘆くために修辞として使用されたものであると考えた。

②③は『論語集注』に見られる朱子・程子の説である。朱子は、周公の道を実現しようとしていた若き日の孔子が、周公旦を「夢寐の間、或いは之を見るが如し」であったと説き、程子も、「寤寐常に」、即ち寝ても覚めても周公のことを思っていたと注する。これらはいずれも、本章の「夢」を、孔子が実際に見た夢ではないとする点に於て共通している。即ち、古注系がこの夢を実夢[2]として理解するのに対し、新注系は、この夢を修辞であるとしたり、寝ても覚めてもの意と解したりして、孔子と実夢との関係を引き離そうとしているのである。

こうした新注系の理解が、中国の道家思想や仏教、更には中国医学思想の影響を受けたものである点については、既に論及した通りである[3]。道家は、最高の精神的境地を「明鏡止水」に喩えた。偉大な聖人は、覚醒時にも憂いはなく、睡眠時にも精神的動揺はないから夢を見ないと考えたのである。この「至人無夢」説は、基本的に夢の価値を認めていない。夢は精神の動揺の反映と捉えられたからである。また仏教も、夢を実（真）に対置して、この世を「夢幻」とする世界観を説いた。ここでも夢は虚であり僞としてその価値を認められていない。更に、中国の伝統的医学でも、病と気との密接な関係を前提として、夢は内臓の気の乱れ、即ち病の兆候とされた。『内経』は夢の内容を五臓の病状と関連付けて説明している。

これらの影響を陰に陽に受けて成立した朱子学では、この夢を、孔子が実際に見た夢とすることに大きな躊躇いを感じたのである。

二　中井履軒

それでは、この朱子学を基盤とした懐徳堂では、孔子のこの言葉は、どのように理解されたのであろうか。先ず、最大の経学研究の成果を残している中井履軒の説を以下に整理してみよう。

中井履軒は、懐徳堂第二代学主中井甃庵の第二子であり、後に第四代学主となった竹山の二歳下の弟である。竹山が懐徳堂学主として活躍したのに対し、履軒は後に懐徳堂を離れて私塾水哉館を開き、そこで膨大な経学研究を蓄積していった。初め履軒の経学研究は、既存のテキストの欄外に自説を書き加えることから始まり（『七経雕題』）、それらはやがて整理され（『七経雕題略』）、最終的には『七経逢原』として完成した。

先ず、『七経雕題』の内の『論語雕題』は、『三刻両銭堂刊朱熹集註論語』十巻を底本として、欄外に履軒が注釈を加えたものである。(4)

①至人無夢、元是老荘家之言、無足取者、何必回護於思夢。（至人に夢無しとは、元是れ老荘家の言、取るに足る無き者なり。何ぞ必ずしも思夢に回護せん。）

②夫子嘆衰言不復夢見、可知未衰之前、実屢夢也、註[redacted]如或[redacted]見之句、似非夢非覚、彷彿見之者、難従、夫夢非実、然就夢中言之、見者実見之也、焉得如或之解、程説亦不可采入。（夫子衰うを嘆きて復た夢に見ずと言えば、未だ衰うるの前、実に屢々夢むを知る可きなり。註の「或いは之を見るが如し」の句、夢に非ず覚に非ず、彷彿として之を見ると言うに似たり。従い難し。夫の夢、実に非ざるや。然れども夢中に就きて之を言えば、見

るとは実に之を見るなり。焉んぞ「如或」の解を得んや。程説も亦た采入すべからず。）（■は、履軒による塗抹。）

③存道豈亦無老少之異乎哉、若云盛衰之異無病也。（道を存するに豈に亦た老少の異なり無からんや。若し盛衰の異なりを云えば病無きなり。）

④朱子云程子之意、蓋嫌於因思而夢者、故為此説、其義則精矣、然恐非夫子所言之本意也。（朱子云う、程子の意、蓋し思いに因りて夢みるを嫌い、故に此の説を為す。其の義則ち精なり。然れども恐くは夫子言う所の本意に非ざるなり。）

⑤若徒玩味道徳、古聖億多、何必特懸周公。（若し徒らに道徳を玩味するのみならば、古聖は億多、何ぞ必ずしも特に周公を懸けん。）

①で履軒は、「至人に夢無し」の立場が元は「老荘家の言」に出るものであることを指摘し、程子の説を批判している。②では、古注同様、この言から逆に「未だ衰うるの前、実に屢々夢に見るを知る可きなり」と説き、朱子の「或いは之を見るが如し」という曖昧な立場を批判している。③は「道を存する者の心に老少の異なり無し」とする程子の説に対する批判である。老少という年齢的な差異を無視することはできず、「盛衰の異なり」について言うべきであるとするものである。④は程子の説が「思いに因りて夢みるを嫌」ったものであると説く朱子を批判し、それは恐らく孔子の本意ではないであろうと説く。⑤はやや唐突な感じがするが、孔子の夢の生成が周公旦を思慕し周道を再興せんとする孔子の思念に因ることを強調したものと考えられる。

このように、『雕題』の注釈は、一貫して新注の立場、特に程子の説を否定するものとなっている。

次に、この『雕題』を後に整理した『論語雕題略』はどうであろうか。『雕題略』には、次のような注が記されて

いる。(5)

①是夫子自嘆身之衰也、即所以嘆世之衰（是れ夫子自ら身の衰うるを嘆くなり。即ち世の衰うるを嘆く所以）。

②嘆衰、言不復夢見、可知未衰之前、実屢夢見也、註如或見之句、似言非夢非覚、彷彿見之者、恍兮惚兮、彷彿見之、恐未穏、夫夢非實際也、然就夢中言之、見者實見之也、焉得如或解、程註尤不貼本文（衰うるを嘆きて、復た夢に見ずと言えば、未だ衰うるの前、実に屢々夢に見るを知るべきなり。註の「或いは之を見るが如し」の句、夢に非ず覚に非ず、彷彿として之を見ると言うに似たる者、恐らくは未だ穏ならず。夫の夢、実際に非ざるや。然れども夢中に就きて之を言えば、見るとは実に之を見るなり。焉んぞ「如或」の解を得んや。程註尤も本文に貼せず）。

③至人無夢、元是老荘家之言、無足取者、何必回護於思夢（「至人無夢」は、元是れ老荘家の言。取るに足る無き者、何ぞ必ずしも思夢に回護せん）。

④朱子曰、程子之意、蓋嫌於因思而夢者、故為此説、其義則精矣、然恐非夫子所言之本意也（朱子曰く、程子の意、蓋し思いに因りて夢みるを嫌う者。故に此の説を為す。其の義則ち精なり。然れども恐くは夫子言う所の本意に非ざるなり）。

①は、孔子が自らの肉体的衰えを嘆くことによって実は世の衰退を嘆いたのだとする理解であり、既に『論語義疏』引く李充の説にも見えていたものである。②③④は、各々『雕題』の②①④に相当する内容であり、主旨に大きな変化は見られない。ただ、②の「程注尤も本文に貼せず」との言は、より強い程子批判となっている。なお、『雕題』

の⑤は、この『雕題略』では省略されている。

それでは、中井履軒の『論語』注釈の集大成とも言える『論語逢原』はどうであろうか。『逢原』では、全四条の注釈として整理されている[6]。

①此夫子自嘆其身之衰也、嘆身、即所以嘆世。（此れ夫子自から身の衰うるを嘆くなり。身を嘆くは、即ち世を嘆く所以。）

②嘆衰而曰不復夢見、可知未衰之前、実屢夢見也、註如或見之、似言非夢非覚、恍兮惚兮、彷彿見之、未穏、夫夢非実際也、然就夢中言之、見者実見之也、焉得如或之解。（衰うるを嘆きて、復た夢に見ずと曰えば、未だ衰うるの前、実に屢々夢に見るを知る可きなり。註の「或いは之を見るが如し」は、夢に非ず覚に非ず、恍たり惚たり、彷彿として之を見ると言うに似たり。未だ穏ならず。夫の夢、実際に非ざるや。然れども夢中に就きて之を言えば、見るとは実に之を見るなり。焉んぞ「如或」の解を得んや。）

③至人無夢、元是老荘家之言、無足取者、何必回護於思夢、程注尤不貼于本文。（至人に夢無しとは、元是れ老荘家の言、取るに足る無き者なり。何ぞ必ずしも思夢に回護せん。程注尤も本文に貼せず。）

④存道者心無老少之異、此失於辞、老少豈無異乎哉、若言無盛衰之異、則可、夫子毎言、吾従周、蓋夫子之所期、在周家制度也、故念之深於周公矣、夢之不亦宜乎、若徒玩味道徳、古聖不少、何必周公。（「道を存する者の心に老少の異なり無し」。此れ辞を失す。老少豈に異なること無からんや。若し盛衰の異なること無きを言えば、則ち可。夫子毎に言う、吾れ周に従わんと。蓋し夫子の期する所は、周家の制度に在り。故に念うことの周公に深し。之を夢みるも亦た宜べならずや。若し徒らに道徳を玩味するのみならば、古聖少なからず。何ぞ必しも周公

ならん。）

①は、『雕題略』の①に相当し、②は『雕題』の②および『雕題略』の②に相当するものである。いずれも、内容的には同様であるが、注解の言葉には推敲の跡が窺われる。履軒は②に於て、孔子の「復た夢に見ず」という言葉から推せば、「未だ衰うるの前」は「実に屢々夢に見」ていたことは明らかであると言う。そして、朱子の「如或見之」という注釈は、「夢に非ず覚に非ず、恍たり惚たり、彷彿として之を見ると言う」が如きで、不適当であると批判する。即ち、朱子の解釈は「如或」という曖昧な表現で、この夢を実の夢と明言しない点に於て評価できないとするのである。

次に、③は、『雕題』の①、『雕題略』の③に相当する。ここで履軒は、「至人無夢」の説は、元来「老荘家の言」であり、取るに足らないと述べ、孔子と夢の関係を明確に否定した程子の説を、「程注尤も本文に貼せず」と厳しく批判しており、『雕題略』の言を襲っていることが分かる。

④は、『雕題』の③と⑤を統合したものである。ここで履軒は、聖人の心に老少の別はないとした程子の説を取り上げ、「盛衰の異」ならともかく、「老少の別」を認めないのは誤解であると批判している。この見解は、『雕題略』で一旦省略されたものであるが、この『逢原』で復活したことが分かる。

一方、『雕題』や『雕題略』に見えていて、この『逢原』で削除されたものとしては、『雕題』の④、『雕題略』の④に相当する内容がある。それは、程子の説が「思いに因りて夢みるを嫌」ったものであると説く朱子を批判し、恐らく孔子の本意ではないであろうとしたものであったが、これが削除されたのは、『雕題』の③と⑤を包括した、この『逢原』の④に於て、その主旨を表明できたと考えられたためではなかろうか。

このように、『雕題』『雕題略』『逢原』には、若干の相違があるものの、基本的な見解に変更は見られない。それらは、履軒の注釈が整えられていく過程を如実に示すものであり、その根幹にあったのは、新注系解釈に対する一貫した批判であった。履軒は、朱子学を基盤としつつも、経書の理解に対しては是々非々の態度で臨んでおり、ここでも、程子や朱子の説を忌憚なく批判していることが分かる。(7)

とは言え、朱子学派を標榜した懐徳堂学派に於て、宋儒の説がかくも厳しく批判される現象はどのように理解すればよいのであろうか。これは履軒の合理精神が極度に発揮された特異な現象なのか、それとも、懐徳堂学派に通底する基本的立場を反映したものなのであろうか。

こうした点を確認するために、先ずは、懐徳堂学派が念頭に置いたと思われる二つの説を検討してみよう。

三　伊藤仁斎

先ず、『論語古義』としてまとめられた伊藤仁斎の説を検討する。(8)

①此門人常見夫子賢於堯舜、而今聞其思慕周公、如此之甚、有竊異之心、因知其慕古之篤、好學之深也、蓋夫子壯時、切欲行周公之道於天下、故夜夢屢見之、及乎其老、無復是夢、而自知其衰之甚、蓋歎此道之不行于世也。

(此れ門人常に夫子堯舜を賢とするを聞く。而るに今其の周公を思慕すること此くの如くの甚だしきを聞き、密かに異とする心有り。因りて其(孔子)の古を慕うの篤く、学を好むの深きを知るなり。蓋し夫子の壮なる時、切に周公の道を天下に行なわんと欲す。故に夜夢に屢々之を見る。其の老に及び、復た是の夢無し。而して自ら其の衰うるの甚しきを知る。蓋し此の道の世に行なわれざるを歎くなり。）

②夢者心之動也、夜之所夢、卽晝之所思、人心不能無思、則不能寐而無夢、雖孩児無知亦必有之、但聖人無邪夢耳、後儒惑於莊周至人無夢之説、以夫子之夢、爲寤寐常存行周公之道。（夢は心の動きなり。夜の夢みる所は、乃ち昼の思う所なり。人心、思う無かる能わざれば、則ち寐ねて夢みること無かる能わず、孩児の知無しと雖も亦た必ず之有り。但聖人は邪夢無きのみ。後儒、莊周の至人無夢の説に惑いて、夫子の夢を以て、寤寐常に周公の道を存し行うと為す。）

仁斎の立場は、基本的には、古注系解釈と同様である。仁斎は①で、夢を見なくなったという孔子の言葉から推して、壮時の孔子がいかに「周公を思慕」していたかが分かるとし、孔子の「古を慕うの篤く、学を好むの深き」が理解できると説く。「切に周公の道を天下に行なわんと欲」したので、「夜夢に屢々之を見」たとするのは、古注系解釈と全く同様である。但し、夢を見なくなって孔子が嘆いたのは、自己の老衰のみではなく、道の行われなくなった「世」としている。この点は、李充の説と同様である。

また仁斎の説の特質は、②に見られる。ここで仁斎は、「夢は心の動き」であり、「夜の夢みる所は、乃ち昼の思う所」であると断言する。また、人は必ず思慮するのであるから夢を見るのは当然であるとし、孔子と夢との関係を分離しようとした「後儒」の説を、道家の「至人無夢」の説に惑わされた愚説であると批判する。人の心を「活物」と考えた仁斎としては当然の夢観であろう。但し、「聖人は邪夢無きのみ」と附記しているのは、やはり、夢が荒唐無稽で、時には淫らな恥ずべき内容を現出させることを認識していたからであろう。夢が通常の心の反映であるのなら、小人には小人なりの夢が、聖人には聖人としての夢が現れる筈だと説くのである。

この仁斎の説は、先に検討した履軒の説と基本的には類似している。それでは、履軒の夢観は、仁斎の説の延長線上にあると考えて良いのであろうか。そのことを確認するためにも、今一人の大儒荻生徂徠の説を確認する必要がある。

四　荻生徂徠

徂徠の『論語』解釈は、『論語徴』としてまとめられ、その先鋭な見解は、清朝でも高く評価された。『論語徴』には、この孔子の夢について次のような注釈が施されている(9)。

①孔子生于周之衰、志於制作、又人臣也、故夢周公、明王不作、孔子五十而知天命、故曰吾衰也、天命不至、天使孔子衰、益知天命之不復至也、故曰甚矣久矣、程子曰、寤寐常存行周公之道、是其意、寤則思、寐則夢、未嘗以爲無夢也。仁齋先生乃謂惑於莊周至人無夢之説、是果何所見也。（孔子周の衰うるに生れ、制作に志すも、又人臣なり。故に周公を夢む。明王作らず、孔子五十にして天命を知る。故に吾が衰えたりと曰うなり。天命至らず、天孔子をして衰えしむ。益々天命の復た至らざることを知る。故に甚だしきかな久しきかなと曰う。程子曰く、寤寐常に周公の道を存し行うと。是れ其の意、寤めては則ち思い、寐ねては則ち夢み、未だ嘗て以て夢無しと為さざるなり。仁斎先生乃ち荘周至人夢無きの説に惑うと謂う。是れ果たして何の見る所ぞ。）

②世人多謂晝之所思、夜則爲夢、殊不知晝之思、思而已矣、夜之思、乃爲夢焉。多思慮者多夢、其心慣乎動故也。或有晝之所思、滞而爲夢者、然不必皆爾。（世人多くは謂う、昼の思う所、夜則ち夢と為ると。殊に知らず、昼

の思いは思うのみ、夜の思い、乃ち夢と為ることを。思慮多き者は夢多し。其の心の動きに慣るるが故なり。或いは昼の思う所、滞りて夢と為る者有り。然れども必ずしも皆爾らず。）

先ず、新注系解釈との関係で言えば、宋儒を批判する仁斎に対抗して、①で程子の説を弁護していることが分かる。即ち、「寤寐常に周公の道を存し行う」という程子の説は、「寤めては則ち思い、寐ねては則ち夢」みるというのがその真意であり、決して「夢無し」と言っている訳ではないと徂徠は説くのである。仁斎への対抗意識は、「仁斎先生乃ち云々」と名指しで仁斎が批判されていることからも明らかである。[10]また、②は、夢と心との密接な関係を説く点では仁斎と同様であるものの、仁斎が「夜の夢みる所は、乃ち昼の思う所」（『論語古義』）と両者の関係を短絡的に捉えたのに対して、「昼の思う所、滞りて夢と為る」場合があるなど一定の法則性はないとし、夢と心の関係をより慎重に考察しようとしている。

こうした徂徠の解釈は、懐徳堂学派の目にどのように映じたのであろうか。中井履軒が程子や朱子の説を批判していたことを想起すれば、程子の説を弁護する徂徠の説が批判的に受け止められたことは容易に想像できる。但し、大坂の儒者井狩雪渓（？～一七六六）が『論語徴駁』の該当部分に於て、「徂徠の宋儒に於けるや、更に甚だし」と述べている点は、この徂徠の夢の説の抱える問題の大きさを示唆しているように思われる。では雪渓は、何故に徂徠の説が宋儒以上に問題であると感じたのであろうか。

それは、徂徠の説の①に見える、孔子と天命との関係ではなかろうか。

周王朝の衰退期に生まれた孔子は「人臣」でありながら「制作」に志し、その故に「周公を夢」みたのであるが、「明王」は興らず、その夢は実現しなかった。そこで「五十にして天命を知」った孔子は「吾が衰えたり」と述べたのである。遂に「天命」は至ることなく、天は孔子を衰えさせ、孔子は益々天命の至らざることを悟って、「甚だしきかな久しきかな」と嘆いたのである。

こうした徂徠の解釈は、孔子と天命との関係について重大な問題を突きつけている。この「五十にして天命を知る」については、同じく徂徠の『弁名』に於て、より端的に語られている[11]。

孔子は「五十にして天命を知る」と。天の孔子に命じて先王の道を後に伝えしむることを知るなり。……孔子は先王の道を学びて、以て天命を待つ。五十にして爵禄至らず。故に天の命ずる所は、道を当世に行うに在らずして、これを後世に伝うるに在ることを知るのみ。しからずんば、孔子の天命を知るは、何ぞ五十を待たんや。

（『弁名』下「天命帝鬼神」）

既に指摘される通り、徂徠は、孔子を「先王の道を後に伝え」る伝達者として捉えた[12]。「五十にして爵禄至ら」なかった孔子は、天命を自覚する。それは、自身が「道を当世に行う」ことではなく、自らが学んだ「先王の道」を後世に伝えるということであった。

とすれば、『論語』のこの言葉も、徂徠にとっては、そうした天命を自覚した孔子の深い嘆声として捉えられることになろう。それは、孔子が無冠の聖王であることを前提に構築された経学の体系を、根本から揺るがす恐れを含んでいる。徂徠の夢観は、直接的には、仁斎に対抗して程子の説を弁護するものであったが、この夢を孔子と天命との関係から捉えようとする点は、朱子学の土台に楔を打ち込むような危険性を孕んでいるのである。

それでは、こうした点を念頭に置いて、今一度、懐徳堂学派の解釈に立ち返ってみよう。

五　『論語聞書』

『論語聞書』は、三宅石庵・五井持軒による『論語』の講義を、受講者が速記し、後に改めて清書したもの（漢字片仮名交じり文）である。三宅石庵は懐徳堂の初代学主、五井持軒（一六四一～一七一一）は五井蘭洲（竹山・履軒の師）の父である。テキストは全六冊からなり、『論語』全篇の講義が収められている。各冊末尾の識語によると、一・六冊目が筆記されたのは宝永三年（一七〇六）、二・三冊目は正徳二年（一七一二）、四冊目は正徳三年（一七一三）である。また、講義をした人物は一～三冊は五井持軒、六冊目は三宅石庵であったことが分かる。ただし、四冊目には講義者の名が記されておらず、五冊目には識語がない。述而篇は三冊目に収録されているので、今問題とする部分は、五井持軒の言ということになる。

講義が行われたのは懐徳堂創立（一七二四）以前であるが、すでに石庵と持軒とは親交があった。また、持軒の門人たちが後に石庵の門下生となり、懐徳堂創設に深く関わっていた。従って、本書は草創期懐徳堂の学問的状況を知る上で、極めて貴重な資料である。講義は、『論語集注』をテキストとしているが、受講者の大半が大坂の町人であったためか、初学者にも理解できるよう、実生活に即した例をあげ、受講者を教化しようとする姿勢が窺える。

持軒は先ず「述而第七」の篇題について、「此篇―孔子ノ謙退ノ辞多キナリ」と総評を述べ、甚矣吾衰章については、次のように講義している。[13]

子曰甚矣―孔子ワカキトキ中年マデハ何トゾシテ周公ノ道ヲヲコシ出シテ昔ノ如クタチナヲシタキト思シメスナリ。

周公ノ作法ノゴトクニシカエタキト思召ナリ。フダン思ナリ。ソレユエニ不断カヤウニ思召故ニ周公ヲアサヒニユメニ見玉ヒシナリ。周公ノ道ヲドウシテ行ヒシナリ。周公ハ孔子ヨリハルカ前年ナリ。シカレドモ心ニフカク思ヒ玉フ故ニミ玉ヒシナリ。道ヲ天下ニ行ヒタキト思召心ノサカンナルトキハサイサイ見玉ヒシナリ。孔子年ヨリ玉ヒテ道ヲ行ヒタキト思召心ウスクナリシナリ。シカル故ニ夢ニモサイサイ見玉ハヌナリ。周公旦ヲ見玉フコトトヲトヲシクナリシナリ。ワカキトキハオモヒフカキユエニサイサイ見玉ヒシナリ。ズント年ヨリ玉ヒテ、モハヤ道ガ天下ニ行ハレヌト覚悟シテ魯へ引込ミ玉ヒテ天下ヲ治メントト思シメス心ナクナリタリ。シカル故ニ周公ノユメヲスキトミ玉ハヌナリ。

持軒は、この夢を孔子の心の問題として捉えている。孔子は、「ワカキトキ」から「中年マデ」は、「何トゾシテ周公ノ道ヲヲコシ出シテ昔ノ如クタチナヲシタキト」念じた。「思召ナリ」、「フダン思ナリ」、「心ニフカク思ヒ玉フ」と説かれる孔子の切なる思いが、周公を夢に「サイサイ見玉」うこととなった。しかし、さすがの孔子も「ズント年ヨリ玉ヒ」、「モハヤ道ガ天下ニ行ハレヌト覚悟シテ」魯に引退した頃には、「道ヲ行ヒタキト思召心」が「ウスクナリ」、その結果、周公を「夢ニモサイサイ見玉ハヌ」こととなった。持軒はこのように説いて、この夢を、孔子の周道再興の意志と関連づけるのである。

また、持軒は、本文ならびに朱註の語句を取り上げて、各々次のように説明を加える。便宜上①〜⑨の番号を付す。

①久—ワカキトキハサイサイミル。ソノ後ハアヒダアヒダニマレニ見タルコトアリシカイツソノ程カ周公ヲスキト見タコトナヒ。アアイカウ道ヲ思フ志ノオトロへ甚シキトナリ。オトロへ甚シカラヌトキハマレニナリトモミタ

ガイツソノ程カスキト見ルコトナヒ。コレハオトロヘ甚シクナリタトナリ。スキトミヌカラハ我志衰タルコト甚キトナリ。
②孔子―盛―ワカクテ血気サカンナルトキナリ。
③如或―周公旦ヲ目デミルヤウニオボシメスナリ。
④無復―道ヲ天下ニ行ハント思召心ナキ故ニユメナキナリ。周公ノ道ヲ行ハント思召故ニ夢見玉ヒシナリ。
⑤周此―久シクユメ見玉ハヌニヨツテナリ。
⑥程曰寤―サメテモネテモフダン周公ノ道ヲ行ハント思召ナリ。
⑦及―年ヨリト血気オトロフル故ニ思ヒタツコトモオトロエテナラヌモノナリ。ワカキトキノヤウニナキナリ。
⑧不可此―ナラヌト云ニナルナリ。志慮オトロフル故ニコレハカウセウト思シメスコトモハヤナラヌト云ヤウニナルナリ。タトへバ人ワカキトキハ江戸へドウゾシテユカウト思フナリ。年ヨリテ足モブガンニナリテカラハモハヤ江戸へユカウト思フ心ナキガ如キナリ。
⑨存―ワカ身ニ道ヲ行ナフハ老少ノチガヒハナキナリ。聖人ハ年ヨルホド徳ススミ玉フナリ。人ヲオサメ天下ヲ治ルコトハ年ヨリテモナラタナリ。

これらは全て右の解説に沿いつつ、主要語句の説明を行ったものであるが、この内、③は、仁斎や履軒も問題視した朱子の「如或」という理解について、「周公旦ヲ目デミルヤウニオボシメスナリ」と明確な解説を加えている。また程子の説についても、「サメテモネテモフダン周公ノ道ヲ行ハント思召ナリ」と、徂徠同様の解説を加え、この夢が実夢であることを確認している。

また、⑧は本篇の主旨を、卑近な例を挙げて分かりやすく解説したものである。この夢の消滅は「志慮」の衰えであり、例えば、「人ワカキトキハ江戸ヘドウゾシテユカウト思」っていても、「年ヨリテ足モブガンニナリテカラハモハヤ江戸ヘユカウト思フ心」がなくなるようなものだと説いている。ただ、「聖人」と凡人との相違は、⑨に見られる通り、「聖人ハ年ヨルホド徳ススミ玉フ」点にあると説く。

持軒はこのように、「聖人」孔子の若き日の「志慮」が周公旦の夢となって現れたが、孔子も肉体的衰えには勝てずその「志慮」も衰えたのだ、と夢を孔子の「志慮」との関係から説いた。程子の説を、「サメテモネテモ」と解し、覚めては思い寝ては夢見るの意と考える点などは、徂徠の説との類似性を見せながら、決して、徂徠の説くような「天命」の問題には触れようとしない。むしろこの点に『聞書』の特色を窺うことができるのではなかろうか。

六　中井竹山

第四代学主として懐徳堂の黄金期を築いた中井竹山も、この夢には大きな関心を抱いたようである。竹山の書簡を編集した『竹山国字牘』巻上には「甚矣吾衰也ノ章旨」（答松藩谷某）として次のような夢の説が展開されている。[14]

①夢ニハ先輩垢ヌケシタル明説ナシ。至人無夢ナドト荘子ガイヘル妄言ニ泥ミテ、周公ヲ夢ミルヲトキカネタルコト多シ。コノ章ノ程子ノ説ヲ引ニモ夢寐見周公ナドトアリテ、シカト夢トサシツケヌ。含糊シテトカセラレタリ。夢ナレバタダチニ夢ト云タシ。含糊スヘベキコトニ非ズ。マヅコノ夢ノヲヨクヨク究ムベシ。

②凡ソ人ハ体ネムルトキハ心モ亦ネムル。心醒レバ体モサムルモノナリ。シカシ時アリテ心ハヨクネムリテイルニ、

体マヅサメテ或ハ寐言ヲアリアリトイヒ、又ハオキテサハギテ、翌日カツテヲボヘヌコト児童ニ別シテ多シ。俗ニ云ネトボケ是ナリ。又体ハヨクネムリテイルニ、心ノミオキルコトアリ。是レ夢ナリ。故ニ他所ニ往来シ、又ハイロイロノコトヲ手ニカケ、人ト応接談話スルヤウナレドモ、体ハ少シモ動カズ、心バカリオキテハタラクナリ。ソレユヘクタビレテ熟睡ノトキハ夢ナシ。夢アルハ多クハ暁ノ目ノサメントスルマヘ、又ハウタタネノ時ニアリ。又ハ夜ザトキ人ガ、積聚ナド持病アリテ寐カヌル人ハ多夢ナルモノナリ。

③又夢ハツネニ心ニ経タルコト、身ノ分ニアタリタルコトヲ見ルモノ。心ニ経ザルコト、身ノ分ニカカラヌコトヲ夢ニ見モノニ非ズ。故ニ農ハ耕種ヲ夢ミ、商ハ貨利ヲ夢ミ、工ハ造作ヲ夢ミルコト常ノコトナリ。農ノ造作ヲ夢ミ、商工ノ耕種ヲ夢見コトハナキコトナリ。王公大人ノ寒村白屋ニ居テ雨笠烟蓑ヲ着テ出タルタヘニトイフ夢ハナク漁夫樵客ノ廟堂ニ坐シ、車騎ヲ従ガヘテ出タル晨ニト云夢ハナキハヅナリ。

④ソレユヘ聖人ノ道ヲ天下ニ行ハント、ツネニ思シメス暁ニハ、周公ヲ夢ミ玉フコトハアタリ前ノコトナリ。老衰ニ及ンデモハヤ天下ニ意ナケレバ、マタ周公ヲ夢ニ見玉ハヌヤウニナリタル、コレミナ理ノ当然ナリ。

⑤夢ハ心ノ影法師ナリ。夢ノ邪生ニツキテ心ノ邪正ヲシルベシ。イロイロワケモナキコトヲ夢ニミルハ、心ノ定マラヌナリ。コレソノ人ノ常平生ニ存ス。一時ノ夢ノ咎ニハ非ズ。世ニ夢妄想トイヒテ、タダ夢ヲアシキコトトノミ心得ルハ誤レリ。

⑥又ハ思ヒヨラヌコトヲ夢ニ見テ、跡ニテ思ヒ合スコトノアルヲ、先儒モ兆朕入夢トイヒ、世ニ夢ノ告トイヒ、高宗ノ傅説、後醍醐ノ南木ヲ証トシテ、奇特ノコトトスルモ大ニ非ナリ。思ヒカケヌコトノ、今マデ覚ノナキコトヲ夢ニ見モノニ非ズ。高宗後醍醐ハカネガネ二人ノコトヲ見及ビ聞及バレシヲ、諒闇ニテ賢佐ヲ思ヒ、行宮ニテ良将ヲ求メラレシ夜ノ間ノ夢ニ、二人ヲ見シナリ。サモアルベキコトナリ。カツテ思ヒカケヌコトニ非ズ。又コ

レヲ夢ニ托シテ求タルト云モ、夢ヲアヤシク思ヒテ、ソノ説ヲ求メテ得ザルノ誤リナリ。従フベカラズ。

⑦又世ニ夢想ト称シサマザマ神異ヲ談ズルハ、一向ノ虚誕ナレバ、論ニ及バズ。枕上ニ立タル老人ハ、イツモ八十計リニテ必ズ鳩ノ杖ニスガリ、タダノ杖ヲツキタルコトナク、神ノ使者ニクル童子ハ、イツモ鬟ヅラヲユヒテ、ツイニビンヅラヲユハヌ童子ノ来リタルコトモナシ。コレラノ妖妄ノ話柄、アニ歯牙ニ置ニ足ンヤ。

先ず①で竹山は、「夢ニハ先輩垢ヌケシタル明説ナシ」とし、従前の夢の説が「至人無夢」という道家の「妄言」に影響を受けたものであると批判する。その上で竹山は、②に於て、夢と心と体の関係について論じ、通常、人は「体ネムルトキハ心モ亦ネムル」ものであるが、「体ハヨクネムリテイルニ、心ノミオキルコト」もあり、これが即ち「夢」であると説く。そしてその夢の内容については③で、「心ニ経タルコト、身ノ分ニアタリタルコト」が夢に現れるのであり、「心ニ経ザルコト、身ノ分ニカカラヌコト」を夢に見ることはないとする。

従って、こうした夢の説を孔子に当てはめて考えれば、④にある通り、孔子が「聖人ノ道ヲ天下ニ行ハント、ツネニ思シメス暁」には、「周公ヲ夢ミ玉フコトハアタリ前ノコト」であると説く。では何故、孔子は夢を見なくなったと嘆いているのか。それについては、⑤で、孔子が「老衰ニ及ンデモハヤ天下ニ意ナ」しという状態に至ったからであり、それもまた「理ノ当然」であるとする。

要するに竹山は、⑤に見られる通り、「夢ハ心ノ影法師」であり、「夢ノ邪生」はそのまま「心ノ邪正」の反映であると考えた。宋儒のように「タダ夢ヲアシキコトトノミ心得ル」のは誤りであると論ずるのである。また、⑥にある通り、「兆朕入夢」「夢ノ告」と呼ばれる夢も、決して「奇特ノコト」ではなく、殷の高宗が賢臣を待望し、後醍醐天皇が楠木正成を待望したように、「カネガネ二人ノコトヲ見及ビ聞及」んだ結果であると説く。

しかしながら、このように夢の価値を強調しすぎると、迷信論や神秘思想に陥っていく危険性もある。そこで竹山は、そうした俗説と自己の夢観とが一線を画するものであることを確認するために、⑦で「世ニ夢想ト称シサマザマ神異ヲ談ズル」のは「一向ノ虚誕ナレバ、論ニ及バズ」と説いている。この点は、山片蟠桃の『夢の代』や並河寒泉の『辨怪』にも見られる通り、懐徳堂学派の「無鬼論」の立場、合理的精神を示すものである。

このように竹山の解釈も、「夢ハ心ノ影法師」であることを前提に、この孔子の夢を、聖人の道を実現しようとした孔子の心の現れであることを強調するものとなっている。しかし、ここでも、懐徳堂学派が主要な批判対象とした徂徠の説については、何故か全く言及がない。それは、徂徠の説が俎上に乗せるほどの意味を持たぬと判断されたためであろうか。

もちろんそうした可能性もあろう。ただ、五井蘭洲の『非物篇』、中井竹山の『非徴』も、この部分について堅く口を閉ざしていることを勘案すれば、触れるべからずと考えられたという可能性も否定できない[15]。『論語徴駁』が「徂徠の宋儒に於けるや、更に甚だし」と述べる通り、反徂徠の立場を採る人々にとって、本章に対する徂徠の解釈は、極めて深刻な問題として受け止められた形跡がある。徂徠の解釈は、この夢を天命に関連づけようとするものであり、朱子学の根幹に関わる危険性を孕む理解であった。

懐徳堂学派が、この夢をひたすら「心」との関係から説き続けたのは、むろん「至人無夢」を前提とする宋儒を批判するためではあった。ただ、そこにはより深刻な問題が秘められていた。それは、徂徠の説への反感、しかも触れてはならぬ問題への反感であったと推測される。

おわりに

本章では、近世大坂に開花した懐徳堂の学問的立場について、『論語』述而篇に見える孔子の夢を手がかりに検討を加えてきた。中井履軒の経学研究は、朱子学を前提としながらも、必ずしも宋儒の伝統的理解に拘泥することなく、『論語雕題』『論語雕題略』『論語逢原』と積み重ねられてきた。ただ、履軒の解釈は、単に宋儒に対する批判として単線的に理解されるべきものではなく、その背景に、伊藤仁斎、荻生徂徠らの説の存在を想定する必要がある。

特に、徂徠の理解は、儒家の聖人論、天命論の根幹に触れようとするもので、懐徳堂学派の人々にとっては、単に個々の字句に対する解釈の相違といった次元ではなく、自らが拠って立つ思想的基盤そのものに関わる大きな問題として捉えられた可能性がある。五井持軒や中井竹山も、この夢に大きな関心を抱きながら、それを終始「心」の問題として強調していた。

もっとも、孔子自身がこの言葉をどのような意識で述べたのかは、これら後世の諸注釈の問題とは別に、極めて興味深い問題である。中国の長き経学の歴史において、この夢は、古注系注釈に代表されるように、周公への孔子の思慕が表出したものであると捉えられ、また新注系注釈のように、そもそも孔子は実夢について語っているのではないと捉えられてきた。

しかし、中国古代の有力な夢観によれば、夢は天の声を代弁するものであり、天から与えられた自らの使命や運命を象徴するものであった[16]。こうした夢観を念頭に置いて、この孔子の言葉を顧みれば、古注や新注とは異なる理解も可能となってくる。即ち、それは天と自己との断絶に対する孔子の深い嘆息であったとの理解である。孔子は、周公の夢が現れなくなったことにより、周道の再興という自らの役割がそれを果たせぬままに終わってしまったことを自覚し、嘆いたのではなかろうか。

中国古代の夢観を念頭に置けば、この孔子の言葉については、かかる理解が可能となる。にも関わらず、中国歴代の諸学者がそうした可能性に触れようとしないのは、やはり、懐徳堂学派の人々と同様の危機感を密かに抱いていたからではなかろうか。徂徠の解釈は、そうした意味で、聖人孔子像の否定に発展していく危険性を秘めるものであった。そのような解釈は、伝統的な経学を基盤とする限り、触れるべからざる禁忌であったと考えられる。

「夢ハ心ノ影法師」として、この夢を孔子の「心」の問題に局限し、徂徠の説を避けようとしたのは、懐徳堂学派が抱えたその問題の大きさを、逆に暗示しているかのように思われる。

注

（1）同様の趣旨で『論語』を検討したものに、「懐徳堂学派の『論語』注釈―泰伯篇曾子有疾章について―」（湯浅邦弘、寺門日出男、神林裕子、石飛憲、『中国研究集刊』第二九号、二〇〇一年）がある。

（2）「実夢」という語は筆者の造語である。後にその内容が実現するという意味での「予兆夢」のように誤解される恐れもあるが、本章においては、孔子が実際に見た（とされる）夢の意で使用している。

（3）拙稿「孔子と夢と天命と―『論語』甚矣吾衰章解釈と儒家の夢観―」（『日本中国学会報』第四二集、一九九〇年）、および「孔子の夢と朱子学の夢論」（『島根大学教育学部紀要』第二四巻第一号、一九九〇年）参照。

（4）以下、釈読に際しては、大阪大学懐徳堂文庫所蔵『論語雕題』を底本とする。その書誌情報は次の通り。十巻二冊。〔寸法〕外形二十三・五×十三・七。郭内十二・〇×十一・三。〔版式〕四周単辺。無界。九行十七字。序は一格低くし行十六字。注は双行十七字。なお、寸法は、以下全て縦×横、単位㎝である。

（5）釈読に際しては、大阪大学懐徳堂文庫所蔵『論語雕題略』を底本とする。その書誌情報は次の通り。二冊、中井履軒撰手稿本。〔寸法〕外形二十三・〇～二四・二×十六・〇～十六・六。郭内十八・六×十二・五。〔書式〕四周単辺、無界の紙を使用。九行二十字。〔版心〕白口。無魚尾。横一線。各篇の冒頭のみ藍筆で篇名。

（6）釈読に際しては、大阪大学懐徳堂文庫所蔵『論語逢原』を底本とする。その書誌情報は次の通り。中井履軒撰手稿本。〔寸法〕外形二十四・五×十六・〇。郭内十八・三×十二・四。〔書式〕左右双辺、有界の紙を使用。九行二十～二十三字。注は一格低くし小字で毎行二十五～三十字。〔版心〕白口。無魚尾。横一線。各篇の冒頭のみ朱筆で篇名。

（7）もっとも、履軒には今一つの「夢」の世界がある。その書斎の名「天楽楼」や「華胥国王」との自称、『華胥国物語』『有間星』などとして描かれた夢の世界である。この点については、テツオ・ナジタ『懐徳堂　一八世紀日本の「徳」の諸相』（子安宣邦訳、岩波書店、一九九二年）が、「履軒にとって「夢」とは、古人の知的自律性を守るために作り出された空間であり、また現在においてはまったく可能性の圏外にあるが、いつの日か実現されるであろう理想であった」と指摘している。

（8）資料の引用に際しては、日本名家四書注釈全書本による。

（9）資料の引用に際しては、『荻生徂徠全集』（みすず書房）所収『論語徴』による。

（10）『論語徴』全体に於けるこうした意識については、中井竹山『非徴』が、「非に曰く、吁嗟徂来（徠）物氏、学術の病、其の症、自ら大いに名を好むに在り。其の因、仁斎伊藤氏を圧倒せんと欲するに在り」と指摘する通りである。

（11）資料の引用に際しては、日本思想体系『荻生徂徠』（岩波書店）による。

（12）この点は、徂徠の「天命」観、「聖人」観から指摘されている。例えば、若水俊『徂徠とその門人の研究』（三一書房、一九九三年）は、「孔子は天命として教育者に留まらざるを得なかった」とし、陶徳民『懐徳堂朱子学の研究』（大阪大学出版会、一九九四年）は、「道を聖人の作為の所産とする徂徠にとって、天命というのは、そもそも道とは無関係のものであり、しかもその「天命」は、『中庸』首章に説かれるような普遍的なものではなく、「王公」しか受けられないものである」と説く。また、注7のテツオ・ナジタ前掲書は、「徂徠が孔子について、「五十にして天命を知る」とは、政治的影響を及ぼしうる地位に就きえぬ——「制作の任にあたる能わず」——と悟ったことを意味するのだというとき、徂徠はそれを自分自身の運命に比定している」と指摘し、徂徠が孔子に自らの運命を重ねて見ていたと説く。

(13)　釈読に際しては、大阪大学懐徳堂文庫所蔵『論語聞書』を底本とする。原本の書誌情報は次の通り。全六冊、五井持軒・三宅石庵述、加藤信成等筆記、正徳三年（一七一三）吉井克斎等浄書。〔寸法〕外形二三・一×一五・六。無郭無界の紙を使用。

(14)　釈読に際しては、大阪大学懐徳堂文庫所蔵『竹山国字牘』を底本とし、明治四十四年（一九一一）刊行の『懐徳堂五種』中の翻刻を参照した。原本の書誌情報は次の通り。『竹山先生国字牘』全九冊、中井竹山撰、天明二年手稿本。〔寸法〕外形二十四・三×十六・六。郭内十八・七×十二・五。〔版式〕左右双辺、有界、白口、線魚尾の紙を使用。九行二十五字。各冊の目録部分のみ無郭無界の紙を使用。なお、表記については、原本の表記に従うが、合字・変体仮名などは、通常の仮名で読み替え、漢字は現行字体に改めた。

(15)　蘭洲が夢について触れようとしない点については、注7のテツオ・ナジタ前掲書が「蘭洲の合理主義の中で詩歌は確たる位置を占めていたが、「夢」はそうではなかった。……内部に首尾一貫した「規則」を見分けることのできない「夢」に関しては、蘭洲は一線を画する」と指摘している。

(16)　この詳細については、拙稿「中国古代の夢と占夢」（『島根大学教育学部紀要』第二二巻第二号、一九八八年）参照。

第一章　初代学主三宅石庵と『萬年先生遺稿』

寺門日出男

はじめに

三宅石庵（一六六五―一七三〇、号は萬年）は、懐徳堂の初代学主となった人物であり、懐徳堂学派はもとより、近世日本思想史においても重要な位置を占める存在である。しかし、現存する石庵関係資料は、あまりにも少ない。大阪大学懐徳堂文庫の図書目録である、『懐徳堂文庫図書目録』（大阪大学文学部編集・発行、昭和五十一年）には、石庵の講義の筆記録である『萬年先生論孟首章講義』及び『論語聞書』[1]と、『萬年先生習字帖』を見出すのみである。他には、医学関係の著述である『医事傍観』（鈔本・大阪府立図書館蔵）、吉田鋭雄が蒐集した「石庵先生遺稿」（『懐徳』十八号所収・昭和十五年十月・懐徳堂堂友会刊）、櫻井武次郎の論考「俳人泉石としての三宅石庵」（『懐徳』四十一号所収・昭和四十五年十月）に、石庵の俳句が集められている程度である。したがって、その学問や人となりを直接知り得るような資料は、ほとんど残っていないと言ってよい。

大阪大学中国哲学研究室を中心に結成された懐徳堂研究会では、大阪大学懐徳堂文庫資料の実見調査を行ってきた。調査の過程で、『懐徳堂文庫図書目録』未収載の石庵の詩文集二種の存在が確認された。

本章は、これらの資料を中心として、懐徳堂研究における石庵の位置付けを再検討することを目的としている。

一　資料の概要

今回の新出資料は、ひとまず外題で掲げれば、以下の二点である。

①『萬年先生遺稿』二巻一冊　鈔本

「昭和29・12・22受入」、「大阪大學圖書之印」の印[2]があり、『懐徳堂文庫図書目録』作成の時点で既にあったはずで、当然掲載されている筈のものであるが、なぜか漏れており、従って一般にはその存在が知られていなかった。ただし、前掲吉田鋭雄「石庵先生遺稿」には、復刻紹介されている。吉田は〈石庵先生遺稿に就いて〉と題する序文で、「偶昨年春、中井家より懐徳堂並水哉館遺書遺品を寄進せられた其の内に、同先生の詩文雑稿若干を獲た」と述べていることから、この資料は昭和十四年、中井天生から重建懐徳堂に寄贈されたものと推定される。

『中庸定本』（中庸錯簡説に関わる、十五・十六・二十三・二十四・二十五章のみを掲げる）、詩十九首、「算法示蒙」と題する全文八十字のものから成る。詩篇の前には表紙がついている。左側に行書体で「萬年先生詩稿」とあり、竹山の手と思われる。表紙中央には草書体で「万年詩稿ノ部」と、墨筆で書かれている。左側の行書体とは明らかに異筆で、石庵を「先生」と呼んでいないことから、息子の春楼もしくは懐徳堂外部の者が書いたものであろう。「五」は巻数を指すと思われるが、元の四の字を抹消し、その右隣に書き加えられている。この字が書き加えられた時点では、少なくとも五巻以上の詩稿が存在していたと考えられる。さらに、「詩稿ノ部」という語から考えて、詩以外の著述も存在していたのではないかと推定される。

　巻頭には竹山撰「萬年先生遺稿序」が付けられている。この序文には、例えば「愚」→「予」のように、竹山が朱筆で推敲した跡があること、また、竹山が序文を撰したものには、刊本・定稿本いずれも撰された年月等が明示されているのに対し、この序文にはそれがないことから、未定稿本であると考えられる。おそらく、竹山は石庵の著述を蒐集・公刊するつもりで準備を進めていたが、何等かの事情によって果たせなかったものと思われる。

　同序文が著された時期は示されていないが、序文の中に「（五井蘭洲の）質疑の篇、予嘗て之に序を為り」という一節があり、また、序文末尾の署名は「助教中井積善」（傍点筆者）とある。したがって、同序は『質疑篇』の序文が著された明和三年（一七六六）から、竹山が学主となった天明二年（一七八二）の間に作成されたものであることは、間違いない。

「序文」を含め、全篇が竹山の筆によるもの（上述「万年詩稿ノ部」という記述を除く）であることから、資料としての信頼度は高い。

②『観瀾先生詩稿』一巻一冊　鈔本

新田和子（中井天生の妹終子の養女）から、昭和五十四・五十八年の二回にわたって寄贈された、新田文庫中の資料である。この文庫の資料群は、中井家伝来のものということで貴重資料が多数含まれているが、寄贈の際に書きつけられたと思われる外題には、その内容と合致しないものが散見する。

　本書は、詩二十首および「雑記」と題する漢字片仮名混じりの全二十五字の短文が収められており、巻末に「萬年

生日正月十九日　所生処　三條通　御幸町上ル丁」と書かれている。外題に従うならば、本書は石庵の弟・三宅観瀾の詩集ということになる。だが、収載漢詩の内十八首が、若干の文字の異同はあるものの、①所収のものと重複している。その中には、「中井誠之（甃庵）前日播磨州に之《ゆ》きて未だ帰らず」という題の詩があり、作者が中井甃庵と親しかったと考えられること、「難波客居」と題する詩があることから、故郷を離れて大坂に住んだ経験があると考えられること等から、これらは石庵の作であること、ほぼ間違いない。「観瀾」と誤った理由は、当初、同書に内題が無かったことと、②のみに採られている詩に「兄を夢む」と題する詩があり、詩題の下に小字で「観瀾先生」と注記があったことに因ると思われる。ちなみに『観瀾集』(3)に、「兄を夢む」詩のみが採られており、①・②に共通する十八首は全て載っていない。おそらく、同詩は②を筆写した人物、もしくは②の元となった鈔本を作成した人物が、石庵に関係の深い作品と考えて入れたのであろう。

二　石庵の漢詩

西村天囚『懐徳堂考』は、懐徳堂学派研究の最も基本的な文献であるが、石庵については「著述を好まず」（上巻三十二頁）、「詩文に長ぜず」（同）と述べており、漢文による著述は得手ではなく、むしろ、「俳諧を善く」（同）する人物であったとしている。しかし、前掲櫻井武次郎「俳人泉石としての三宅石庵」に拠れば、石庵の作句活動が見られるのは、ほとんど元禄末年に限られているとのことである。そして、櫻井は次のように述べている。

一体、彼は句作に対しては余り熱心ではなく、交際の上から、当然入集してよかりそうな讃岐や大坂の俳書に、彼の名の見えぬことは屡々《ママ》であった。「もとは俳かい士じゃげな」と、石庵について述べる秋成の言（『胆大小心録』）

は、当然、肯んじられず、「泉石（筆者注：石庵の俳号）は何がしの鴻儒、俳句をも玩ばれて此戯れ有しとぞ」という『続今宮草』が最も真に近い。

これに拠れば、石庵が「俳諧を善く」していたという説は、当を得たものではない。

また、『萬年先生遺稿』(4)を見る限り、「詩文に長ぜず」という評価についても、疑問が残る。現存する石庵の漢詩文は、吉田鋭雄が蒐集したものを含めても僅かである。しかし、それらの作品の傾向を見ると、実際には相当多数の詩作をしていたであろうことが推定できる。例えば「会飲五友軒和笠字」と題する詩は、おそらく儒者同士が会合の席で作った、和韻詩の類であろう。「題画」と題する二首は、同好の士が描いた画に、乞われてつけた画賛の類であろう。「浪華津口留別諸友」は、旅に出かける石庵が、見送りにきた友人達に贈った詩である。当然、見送る側も送別の詩を贈ったはずである。

石庵と時代の重なる儒者達の詩文集には、多くの場合、こうした交流の場で作られた詩が、多数載せられている。そもそも当時、このような場で詩を作れないようでは、儒者としてすら認知されなかったはずで、おそらく石庵も折に触れて詩作をしていたに違いない。

言うまでもないことだが、現存の『萬年先生遺稿』は、石庵が作った詩の、氷山の一角に過ぎない。先に触れたように、ある時点までは、現存の五倍以上の詩が伝えられていたはずである。享保九年の大火によって、石庵は蔵書類を失う。石庵は享保十五年に六十六歳で亡くなっているので、晩年に到って、それまでに書きためた詩文・稿本類を失ったと見るべきであり、現在残されているものだけから、判断すべきではない。

こうした、いわば公的な場での詩よりも、より多く残っているのが、おそらく強制されたものではない、私的な詩である。例えば、「甃庵前日之播摩州未帰」と題する詩は、門下生・中井甃庵が郷里・龍野に出かけていて、その帰りを待ち侘びる心情を詠じたもの。また、「夏日喜雨」詩は、熱暑続きのところに降った慈雨を喜ぶものである。このように日常の所感を表現したものは、詩文が得意でない人物が、進んで作るような性格のものではなかろう。

これらの私的な詩の中でも、石庵の思想を探る上で看過できない、次のような詩がある。

浪華客居　浪華の客居
乾坤孤病客　乾坤　孤病の客
無處不僑居　処るところ無く僑居もせず
劇地風流少　劇地　風流少なく
新徙朋友稀　新たに徙れば朋友稀なり
門前留海船　門前に海船を留め
月下讀鄕書　月下に郷書を読む
時復江河曲　時に江河の曲に復り
躊躇獨羨魚　躊躇して独り魚を羨む

右は、石庵が、讃岐から大坂に出てきた時の作と考えられる。詩の前半では、住み慣れた讃岐の地を離れた、石庵の孤独な心境が詠じられている。「劇地」は、繁華で重要な土地のことで、ここでは大坂を指す。六句目の「郷書」は家書に同じで、家族からの手紙。ここでは弟・観瀾からの手紙を指すものと思われる。最終句の「羨魚」は、孟浩然「臨洞庭上張丞相」詩の「徒に魚を羨む情有り」を踏まえた表現で、仕官を望む心情を譬えたものであろう。石庵が大坂にやってきたのは、元禄十四年（一七〇一）[5]。これに先立ち、弟の観瀾は徳川光圀に仕え、元禄十年から『大日本史』編纂事業に携わっている。観瀾からの手紙は、多忙ながらも充実した様子を伝える内容のものだったのかもしれない。月明かりの下でその手紙を読み、自分も仕官して活躍してみたいという、「志」を詠じた作品であろう。石庵は、懐徳堂官許の際、学主となることを一時は辞退したこともあって、「隠者」・「市隠」と評されてきた。しかし、この詩を見る限り、自己の学識を活かすため、仕官を考えていた時期もあったと考えなければならない。

さらに、詩型の面から見ても、五言詩・七言詩の他に、六言詩・三言詩といった、他にあまり見かけないものもあり、漢詩による表現を積極的に追究しようとする、石庵の姿勢を窺うことができる。

三　石庵の学問

『萬年先生遺稿』の中でも、石庵の伝記資料としてとりわけ注目されるのが、竹山撰の序文である。以下、序文の中で石庵の事跡に関する部分を追ってみる。竹山から見て、石庵の学問は「平昔の独見、超詣せり。先賢未発の旨を得ること、固より枚挙す可から」ざるものがあったとある。既述のように、書かれた時期が春楼存命中のことなので、多少の誇張は有るのかもしれないが、石庵の学問を高く評価していたことが窺える。しかし、その学問上の成果を「稍々（次第に）親ら録」したものは、不幸にも「府下甲辰の災（享保九年の大火）」によって、灰燼に帰してしまう。しかし、「令嗣春楼君、旁羅捜索すること数十年、寸蒐尺輯、始めて巻を成す」ことができた。そして、そこに残された成果の中でも特筆に値するのは、「中庸錯簡の説」と「五行配当の非を斥け、因りて四徳に信を加へて五常と為すの誤りを正す」説の二つであり、これによって「学ぶ者始めて思・孟の真を知る」ことができたという。

右の内、所謂中庸錯簡説については、石庵の学説として広く知られてきた。西村天囚『懐徳堂考』〈石庵の学問著述〉項でも、「石庵の創見、後世に朽ちざる者一あり」（三十一頁）とあり、石庵の業績として中庸錯簡説を採り上げている。だが、この五常に関する説について、天囚はこの項では全く触れていない。おそらく、天囚は竹山の〈萬年先生遺稿序〉を見ていなかったのであろう。

さて、石庵の五常説は、五井蘭洲によって継承されたようである。蘭洲の『質疑篇』には、五常説が載せられている。竹山に拠れば、「（蘭洲）の説、先生の旨と吻合して間無」いものであるというのである。そして、それは、「蓋し、蘭洲の学、家承に出づと雖も、夙齢より、（石庵）先生門徒の間に厠《まじは》れば、則ち五行の説の如き、固より已に其の緒論を与聞」したことに因るのである。

では、蘭洲の五常説は、どのようなものであろうか。『質疑篇』[6]の巻頭に、その論文は掲載されている。少々長いが、以下に全文を掲載する。

〈泰誓〉曰、「商王受狎侮五常。」孔安国曰、「軽侮五常之教。」〈舜典〉、「慎徽五典。」孔曰、「五典、五常之教。父義・母慈・兄友・弟恭・子孝。」又曰、「五品不遜。」孔曰、「五品謂五常。」又曰、「敷五教在寛。」孔曰、「布五常之教。」〈武成〉曰、「重民五教。」『左氏伝』載季文子曰、「舜臣尭、八元八愷、使布五教于四方、父義・母慈・兄友・弟恭・子孝。」『孟子』曰、「使契為使徒、教以人倫、父子有親、君臣有義、夫婦有別、長幼有序、朋　友有信。」司馬遷叙〈舜本《ママ》紀〉、亦拠『左伝』為五教之目。左氏多誕妄不可拠信。唯孟子伝道尤醇、去聖又邇。当以父子・君臣・夫婦・兄弟・朋友、為五品、親・義・別・叙・信、為五常也。董仲舒曰、「仁・誼・礼・智・信、五常之道、王者所当修飾也。」班孟堅亦言、「五常者何。謂仁・義・礼・智・信也。」董子泥五行、乃遂附会立此目耳。非古義也。『関尹子』有仁義礼智信之目、然此書係偽撰、亦　弗可従。（表記を常用漢字で統一し、適宜記号を補った。）

大意をあげれば、蘭洲は『尚書』における用例と孔安国の注釈を引き、五常＝五教であるとする。さらに、『孟子』を引用して、親・義・別・叙・信が五常であるとする。そして、一般に言われる仁・義・礼・智・信は、董仲舒が五行説に拠って作為したものであって、「古義」ではないと論じている。今日から見て、『尚書』の文献学上の問題はあるものの、論ずるところは合理的である。蘭洲の代表的著述『非物篇』に見られる方法論と、基本的に一致するものだろう。

では、石庵の五常説が、果たしてどの程度蘭洲のものと似ているのだろうか。現物がない以上、断定はできないが、石庵の説によって子思・孟子の真を知ることができるようになったという竹山の説明と、蘭洲の「古義」を明らかにしようとする姿勢は、共通する点が多かったと考えられる。

四　石庵再評価の必要性

従来の懐徳堂学派研究では、西村天囚『懐徳堂考（上巻）』（明治四十三年三月刊）の記述が後世の研究に多大な影響を及ぼしてきた。天囚が懐徳堂についての調査研究を行った時期が、懐徳堂廃絶からそれほど時間が経過して居らず、現在我々が目に出来ない資料や、懐徳堂に学んだ人々に対して直接聞き取り調査が可能であったこと等に因り、その記述内容に抗し難い雰囲気があったことは、否定できない。

しかし、『懐徳堂考』における石庵の評価は、以下に掲げる通り、実は曖昧模糊としたものである。すなわち、弟の観瀾が文章に巧みであったのに対して、「石庵は道徳を以て勝」（上巻十三頁）る人物であり、「俳諧を善くし」（同）、「鼓を善くし、又謡曲を好」（同三十三頁）む「才子風の人」（同）としている。一方で、その弁舌は「音吐朗暢ならずして、口中糊塗」（同二十四頁）とあるように、全く冴えなかったため、「経書の講説は、其の所長に非ず」（同三十一頁）、「彼は実に市隠なり。世其の栄利を好まざりしを称す。此の比の事とて、禄を求めんこと難からざりけんに、就くを屑しとせずして大阪に隠遁せし」（同三十二頁）人物であったと評されている。つまり、石庵は道徳家でありながら才子でもであり、また一方で口下手な隠者でもあったということになる。このような支離滅裂な評を綜合して、その人物像を想起することは、ほとんど不可能である。

本章は、決して天囚の業績が果たした役割を否定するものではない。だが、天囚が『懐徳堂考』を著した時代でさえも、石庵没後から既に百年以上の隔たりがある。右のような矛盾は、石庵の名が揚がって以降、その言動が誇張されたり、甚だしい場合には捏造されたりして、後世に伝わったことに、また、既に述べたように、資料的な限界に因るものであろう。

天明二年（一七八二）、春楼が没し、竹山が学主に就任して以降、懐徳堂経営陣から三宅家の影は完全に消えてしまう。この時点でさえ、石庵が没してから既に五十年以上もの歳月が流れている。おそらく石庵の謦咳に接した人物は、懐徳堂内にほとんど残っていなかったであろう。竹山の『萬年先生遺稿』が未定稿に終わり、石庵の学問や為人を後世に適切に伝える試みは、その後ついに為されなかった。

おわりに

従来、石庵と言えば、『論孟首章講義』から窺えるような、庶民にも分かり易い講義をする、啓蒙家としてのイメージが強かった。しかし、もし石庵がそれだけの人物であり、懐徳堂が庶民教育の場に過ぎなかったならば、懐徳堂が昌平黌に次いで官許を得たことも、並河誠所や五井蘭洲のような第一級の儒者が助教となったことも、また、中井甃庵や富永仲基などの人材を輩出したことも、合理的に説明できない。『萬年先生遺稿』から窺う限り、石庵は、竹山が評するように儒者達の尊崇を得るに足る、高い見識を有した人物であったと考えられる。

本章では、『萬年先生遺稿』を対象とした検討に止まったが、今後は讃岐や京・大坂における交遊関係をも視野に入れて、より綿密な検討をする必要があると考える。この点については、今後の課題としたい。

注

（1）大阪大学懐徳堂文庫蔵。同書は全六冊からなる。各冊末尾の識語から、一～三冊目は五井持軒の、六冊目は三宅石庵の講義を筆録したものであることがわかる。なお、同書の詳細については、『大阪大学大学院文学研究科紀要』第四十二巻―二（平成十四年三月刊）を参照されたい。

（2）他に「天生寄進」の印があり、この資料が中井家伝来の資料であることは、間違いない。

（3）本章では、国立国会図書館所蔵の鈔本に拠った。同書には、当該詩について、以下のような注がある。兄時在江戸、元禄甲戌乙亥両年之作。

（4）以下、詩の引用は①の『萬年先生遺稿』に拠る。

（5）石庵来坂の時期については、元禄十三年説を採用している場合が多いが、本章では櫻井武次郎の説に従った。

（6）大阪文淵堂等刊本に拠る。蘭洲の著述は竹山・履軒兄弟の校訂を経て後、刊行されていたようで、本章引用箇所も、大阪府立中之島図書館所蔵『蘭洲先生遺稿』（鈔本）とでは異同がある。なお、懐徳堂文庫には、竹山・履軒兄弟が『質疑篇』上梓に先立ち、遺稿の推敲について意見交換をした、『質疑疑文』が収蔵されている。『質疑篇』刊行に至る過程を窺うことができる、興味深い資料である。

第二章　五井蘭洲遺稿の伝存

寺門日出男

はじめに

近世期大坂の儒者・五井蘭洲（一六九七〜一七六二）は、懐徳堂黄金期を支えた中井竹山・履軒兄弟の師であり、『非物篇』を著して荻生徂徠『論語徴』を痛烈に批判したことでも知られている。また『古今和歌集』・『伊勢物語』等に注釈を施して、所謂懐徳堂和学を興した人物であり、思想史はもとより、国文学史においても極めて重要な存在である。

近年、蘭洲研究に関する優れた論考が発表されている。たとえば、陶徳民『懐徳堂朱子学の研究』（一九九四年三月・大阪大学出版会）は、懐徳堂学派における蘭洲の重要性に着目した研究であり、北谷幸冊『万葉集詁　本文・索引と研究』（一九九八年七月・和泉書院索引叢書）は、蘭洲の『万葉集』注釈についての研究である。また、山中浩之「懐徳堂の人々―五井蘭洲」（『懐徳』五十八号・平成元年十二月・懐徳堂記念会）は、蘭洲の伝記として出色のものである。しかし、蘭洲撰と伝えられる著述に対して、書誌学的見地からの検討はほとんどなされていない[1]。

本章では、主に大阪大学懐徳堂文庫と大阪府立中之島図書館とに所蔵されている鈔本を対象として、蘭洲著述の伝存の経緯について、検討してみたい。

一　蘭洲の漢詩文集

現存する蘭洲の漢詩文集として、管見に入ったものとして以下のものがある。(2)

A　刊本

①『質疑篇』附『瑣語』三冊　明和四年大坂井上丹六等刊本

※中井竹山・履軒兄弟が、蘭洲没後にその遺稿を校訂したもの。『質疑篇』の巻頭に寛延三年の蘭洲の識語がある。天保三年に再刻本が刊行されている。

②『日本儒林叢書』　関儀一郎編・昭和五十三年四月鳳出版発行

※第一巻に『瑣語』二巻を収める。①を底本としたもの。

B　鈔本

③『五井蘭洲遺稿』八巻四冊

④『蘭洲遺稿』不分巻二冊

⑤『蘭洲遺稿』不分巻二冊

⑥『蘭洲先生遺稿』不分巻二冊

⑦『質疑篇』不分巻一冊

⑧『鶏肋篇』八巻四冊

③〜⑦は、大阪府立中之島図書館蔵本。この内、③・④は昭和四十四年に朝日新聞社から寄贈されたもの。⑥・⑦は昭和二十一年に大阪市内の古書肆から一括購入した、蘭洲関係資料六十五種に含まれていたもので、「尚經閣圖書記」という旧蔵者の蔵書印が押されている。両者は同筆で、しかも同じ用紙を用いている。(3) ⑦の外題下には、「五井蘭洲先生著並書」と書かれている。これが事実ならば、⑥・⑦は蘭洲自筆本ということになる。⑧は大阪大学懐徳堂文庫蔵本。

右に掲げた諸鈔本は、書名・巻数冊数が異なるが、その内容・構成に着目すると、以下のように分類される。

Ⅰ　八巻本遺稿（③・⑧）

③・⑧は、筆写の際の誤記と思われる若干の異同はあるものの、同系統の鈔写本であると思われる。構成は以下の通りである。

第一冊　巻一　鶏肋篇巻一・巻二　鶏肋篇巻二
第二冊　巻三　鶏肋篇巻三・巻四　冽菴漫録第一
第三冊　巻五　冽菴漫録第二・巻六　冽菴漫録第三
第四冊　巻七　鶏肋篇巻四・巻八　冽菴漫録第四

①の『質疑篇』・『瑣語』の章は、〈冽菴漫録〉第一〜第四に含まれている。ちなみに「鶏肋」は鶏のあばら骨のことで、大した価値はないけれども捨てるには惜しいものという意であり、蘭洲の命名によると思われる。「冽菴」は蘭洲の別号。「漫録」という謙譲表現からみて、これも蘭洲が命名したものであろう。八巻本は蘭洲自ら編纂したものであると考えられる。

その構成は、一見して明らかなように、〈鶏肋篇〉と〈冽菴漫録〉とが混在する不可解なものであるが、各冊の一行あたりの字数に着目すると、その原因が推定できる。すなわち、⑧は全書にわたって毎行十九字で統一して筆写されているが、③は一～三冊目までが十九字、四冊目は巻七が二十字、巻八が二十二字（最初の十数行のみ二十字）で書かれている。

言うまでもなく、筆写の際、写し落としを防ぐため、一行あたりの字数を原書に揃えることが一般的である。構成と行の字数とから考えると、まず巻一～巻六が一括して編まれ、巻七（毎行二十字）・巻八（毎行二十二字）は、後から加えられたものであろう。

Ⅱ不分巻本〈遺稿〉④・⑤・⑥

八巻本とは別種の詩文が収められている。蘭洲は宝暦九年（一七五九）五月に中風を病み、湯治のため有馬に滞在するが、その経験にもとづいて作ったと思われる「中風行擬白樂天」・「有問記事」等が巻頭にあること、「四樂説」末尾に「宝暦己卯（九年）七月閏望後三日執筆病床」とあること等から、蘭洲の最晩年に編まれたものであろう。

Ⅲ質疑篇〈定稿本〉⑦

蘭洲が、八巻本の〈洌菴漫録〉の中から、経書・史書に関する章を選んで一書にまとめたもの。識語に「寛延庚午孟夏」とあることから、寛延五年（一七五〇）陰暦四月の成書であることが分かる。この稿本の存在によって、『質疑篇』という書名は、蘭洲自らの命名であることが分かる。また、『瑣語』についても、弟子である竹山・履軒が、師の文集に、「瑣（些末、つまらない）」字を冠したとは考えられないので、ほぼ時を同じくして定稿本を作成していたと考えられる。さらに、残りの〈鶏肋篇〉も、別に一書に編集し直した可能性が、十分考えられる。

二　竹山・履軒の校訂

中井竹山の言に拠れば、竹山・履軒兄弟は、蘭洲の「治命を奉じて以て遺稿を整理」（『非物篇』序）したという。「治命」とは、健康な時の命令。蘭洲は中風に罹って病床に臥して後、嘗て竹山・履軒に文集の整理を依頼していたことを撤回したのであろう。

だが、蘭洲没後、兄弟は「治命」に従って、その遺稿を校訂・出版するための作業に取りかかる。現在、懐徳堂文庫に蔵されている『質疑疑文』（履軒撰・竹山書き入れ）・『瑣語疑文』（同）・『鶏肋篇疑文』（竹山撰）・『鶏肋疑文』（履軒撰・竹山書き入れ）は、遺稿校訂の過程を窺うことのできる、貴重な資料である。いずれも詩文の題を大字で掲げ、その後に小字で注を記すという形式のものである。こうした共同作業を経て、『質疑篇』附『瑣語』三冊が、明和四年（一七六七）に出版される。天明四年（一七八四）に出版された『非物篇』[4]も、前掲のような資料は残っていないが、おそらく同様の作業を経て編まれたものであろう。

しかし、八巻本〈鶏肋篇〉と『鶏肋篇疑文』・『鶏肋疑文』とを対照してみると、『鶏肋疑文』上冊は、〈鶏肋篇〉巻一～巻四に対応するが、『鶏肋篇疑文』・『鶏肋疑文』下冊に対応する本文はどこにも見あたらない。両書の注には、「太平記・護良（親王）・（足利）尊氏・（新田）義貞」等の語彙が見えることから、対象となった蘭洲の文章が南北朝争乱期前後を対象とした史論で、大字で掲げられた「論勢」・「論義」等の語が、史論の篇名と思われる。篇名は全部で十六条挙げられており、かなりの長編であったと推察されるが、八巻本はもとより、現存する資料にその文章を見出すことが出来ない。

では、竹山・履軒が校訂に際して拠った『鶏肋篇』とは、どのようなものであったのか。まずは対照可能な『鶏肋疑文』上冊に拠って検討したい。「擬豊相国」（十九丁表）題下に、履軒は「第七巻此篇重出ス。題下ニ小序アリ載ヘシ」と記している。実際、八巻本の巻三と巻七とに「擬豊相国復明神宗皇帝書」と題する文が重複して載せられており、巻七にのみ「小序」がつけられている。その他の題名も、八巻本〈鶏肋篇〉とほとんど同じである。従って、履軒が校訂に際して見た『鶏肋篇』は、現存八巻本とほぼ同じ構成であったと考えられる。

ただし、「讀明窓隨筆」（上冊二十丁裏）題下には、「晩本刪去此一篇」とある。当然、履軒が拠った『鶏肋篇』に、同題の文があったことになる。しかし、現存八巻本に同題の文章は見られない。蘭洲は、この文を一旦は載せていたが、後に削除したのであろう。履軒の言う「晩本」とは、数段階あった『鶏肋篇』稿本の内、後年に成ったものと考えられる。従って、竹山・履軒は「晩本」を参照しつつも、それよりも前の段階の稿本に拠って校訂作業をすすめていたと考えられる。

右の検討から、『鶏肋篇疑文』・『鶏肋疑文』下冊に対応する史論が見あたらない理由が推定できる。すなわち、蘭洲が数次にわたって自己の文集編纂をしていく過程で、当該の史論は、何らかの理由で蘭洲自ら削除したことに因ると思われる。

三　『鶏肋篇』未刊の理由

では、何故『鶏肋篇』は、刊行されるに至らなかったのであろうか。『鶏肋篇疑文』・『鶏肋疑文』を読み進めていくと、蘭洲の南北朝争乱に対する歴史観に対して、履軒が強い拒絶反応を示したことに因ると考えられる。

竹山『鶏肋篇疑文』と履軒『鶏肋疑文』に見える注記の性格を比較すると、両者に大きな違いがあることが分かる。『鶏肋篇疑文』では、史論の論理の矛盾や歴史事実の誤認を指摘する注も、少数ながら見られる。

前條ニ、帝［引用者注・後醍醐天皇］ノ倭歌ヲ好ムノ弊ヲ緊《きび》シク論セリ。ココニ又「講古道」ト並ヘ出サレタリ。前後矛盾ニテハナクヤ。（「講古道習倭歌」句注。引用に際し、一部表記を改め、ルビ・記号を補った。以下同じ。）

『太平記』ニヨレハ、此説誤レリ。尊氏ノ起ルヤ、帝、隠岐ニアリ。一モ知トコロナシ。何ノ択テ施スコトアラン。（「顧帝之所択而施之正在足利尊氏」句注）

しかし、注のほとんどは、以下に示すように、漢文法上の誤りや用語の不適切さを指摘するといった微調整的なものである。

「盈於朝半」ノ文法如何。「半於朝」ナトアルヘキ處ヲ、無理ニ下文ト對サセタルヤウニヲホヘ申。（「子弟清要盈於朝半」句注）

内ヨリ姦邪ノ助ケヲシタルト云心ニモ内助ノ字ヲ用ヒ、クルシカラスヤ。（「准后之内助」句注）

履軒『鶏肋疑文』にも、『鶏肋篇疑文』と同様の注が多数見られる。例えば次のようなものがある。

國耻トハ外國ニ對スル辞。國中ニテハ用ガタシ。（「以雪國耻」句注）

密勅トハイカガ。密詔ナルベシ。（「留密勅」句注）

だが、特に目立つのは、蘭洲の歴史認識に対する強い否定である。例えば以下のようなものがある。

是論古ノ和歌ヲ極口《くちをきはめて》讃歎セラレタルハ何故ソヤ。『日本紀』ナドニ載タル和歌ヲ見ヨ。十首ニ八首ハ淫奔ノ歌ナリ。詞ノ古メカシクシテ温雅ナルヤウナレドモ、詞ハ時世ニヨリテ移ルモノナリ。其歌ノ意旨ヲ見レハ、猥褻荒乱、口ヨリ出スベカラサルモノ多シ。「楽不淫哀不傷」ノ語ヲ用テ論スルハ勿体ナキコトナリ。故ニ倭歌ハ古今ニ

工拙アリ。是非ナシ。凡倭歌ヲ移風易俗之具也トイフハ後世附會之説ニシテ和歌者流ノ誇言ナリ。（「所以為学曰倭歌也」句注）

隋文帝ノ陳後主ヲ滅《ほろぼす》ハ、用ニタヽヌ事ヲ尽テ国ヲ滅サレタルヲイヘリ。陳後主モシ詩ガキラヒナラバ、国ハ滅ブマジトイフニハアラズ。後醍醐モ同ジコトナリ。歌ガキラヒナラバ、双六デ日ヲ費サン。双六モキラヒナラバ、鞠ニテモ音楽ニテモ酒ニテモ日ヲ費シ、国ヲ喪《うしな》フモノハ何程モアルベシ。（「恐和歌称寃」句注）

蘭洲は懐徳堂和学の先鞭をつけた人物であり、『万葉集』注釈も著している。ここで蘭洲は、古の和歌を引き合いに出して、恐らく後醍醐帝が淫靡な歌にのめり込んでしまったことが、建武の中興が頓挫した要因の一つと捉えていたようである。しかし、履軒は全面的にそれを否定している。

また、以下に示すように、尊氏が九州から都に攻め上ってきた際、鎌倉に遷都すべきだったとも考えていたようであるが、ここでも履軒は蘭洲の論を批判し、頓挫の原因は別にあるとしている。

中興ノ業ノ墜タルハ何故ゾ。都ノ要害アシクシテ潰レタルカ。ソノ都ヘ攻入シ尊氏ハ都ノ要害アシキユエニ謀反シタルカ。（中略）カカル処［引用者注：鎌倉］ヘ都ヲ遷シテ何トスベキ。マタ鎌倉ヘ遷都シタラハ尊氏ガ謀反セマジキトイフ證據アリヤ。但シ謀反ストモ鎌倉ノ要害ナレバ潰サレヌトイフニヤ。カノ北条ガ四日ノ間ニ義貞ニ攻潰サレタルハイカニ。是時ニ當テハ関東ニ叡山ハナシ芳野ハナシ。士民百姓等、故主ノ敵ナリトテ鋤耒ヲ振廻シテカカラバ、イツクヘカ逃走ン。アア愚ナル計カナ。（「一挙東遷」句注）

勢ノ本トイヘハ、是非トモ徳義教化ヲイハネバナラヌ。是ハ儒者ノ常談ナレドモ不可易モノアリ。北条氏土地兵甲ニ不足アリヤ。其滅タルハ何故ソ。勢ノ実ハアレドモ勢ノ本ナキ故ニアラズヤ。（「土地兵甲勢之実也本也」句注）

又按ニ、此一節尊氏ノ姦奸ノ出来立タルニ付テ、他人ノ姦奸ノ出来ソコナヒテ殺サレタルヲ挙テ「自蔽之甚」ト識リ皆人以《もっ》戒トセヨトイフ。是ハイカナル事ゾ。論ニハアルマジ。タトヘバ盗ガ幸ニシテ悪事露顕セズ。牖下ニ老死シタルヲ見テ、是ハ仕合トイフモノナリ。盗ハ大方殺サルルモノジヤ程ニ、コノ仕合ノヨキ盗ヲ以テ戒トシテ、ヌスミヲスルナトイフナリ。捧《ママ》腹絶倒。（「如彼尊氏…」句注）

丁が後になるにつれ、注は長文のものが多くなり、注自体が履軒の史論と言えるほどである。その標語も、「愚ナル計カナ」・「捧腹絶倒」等、激しさの度合いを増していく。一方、竹山の朱筆による書き入れは、後半では全く見られなくなる。断定は出来ないが、履軒の意見に首肯しつつも、師・蘭洲を攻撃することが、竹山には出来なかったからかもしれない。

『鶏肋篇』が刊行されなかったのは、竹山・履軒が次第に多忙になってきたことや、刊行費用の問題、更には蘭洲が文集編纂の過程で、自らこの史論を削除していたこと等の理由もあったであろう。だが、何より大きかったのは、蘭洲の史論に対する履軒の過激とさえ言える反発であったのだろう。

おわりに

前節に挙げた蘭洲批判だけを読むと、蘭洲と履軒との師弟関係が、良好でなかったかのようにも思える。だが、履軒が著した他の著述に目を向けると、そうではない。蘭洲の代表的著述『非物篇』も、竹山・履軒が校訂・出版したものであるが、その際に削除した学説の中から優れた学説を拾遺して、履軒は『非物継声篇』（大阪大学懐徳堂文庫所蔵の履軒手稿本）を編んでいる。その書名は『礼記』学記篇の「善歌者、使人継其声、善教者、使人継其志。」に由来する。良き師は弟子にその志を継ごうと思わせるという意であり、蘭洲に対する敬慕の情と、その経学を継承しようとする履軒の意図とを窺うことができる。また、履軒撰『通語』(5)が源平の争いと南北朝の争乱とを対象としたものであることも、別の意味で蘭洲の志を継いだものと言えるのかも知れない。

本章では、『鶏肋篇』関係資料を中心とした検討に止まった。今後懐徳堂学派の研究を進めていく上で、現存資料の書誌学的検討と埋没している資料の発掘は、不可欠なものであると言えよう。今回取り上げた『質疑篇』〈定稿本〉が、果たして蘭洲自筆本なのか否かの問題も含め、大阪府立中之島図書館所蔵の蘭洲関係資料全体について、改めて検討しなければならないが、このことについては稿を改めて論じたい。

注

（1）懐徳堂文庫貴重資料についての研究は、『懐徳堂事典』（湯浅邦弘編著・平成十三年十二月・大阪大学出版会発行）「懐徳堂データベース全コンテンツ」（平成十四年三月・『大阪大学大学院文学研究科紀要』第四十二巻）、『懐徳堂文庫の研究』（湯浅邦弘編・平成十五年二月・大阪大学文学研究科発行）があるが、大阪府立中之島図書館の蘭洲関係資料については、あまり研究が進んでいない。

（2）この他に、『郷土先儒遺著聚英』（昭和十三年十月・大阪府立図書館編纂）に、五井蘭洲遺稿『鶏肋篇』（四巻四冊）巻頭の影印が掲載されている。影印には、辰馬悦蔵氏蔵とあり、当時、『鶏肋篇』の自筆稿本の一本を、同氏が所蔵していたようである。辰馬考古資料館にその所在を確認したところ、資料館・辰馬家のいずれにも見あたらないとのことであった。

（3）四周単辺、毎半葉十行、版心白口・単黒魚尾・「巻之」。郭内二〇・二×一四・〇㎝。この用紙は右辺やや上方の匡郭が数か所欠損している点に特徴がある。

（4）同書は明和三年（一七六六）に完校していたが、出版はその十八年後である。出版がこのように遅れたのは、おそらく刊行費用を捻出出来なかったことによると思われる。

（5）同書は懐徳堂文庫所蔵の自筆稿本の他、天保十四年（一八四三）刊本、明治十七年（一八八四）に出版された『標註通語』

等で見ることができる。

第三部　中井竹山

第一章　奈良 大坂 墨の道―古梅園蔵懐徳堂墨型について―

湯浅邦弘

はじめに

平成十五年（二〇〇三）九月、奈良の墨の老舗「古梅園《こばいえん》」から研究室に御電話をいただいた。江戸時代の懐徳堂に関わると思われる墨型（墨の木型）があるが、そこに記されている漢文がどのような内容であるかを教えてほしいとの依頼であった。

古梅園の創業は天正五年（一五七七）、すでに四百年を越える製墨の老舗である。懐徳堂に関わる墨型とはどのようなものなのか、古梅園と懐徳堂にはどのような関わりがあったのであろうか。

後日、送られてきたのは、二種の墨型の拓本であった。一つは、丸形の墨型で、漢文は「礼楽刑政」から始まる三十二文字。今ひとつは、長方形の墨型で、「吾先子」から始まるやや長文の漢文によって構成されていた。結論から言えば、この二つの墨型の漢文は、いずれも懐徳堂第四代学主中井《なかい》竹山《ちくざん》（一七三〇～一八〇四）によるもので、日本史

図１　「礼楽刑政」墨の拓本

の中の懐徳堂、あるいは日本思想史における懐徳堂を考える上で、極めて重要なものであった。

本章では、便宜上、前者を「礼楽刑政」墨、後者を「吾先子」墨と仮称して、その内容について検討してみたい。

一　「礼楽刑政」墨

まず「礼楽刑政」墨をとりあげる。古梅園からお送りいただいた拓本（図１）の傍らには、漢文の記された反対面（墨の表の面）に虎と豹の絵が描かれている旨の注記があった。直ちに想起されたのは、『易』の言葉であるが、果たしてその漢文は、『易』の言葉を踏まえたものであった。

禮樂刑政如今廟堂已睹大人虎變之炳
學行道藝將來草野應成君子豹變之蔚
庚戌之秋　中井積善識　［善］［竹山］

礼楽刑政《れいがくけいせい》は如今《じょこん》廟堂《びょうどう》已《すで》に大人虎変《たいじんこへん》の炳《へい》を睹《み》る。
学行道芸《がくこうどうげい》は将来《しょうらい》草野《そうや》応《まさ》に君子《くんし》豹変《ひょうへん》の蔚《うつ》を成《な》すべし。
庚戌の秋　中井積善識す。　善　竹山

礼楽刑政（といった国家の大業）は、今まさに廟堂において大人虎変のあざやかな変化を見ることができた。（これと同じように）学問や技芸は、将来必ずや民間において君子豹変の立派な変化を成し遂げることであろう。

漢文を一見して分かるとおり、本文は明快な対構造になっている。そこで、「禮樂刑政如今廟堂巳睹大人虎變之炳」を前句、「學行道藝將來草野應成君子豹變之蔚」を後句として、若干の語注を加えておこう。まず前句の「礼楽」とは、儀礼と音楽。『論語』季氏篇に「天下有道、則禮樂征伐自天子出（天子道有れば、則ち礼楽征伐天子より出ず）」とある。中国古代の国家観・天子観によれば、平常時の「礼楽」、非常時の「征伐」はともに天子の掌握する国家の大業であり、天子の命によってこれらが施行されていれば、天下に正しい道が行われている証となる。「刑政」は刑の適用と運営。「礼楽」が「文」的施策、「刑政」が「武」的施策であり、「礼楽刑政」で、国家の根幹をなす政治の意を表す。

「如今」は今、ただいまの意。末尾に「庚戌之秋」とある寛政二年（一七九〇）秋を指すと思われる。「廟堂」は祖先の霊を祭ってあるみたまや。ここで天子が政務を執ったことから、朝廷、中央政庁の意を表す。ここでは、江戸公儀（幕府）のことを指すと思われる。

『易』の言葉とは、「大人虎變之炳」である。『周易』革卦・九五の「大人虎變。未占有孚。象曰、大人虎變、其文炳也（大人は虎変す。未だ占わずして孚《まこと》有り。象《しょう》（伝）に曰く、大人虎変すとは、其の文《ぶん》、炳たるなり）」を踏まえた言葉である。すなわち、大人（人格者）による虎の表皮の文（模様）のようなあざやかな変化を意味し、立派な改革が行われることをいう。

後句の「學行道藝」は学問および様々な技芸のこと。「草野」は民間の意。前句の「廟堂」に対する語である。

そして、これに続く「君子豹變之蔚」が、もう一つの『易』の言葉である。『周易』革卦・象伝に「君子豹變、其文蔚也（君子豹変すとは、其の文、蔚たるなり）」とある。すなわち君子（有徳者）が善に移るさまは、豹の毛皮の模様のように明確で速やかであることを意味する。なお、現代日本語としての「豹変」は、節操がなく態度や考えが急に変わるという悪い意味で使われる場合もあるが、それは誤用である。

最後の「庚戌之秋」とは、寛政二年（一七九〇）の秋。中井竹山六十一歳の頃にあたる。「積善」は竹山の名。落款の「善」印はその「積善」に因む。

では、この漢文は、どのような歴史的状況の下に記されたのであろうか。手がかりとなるのは、前句と後句との明快な対応関係であり、また奥付の「庚戌之秋」である。寛政二年（一七九〇）とは、時の老中松平定信によって、いわゆる寛政の改革が断行された時期に合致している。ちなみに松平定信が老中首座に就いたのが天明七年（一七八七）、定信が来坂して中井竹山に経世策を諮問したのが翌天明八年、朱子学を正統の学問とする寛政異学の禁が発令されたのが、この寛政二年（一七九〇）である。なお、竹山の経世策は寛政三年（一七九一）、最終的に『草茅《そうぼう》危言《きげん》』としてまとめられた。

前句は、こうした政治改革が公儀によって見事に成し遂げられたことを賞賛したものであろう。無論、その改革に竹山自身の経世策が影響を与えたという自負もあったと思われる。

後句は、こうした政治改革に続き、学術文化の改革が将来立派に成し遂げられることを説いたものである。そしてそれを担うのが「草野」、すなわち民間の懐徳堂であると言うのである。懐徳堂を「草野」と称し謙遜しているが、真の学術文化がここで成就されるという大いなる自負と決意も読み取ることができよう。中井竹山の頃、懐徳堂は江戸の昌平黌をも凌ぐ隆盛を誇ったとされ、当時の関西で「学校」と言えば懐徳堂を指したことがこうした状況を裏付けている。

このように、「礼楽刑政」墨は、寛政の改革という日本史上の大事件と密接に関わる内容であると考えられる。竹山は、寛政の改革に懐徳堂が大きく貢献したという自負を背景にこの漢文を記し、記念碑的意味合いを込めて古梅園に製墨を依頼したのではなかろうか。

二　「吾先子」墨

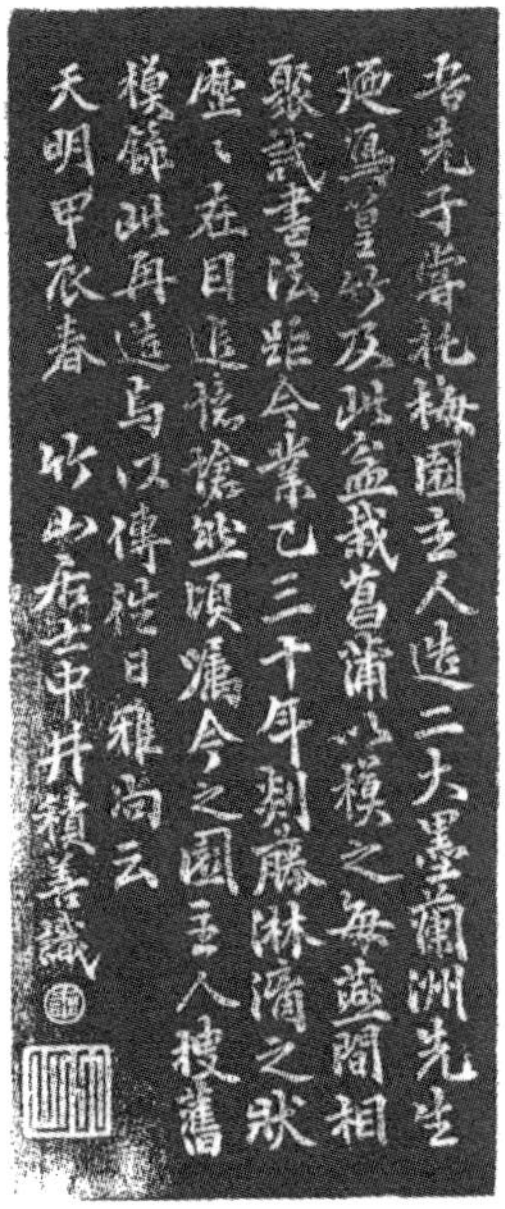

図2　「吾先子」墨の拓本

次に、「吾先子」墨を検討してみよう。送られてきた拓本（図2）の傍らには、この墨の表の面に、大きな花瓶に生けられた菖蒲の絵模様が彫り込まれている旨の注記があった。

吾先子嘗托梅園主人造二大墨、蘭洲先生廼寫篁竹及此盆栽菖蒲以模之、毎燕間相聚試書法、距今業已三十年、剡藤淋漓之状、歴々在目、追憶愴然、頃嘱今之園主人捜舊模録、此再造焉、以傳往日雅尚云

天明甲辰春　竹山居士中井積善識　［善］［竹山］

吾《わ》が先子《せんし》嘗《かつ》て梅園主人《ばいえんしゅじん》に托《たく》して二大墨《にだいぼく》を造《つく》る。蘭洲《らんしゅう》先生廼《すなわ》ち篁竹及《こうちくおよ》び此《こ》の盆栽菖蒲を写して以《もっ》て之を模《も》す。毎《つね》に燕間《えんかん》に相聚《あいあつ》まりて書法を試《ため》す。今を距《へだ》ること業已《すで》に三十年。剡藤淋漓《せんとうりんり》の状、歴々《れきれき》として目に在《あ》り、追憶《ついおく》すれば愴然《そうぜん》たり。頃《ちかごろ》今の園主人に嘱《しょく》して旧模録《きゅうもろく》を捜《さが》し、此《ここ》に再《ふたた》び焉《これ》を造《つく》る。以《もっ》て往日《おうじつ》の雅尚《がしょう》を伝《つた》うと云《い》う。

天明甲辰春　竹山居士中井積善識す。　善　竹山

我が先子（中井甃庵《しゅうあん》）は、かつて（古）梅園の主人に依頼して二つの大きな墨を作った。（五井）蘭洲先生はそこで、竹林とこの盆栽の菖蒲の絵を写して型に作られた。学業の合間にはいつも皆が集まり書法を試した。それも今を去ること、はや三十年。剡紙に墨が潤っているさまが、今もあざやかに目に残り、その頃を追憶すれば心がいたむ。（そこで）このたび今の（古梅）園の主人に頼んで古い墨型の記録を探し出し、ここに再度その墨を作る。それにより、過ぎ去った日の上品で高尚なおもむきを今に伝えよう。

このように、「吾先子」墨は、中井竹山の父・甃庵と師の五井蘭洲とを偲んで製作されたものであることが分かる。これも、若干の語注を加えておこう。

「先子」とは亡父の意で、ここでは、中井竹山の父・中井甃庵を指す。甃庵の没年は宝暦八年（一七五八）。この漢

文が記されたのは後述のように天明四年（一七八四）、竹山五十五歳の時である。

「梅園」とは、無論古梅園のことであるが、古梅園を「梅園」と称した例としては、琉球国慶賀典翰官程順則「古梅園墨讃」（『古梅園墨譜』利巻）に「豊山奇寶、梅園真香」とある。「蘭洲先生」とは、初期懐徳堂で助教を務めた五井蘭洲（一六九七〜一七六二）である。蘭洲は、中井甃庵とともに懐徳堂の興隆に貢献し、甃庵の子である竹山・履軒《りけん》の兄弟は、この蘭洲を師として学業に励んだ。竹山は他の文章の中で、蘭洲を「吾先子之畏友」、あるいは「父執」（父の親友）と称している。

「廼」は「迺」の俗字。すなわちの意で「乃」に同じである。「篁竹」は竹林のこと。「燕間」の「燕」はくつろぎ休むさまで、「燕間」とは学業・教授の合間の意である。

「業已三十年」の「業已」とは、もはや、すでにの意。「三十年」前とは、文末の「天明甲辰春」すなわち天明四年（一七八四）から逆算して、一七五四年頃（宝暦年間）にあたる。これは、五井蘭洲が懐徳堂で教鞭を執っていた時期に相当する。蘭洲五十八歳頃、竹山二十五歳頃のことである。

「剡藤」は中国の浙江剡渓《せっこうせんけい》の藤を原料とする紙の名。「淋漓」は水がしたたる、あるいは勢いのあるさま。ここでは筆墨が紙を潤す意にとったが、加えて筆法に勢いがあることをも指しているかもしれない。「墨痕淋漓」は筆勢を称賛する際の常套句である。

「歴歴在目」とは、あざやかに眼前にあること。記憶が鮮明なこと。「愴然」は、つらさにうちひしがれるさま。著名な用例は、陳子昂《ちんすごう》「登幽州台歌」の「独愴然而涕下（独《ひと》り愴然として涕下《なみだくだ》る）」である。「頃」はこのごろ、近頃の意。「雅尚」は上品で高尚なこと。「天明甲辰春」は天明四年（一七八四）の春。先の「礼楽刑政」墨の六年前にあたる。

それでは、この「吾先子」墨の漢文は、どのような状況を背景に記されたものであろうか。やはり、手がかりになるのは「天明甲辰春」である。この年は、中井竹山が荻生徂徠の説を批判した自身の代表作『非徴《ひちょう》』を、師・五井蘭洲の主著『非物篇《ひぶつへん》』とともに懐徳堂版で刊行した年であり、蘭洲を追憶する気持ちが一層募った年ではなかったかと推測される。

懐徳堂は、初代学主三宅石庵の頃には、諸学の良い点を何でも取り入れるという柔軟な態度が「鵺《ぬえ》学」と揶揄されることもあったが、第二代学主中井甃庵、助教五井蘭洲によって朱子学を基本とする厳格な学風が形成された。その結果、懐徳堂は徂徠の蘐園《けんえん》学派と鋭く対立することとなった。徂徠の古文辞《こぶんじ》学が字句の言語学的な解釈に傾倒する余り、朱子学の本来の目的である倫理道徳の追求を骨抜きにすると危惧したからである。

徂徠学の影響力は大きく、その勢いは関東から全国へと波及していった。蘭洲の『非物篇』は、「物茂卿」すなわち徂徠を「非」難するもの、竹山の『非徴』は、徂徠の代表作『論語徴』を「非」難するものである。この両書の刊行は、徂徠学の侵攻を押しとどめようとする懐徳堂学派の反攻の烽火であったと言える。

従って、この「吾先子」墨は、表面上、父や師を偲ぶという感傷的な内容のようにも見えるが、その背景として、当時の懐徳堂と徂徠学との関係を想起してみる必要もあろう。竹山は、懐徳堂学主として徂徠学の攻勢を迎え撃たなければならなかった。『非徴』『非物篇』が刊行された天明四年、この「吾先子」墨に込められたのは、単なる追憶や感傷ではなかったように思われる。

三　懐徳堂と古梅園

このように、二つの墨の裏面（墨背）に記された漢文は、いずれも当時の政治史や思想史に関わる興味深い内容で

図 3　「礼楽刑政」墨の墨型

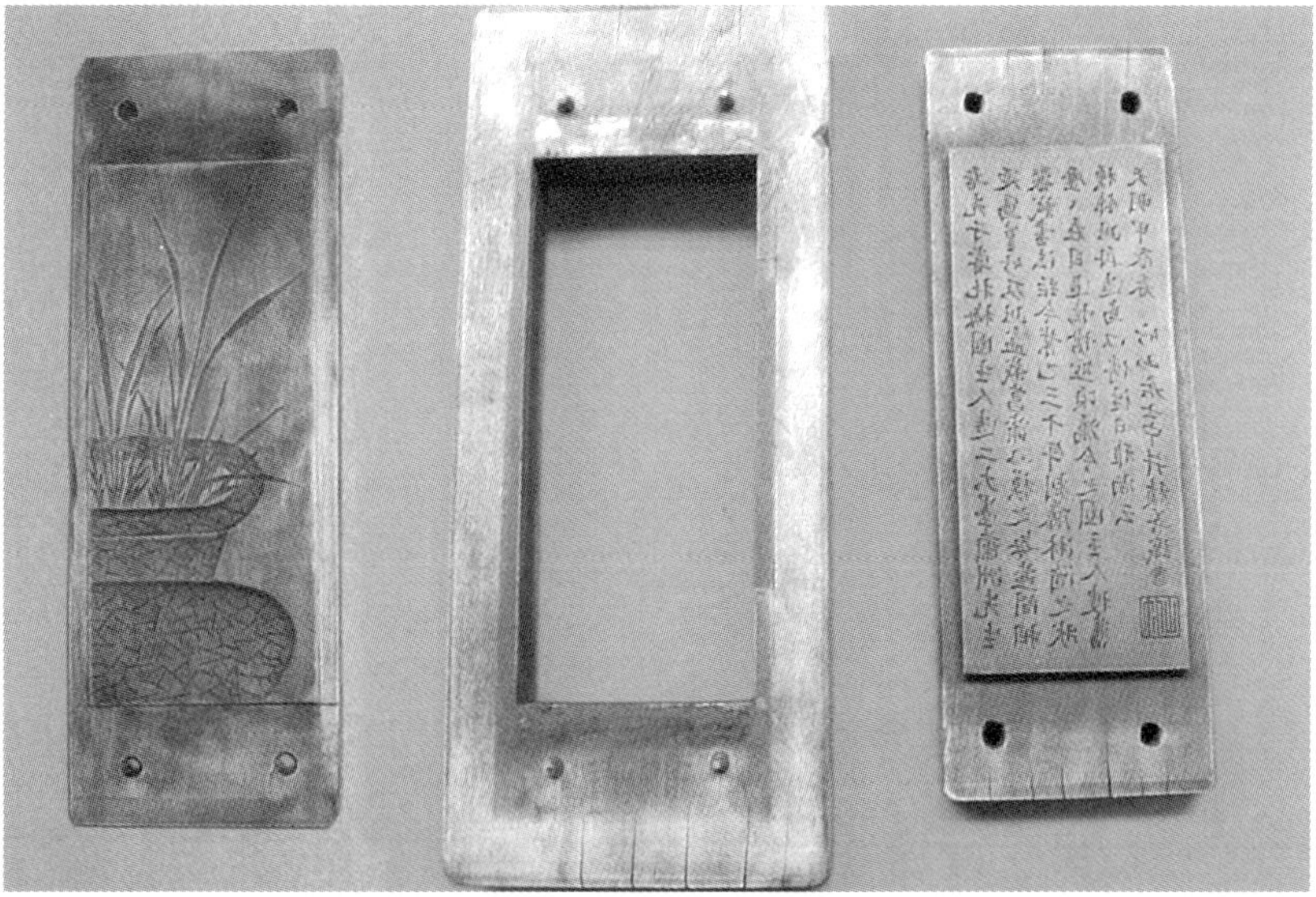

図 4　「吾先子」墨の墨型

あった。それでは、そもそも古梅園と懐徳堂とにはどのような関係があったのであろうか。竹山は、このような重要な内容を記した墨の製作を、なぜ古梅園に依頼したのであろうか。

右の「吾先子」墨によれば、懐徳堂が古梅園に製墨を依頼したのは、竹山の時が初めてではなく、すでに甃庵・蘭洲の頃に「梅園主人に托して二大墨を造」ったとされている。その漢文に、「梅園主人」と「今の園主人」とが書き分けられているのは、古梅園と懐徳堂との関わりがすでに二代以上にわたって続いていたことを示しているであろう。関係者の生卒年から判断して、甃庵（一六九三～一七五八）の頃の「梅園主人」とは、古梅園第七代の松井元彙（一七一六～一七八二）、竹山が天明四年（一七八四）の時点で「今の園主人」と言っているのは、第八代・元孝（一七五六～一八一七）となる。

こうした両者の関係は、他の資料からも裏付けることができるであろうか。実は、この墨型については、その後、思わぬ展開があった。筆者は、右に記したような漢文の概要をまとめて直ちに古梅園にお伝えしたが、その翌月、この件を含め、懐徳堂文庫の資料調査の様子や懐徳堂事業についてNHK大阪の取材を受けることとなった[1]。さらに、取材の一環として、NHKのスタッフと一緒に奈良の古梅園を訪問することとなったのである。

古梅園では、製墨の過程を御教示いただくとともに、右の二つの墨型の実物[2]（図3・図4）、その墨型から近年復元した二つの墨、大量の墨型を収蔵した蔵、などを拝見する機会を得た。また、採煙、膠溶解、型入れ、乾燥など製墨に関わる様々な部屋・蔵などを拝見していた際、ある和室に、中井竹山の手になる書が掲げられているのに気づいた。

書は、「玄々斎」と大書されており、「積善」の揮毫がある。また、「竹酔日吾以降[3]」の関防印、「積善印信」の落款が押印されている。

「玄々斎」とは、古梅園第六代・松井元泰（一六八九～一七四三）ならびに第七代・元彙の号である。元泰は長崎で清人から墨の製法を学び、日本の製墨業の発展に寄与した。『古梅園墨譜』四巻はその元泰の編集にかかるもので、元彙による『古梅園墨譜後編』五巻とともに、墨の文化史を知るための貴重な資料となっている。

この内、『古梅園墨譜』には懐徳堂との関係を直接示す内容は見られないが、『後編』には、中井竹山「墨譜後編序」が附されており、竹山が『後編』のために序文を寄稿したことが分かる。その冒頭、竹山は、「平城」（奈良）には古くから墨屋が多いが、中でも「古梅園氏」がその筆頭であると称している。(4) また、『後編』には、五井蘭洲の父にあたる五井持軒の「青雲芝」と題した墨の拓本も収録されている。懐徳堂と古梅園との密接な関係を物語っていると言えよう。

こうした両者の関係を窺わせる資料は、他ならぬ懐徳堂文庫の中にも現存している。まず『芳山紀行並詩』は中井竹山による紀行詩文集で、宝暦十三年（一七六三）の吉野への花見行きを題材にしたものである。「芳山」とは奈良の吉野山を指す。この年、竹山三十四歳、三月四日から六日間、一行六人での旅行であり、帰途、奈良に立ち寄ったことも記される。また、竹山の弟・履軒も、雑記帳『日録』の中に、安永八年（一七七九）三月八日から十三日にかけて吉野へ行き、奈良へ立ち寄ったことを記している。

さらに竹山の子・蕉園も、寛政七年（一七九五）の吉野山への花見行きを題材にした紀行詩文集『谿碧嚢』を残している。ここで蕉園は、三月五日に「寧楽」（奈良）に入り、その様子を記しているが、「三笠山」「興福寺」の記事に続き、「古梅園」に言及している。そこでは「古梅園主人は、吾が通家なり」と記し、古梅園と中井家とが古くから代々親しく交際している家であることを明らかにしている。(5) これにより、両者の交流は、五井持軒・蘭洲父子、中井甃庵の頃から既に三代以上にわたって継続されていたことが分かるであろう。

今ひとつ、古梅園との関係で注目しておきたいのは、その支店の存在である。『奈良製墨文化史』（奈良製墨協同組合、二〇〇〇年）によれば、正徳年間（一七一一～一七一五）の頃、大坂には墨師・筆師がかなりいたという。また、製墨業の発展につれて、「南都」（奈良）の老舗が大坂・京・江戸に支店を構える場合があったという。

延享五年（一七四八）刊の『難波丸綱目』では、「諸職名工之部」に「墨師」の項があり、二十四軒の内、三軒が「南都」からの出店で、この内の一軒が「松井和泉」（すなわち古梅園）、所在は「南久宝寺町心斎橋」であった。また、安永六年（一七七七）刊の同・安永版の記録でも、十七軒の内、三軒が「南都出店」で、この内の一軒はやはり右の古梅園である。(6)

こうしたことから、懐徳堂と古梅園との連絡には、この支店が関与していた可能性も考えられる。ちなみに右の『難波丸綱目』延享版では、「諸師芸術部」に「儒学者」として六名の名があがっているが、その筆頭は「尼崎町　五井藤九郎」（すなわち五井蘭洲）、次いで「尼崎町　中井忠蔵」（すなわち中井甃庵）である。また同・安永版では「諸師芸術之部」に「儒学者詩学者」の項があり、筆頭は「尼崎一丁メ　三宅才次郎」（すなわち懐徳堂第三代学主・三宅春楼）、次いで「同丁　中井善太」（すなわち中井竹山）、「南本町二丁メ　同徳二」（すなわち中井履軒）の名があがっている。「墨師」と「儒学者」の違いこそあれ、この記述は、両者が当時の大坂において著名な家柄・人物であったことを示唆していよう。

いずれにしても、両者の関係は、竹山の時に突如始まったのではなく、また、竹山の頃の一時的な交際でもなかった。それは、すでに甃庵・蘭洲が活躍した初期懐徳堂の頃から脈々と続く深い交流であったと言えよう。

おわりに

墨は、「文房四宝」の一つとして、古来、文人に愛好された。紙・筆・墨・硯は、筆記具という消耗品ではありながら、それぞれに付加価値をつけ芸術品としての発展を遂げていく。墨も、その形状や材質が工夫され、また表面に文字や模様を彫り込むことによって、一種の記念碑的価値が付加されることとなる。

当時、製墨と言えば奈良の古梅園であり、他方、関西を代表する文化的拠点と言えば懐徳堂であった。両者の出会いは、正に運命的な「文」の出会いであったと言えよう。このたび二百数十年の時を超えて確認された懐徳堂の墨型は、奈良と大坂との間に、確かな墨の道があったことを明らかにしたのである。

注

（1）懐徳堂文庫の資料調査の成果は、『懐徳堂事典』（大阪大学出版会、二〇〇一年）、「懐徳堂データベース全コンテンツ」（『大阪大学大学院文学研究科紀要』第四二巻、二〇〇二年）、『懐徳堂文庫の研究』（大阪大学大学院文学研究科共同研究報告書、二〇〇三年）などとして公開を進めている。また、関係デジタルコンテンツを集約した「ＷＥＢ懐徳堂（http://kaitokudo.jp/）」がインターネット上に公開された。

（2）丸形の「礼楽刑政」墨、長方形の「吾先子」墨ともに、その木型は、絵模様・文字を彫り込んだ平二片と胴一片からなる三枚型であり、現在の主流である二枚型に比べてより古い形態をとっている。材質はいずれも、山梨の木（自然に生息している梨の木）である。「礼楽刑政」墨の木型は、平が縦一八・三㎝、横一一・二㎝、厚さ一・四㎝。胴が縦二〇・三㎝、横一四・三㎝、空洞部の内径が一〇・三㎝、厚さ二・五センチ。計三片の総量が八六〇グラム。その墨型から製作された墨は、直径八・六㎝、厚さ一・四㎝、六丁型で九〇グラムである。一方、「吾先子」墨の木型は平が縦二二・七㎝、横八・〇㎝、厚さ一・八㎝。胴が縦二五・七㎝、横一一・二㎝、空洞部の縦が一五・八㎝、横が七・〇㎝、厚さ二・七㎝、計三片の総量が一〇四〇グラム。その墨型から製作された墨は、縦一三・六㎝、横五・八㎝、厚さ一・五㎝、十丁型で一五〇グラムである。日本では、墨の仕上がりの重さによって十五グラムを一丁型と称している。容積は、墨型から抜いた後、乾燥を経て約一割減少するとのことであった。また、この二つの木型は、いずれも古梅園の墨型を保管する蔵に収められていたとのことである。これらの情報については、古梅園の竹住亨氏より御教示を賜った。ここに記して深謝申し上げたい。

（3）「竹酔日」とは陰暦五月十三日の称で、この日に竹を植えるとよく繁茂するという中国の俗説に因む。また、この日は、三国志の英雄関羽の誕生日と伝承されている日でもある。そして、竹山が生まれたのもこの竹酔日であったことにより、「竹山」という号を称したという。「竹酔日吾以降」もこれに因む竹山の印である。

（4）序の冒頭に「平城之多墨者也尚矣、特以古梅園氏為称首」とある。なお、この序文の奥付は「安永癸未（安永二年、一七七三年）之春」とされている。

（5）以上三点の懐徳堂資料の書誌情報・解題などについては、湯城吉信「懐徳堂文庫資料解題（7）」（『懐徳堂文庫の研究』、湯浅邦弘編、大阪大学大学院文学研究科共同研究報告書、二〇〇三年）参照。また、これらの情報は、注（1）前掲の「WEB懐徳堂（http://kaitokudo.jp/）」の「懐徳堂文庫データベース」にも収録されている。

（6）時代は下るが、明治三十三年序の『大阪営業案内』（昭和五十年復刻版、新和出版社）にも、「南久宝寺町通四丁目心斎橋筋」に、やや大きな活字で「古梅園老舗　松井筆墨店」と記されている。

第二章　懐徳堂における唐様書道の特色──中井竹山の書論を中心に──

福田哲之

はじめに

江戸時代の書は、日本書風を中心とする和様と中国書風を中心とする唐様に二大別される。和様は、室町時代以来の流儀書道を承けて、その分派が多数発達し、江戸時代前半期を中心に栄えた。一方、唐様は、江戸時代の中期から後期にかけて栄えたが、隠元・木庵・即非ら黄檗僧の来日とともに、その原動力の一つとなったのが、幕府の文治政策を背景とする儒学の隆盛であった。唐様は中国文化を尊重する数多くの儒者たちによって、多彩な展開をとげ、江戸時代における書の一大潮流を形成したのである。

このように江戸時代の唐様は、わが国の中国書法受容史において注目すべき文化現象であり、近代以降の日本書道史の展開を考える上にも重要な位置を占める。ただし、一口に唐様と言っても、地域や学派によって種々の様相が看取され、江戸時代の唐様を理解するためには、各派の実態を詳細に分析し、その特色を明らかにしていく必要がある。本章において、懐徳堂の書を取り上げる理由はまさにこの点にある。

懐徳堂の遺墨資料は、今井貫一編輯『懐徳堂先賢墨迹』（隆文館・文教社発行、一九一二年）が懐徳堂に関わる先賢六十六人の書を収録して最もよく備わり、『書道全集』(平凡社)にも、三宅石庵「104陽関曲(七言絶句)」、五井蘭洲「105幽棲詩(六言絶句)」(以上第二十二巻 日本・江戸Ⅰ、一九六六年)、中井履軒「29帰魚(五言絶句)」(第二十三巻 日本・江戸Ⅱ、一九六六年)が収録されている。また懐徳堂における書については、つとに神田喜一郎「懐徳堂の文芸」(『懐徳』第二十二号、一九五一年)がその重要性を指摘し、それを承けた岸田知子「懐徳堂の書学」(『懐徳』第五十五号、一九八六年)は、懐徳堂資料を詳細に吟味し、書学の実態を明らかにしている。

本章ではこれらの先行研究を踏まえ、懐徳堂における唐様の特色について、中井竹山の書論を中心に考察を加えてみたい。

一　中井竹山の題跋にみえる懐徳堂の書

中井竹山は、懐徳堂第二代学主中井甃庵の子で、弟の履軒とともに五井蘭洲に学び、後に第四代学主となって懐徳堂の隆盛期を築いた。竹山の詩文集である『奠陰集』には、竹山が先人や師友の墨蹟に加えた題跋が収録されており、懐徳堂の書について考察を加える上で貴重な手がかりを提供する。

本節ではこれらの題跋を中心に、竹山が懐徳堂の書についてどのような理解を示していたかを探ってみたい。はじめに題跋のなかから、懐徳堂の書の特色をうかがう上で注目される記述を以下に列挙する。(1)

(一)「書万年先生遺墨後」(『奠陰集』文部、巻十一)

右、梧桐葉落一幅は万年先生の遺墨なり。先生書法の妙、雄渾奇抜、高く唐宋に攀りて明季を睥睨す。其の一点一画、咸な人の意表に出で、怒猊石を抉りて驚蛇草に入るの勢あり。孰か能く跂及せん。十襲宝愛せざるべけんや。

（二）「書万年先生墨跡余白」（『奠陰集』文部、巻十一）

右は万年先生の遺墨なり。先生書法の妙、虞（世南）・顔（真卿）に攀り蘇（軾）・黄（庭堅）を挹《く》む。世の明季の諸家を尸祝する者、実に企望を絶つ所なり。

（三）「書蘭洲先生鳶飛魚躍四大字横披後」（『奠陰集』文部、巻十一）

鳶魚四大字、蘭洲先生の遺墨なり。山谷（黄庭堅）嘗て曰く、翰林蘇（軾）子瞻、書法娟秀、墨の太《はなは》だ豊かなるを用うると雖も、而も韵に余り有り。今に於て天下第一為りと。先生、常に蘇子の筆意を愛す。斯の幅蓋し此に与《あずか》るの類なり。

（四）「蘭洲先生書陶淵明帰田園居詩跋」（『奠陰集』文部、巻十一）

蘭洲先生、書法遒勁、高く唐宋に攀る。その断簡残楮と雖も、人争いてこれを宝とす。

（五）「書藤子常臨書東坡酔翁亭記後」（『奠陰集』文部、巻二）

坡翁の草書は、蓋し酔翁亭記、最も神逸を称す。藤君子常、臨して一帖と為す。遒勁沈鬱、宛乎として真に逼る。余は子常の書を閲すること固より多きも、未だ此の如く書の雄秀なる者は有らざるなり。乃ち自ら得意の書と称するも、信ならん。我が党の書法は万年先生の書に昉《はじ》まり、蘭洲・春楼二先生の相亜いで起こるに至りて、その伝濔く広まる。子常は幼き自り其の間に服従し、而して能く自ら新意を出し、益進して止まず。万年先生、既に之を唐宋諸家に取らば、則ち子常の斯の帖の能く坡翁の要領を得るは素有るなり。余嘗て春楼先生臨する所の一本を観るに、唯だ神逸の気を籍《か》り、手に信せて毫を下せば、自然に合作す。今金氏の蔵する所と為る。斯の帖の点画の意の繊を態し悉く姸かざる者は、猶お墨画の与に真を写すがごとし。妙処各おの具わり、偏廃すべからざる者にして、併せて宝とすべきなり。（中略）今、書を以て家に名づくる者、鮮なしと為さざるも、往々にして学識浅陋、甚だしきは隻字も解すること能わざるに至る。其の書も亦明季の糟粕を啜るに過ぎざるのみ。鄙猥知るべし。然れども世人は競いて之を貴び、而も子常有るを知らざる者多し。殊に暁《さと》るべからざるなり。

それではまず、初代学主の三宅石庵の書に対する題跋（一）（二）からみていこう。（一）では、石庵の書の特色を「雄渾奇抜」と評し、「高く唐宋に攀りて明季を睥睨す」と述べて、当時の流行であった明代書法をさかのぼる唐宋書法にもとづくことが記されている。（二）では石庵がもとづいた唐宋の書法について、具体的に唐の虞世南・顔真卿、宋の蘇軾・黄庭堅を挙げ、（一）と同様「世の明季の諸家を尸祝する者、実に企望を絶つ所なり」と明代書法偏重に対する批判が記されている。

このような理解は、以下に示すごとく、すでに竹山の師である五井蘭洲の「万年先生緩歩帖」識語(2)にも見いだされる。

万年先生の書は、諸《これ》を辟《たと》うれば、老梅の槎牙として霜雪を冒し、奇香を発して峭壁巉巌の間に倚るがごとし。蓋し諸を魏晋唐宋諸家の萃より取りて之を出す。明季書家に染指する者をして之を覩せしめば、乃ち瞠若して喪瞻せざる者幾んど希ならん。

五井蘭洲は助教として初代学主石庵を支えた人物であり、その証言は、石庵の書を理解する上で重要な意義を有するが、ここには石庵の書を明代書法偏重への批判として位置づける構図が提示されており、先にみた竹山の理解は基本的に蘭洲を受け継ぐものであったことが知られる(3)。

唐宋書法を基準とする主張は、竹山の他の題跋にも認めることができる。五井蘭洲の書に対する題跋（三）（四）のうち、（三）には「先生、常に蘇子の筆意を愛す」と蘭洲が蘇軾の筆意を愛好したことが記され、（四）では「蘭洲先生、書法遒勁、高く唐宋に攀る」と蘭洲の書が唐宋にもとづくことが記されている。また、竹山の友人であった加藤子常(4)の書に対する題跋（五）では、石庵―蘭洲―春楼という懐徳堂における書法の継承関係が提示され、子常の書が蘇軾の要領を会得しているのは、唐宋の諸家にもとづく石庵の書の影響を受けたためであるとし、さらに以前に過眼した三宅春楼の「東坡酔翁亭記」の臨書は非常に優れたものであったと述べ、世間には書家とは名ばかりで学識が浅く、明代書法の残りかすを啜るような輩の多いことを嘆いている。

以上、『奠陰集』に収録された題跋の分析を通して、竹山は明代書法偏重の時流を批判し、唐宋書法を基準とする点に懐徳堂の書の意義を見いだしていたことを明らかにした。それではこうした懐徳堂内部の認識に対して、外部の人々は懐徳堂の書をどのように見ていたのであろうか。

これに関して注目されるのが、以下に引用する原念斎『先哲叢談』巻之五「三宅石庵」の第二条である(5)。

　石庵、書を工にし、頗る顔法を得。隻字、人争いて之を求む。而も資質朴素、其の書する所、未だ嘗て款印せず。又倭歌及び俳諧に通ず。

『先哲叢談』が伴蒿蹊『近世畸人伝』および三熊花顛『続近世畸人伝』から大きな影響を受けていることはすでに指摘されているところである。先に掲げた三宅石庵の条についても、『続近世畸人伝』巻二に以下のごとく記されており(6)、両者の密接な関係が確認される。

　書は遒勁正鋒にして妙也。故に今に至りても人其隻字を得て至宝とすれども、印信を用いることなし。凡て質素を守る故也。

ここで注目すべきは、『続近世畸人伝』が「書は遒勁正鋒にして妙也」とその書法の特色を概括的に評するのに対し、『先哲叢談』は「頗る顔法を得」と「顔法」すなわち顔真卿の書法との関係を特記している点である。残念ながら顔法に関する記述の資料的根拠は明らかでなく、あるいは伝聞による可能性も考慮されるが、いずれにしても当時、三宅石庵が顔法の会得者として伝えられていたという事実は、石庵ひいては懐徳堂の書を理解する上で注意すべきことと思われる。

先にみたように『奠陰集』所収の竹山の題跋には、石庵と顔法との関連をことさらに述べてはいない。ただし、（二）に掲げた「書万年先生墨跡余白」に「先生書法の妙、虞・顔に攀り蘇・黄を揖む」とあり、唐の虞世南、宋の蘇軾・黄庭堅と並んで顔真卿がみえる点は、『先哲叢談』の記述に一定の裏付けを与えるものであろう。また現存する石庵の代表作の一つである「懐徳堂幅」〔図一〕には顔法の筆意を認めることができ、こうした作例からも『先哲叢談』の記述が決して無稽なものではないことが知られる。さらに管見のおよんだところでは、三宅春楼の「丙申寿巻題字」〔図二〕や中井履軒の「白鹿洞書院掲示拓本」〔図三〕は、明らかに顔法による作例であり、石庵以後においても懐徳堂では顔真卿の書法が尊重されていたことをうかがわせる。(7)

これに関連して留意されるのは、先に引用した竹山の題跋（二）（三）（五）に蘇軾への言及がみられ、懐徳堂において蘇軾が尊重されていたことが知られる点である。蘇軾は顔真卿を最も高く評価し、(8)彼自身も顔真卿の書法を学び、その書法に多大な影響を受けている。こうした点を踏まえれば、懐徳堂の書は唐宋の諸家を基準とし、そのなかでも顔真卿や蘇軾といった筆力の遒勁な書人がとくに尊重されていたと見なすことができよう。

二　「答貞蔵論字学」にみえる学書

前節では、『奠陰集』にみえる竹山の題跋を中心に考察を加えたわけであるが、これらの題跋とともに竹山の書論として重視される資料に『竹山先生国字牘』巻二所収の「答貞蔵論字学（貞蔵に答えて字学を論ず）」がある。『竹山先生国字牘』は、竹山が学問・政治・経済などに関する門人や知人の質問に答えた手紙（尺牘）を集めたもので、漢字仮名交じりで表記されており、手紙という性格から、懐徳堂の他の公式的な記録類とは異なる独自の資料的価値を有している。これは書に関しても例外ではなく、「答貞蔵論字学」によって学書の具体的な状況を詳細に知ることができ、前節で検討した題跋とあわせ読むことによって、はじめて懐徳堂における書の実態を多面的に把握することが可能となる。そこで本節では、この「答貞蔵論字学」の内容を分析し、学書の観点から懐徳堂の書について考察を加えてみたい。

はじめにその全文を引用する。(9)

答貞蔵論字学

a　字学ヲ又講ゼラレントテ、縷々ノ喩ヲ承。サキニ手本ヲ離レテ、自分ニ結構セラルベキ旨、相勧メシニヨリ、シバ〳〵試ラレドモ、貿々然力ラヲ着ル所ナキトテ、愚ニ煩瀆セラルヽヲサケテ、ソノ地ノ蒙生ノ求メニ応ジヲキタル手本ナドモヲ蒐索シテ、依倣セルヽモ、皆尽タレバ、改テ又手本ヲ進ズベキヤノ趣、コレヲ詳悉ス。何ゾ景慕セラルヽノ深キ、コヽニ至ヤ。但シ愚ハモトヨリ書才ナシ、又少キヨリソノ余事タルヲ知テ、意ヲ留メズ。タヾ儒生相応ニ見苦シカラヌホドニト求メシノミ。平日手ハ離レザル紙墨ノコトユヘ、積年ノ功ニテハ、求メズシテ寸長モアルベケレドモ、今トテモサシテ発揚ノコトナシ。カクノ如キモノ、豈法則トスルニ足ンヤ。慚愧々々。

b　タヾ字学ノ要ハ、唐宋諸大家ヲ準的トスルニアリ。或ハ姑ク明ノ大家ニ階梯スルモ可ナリ。又悪ンゾ今人ニ求ルニ足ンヤ。近来、文（徴明）衡山ノ帖ヲ学バルヽヨシ、随分宜カルベシ。コレ当世ノハヤリモノニテ、勿論大家ナレドモ、コレヲ学ブ人、往々卑弱ニ陥ル。トテモナラバ子昂（趙孟頫）ヲ学ブベシ。又一等高秀ナリ。明ノ大家ニテハ、祝（允明）枝山ニシクハナカルベシ。文ト祝ト、愚イヅレカソノ愈ルヲ知ズ。然ルニ祝ハ学ビ得テ、気骨雄抜ナルヲ覚ユ。愚少歳、蘭洲先生ノ書ヲ学ビタル時、一日先生命ジテ枝山ノ文賦帖ヲ臨セシム。時月ヲ積デ、力ラヲ得ルヲ覚ユ。ソノ後、米（芾）南宮ヲ学ビ又褚遂良ノ枯樹賦ヲ学ンデ、益力ヲ得タリ。今文賦ノ一帖ヲ寄納ス。試ミラルベシ。

c　凡ソ古帖ヲ学ブハ必術アリ。響搨《スキウツシ》《ママ》ト臨摹《ミウツシ》ノ二ツニアリ。日々少シヅヽノ暇ヲ以テ、多ヲ貪ラズ。因幡ミノヤウノ薄紙ニテ、心力ヲ用ヒテ、響搨スル一二枚ナルベシ。多キモ三枚ニ過ベカラズ。如此シテ日ヲ累ネテ、一帖ヲ終レバ、又初ヨリ右ノ如ク、臨摹一過スベシ。初ハ大ニ意ニ満ズ、見苦シクトモ、ソレヲ棄ズ破ラズ、カサネトヂテ蔵ヲクベシ。サテ又初ヨリ一搨一臨シテ、時月ヲカサネ、十余帖ヲ成ベシ。ソノトキ終リノ一帖ト最初ノ一帖トヲ出シテ、クラベ見ルベシ。忽チ自カラ進益アルヲ知ベシ。

d　サテ又他帖ニカヘテ、又右ノ如クスベシ。ソノ他帖ハ、衡山ニモアレ、子昂ニモアレ、又泝テ蘇（軾）・黄（庭堅）・米（芾）・蔡（襄）ノ帖、顔（真卿）魯公・欧陽（詢）率更・柳公権ノ楷書ナド、別シテ宜シ。書体モ真・行・草トリマゼテ、学ンデヨシ。最初ニ搨臨ノ功ヲ頗ル覚ヘタル上ハ、他帖ニワタルハ、一再搨一再臨ニテ換ベシ。タトヒ二王ヲ学ブトモ、ソノ一法ニ拘泥スベカラズ。タトヒ一大家ノ法ヲヨク覚ヘ、真ニ迫ルヤウニカキタルトテモ、ソレノミニ止マリタラバ、欧陽公（脩）ノイワユル書奴《ママ》ニテ、何ノヤクニ立ズ。諸家ヲ錯綜シテ、千変万化ノ内ヨリ、習熟運用シテ、一機軸ヲ出シテ、終ニ一家ヲナスヤウニアルベシ。

e　又戯鴻堂・淳化法帖・絳帖・玉渕《ママ》堂帖ノ如ク、諸家ヲ纂集スル帖ヲ、カタハシ皆臨スルモヨシ。タヾ遠境僻地ハ法帖ニ乏シキヲ患トス。モシ右ノ法ニヨラレバ、弊廬モ乏シケレドモ、有合タル分ハ、随分下シ申ベシ。又乞假ヲ通ズルコトモ、此地ハナシヤスシ。追々求ラルヽヲ待テ、周旋スベシ。

まずaには、竹山がこの手紙をしたためるに至った事情が記されている。すなわち、竹山から手本にとらわれず自分自身で工夫することを勧められ、いろいろ試みたものの効果が上がらず、竹山が初心者のために書き与えた手本などを集めて学んでいたが、それらも尽きたので新たに手本を書いていただけないか、という貞蔵の申し出に対して、古碑帖にもとづく学書の提要を綴ったのがこの手紙なのである。「手本ヲ離レテ、自分ニ結構セラルべキ旨」は、手紙の後文dに「一機軸ヲ出シテ、終ニ一家ヲナスヤウニアルべシ」という主張と符合するが、貞蔵も告白するように、いきなり手本を離れても学書の進展は図れないことから、あらためて名家の碑法帖にもとづく具体的な学書法を提示するに至った経緯が知られる。また「少キヨリソノ余事タルヲ知テ、意ヲ留メズ。タヾ儒生相応ニ見苦シカラヌホドニト求メシノミ」との発言からは、竹山、ひいては懐徳堂の学問における書の位置づけを知ることができるが、後文によれば、平生の学書に対する実際の精進は並大抵のものではなかった。

bでは、まず書を学ぶ上での要点として「唐宋諸大家ヲ準的トスル」ことが示される。これは前節の題跋でみた唐宋書法の重視と符合する見解であるが、さらに注意を要するのは「或ハ姑ク明ノ大家ニ階梯スルモ可ナリ」と明人の書法を学ぶことを否定していない点である。文徴明の法帖を学んでいる貞蔵に対して「随分宜カルべシ」と肯定する一方、文徴明の書は当世流行のものであるが、これを学ぶ人は筆力が弱々しくなるとして、元の趙孟頫を学ぶことを勧め、同時に明の大家では祝允明が最もよいとし、年少時に五井蘭洲のもとで学んだおり、蘭洲の命で祝允明の「文賦帖」を臨書したが、筆力の習得に効果があったことが自覚され、その後、宋の米芾、唐の褚遂良「枯樹賦」を学んでますます筆力を得たと述べるなど、自らの学書の経験を披瀝している。

これらの記述から、先に題跋にみた発言は、目新しい明代書法に拘泥し、とかく低調・卑弱な書に陥りがちな時流に対する批判であり、決して明代書法そのものに向けられていたわけではないことが確認される。さらに、蘭洲のもとでの学書経験についての証言から、明代諸家をも含めた幅広い学書は、蘭洲の時代からすでに行われていたことが知られる。ただし、懐徳堂における学書の基準があくまでも唐宋書法に置かれていたことは、竹山の学書が、祝允明→米芾→褚遂良と明から宋・唐へと展開している点からも裏付けられる。

cでは、古法帖による学書の方法が具体的に述べられている。すなわち必修の学書法として、手本（法帖）の上に薄紙をのせて敷き写しする響搨と手本を横に置いて見写しする臨摹とをあげ、集中力を要する響搨は一・二枚、多くても三枚までにとどめて継続的に行い、一つの法帖が終わるとこんどは同様に臨摹を行う。はじめは大いに意に満たないけれども、練習した紙は、捨てないですべてを重ね綴じて保存しておき、月日を重ねて十余帖の響搨・臨摹が終わった段階で最初の一帖と最後の一帖とを見比べれば、自らの上達を明瞭に知ることができると述べ、きわめて具体的かつ周到な学書法が提示されている。

さらにdでは、響搨・臨摹に使用する法帖について、教材論が記される。推奨される碑帖として、明の文徴明・元の趙孟頫・宋の蘇軾・黄庭堅・米芾・蔡襄の法帖、唐の顔真卿・欧陽詢・柳公権の楷書（碑）が挙げられているが、とくに前節で指摘した蘇軾・顔真卿に加えて唐代における顔書の継承者である柳公権が含まれていることは注目に値する。そして、これらの教材を一・二回の響搨・臨摹で取り換えて学習すべきことを主張し、たとえ二王（王羲之・王献之）の書法を学んでそっくりに書けるようになっても、それだけに止まるならば欧陽脩の言う「奴書」[10]にすぎず、何の役にも立たないとして、特定の書人や書法に拘泥することを厳しく戒め、諸家を幅広く学ぶことによって独自の機軸を出し、一家の形成を学書の最終目標として設定するのである。

最後にeでは、戯鴻堂帖・淳化法帖・絳帖・玉渕（煙）堂帖といった歴代名家の書を集めた集帖による学書も有効であることを述べるが、この点は前段における複数の諸家を幅広く学ぶという主張と軌を一にしている。

以上、「答貞蔵論字学」の内容を段落ごとにたどってみた。ここで前節の検討と併せて懐徳堂における学書の要点をまとめると、以下の三点となる。

（一）唐宋書法を基準とする。なかでも顔真卿・蘇軾など筆力の遒勁な書人を尊重する。
（二）一家に拘泥せず、元・明をも含めた諸家の法帖を響搨・臨摹により幅広く学ぶ。
（三）諸家を総合して独自の機軸を創出し、新たな一家の形成を最終目標とする。

三　懐徳堂における唐様書道の特色

第一節および第二節を通して、中井竹山の書論を中心に懐徳堂の書について考察を加えた。それでは、懐徳堂の書は唐様と総称される当時の書派において、どのような特色をもっていたのであろうか。本節では、三宅石庵とほぼ同時代に活躍し、江戸時代の唐様隆盛の基礎をきずいた細井広沢の書論『観鵞百譚』との比較を通して、懐徳堂の唐様の特色を明らかにしてみたい。

細井広沢は、唐様の元祖とされる北島雪山に学んだ。雪山は、長崎において独立および即非に学んだと伝えられ、長崎に来航した明人の愈立徳から文徴明の書法を授けられた。『観鵞百譚』における主題は王羲之（右軍）の尊重にあり、

王羲之—趙孟頫—文徴明—愈立徳—北島雪山

という系譜によって、北島雪山の衣鉢を継ぐ広沢自身が日本における唐様の正統であることを主張している。明の文徴明や元の趙孟頫の重視も、彼らが王羲之書法の正統であるとの認識に立つものであり、王書の正統から外れた諸家

は傍流として位置づけられる。したがって、懐徳堂において基準とされた唐宋の諸家は、『観鵞百譚』では以下のごとく、王書の正脈から外れた不全の書としてほとんど評価されない[11]。

第二　趙集賢得晋人正脈（『観鵞百譚』巻一）

明朝の先輩云、宋の時の能書おほけれども、唯蔡忠恵名は襄、字は君謨、米南宮名は芾、字は元章ばかり晋の時の筆法を用ひたれども、只是体を具て微なり、全き事を得ず。元の時に至りて、趙集賢名は孟頫、字は子昂出て、始て右軍の妙を尽し、晋人の正脈を得たり。胡長孺字は汲仲称歎して上下五百年、縦横一万里に此書なしといへり。誠に虚語にあらず。

又右軍以後、唐の世の人は、其形似を得たれども、其神韻を得ず。米元章は其神韻を得たれども、其形似を得ず。形似神韻ともに得て妙なるは、唯趙子昂一人のみなりと。是実に書家の定論なりと云々。

さらに注目すべきは、『観鵞百譚』では以下のごとく、懐徳堂において尊重された顔真卿が唐土の南方に行われた俗悪な書風である「南路体」の濫觴として位置づけられ[12]、蘇軾についても魏晋の書風をほろぼした張本人として、黄庭堅とともに批判されている点である。

第四十三　南路悪謬顔公濫觴（『観鵞百譚』巻三）

趙呉興子昂、初は張即之を学べり。上の解縉の書法伝授の文にも見えたり。後に改めて李北海邕を法として名を天下に得たり。北海は佻に傷る。然ども自雅なり。文敏子昂は稍穏能たり。微俗なるかと、元美いへり。知慎おもへり、即之の大字のほまれ、多かりければ、趙公も初めは大書を即之に学び給へるなるべし。詹希原は元より明の初までの第一の大字の能書なり。即之の大字を殊に称揚せし事、停雲館帖にも載たり。しかれども、即之の風は、南路体とて唐土の南方へ此風ながれて筆法あしく成たり。虞伯生邵庵は、即之・子昂と同時なるが、早くさとりていはく、東坡・山谷出て、晋魏の風尽はて、米元章父子の体、盛に行はれて、世挙て奇怪を学び、其弊南方にて大に盛になりて、遂に張于湖が険渋、張即之が悪謬きはまれりと。王元美、此の言を大いに理ありと云り。

この「第四十三　南路悪謬顔公濫觴」の末部には、「南路体之統脈」として、以下のごとく十二人の書人が列挙されており、その中には竹山が「答貞蔵論字学」において「蘇・黄・米・蔡ノ帖、顔魯公・欧陽率更・柳公権ノ楷書ナド、別シテ宜シ」と推奨した七人の書人のうち、蘇（東坡）・黄（山谷）・米（元章）・顔（真卿）魯公・柳公権の五人が含まれている。

南路体之統脈

顔魯公　柳公権　東坡　山谷　米元章　米元暉　張于湖　李雪菴　張即之　張南安　陳白沙　馬一龍

このように王羲之の書法を唯一の正統として尊崇する当時の唐様主流と比較することにより、唐宋書法を基準として幅広い古碑帖による学書を説き、王書に対して格別な尊崇の姿勢を見せない懐徳堂の書の特色が、あらためて浮かび上がってくる。

ところで、細井広沢がみずからの正統を主張する根拠とした、王羲之から師の北島雪山にいたる系譜は、あくまでも王羲之を源流とする数多くの分脈の一つに過ぎず、当然のことながら源流から遠ざかるにつれて王書は変質を余儀なくされる。真蹟が伝存しない王書の実体をどのように理解するかは、おのずから別の問題に属するが、貴族的で典雅とされる王書の内部に、すでに柔弱に流れやすい方向性が存在したことは否めない。したがって、王羲之から趙孟頫を経て文徴明へと展開する系譜は、一面において王書の形骸化を助長し、竹山が批判するような筆力卑弱な書への傾斜を強めるものでもあったと言うことができよう。事実、『観鵞百譚』が明代における王羲之の正脈としてとくに重視する文徴明について竹山は、近来、文(徴明)衡山ノ帖ヲ学バル、ヨシ、随分宜カルベシ。コレ当世ノハヤリモノニテ、勿論大家ナレドモ、コレヲ学ブ人、往々卑弱ニ陥ル。(「答貞蔵論字学」b)

と述べ、それを学ぶものがともすれば卑弱に陥りやすいことを指摘している。こうした趨勢を念頭に置けば、

タトヒ二王ヲ学ブトモ、ソノ一法ニ拘泥スベカラズ。タトヒ一大家ノ法ヲヨク覚ヘ、真ニ迫ルヤウニカキタルトテモ、ソレノミニ止マリタラバ、欧陽公ノイワユル書奴ニテ、何ノヤクニ立ズ。(「答貞蔵論字学」d)

との竹山の発言の背後に、王羲之書法に拘泥した唐様主流に対する痛烈な批判を読み取ることは、決して困難ではあるまい。

おわりに

以上本章では、懐徳堂の書について中井竹山の書論を中心に考察を加え、細井広沢『観鵞百譚』との比較を通して、唐様における特色を明らかにした。最後にこれまでの検討を踏まえ、懐徳堂の書が当時の唐様主流の感化を受けることなく、独自の位置を確保し得るに至った二つの要因を指摘しておきたい。

まず第一に、初代学主である三宅石庵が顔真卿に代表される剛健な書を善くし、懐徳堂に遒勁な筆力をもった書を尊重する気風が存在した点が挙げられる。こうした志向は、五井蘭洲を経て中井竹山により明確化され、低調・卑弱に陥る明代書法偏重の時流を否定し、顔真卿や蘇軾などの唐宋書法を基準とする懐徳堂の書の方向性が設定されたと考えられる。

第二は、あくまでも学問を根本とし、書は実用的な手段に過ぎないとする立場を重視した点が挙げられる。第二節

で引用した「答貞蔵論字学」には、経験に裏付けられた柔軟な学書法が示されており、碑帖の選択にあたっては書人の優劣ではなく手本としての有効性の有無に力点がおかれている。このような実用に即した柔軟な姿勢が、逆に懐徳堂の書を偏狭な王羲之書法の正統観から解放し、幅広い古典の響搨・臨摹を通して書の本質を汲み取り、一家の形成を最終目標とする独自の書法観を打ち立てることになったと考えられる。

注

（1）引用は、懐徳堂文庫蔵手稿本『奠陰集』にもとづく書き下し文により、人名については姓や名を適宜丸括弧で補った。

（2）引用は、懐徳堂文庫蔵「万年先生緩歩帖」識語にもとづく書き下し文による。

（3）この点については、前述の岸田知子「懐徳堂の書学」に指摘がある。

（4）『懐徳堂先賢墨迹』所収「懐徳堂先賢墨迹小伝」参照。

（5）引用は、源了圓・前田勉訳注『先哲叢談』（東洋文庫574　平凡社、一九九四年）による。

（6）引用は、宗政五十緒校注『近世畸人伝・続近世畸人伝』（東洋文庫202　平凡社、一九七二年）による。

（7）中田勇次郎「江戸時代の書道」（『日本書道の系譜』木耳社、一九七〇年、『中田勇次郎著作集　第六巻』二玄社、一九八五年再収）は、江戸時代の唐様を晋唐派と元明派との二派に分かち、中井履軒の書を元明派に位置づけている。確かに履軒には、明代の草書風な作例も見られるが、他方「白鹿洞書院掲示拓本」のごとき顔法による作例も存在し、兄の竹山や師の五井蘭洲との関係を踏まえれば、懐徳堂が基準とした唐宋書法との関連も考慮しておく必要があろう。

（8）例えば『東坡題跋』巻四「書唐氏六家書後」には「顔魯公の書は、雄秀独出して、古法を一変すること、杜子美の詩の如く、格力天縦にして、漢魏晋宋以来の風流を奄有す。後の作者は、殆ど復た手を措き難し」との記述がみえる。

（9）引用は、懐徳堂文庫蔵手稿本『竹山先生国字牘』により、論述の便宜上、五つの段落に分けて、それぞれに記号を付した。また、人名については姓や名を適宜丸括弧で補った。

（10）欧陽脩『筆説』（『全宋文』巻七三八、欧陽脩、七六）に「書を学んでは当に自ら一家の体を成すべし。其の他人を模倣するは之を奴書と謂う」とある。

（11）以下『観鵞百譚』の引用は、『日本書論集成』第三巻（汲古書院、一九七八年）所収の享保二十年一月江戸川村源左衛門刊本による。

（12）細井広沢『臨池夜話』（神宮文庫蔵）には、以下のごとく、顔真卿の書に対する批判がより明確に見いだされる（引用は、米田彌太郎「北島雪山と細井広沢の書学」〈『近世書人の表現と精神』柳原書店、一九九九年〉による）。

○顔書を荘重なりといへども癡肥なり。また俊宕の致なし。李後主の消るところ交手竝脚する田舎漢というもの、大逍に似るといへどもいまだ深く其病にあたる。姪を祭るの文既に艸々として天然の姿また乏し。後人声を曰ふ《ママ》して讃賞するはなにのゆへなる事をしらず。此レ耳食といふものなり。笑ふべし。

［図一］三宅石庵「懐徳堂幅」（懐徳堂文庫蔵）

［図二］三宅春楼「丙申寿巻題字」（『懐徳』第五十二号、口絵）

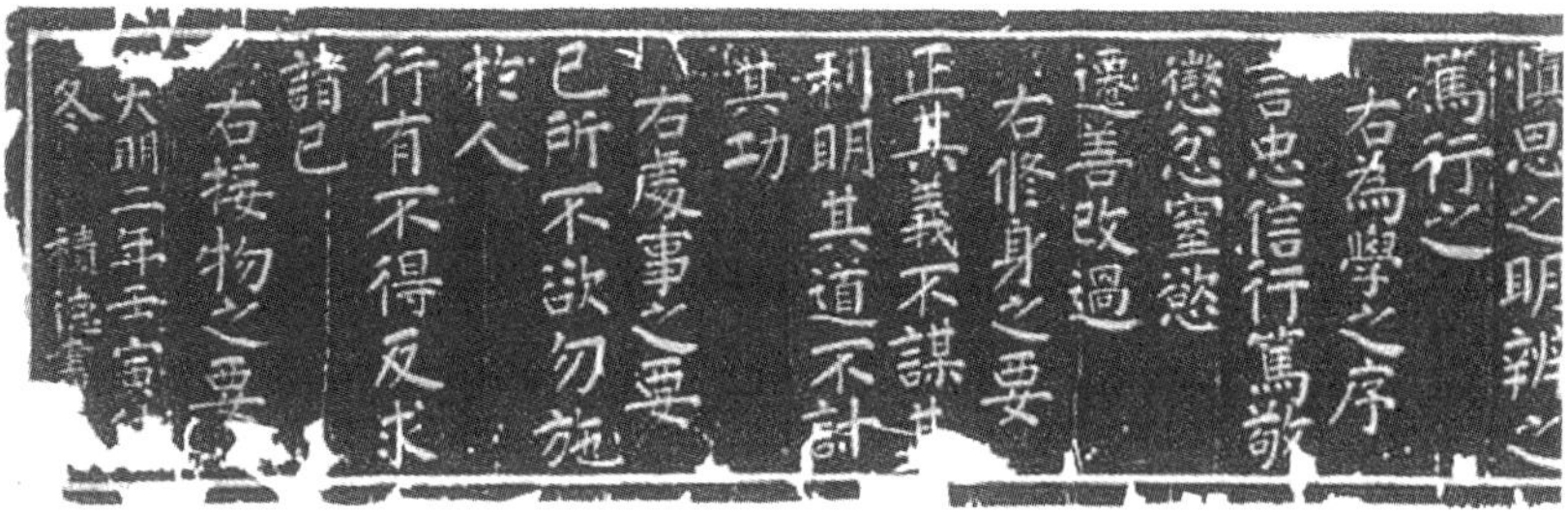

［図三］中井履軒「白鹿洞書院掲示拓本」（懐徳堂文庫蔵）

第三章　中井竹山『詩律兆』における蘐園学派批判

矢羽野（古賀）芳枝

はじめに

『詩律兆』については、近体詩の専ら声律（詩律。平仄に関する規則）を検討した書として既に、「竹山が近体詩を蒐集分類して編んだ作詩参考書」（水田紀久「懐徳風雅―竹山の古体四言詩―」『懐徳』第五十二号　十七頁　一九八三年）とその性格が端的に述べられ、また「漢詩の声律を説いて、近世で最も詳確なるものである」（中村幸彦『近世後期儒家集』五二四頁　岩波書店　一九七二年）と高く評価されている。懐徳堂研究の嚆矢である西村天囚の『懐徳堂考』も「〔竹山は〕好んで詩を論じ、詩律兆の著あり、藪孤山　詩を嗜み、務めて声律を論じ、僧大潮の唐韻説を鼓吹しけるに、竹山唐詩を列挙して其の謬りを正せりといふ」と言って、声律面の業績を称えている。確かに『詩律兆』を一見すれば用例の膨大さと考証の緻密さとには驚嘆する。しかしこの書は作詩の便宜に供するのみにとどまらない。声律の疎謬に対する批判の書でもある。そしてそれは蘐園学派への痛烈な批判である。周知の通り、竹山には蘐園学派批判として『非徴』があるが、この『詩律兆』にもその精神が十分に見て取れる。竹山が当時の詩壇へ批判的であったことや、『詩律兆』の一部にその批判が認められることはすでに指摘があるが[1]、本章はさらに『詩律兆』の著述意図が蘐園学派批判に在ることを明らかにしたい。

一　『詩律兆』の構成と特徴と

本論に入る前にまず『詩律兆』の構成及び特徴について述べておく。

現行の刊本[2]は全三冊十一巻、「五言律詩」「七言律詩」「七言絶句」「余考（六項）」「附録（五項）」「書簡（三篇）」の六部から成る。本編に当たる前三部は、それぞれ正格・偏格・拗格（次項に詳述）とに分けられ、白黒の圏点で示した平仄図とその実例とを挙げている。正格と偏格とはさらに恒調と変調とに区別される。恒調とは詩の九割方が該当する平仄配置である。変調は恒調と一字でも異なった場合の配置パターンで、各聯毎に（句毎ではない）該当例を挙げ検討を加えている。変調は、単なる破格ではなく一定型として法則性を有するものであるが、作詩上模倣が奨励される例から知識に留めておくべき程度の例まで様々である。変調の後半には〈附図〉があり、声律上の禁忌を犯している例をやはり聯毎に列挙した上で最後にその格全体の総評がある。「余考」は正史や諸詩話を多く引用して本編をより詳細に考証したものであり、「附録」は総論に当たる。

『詩律兆』執筆に当たっての竹山の基本姿勢は、まず律詩では杜甫を主とすること。用例の検出範囲は唐を中心にして宋明に亘り、元清は問わないこと。声律の正格偏格・恒調変調あるいは禁忌等の基準は、既知の規則に縛られず竹山が実際目にした数万首の漢詩から帰納すること。すなわち作例数の多寡を決め手にするのである。先例が一二しかない調は採択せず、変調に認められるのは少なくとも十首を下らないこと、である。

そして『詩律兆』の大きな特徴は日本人の詩集における声律上の疵病を指摘する点である。「先輩中、世の尤も信を取る所にして予と欣戚〔喜びや悲しみ〕相関《か》からざる者一二氏を挙げ、其の余り得る所概するに諸家を以てし、諸《これ》を変調の囲外〔枠外〕及び附図の余白に標し以て証左に備う」(3)〔凡例〕というように、煩を省くため具体名を挙げるのは二名に止め他は諸家として一括し、彼らの詩集が好ましくない調をどのくらい踏んでいるかを示している。例えば五律偏格変調の囲外にこうある。「物集五、服集十七、諸家四十一を得。亦た節を知らず」。数字は作例数を表し、特殊な変調であるのに節操無く作りすぎているというのである。さてこの物・服両氏が誰であるか、容易に推測できるところではあるが、果たして書簡「与紀世馨書」で名指しして非難している。「近時　開天〔開元・天宝。盛唐〕嘉隆〔嘉靖・隆慶。明〕を以て高く自ら標榜し、詡《く》談〔大言〕華辨して一世を震撼する者、物茂卿〔荻生徂徠〕・服子遷〔服部南郭〕二氏なり」と。そして彼らの詩を幾篇も引用しつつ声律上の疎謬を指摘し、「二氏〔物・服〕の刻意〔苦心〕にして尚お然り〔和習を脱しない〕。況や平々たる諸家洎《およ》び経生醇儒の余業をや」と広く蘐園学派の不見識を示唆している。南郭に対してはさらに「〔服氏の〕一集四編に毎編各々異同を存すれば則ち其の定範無きこと章々乎として明らけし。渠《か》れ命を捨て詩を作り精を刓《けず》り慮を竭《つ》くし竟に正路を得ずして没す。悲しむべきなり」と彼の詩業の完全否定の感がある。本編中、物・服・諸家の作例数の記載は変調の囲外に三十一箇所、附図の余白には六十八箇所〔但し附図には実作数を示すのみで評語はない〕に上り、竹山の執念の程を思わせる。

徂徠に始まる蘐園学派が一世を風靡しながら「家を成すに急であった為に、前賢を軽視して好んで異説を立て、之れに附和する徒、又従って之れを鼓して浮誇放蕩の弊を長じたので、没後未だ久しからずして攻者四集、殆ど完膚無きに終わった」〔前川三郎「徳川時代の漢文学—詩の変遷—」一九三九年　岩波書店〕のは知られるところである。竹山の場合は蘐園学派の詩にいかなる批判を展開しているのか、以下具体的に考察することとする。

二　蘐園学派批判その一——五格三病と拗格と——

竹山は研究の結果、「我が邦　熟用するも華人是れ無く、華人の常套にして我が邦　知らざる者有り」（答大出子友書・小貼子）すなわち日本人の規範と中国人のそれとの間にはズレがあるとの結論を得た。日本の漢詩界の状況は「今の詩法を言う二四異・二六同等の数項を出でず」（自序）、というものであった。「数項」とは、具体的には「五格」（五つの則るべき声律の型。平起り、仄起り、二四異・二六同、履仄、挟み平）、「三病」（三つの禁忌。同音、下三連、四仄一平）のことである。五格三病に則ってさえいれば漢詩はでき、逆に言えば拗格をはじめとする五格三病を犯す詩は失律と見做された。この節では五格三病の弊害と拗格の妥当性とに対する竹山の見解及び蘐園学派への批判について概観する。

①「平起り」「仄起り」

現在、正格といえば五言詩では仄起り式（第一句第二字目が仄）であり、七言詩では平起り式（同平）を指し、偏格は各々その逆を指す。この規範は『詩律兆』に始まるらしく、竹山以前の日本では「平起り」「仄起り」の名称があるだけで、正偏の別がなかった。一方中国では五言詩でも七言詩でも第一句第二字目が仄なら正格、平なら偏格としていたらしい。ところが竹山が実際に分類してみると、五言詩では仄起りの詩が多く、七言詩では平起りが過半数を超える。そこで「予独り断然たり。七言第二字を以て正偏を分つこと、五言と反す。何となれば、多少を以て之れを決すればなり。夫の多きを以って正と為し、少なきを偏と為す」（附録・論二）。実作数の多寡によって正偏の呼称を改めたのである。中国の粗雑さもさることながら、日本では正偏の区別がない、換言すれば則るべき基本を知らないでいたわけである。竹山は「二起〔平起り・仄起り〕対偶し〔対等に扱って〕、軒輊《けんち》〔軽重の区別〕する攸罔《ところな》く、復た正偏の別を知らず。是れ亦た疎なり」（同）と当時の状況を批判し、正格を基本形として認識すべきことを強調している。

②「二四異・二六同」

「二四異・二六同」とは、各句第二字は、第四字と平仄を異にし、第六字とは同じにする原則である。この規則ではさらに反法（同一聯内の上下句では第二四六字の平仄を各々逆にする）、粘法（前の聯の下句と後の聯の上句との第二四六字の平仄を同じにする）とが同時に考慮される。当時の日本の詩法では、「平起り／仄起り」「二四異・二六同」「下三連」（後述。句末が平平平或いは仄仄仄を連ねないこと）の三つによって、一首の平仄の配置が決定した。例えば五言律詩仄起り（正格）の場合次のようになる。（○…平、●…仄、×…両用可能、〈 〉内は『詩律兆』で使用する呼称。本章でもこれに則り、首・頷・頸・尾聯とは呼ばない）

〈上句〉	〈下句〉	
×●○○●	×○×●○	〈起句〉
×○○●●	×●●○○	〈前聯〉
×●○○●	×○×●○	〈後聯〉
×○○●●	×●●○○	〈結句〉

起句と後聯との下句は「×○×●○」となり第一字と第三字とは平仄どちらでもよくなる。第一二三字「×○×」の平仄の組み合わせ例（『詩律兆』では全て聯毎の考察であるので上下句の組み合わせという複雑さを含む。本章では特に断りのない限り片方の句は恒調に従う）は四通り考えられるが、『詩律兆』では起句・後聯とも「○○●」を恒調とする。他のパターンを起句において見てみると、「○○○」は「此の調 熟套、（唐宋明の）諸家皆多く用う」ものである。だ

が「●○○」は「杜〔甫〕止《た》だ二首……世《よ》前調〔○○○〕と混ずるは則ち粗なり。【物集四、服集十三、諸家六十二を得。多からずと為さず】」（【　】内は囲外の記載。以下同様）という。この調は多作を慎むべきなのである。「●○●」は禁忌として附図に並べられ「物集八、服集十三、諸家一百六十八を得」との記載がある。

七律正格でも同様に考えると起句と後聯との下句は理論上「×●×○×●○」となるのだが『詩律兆』は「×●○○●●○」を恒調と定める。起句第三四五字について恒調「○○●」以外を見てみれば、「○○○」には「此の調 熟用して厭わざるに似たり。然れども杜止だ数首、余り〔杜甫以外〕も亦た甚だしくは多からず。後人蓋し節を取りて可なり〔模倣には節度が必要である〕。【物氏十六、諸家筭《かぞ》うる無し〔無数にある〕。甚だしきかな、其の節を知らざること】」と記す。「●○○」には「大凡 仄法〔第二字が仄の句。「仄起り」ではない〕の句、第五字平なれば則ち第三字論ぜざるは仄脚〔句末が仄〕の例なり。韻句〔押韻する句。『詩律兆』では平韻を想定している〕に在りては則ち然らず。是れ詩家の知るべき所なり。この調 四唐宋明皆尤も寥々たり〔極めて少ない〕。我が邦 熟用し動もすれば篇を累ぬるは其の粗 甚だし。【物集五、服集七、諸家百八十九を得。豈に粗ならずや】」。「●○●」は附図で「諸家一百四を得」との記載がある。

以上を『詩律兆』では次のようにまとめている。ⅰ五律平法（第二字が平の句）の押韻句の第一字は必ず平にする。ⅱ止むを得ず仄を用いる時は第三字を必ず平にする。ⅲ七言仄法の押韻句の第三・五字もⅰⅱに準ずる。今でいう「孤平」に関わる規則であるが、日本では当時この規則が知られていなかったらしい。「我が邦の声病 此の失 最も多し。大率十首に其の六七に居ること誰昔《むかし》より然り。豈に習いて察せざる者に非ざらんや。学者宜しく猛省して勇改すべし」（余考・雑評）と言う。第二四六字以外すなわち第一三五字に注意せず不論のまま放置している蘐園学派の怠惰な学問態度を批判するものである。

その一方で「二四異・二六同」に外れていても許容される場合がある。杜詩の句「二月頻送客」（●●○●●）のような「二四同」の五律は実例が多く失律とは言えず、同じく杜詩「錦官城西生事微」（●○○○●○）のような「二四同・二六異」の七律も熟套とはいえないが尽く排除するほどでもないと論じている。「二四異・二六同」の盲信を戒めるのである。（附録・論二）

③履仄

七言詩の第一句末を押韻しない体裁を「履仄」という。いわゆる「履み落とし」である。これはただ第一句末を押韻しなくてもよいというものではない。履仄の時には第五字の仄と第七字の平とを拗する（入れ替える）必要があるのだが、世間では多くそれに気づいていないと批判している。正格であれば恒調「×○×●●○○」を「×○×●○○●」とするのが正しい変調になり、単に句末を仄にしただけの「×○×●●○●」では変調とはいえ失律に近くなる。竹山は「此れ強いて履仄を用いる者なり。……後人用いずして可なり。【我が邦の諸家 十三を得】」（七絶上・正格）とする。

④挟み平

これも②③同様該当箇所以外の平仄を忽せにする点が批判されたものである。「挟み平」とは五言平法仄脚の句（×○○●●）の第三字と第四字とを拗し、あるいは七言仄法仄脚の句（×●×○○●●）の第五字と第六字とを拗して、下三字を「━●○●」とする形である。但しこの時には五言の第一字、七言の第三字を必ず平にしなければならない。②同様「孤平」に関わるこの規則は五言では緩く七言では厳密である。したがって五律偏格後聯「●○●○●」は附図ではなく変調に組まれ、「杜及び宋 考無し〔実例無し〕。【物集一なれば則ち可なり。諸家二十二を得。濫に非ざるか】」というように破格であるという意識を持ち多作を慎めば許される。ところが七律正格結句「×●●○●○●」

は附図に置かれる。「服集四、諸家二十四を得」である。以上が「五格」についてである。

⑤同音

以下⑦までが「三病」である。「同音」とは押韻箇所以外で詩中に韻字を使用することで、沈約の「八病」中第五の「大韻」に当たる。竹山は八病説に関して「余考」に〈八病の非〉という一項目を立て、厳滄浪や楊升庵ら明人の詩話を引用し、全く準拠の必要がないことを明らかにしている。よって、八病のうちでもとりわけ重要でない「大韻」だけを取り上げて大忌とする日本の状況は「人の不学無知何ぞ此の極みに至る」という厳しい非難となる。平仄と直接関係が無いため『詩律兆』に具体例は見えない。

⑥下三連

句末に三仄もしくは三平を連用することである。日本ではこれを最も忌むが、竹山によれば実は病ではない。大まかに言えば「三平」は忌むが「三仄」は忌まない。例えば五律正格前聯「○○●●●」の寸評に「四唐宋明皆其の多きに勝えず。我が邦　三仄を以て病と為すは察せざること甚だし」とする。但し細かく言えば、五律の三仄はどの聯でも熟套であるが、七言詩の三仄は起句では忌む。また三平も起句では許容範囲内であるが、前後聯や結句に施すことはできない。例えば五律正格前聯「×●○○○」も反則扱いで附図に置かれ「物集三、諸家十二を得」と記す。

ところで日本では止むを得ず上句で三仄を用いた場合、善後処置として下句に三平を用いれば均衡が取れて許されると考えられていた。これに対して竹山は下三連を忌むこと自体無知なことであるが、「善後処置」に至っては言語道断だと非難している。三仄三平併用例はほとんど本編の附図に置かれ、物集らの実作数も多い。当時一般化された便法であったと知られる。

⑦四仄一平

五言では一句五字が四仄一平に、また七言でも一句中の第一字と末字との二字を除く、或いは上の二字か下の二字を除いた時に四仄一平とならないようにする規則である。初学者には有益だが、変調例があるため、病とまではいえないと竹山は言う。極端な例では五字全仄や、六仄一平などの例も変調として許容している。五律正格起句「○●●●●」の寸評に「此れ変の甚だしき者なり。杜〔甫〕善く用い、岑〔参〕四を得、余りは多からず。然るに世以て失律と為すは適確を欠く」と言っている。

⑧拗格

「華人の常套にして我が邦 知らざる者」の最たるものが拗格である。拗格とは正格と偏格との聯単位の組み合わせ（例えば起句が偏格で残り三聯が正格）による詩型である。故に「五格」の〈二四異・二六同〉で見た粘法に逆らう部分（失粘）が出てくる。だが竹山は「古人 成規有り。後人拠り以て循用す。亦た何ぞ失粘の誚《そし》りに有らん。且つ失粘は変なり。病に非ざるなり。奚ぞ必ず誚るを為さん」（余考・拗体）と述べ、拗格は規則性を有し、失粘は病ではなく変調であることを強調している。しかし日本では拗格は病であるとの認識が非常に強かったらしく、「七言拗格の若きは唐氏熟用し、宋明も亦た遵依する者固より多し。唯だ本邦に在りて漠然跡を弭《や》むるは独り何ぞや」（与紀世馨書）と嘆いている。また竹山は人々の固定観念を打破しようと、自ら拗格の詩を作って見せたり、後進に対して拗格による作詩を奨励したりしているが、人々はそれをあくまで病と見做したようである。

以上①から⑧まで『詩律兆』が主張する五格三病批判及び拗格の妥当性を見てきた。五格三病が、近体詩の実態と隔たった日本だけの陋習であることを『詩律兆』は細かに示す。第一三五字の不論や三仄三平併用などの反則例を、竹山は附図に逐一挙げて「詩家の大忌なれば、我が邦相沿い熟用する者、甚だ非なり。其の靡然として習いを為すを以て、予嘗て之れを目して俗調と為す」（五律・正格）と断言している。一方で近体詩は拗格をはじめ様々な変調を確立しているのに、五格三病を犯す調を頑として認めないのは固陋であると批判している。

三　蘐園学派批判その二―明代古文辞学派―

そもそも徂徠が古文辞学を標榜したのは、中国明代の古文辞学派（とりわけ李攀龍と王世貞と）に共鳴したからである。蘐園学派の人々は明代古文辞学派の主義主張を踏襲すると共に、李王らを信奉した。竹山の批判の矛先はここにも向かっている。

「文は秦漢、詩は盛唐」というのが明代古文辞学派のスローガンである。その主張によると詩は盛唐以外は一切認められない。中晩唐や宋は唾棄すべき対象であった。竹山も「詩は盛唐」という考え方自体には賛成である。『詩律兆』は杜甫を主とするという態度からも明らかである。但し竹山の場合、盛唐の初期はまだ声律が定まらないので中期の天宝（七四二～七五六）以降を正拠とする。そこで「王世貞の五律 全首の拗多し。蓋し初唐及び〔盛唐初期の〕孟〔浩然〕岑〔参〕の調に依るのみ。……要は是れ多変の溢〔変調しすぎ〕のみ」（五律・偏格）というように、王世貞の体裁を多く認めない。李攀龍の詩も多く附図に置かれる反則の調を踏んでいるので、「李攀龍の結句 四唐の忌む所なり。渠れ開天〔盛唐〕に刻意し之れを為るは何ぞや」（七律・正格）と揶揄される。李王らは「詩は盛唐」を唱えながら、実作は盛唐からかけ離れている。竹山の分析によれば「宋人 体製大いに変じ以て後人の訾謷《しごう》〔誹り〕を取るは固よりなり〔確かにそうである〕。然るに其の声律 大抵盛唐の法を守り、時ありて呉体に馳騁す。明人 体製を振るい開天に羹礄《こうしょう》〔仰ぎ慕う〕するも其の声律大抵晩唐焉《これ》に依り復た余裕無し」（附録・論一）、つまり宋代は唐詩の詩風を変えた誹りはあるものの、声律は盛唐の法を守りながら柔軟性を有している。一方明代は盛唐のスタイル復興を唱えながら、声律はむしろ彼らの忌み嫌う晩唐に依り融通が利かない。かくして「抑そも明季〔末〕零細者流、豈に模範するに足ると云うや」（七律・正格）盛唐の声律を逸脱した李王は模範するに足らないと断言するのである。

しかし宋も明も時勢の違いはあれ、「平仄排比の法……宋明諸大家　縦横馳騁し至らざる所無きも、亦た皆俯して〔唐声の〕範囲に就く」（余考・雑評）、ともかくも唐の声律を尊重したことは確かである。ところが日本人は近体詩を明人から無批判に学び、自ら唐の声律を研究する姿勢がない。或いは声律そのものを等閑視している。「我が邦　嘉万〔嘉靖万暦。明代古文辞学派〕に尸祝〔崇拝〕して律の粗鹵《そろ》〔粗略〕滔々たること皆是れなり。〔彼らは〕則ち今は自ら今、何ぞ善く学ぶに有らん〔学ぶ必要などないという〕。是れ我が〔詩〕律兆必ず四唐宋明を具え以て今に砭《へん》する〔戒める〕所以なり。嗟哉《ああ》律詩は唐声なり。唐に従わんか宋に従わんか抑そも明か今か。吾従う所を知る」（附録・論一）。近体詩は唐の声律である。よって、倣うところは明ではない、学ぶべき所は明白であると竹山は主張する。しかも「叚令《たと》い明人然らざるとも既に成規を唐に受くれば始めより不可無し。矧《いわん》や明も亦た之れを為《つく》るをや」（与紀世馨書）というように、その明からもろくに学んでいない。だから唐詩にも明詩にも見られない声律を用いて気づかないでいる蘐園学派を呆れ果てたふうに、「唐明皆　考無きを、世の宋を唾棄する者、輒ちこの〔宋詩にのみ作例がある〕調を用い累出厭わざること独り何ぞや。【物集七、諸家百五十九を得。明を唱え宋を罵る者　多く其の間に在り】」（七律・正格）というのである。竹山は徂徠・南郭の詩がしばしば声律上の誤りを犯していることを指摘して「基本〔声律〕既に失う。尚お奚ぞ開天・嘉隆〔明代古文辞学派〕を之れ問うに暇あらんや」（与紀世馨書）と言っている。古文辞だなんだという前にまず基本である声律を学べ。それも「詩は盛唐」というからには李王に学ばず、盛唐に直接学べというのである。

また盛唐詩に使われている語彙以外は一切用いずに詩を作るのも明代古文辞学派の特徴である。それを取り入れた蘐園学派が作る詩に対して、竹山は次のように述べている。「一題到る毎に東剽西掠南模北擬し〔あちこちの詩から語句を切り取って持って来て〕、戛《かつ》々乎として〔不協和にてこずりながら〕湊合支吾す〔寄せ集め組み合わせる〕……〔一方竹山の弟子たちは〕深く踏襲勦窃を以て戒めと為すが故に毎篇必ず己より出で、工なると拙なると皆其の本色〔各人のオリジナル〕なり。寧ろ衿肘を促り〔極貧であること〕て貧を露わすも喪馬〔死馬〕を借り以て富を彰わさず」（答大出子友書）と。彼らの切り貼りと没個性とを批判し、自分の弟子にはそれを戒めているのである。

四　蘐園学派批判その三―華音―

蘐園学派の特徴の一つは華音（中国語）による読解・作詩文であるが、これも竹山の批判の対象となる。「明清に或いは唐詩を歌うは仮説強為に出るのみ。豈に唐詩の真ならんや。蓋し歴年の久しき音韻も亦た変わらざるを得ず」（附録・論五）。竹山からすれば華音といっても唐と明清とではすでに異なったものである。時代が経るにつれ発音も変わり、明清代に、唐代よろしく歌ったとしても、やはり唐の音とは違う。そこで明代の通行音で唐詩を云々する愚については、王世懋《せいぼう》（世貞の弟）が「自ら誦して流暢ならざるは為らずして可なり」というのに対し、「悪んぞ唐声必ずしも然らざる（流暢でないこと）を知らんや」（余考・拗体）と反論している。

日本では蘐園学派が「詩は諷詠に原づく。華音既に通ずれば則ち声律の諧否〔調和不調和〕・古人の風調 之れを諷詠に求めて皆自然に得。苟も之れを知らざれば作る所皆是れ和習、華人に是れを見せしめば匿笑を免れず」（附録・論五）と、詩は華音で吟じてこそ声律の適不適がわかり、華音に拠らずに作った詩は、中国人に笑われるような和習があるといって、華音の重要性を説いた。しかし竹山の考えはそれとは正反対であった。「今体〔詩〕一定の規〔則〕

簡冊〔書物〕に存す。我が邦沿習の弊を蠲《のぞ》かんと欲すれば宜しく斯に稽がうべきのみ。之れを置き、問わずして、特《た》だ諸《これ》を偏方の舌・影響の余〔日本人が使う清代の中国語〕に索むるは抑そも末なり」（附録・論五）、近体詩の諸規則は書物から学ぶべきであって、清代中国語から理解しようとするのは間違っているというのである。実際、竹山が彼らの詩を誦した結果は本編に収めたごとく、唐声からはずれた調の累出であった。そこで竹山は「華音の詞芸に益亡《な》し」と言い切り、「自然の調を声音の間に求むるは是《ぜ》に似て実は非、真に近く反って偽、華音の学 以て已むべし」（附録・論五）中国語の音読による声律の判断は、よさそうで実は害であり、華音の学習など無用と結論付けた。さらに蘐園学派の人々の中国語が現代語としてもさほど通用せぬことを、知人の通訳官の言葉を借りて、「〔清人が〕我が邦と言う〔語る時〕は、老嫗 児に嘱する〔言い含める〕がごとくにして後 通ずるのみ」（附録・論五）と述べている。

華音を操り得々としている蘐園学派を指して竹山は次のように言う。「傲然自ら大にし、人の詩を覧る毎に、佳悪を問わず浪《みだ》りに『某しの字 律に入らず、某しの句 調を成さず』と言い、以て前修〔先賢〕を歴詆し〔謗り〕、迺ち其の〔自ら〕作る所を諷して曰く『此れ盛唐の調なり』と。頭を掉《ふ》り舌を鼓して醜態畢く露われ、人に嘔噦〔嘔吐〕せしむ。予嘗て其の徒の詩を見るに巧拙論亡きのみ、其の律 依然たる陋習、略《ほぼ》唐声と合う者無し。覚えず失笑す」（附録・論五）。片腹痛い彼らへの嘲罵である。

おわりに

竹山の目に映った蘐園学派の作詩に対する姿勢を要約すれば次の通りである。

徂徠や南郭をはじめとする蘐園学派は、五格三病という日本の陋習に盲従するため、その詩は粗雑疎漏であり、かつ変調の自由闊達さを失った窮屈なものになってしまっている。また彼らは明代古文辞学派を信奉し無反省に則っているが、声律は粗略で、しばしば唐はおろか明の声律にも背いている。さらに華音を知らずして声律は解せないと勘違いをしている。蘐園学派のやることなすこと無知で和習にまみれた代物でしかない。それらは突き詰めれば、彼らが唐の声律から直接学んでいないからである。古文辞学や華音という目新しく華やかな学問で人寄せをする前に、基本を怠るなと竹山は批判をするのである。

『詩律兆』の執筆意図が詩律の規範を世に示すためであったことは勿論である。だが同時に旧弊として俎上に載せられた蘐園学派への批判も大きな比重を占める。竹山は自序で、「正路を掲げて邪径を截つ」と宣言する。もちろん日本に根付いた旧弊は一朝一夕には改まらないだろう。だが「之れが兆を為《つく》ると云うのみ」、この書が改革の「兆」すなわち先駆けとなることを願っている。これは蘐園学派への挑戦状に他ならない。竹山にとって蘐園学派批判は師五井蘭洲の遺志でもあった。蘐園学派は経学面と詩文面との二本柱から成るが、竹山は経学面では『非徴』、詩文面は『詩律兆』の両面から徹底的に蘐園学派を批判したのである。よって『詩律兆』の総論である「附録」の最後は「夫の新奇を尚ぶの学　天下を率い媮《とう》薄〔軽薄〕に趨る。豈に翅《た》だ詩のみならんや〔経学もまた然り〕。噫《ああ》」と締めくくっている。

注

（1）　当時の詩壇への批判については、本書第三部第四章参照。またそれが『詩律兆』に見られることについては、藤居岳人「『詩律兆』解題」（『大阪大学大学院文学研究科紀要　モノグラフ編』第四十二巻、二〇〇二年）参照。

（2）　自序成立は宝暦八（一七五八）年、凡例は明和七（一七七〇）年、自序再識は安永元（一七七二）年、跋は安永五（一七

七六）年、書簡三篇は各々明和六（一七六九）年、明和七（一七七〇）年、安永三（一七七四）年。『竹里先生手写本』に初期の姿が窺える。

（3）　原文は訓点つき漢文。書き下し文は原則それに従う。引用文中の〔　〕は筆者注である。

第四章　中井竹山の詩作と感性―二つの「十無詩」―

上野洋子

はじめに

懐徳堂の黄金期は、四代目学主である中井竹山の時代に築かれたと言われる。しかし、預り人であった時期も含め、門下生の「謝儀（授業料）」は些細な額にすぎず、財政も豊かとは言えなかった。

> 講莚の謝儀は、五節句前に聴衆の分新旧に不拘、些少の星銀一封つゝ、心持次第に学主迄別段に被差出、……只一応拝謝の印たに有之候へは、礼調い情達し候事故、貧学の衆中は、紙一折又は筆一対を以礼式と被致可然候歟
>
> （「学問所謝儀等に就ての竹山の意見竝定書」[1]）

西村天囚も、「懐徳堂の謝儀は、盆暮節句に扇一本紙一折にても宜しとの定めなれば、入学如何に多くとも、諸儒の生計を助くるに足らず。」（『懐徳堂考』）と述べるように、竹山の生活は苦しいものであった。更に天囚は、竹山の苦境を示す傍証として「十無詩」の存在を指摘する。

> 壮時の貧苦は其の十無の詩にも知らる。十無の詩は、竹山嘗て李笠翁の十無詩に擬して作れる者なり。

「十無の詩」とは、十の「無」を詠んだ七絶詩である。[2] 明末清初の文人李笠翁（李漁）の「十無詩」が創作の契機

となっている。

一日、李笠翁の十無詩を読む。造語の巧、命意の奇、心に戚戚焉とすること有り。…乃ち戯れに題を更えて賦し、以て我が窮を鳴らさん。（竹山「十無詩」序）

竹山は、李漁「十無詩」の「造語の巧」「命意の奇」に触発されて、独自の「十無詩」を詠んだという。しかし、同じ題材を扱うとはいえ、詩人が異なれば作品も異なる。李漁には李漁なりの、竹山には竹山なりの貧しさに対する態度が窺え、それぞれ指向性の異なる「十無詩」となっている。本章では、両者の「十無詩」の解釈・比較検討を通して、特に竹山の詩作態度の一側面について考えてみたい。

一　「十無詩」作成の経緯

まず、李漁と竹山との序から、それぞれの作品の成立事情を確認しておこう[3]。

李漁　和劉子岸先十無詩（有小序）

劉子岸先は、信陽の高士なり。家足らずと雖も、才実に余り有り。一日、十無詩を以て予に示す。予も亦た窶人なれば、其の詩を読みて愀然として曰く、傷なるかな貧や。遂に此に至れるかと。然るに貧なるも病に非ずとは、前賢已に之を言うなり。予年已に邁ぎ、復た奢求すること無し。劉子は春秋に富む。現在富貴を捉鼻するも、ゆくゆくは将に万有ならんとす。何ぞ十無を慮えん。予其の辞を反し以て之に和す。人を慰むと曰うと雖も、実は自ら慰むるなり。

（劉子岸先、信陽高士。家雖不足、才実有余。一日、以十無詩示予。予亦窶人、読其詩而愀然曰、傷哉貧也。遂至此乎。然貧也非病、前賢已言之矣。予年已邁、無復奢求。劉子富于春秋。現在捉鼻富貴、行将万有。何慮十無。予反其辞以和之。雖曰慰人、実自慰也。）

竹山　十無詩并序

予が家は世よ清素なるも今而るに益々窶《まず》し。一日、李笠翁の十無詩を読む。造語の巧、命意の奇、心に戚戚焉とすること有り。然るに渠は放蕩を以て自ら匱乏を致す。我が徒に非ざるなり。且つ其の題目は設くるに便を以てすること有るに似たり。詩料は恐らく実際に非ず。乃ち戯れに題を更えて賦し、以て我が窮を鳴らさん。辞の拙なること、固より進攀するに足らず。情の真なれば、則ち未だ必ずしも青は藍より出でずんばあらざるなり、としかいう。

（予家世清素今而益窶。一日、読李笠翁十無詩。造語之巧、命意之奇、心有戚戚焉。然渠以放蕩自致匱乏。非我徒也。且其題目似有設以便乎。詩料者恐非実際矣。乃戯更題賦、以鳴我窮。辞之拙、固不足進攀。情之真、則未必不青出於藍也云爾。）

李漁、字は笠翁。明末の動乱のため官途を断念し、それ以降は戯曲や小説の創作と出版とに専念した。読み手を翻弄する高度なセンスと絶妙な間合いを売りに、多くのパトロンを得た李漁は、「〝高等幇間〟としてたかり生活」を続ける。[4]

金陵で寓居生活を送る李漁は、ある日友人劉岸先の「十無詩」を目にする。その凄凄たる内容には貧しい自分も同情せずにはいられない。そこで李漁は、彼を慰める意も込めてその詩に唱和する。しかし、「人を慰む」とはいえ、実は「自ら慰む」詩であると自白している。

こうした経緯で成った李漁の詩に刺激を受けた竹山は、戯れに自身の境遇を重ね、独自の「十無詩」を詠んだ。してみれば、両者に共通するのは、あたかも他人の貧困に共鳴するかのように己の境遇を詠った点にあろう。

二　李漁と竹山、「無」に対する心情とその比較

では、実際に詠われた詩はどのようなものであったのか。以下、一二篇の詩を概観する。（便宜上、各絶の上に数字を付す）

李漁

①居無屋　伯通廡下寓梁鴻　仲蔚蓬蒿露処同　名士幾人居有屋　万間広廈寸霊中

②行無輿　休弾長鋏恨無車　貧到堅時力有余　織屨売漿猶負戴　未聞高士出乗輿

③寝無床　得意曾将綉幕褰　蕭条席地也成眠　元龍不問床高下　百尺楼中地亦天

④食無米　才高米価逐年増　八斗何堪貿一升　飽殺侏儒留曼倩　凶年作穀售奇能

⑤寒無衣　無褐無衣難卒歳　忍飢忍凍也過年　従来口体無豊約　事到其中若固然

⑥夜無灯　嚢蛍到底恨無光　鑿壁偸来也欠良　何似早眠還早起　不従膏火乞輝煌

⑦炉無火　莫道誰能送炭来　寒炉無火并無灰　袁安藉此成高臥　一有人怜便不才

⑧杖無銭　甑内生塵尚坦然　何須更慮杖無銭　独醒衆酔天私我　酒外成名傲八仙

⑨渇無茗　佳客不応遭水厄　天教旱魃困盧同　望梅幸有茶経在　一読能生両腋風

⑩交無朋　不是元龍気未除　因貧人作絶交書　柴関剥啄年来少　啼笑翻因得自如

竹山

①家無産　書剣蕭然已七霜　未将家計付農商　傍人若笑吾生拙　看取鄒経尚志章
②衣無副　弟易兄伝出入煩　一裘一葛豈長存　弟兄星夕相看笑　南阮猶贏大布裩
③親無奉　慈顔含笑語双男　菽水寥寥莫負慚　人世枉糜牲鼎養　心頭苦奪口頭甘
④婦無閑　冢婦調蔬介婦供　裳穿衣垢百忙重　休愁多日粧梳廃　竹櫛荊釵不足容
⑤囊無金　金餅嫌吾囊橐微　入如転石出如飛　但教出入長如此　身上応無識者譏
⑥廩無米　楽歳倉中剰粒無　不知荒日復何図　寒微元免賑饑責　秖恐公侯皆似吾
⑦食無肉　寒厨索莫断鮮腥　忘却雄都寄此生　咬尽菜根休撃節　羞余百事一難成
⑧出無輿　陶家未得挙輿児　済勝無資歩渉疲　却愈栄途名利客　暖轎安坐一身危
⑨樽無酒　不耐年年酒債新　芳樽棄擲久生塵[5]　従教北海風流尽　著述元嫌満坐賓
⑩門無轍　門接康衢蹤未跡　誦絃纔守一精廬　何由車轍終年絶　長者従来不読書

内容は、寝食など日常生活の些事に及ぶ。また、順序は対応していないものの、「無」とされる対象が共通するものもいくつか認められる。今、それらを抽出して並べると次のようになる。

李漁「十無詩」	竹山「十無詩」
②「行無輿」	⑧「出無輿」
④「食無米」	⑦「食無肉」（「廩無米」）
⑤「寒無衣」	②「衣無副」
⑧「杖無銭」	⑨「樽無酒」
⑩「交無朋」	⑩「門無轍」

表現は異なるが、「無」とされる対象はほぼ同様である。とはいえ、立場も生活環境も異なる二人が自身の境遇をどう考えていたのかについては、対応する各絶から検討する必要があろう。そこで以下、飲食・衣服・交際の方面における「無」の対象が類似する各絶から、李漁と竹山との心情を探り、その特色を確認する。（尚、紙面の都合上、五組全てに及ぶ比較は行わない）

（一）　飲食（酒）について

李漁　杖に銭無し

甑内に塵を生ずるも尚お坦然とす　何ぞ須く更に慮るべき杖に銭無きを
独り醒め衆酔えるは天我を私すればなり　酒外に名を成し八仙に傲らん

「甑内に塵を生ずる」は、後漢の范冉の故事による。[6]「八仙」とは、唐代の酒仙と呼ばれた李白・賀知章・李適之・王璡・崔宗之・蘇晋・張旭日・焦遂のこと。李漁は酒も買えない境遇を、自ら選んで貧となった范冉のそれと重ねている。だが、「坦然」「何須更慮杖無銭」としながらも、八仙を見返そうというその語気は厳しい。

竹山　樽に酒無し

年年酒債の新しきに耐えず　芳樽棄擲され久しく塵を生ず
北海の風流尽くるに従教《まか》す　著述して元より嫌《うたが》うは満坐の賓

「北海風流」は、北海郡の相であった孔融が、賓客用の酒を絶やさなかった故事による。[7]しかし竹山は、北海の風流など尽きても構わないという。賓客と議論を交わすための酒よりも、自身の著作で「満座の賓」を得られるかが気にかかるのである。

酒のない状況を詠う両者の心情にはかなりの相違がある。李漁の場合、「無」を悠然と受け流す態度の裏に、自負心と苛立ちとが見え隠れする。これは戯作者としての自尊心と無関係ではない。官途を断念した李漁には、「みずからの才能や学識に対しては人一倍強烈な自身と自負心をもちながら、一方においては、ぬぐい去りがたい自卑の心・自嘲心」を特徴とする戯作者気質があった。[8] しかし竹山は、李漁のような感情を抱くのではなく、まずは酒よりも人々、具体的に言えば門人との交流を優先して考えている。

（二）衣服について

李漁 寒に衣無し

褐無く衣無く歳を卒うること難けれども　飢を忍び凍を忍びて也た年を過ぐ

従来口体に豊約無し　事其の中に到るも固より然るが若し

衣服に恵まれぬ境遇を詠んでいる。季節に合った衣服がなくては年も越せぬというが、堪え忍んでいれば年は越せる。これまで豊かな思いも物足りぬ思いもせずにきた自分は、事態がそこまで到っても、もともとそんなものである。衣服のないことに心を痛めるどころか、その状況を笑い飛ばすかのように詠う。したがって、李漁による「自慰」の態度とは、少なくとも自身を優しくいたわるようなものではないことがわかる。

竹山 衣に副無し

弟は易え兄は伝え出入煩わし　一裘一葛豈に長存せん

弟兄星夕に相い看て笑う　南阮も猶お大布裩を贏《と》くと

弟・履軒との日常を詠う。南阮は、川を挟んで南側に住んだ晋の阮咸と阮籍のこと。七月七日の慣習として衣服を干す時、豪奢な衣裳を干す北阮に対し、咸は大判の褌を竿にかけて「未能免俗、聊復爾」と言った[9]。兄弟が同じ衣服を着まわすため、衣服はすぐにすりきれる。しかし夜になって、七月七日はあの南阮も褌を解いて干していたのだなと二人笑い合う場面は、暗くなりがちな貧境の詩の中で、清涼剤の如き効果を発揮する。

（三）交際について

李漁　交に朋無し

是れ元龍の気未だ除かずんばあらず　貧に因りて人の作るは絶交の書

柴関の剥啄は年来少し　啼笑翻り因りて自如たるを得

ここでは、「陳元龍、湖海之士、豪気不除（他に屈しない気性はこれまで通り変わらない）」（『魏志』陳登伝）を踏まえる。元龍のような豪気の士がいない今、人々は貧しい者に絶交書を書くようになる。こうして、貧乏ゆえ誰からも相手にされなくなる状況に、「啼」と「笑」とを繰り返すことで「自如」たる状態を得るという。「啼」「笑」という対照的な感情の起伏によって、陰湿な空気の入り込む余地すら与えないかのようである。

竹山　門に轍無し

門は康衢に接し蹤は未だ疎ならず、誦絃もて纔かに守る一精廬

何に由りてか車轍終年絶ゆ　長者従来書を読まざるか

懐徳堂という「精廬（学問所）」に対する竹山の想いが詠われている。人が往来する「康衢（繁華街）」の傍に構えた学問所を維持するために「誦絃」を教授する竹山は、ふと「何に由りてか車轍終年絶ゆ　長者従来書を読まざるか」と呟く。これは、貧しいながらも貴人の訪問が絶えなかった陳平の故事を踏まえている[10]。「長者」とは、社会的地位

も比較的高く、読書による修養を要する人物を指すと思われる。この長者のあり方について、懐徳堂の儒者である竹山は疑問を投げかけるのである。

以上が、李漁・竹山共に第十絶に置く交友の「無」である。この箇所は、両者の詩において極めて大きな意味を持っていると思われる。

双方の「十無詩」第一から第九の「無」は、日常生活の細部にわたる、極めて個人的な貧窮を詠うものであった。しかし第十に至り、「無」が交際という外部との関係性に及んだ時、両者の視線は異なってくる。李漁が「朋無し」と個人的な交友関係に言及するのに対し、竹山は李漁に刺激されたとしながらも、李漁のように個人的な交友関係との発想がない。そこにある交友関係とは門人との関係である。

また、竹山「十無詩」の全体を検討すると、そこでは常に家族の存在が重んじられている。例えば、ここで検討の対象とはしなかった「親無奉」「婦無閑」には、履軒をはじめとする中井家の人間が登場する。この「十無詩」以外にも竹山が家族について詠んだ詩は多い[11]。それは家庭人としての竹山とも言えるものであるが、それと対照的に視線が外に向いた時、この詩に見えるように、竹山は自分の立場を「懐徳堂の竹山」と自動的に規定しているように思われる。つまり、交友関係を語る時、李漁には個人的交友関係が基本として存在し、竹山には懐徳堂を通じての交友関係が基本として存在しているのである。

そして、両者の相違の原因を探ると、そこには環境の相違が存在する。特異な経歴と作風を持つ李漁について、その評価は様々である。好色と滑稽とを特徴とする彼の小説や戯曲は、「尚雅の精神を基底とする当時の正統派文人から蔑まれ」るようなものであった[12]。しかし李漁は、「世俗から顧みられない所謂賎しい人間たち、すなわち小間使、詐欺師、男色、女性、俳優、妓女、奴僕の中に却って気品の高い人物が存在することを示し、身分外見から安易に人物を判断しようとする、世俗の浅薄な考えを戒め」ようと、[13] 彼なりの「反俗精神」をあらわにした。[14] 肉を食べることのできない自分の環境に不満を露わにし、八仙すら見返そうとする反骨精神は、逆に言えば常識等に捉われない、自由な「自分」というものを持っていたということであり、その意味で李漁は自意識を強く前面に押し出す人物であったと言えよう。それは、彼の生きた時代及び社会的環境がそれを許したということでもあり、或いはそれを強制したということかもしれない。

しかし、竹山は李漁と全く異なる環境にいた。竹山は懐徳堂の人間として生まれ育ち、懐徳堂の人間として生きた人物である。無頼に生きた李漁とは正反対に位置する人間とも言える。それが形となって現れると、交友関係を述べる際にも懐徳堂の門人、懐徳堂の経営に言及することとなる。つまり、竹山には李漁に見られるような自意識が見られないのである。それは竹山自身も強く意識していたのであろう。竹山は「十無詩」序の中で、「然るに渠は放蕩を以て自ら匱乏を致す。我が徒に非ざるなり」と記す。李漁は己の放蕩によって貧窮するに至ったのであって、学問に志す自分の同朋ではないと、李漁との間に一線を引くのである。

だが竹山は李漁を「我が徒に非ざるなり」と切り捨ててはいるものの、その一方で彼の詩に和している。矛盾しているようにも思われるが、それは作家と作品とを分けて考える竹山の柔軟性が示されたものと解することもできよう。ただ、竹山の生きた時代相を含めて考えると、必ずしも竹山個人の個性に帰すばかりではないようである。そこで次節では、竹山「十無詩」の創作背景を江戸時代の文芸界という視点から見てゆくことにする。

三　竹山「十無詩」の思惑

竹山の活動時期は享保（一七一六〜一七三六）から寛政（一七八九〜一八〇一）にわたる。「十無詩」が詠まれたのは、明和元年（一七六四）秋、竹山三十五歳の頃である。

享保時代において、特に注目すべき現象の一つに詩社の増加がある。荻生徂徠らの蘐園、遅れて京都の幽蘭社、大阪の混沌社などが相競った。また、知識人の間に趣味的文人生活が蔓延したことも挙げられよう。[15] 服部南郭や柳沢淇園による自由で個性的な作風が受け、本来儒学を教養とする知識人が俗文学に手を染めるようになる。自由な文人であることを謳歌する当時の風潮について、大田南畝は、「雅人の俗を弄ぶばかりは却りて雅の沙汰になるもまた味なものなり」（『仮名世説』）と評している。「自由な文人であること」に酔うこうした風潮は、宝暦以降も絶えることはなかった。

更に、時期を同じくして中国趣味の将来がある。これには、中国の戯作や小説が「唐話通事らの唐語学習に端を発し、十八世紀前半には、主に蘐園派の儒者を中心に読まれ講じられ」たことが背景としてある。[16] そうして、当時の知識人達は、構成や表現などの点で当時の小説よりも優れる中国戯曲小説に興味を持つようになった。[17]

文人趣味と中国趣味とが社会現象となる中、将来された中国作品に李漁の作品があった。磯部祐子氏は、十八世紀後半における中国戯曲の受容について、李漁の作品が相対的に多いことを指摘している。[18] 日本に将来され、新奇な作風と映った李漁の作品は、画壇においては池大雅や蕪村に、戯作界では曲亭馬琴らに影響を与えた。[19] このように、李漁の作品は当時の文人趣味の対象となり、俗文芸が普及する一端を担った。しかし、本来「雅」の領域にいるはずの知識人が「俗」になびいた結果、「雅」「俗」の混乱が生じた。[20]

こうした背景にあって、懐徳堂における李漁の受容はどのようなものであったか。現在、享保当時の懐徳堂における蔵書状況が確認できないため、確かなことはわからない。ただ、確実に言える事は、竹山が『笠翁一家言』を読んでいたこと、竹山が詩論書『詩律兆』の中で、李漁『閒（閑）情偶寄』の説に反駁していることから、この『閒（閑）情偶寄』も読んでいたことである。『笠翁一家言』『閒（閑）情偶寄』は、当時普及したものであるから、当時の懐徳堂もこれら二書程度は有していたと推測される。このように、李漁の作品は当時の文芸界において広く受容され、また竹山も李漁の作品を睹目していたということが一応は確認できる。

以上、江戸時代後期の文芸界と、李漁作品の受容状況について概観した。その上で、竹山の序に見える「我が徒に非ざるなり」を再考すると、そこには、文人趣味の流行、「雅」「俗」の混乱、そしてそうした風潮の担い手となった、徂徠を中心とする蘐園の存在に対する竹山の思惑を読み取ることができる。

蘐園は、中国語学習と詩文との方面から当時の文芸界を牽引し、「放縦とも映るような開放的ムードも併せ持っていた」[21]。蘐園が輩出した服部南郭らによる開放的な文学思潮に刺激され、修養を顧みず詩文に遊ぶ知識人が増加した現象は先に述べた通りである。結果、詩律の格式は次第に薄れ、独善に陥る傾向が強まっていった。当時の現象について、室鳩巣は次のように述べている。

又世に一種偏曲無実の人あり。なにの主意もなく、楽府古詩の辞を剽掠して高古に傲り、己が家流の外一代に詩なしとおもへり。然ども其詩をよむに、猥砕流麗一向に文理をなさず、浮萍のごとく断梗のごとし。文字の怪といふべし。（『駿台雑話』）

渾沌詩社とも交流し、『詩律兆』まで著した竹山がこうした風潮を知らぬはずはない。遡れば徂徠の蘐園に端を発する当時の風潮に危機感を持っていたのではなかろうか。「我が徒に非ざるなり」との言葉が、儒者である自身と戯作者である李漁との本質的な相違を表現していることは確かであろう。そしてこれは同時に、当時のはやりに泥むまいという竹山の意思表明でもあったと思われる。

おわりに

竹山の詩作態度は、特定の形式や作風を守るというよりも、興味あるものは積極的に取り込む柔軟な感性によるものであった[22]。竹山は、放蕩の限りを尽くした李漁と距離を置くが、一方ではその表現や技法を高く評価する。貧困という同様の境遇が両者を引き合わせた「十無詩」は、貧しい境遇を派手に笑い飛ばそうとする戯作者の反骨精神と、柔軟に戯れてみせた儒家の朴実な信念が対比される、興味深い一例であると言えよう。

ところで、李漁が詠った第二絶「行無輿　休弾長鋏恨無車　貧到堅時力有余　織屨売漿猶負戴　未聞高士出乘輿」は、窮困ゆえ孟嘗君の食客となった馮諼が長剣の柄を叩き、自身の希望を諷する故事を踏まえている[23]。しかし、李漁は馮諼と違い、「長剣の柄を叩くこと」を「休」んでしまうため、彼の心情に気付く人間は誰一人いない。

「十無詩」という詩を詠った竹山の情緒的な面を客観的かつ正確に捉えることは難しい。ただ、壮年の竹山がやがて懐徳堂学主となり、言を立てて対外的に活躍してゆく様を思えば、長剣の柄を叩かずに自らを慰む李漁よりは、長剣の柄を叩くことで周囲との繋がりを保った馮諼に近いのかもしれない。

注

（1）『懐徳』十三号（懐徳堂堂友会、一九三五年）参照。

（2）大阪大学附属図書館懐徳堂文庫蔵中井竹山手稿本『奠陰集』詩二巻所収。近世儒家文集集成『奠陰集』（水田紀久編集、ぺりかん社、一九八七年）にも収められている。

（3）李漁「十無詩」は、『李漁全集（修訂本）』第二巻『笠翁一家言詩詞集』（浙江古籍出版社、一九九二年）所収の簡体字版を通行体に改めた。竹山「十無詩」は、大阪大学懐徳堂文庫所蔵の手稿本を底本とし、通行体に改めた。文字の認定に際しては排印本（明治四十四年、松村文海堂）を参照した。尚、手稿本の序には、竹山本人による修正の跡も見えるが、意味に大差はない。紙面の都合上、ここでは修正部のみを提示するに止めた。

（4）岡晴夫「李笠翁と日本の戯作者」（『慶応義塾大学芸文研究』七十三、一九九七年）を参照。

（5）尚、手稿本の「何由」に関しては、小文字で「未塹」が付加されている。

（6）「冉好違時絶俗、為激詭之行。……遭党人禁錮、遂推鹿車、載妻子、……窮居自若、言貌無改、閭里歌之曰、甑内生塵范史雲、釜中生魚范莱蕪。」（『後漢書』独行列伝）

（7）「歳余、復拝太中大夫。性寛容少忌、好士、喜誘益後進。及退閑職、賓客日盈其門。常歎曰、坐上客恒満、尊中酒不空、吾無憂矣。」（『後漢書』鄭孔荀列伝）また、「帰家酒債多、門客粲幾行。高談満四座、一日傾千觴。」（孔融「失題詩」）とある。

（8）岡氏前掲論文を参照。

（9）「咸与籍居道南、諸阮居道北、北阮富而南阮貧。七月七日、北阮盛曬衣服、皆錦綺粲目。咸以竿挂大布犢鼻於庭、人或怪之、答曰、未能免俗、聊復爾耳。」（『晋書』阮籍伝）

（10）「以弊席為門、然門外多有長者車轍。」（『史記』陳丞相世家）

（11）松下忠「中井竹山の詩論」（『内野博士還暦記念東洋学論集』、一九六四年）を参照。

（12）岡氏前掲論文を参照。

（13）阿部泰記「李漁の反俗精神」（『東方学』第五十三輯、一九七七年）参照。

（14）阿部氏前掲論文を参照。

（15）この背景として、石田一良『日本文学史概論』（吉川弘文館、一九六八年）は「徳川社会がこのころに飽和状態となり、才能ある人も仕官の途が絶えて、民間に舌耕生活をし、「享保以来文雅草莽に下る」現象が起こった。世襲制度下では、官途にある人も、その職以外の領域で才能の発揮に専念することが許されない。芸術的才能のある人々も、晴の芸としてではなく、趣味生活・余技として、その道に遊んだ」と述べている。
（16）磯部祐子「江戸時代における中国戯曲の受容と展開」（『東北大学日本文化研究所研究報告』二十一、一九八五年）を参照。
（17）中村幸彦『岩波講座　日本文学史　第七巻近世　近世儒者の文学観』（岩波書店、一九五八年）は、「中で最も大きな影響を文学観の面で残したのは、李贄（李卓吾）・金聖嘆・李漁（李笠翁）などの中国俗文学への系統とその批評の方法」であったと述べる。
（18）磯部氏前掲論文を参照。当時の舶載状況について参考となるのは、大庭脩編著『江戸時代における唐船持渡書の研究』（関西大学東西学術研究所、一九六七年）、『舶載書目　宮内庁書陵部蔵』上・下（関西大学東西学術研究所、一九七二年）。尚、吉田恵理「江戸中期の李漁（李笠翁）イメージに関する一考察」（『学習院大学人文科学論集』Ⅷ　一九九九年）に、「日本における李漁の受容（未定稿）」年表がある。
（19）中村幸彦・西山松之助編『日本文学の歴史　8百花繚乱』（角川書店、一九六七年）を参照。
（20）中村・西山氏前掲書を参照。
（21）小島康敬『徂徠学と反徂徠』（ぺりかん社、一九九四年）参照。
（22）竹山の詩作態度とその特徴については、加地伸行『日本の思想家24　中井竹山・中井履軒』（明徳出版社、一九九七年）、神田喜一郎「竹山先生の文学」（『懐徳』二十四号、一九五三年）、范月嬌「中井竹山の詩についての覚書」（『懐徳』五十号、一九八〇年）などを参照。
（23）「斉人有馮諼者。貧乏不能自存、使人属孟嘗君、願寄食門下。……居有頃、倚柱弾其剣、歌曰、長鋏帰来乎。食無魚。左右以告。孟嘗君曰、食之比門下之客。居有頃、復弾其鋏、歌曰、長鋏帰来乎。出無車。左右皆笑之、以告。」（『戦国策』斉策）

第四部　中井履軒

第一章　『論語逢原』に見える聖人観

藤居岳人

はじめに

中井履軒は懐徳堂の儒者の中でも、その経学研究において最も優れた成果を挙げている。彼の経学研究の精髄は、『七経逢原』『七経雕題』などの著述に凝縮される。従来、筆者は中井履軒の『老子雕題』『荘子雕題』について研究を進めてきた。そして、これら老荘関係の著述に見える履軒の聖人観に関心をもつようになった[1]。

一般的に「聖人」の語は、中国では人間として至高の存在を意味する。ただ、その意味する内容は、それぞれの立場によって相違している。例えば、儒家では統治者としての理想像、道徳的に優れた理想的人格者像といった性格が一般的である（後述）。それに対して、道家では、例えば、『荘子』に「聖人　之を和するに是非を以てして、天鈞に休《いこ》う」（斉物論篇）あるいは「聖人は将に物の遯《のが》るるを得ざる所に遊びて皆な存せんとす」（大宗師篇）とあるように、現実世界の事象を超越した理想像として描かれることが多い。

このように聖人といっても、例えば、儒家と道家とではその意味合いが相違する。しかし、履軒は『老子雕題』『荘子雕題』において「聖人」の語を解するとき、道家的理想像としてではなく、儒教的理想像として聖人をとらえている。(2)

履軒は儒者である。従って、たとい『老子』『荘子』に対する注釈であろうと、儒者としての基本的立場から離れて「聖人」の語を解することはなかった。とするならば、履軒の経学研究に見える「聖人」の語に、儒者としての彼自身の立場が最も濃厚に反映されていると考えてよいだろう。本章は、履軒の『論語逢原』（以下、『逢原』と称する）に見える聖人観の特徴を探り、儒者としての履軒の基本的立場を窺うことを目的とする。

履軒の、経書に対する数ある注解の中で、なぜ『論語』の注解を取り上げるのか。それは、履軒が『論語』を「天地間第一の文章」(3)と述べ、経書の中で『論語』を最も重視することが理由として挙げられる。また、『逢原』については、『論語雕題』『論語雕題略』『逢原』という彼の『論語』関係の著述の中で最も最後に成立し、『論語』に対する履軒の考えの集大成が『逢原』だと考えるからである。

一　儒教における聖人

『逢原』中の聖人の性格を検討する前提として、まず、儒教における聖人の性格を明確にする必要がある。上述したように、人間として至高の存在を意味する聖人は、それぞれの立場によってその意味する具体的性格が相違している。理想的な統治者として言及される場合もあれば、また、現実世界から超越した立場に立つ理想像として描かれる場合もある。当然、諸子百家の学派間において相違するだけでなく、儒教の中においても様々な意味での至高の存在として「聖人」の語がとらえられている。本章において中井履軒の聖人観を検討するうえで、ある程度、「聖人」の語の意味を事前に分類しておく必要があろう。以下、先学の業績に従いつつ、儒教における聖人の性格を概観し、その意味を分類しておきたい[4]。

白川静『字統』（平凡社、一九八四年）によれば、聖の字は耳と壬《てい》と口とに従い、耳と壬とは耳を強調した人の形で、聖は祝禱して祈り、耳をすませて神の応答するところ、啓示するところを聴くことを示す字だと言う。例えば、『詩経』小雅、正月篇に「彼の故老を招き、之に占夢を訊ぬれば、具《み》な予《われ》を聖なりと曰うも、誰か烏の雌雄を知らんや」とある。占いを為す古老は耳目明察で、未来の予知が可能だと言われているけれど、実は何も知らないという意味である。ここでは聖人を未来予知能力をもった者ととらえている。また、『書経』説命篇中には「惟《た》だ天　聡明、惟だ聖　時《こ》れに憲《のっと》る」などと見え、聖人が聡明なる天の意思に適った人格者だと述べる。

さらに、『春秋左伝』哀公十八年に「志に曰く、聖人は卜筮を煩わさず」とある。これは、楚に攻め入った巴人を楚が迎え撃つときに、一度占卜で決定した指揮官を二度の占卜で変更しなかった楚の恵王に対して評された言葉である。ただ、この「志に曰く…」の語は、元来、聖人自身に占卜を担う能力、すなわち未来予知能力があったことを示す語だと考える。

以上のことから、元来、聖人は未来予知などの人知を超えた神秘的な能力をもった存在と考えられていたことが理解できる。このような性格を受け継ぎつつ、儒教ではさらに具体的に聖人の性格を規定している。

まず、第一は『礼記』楽記篇「作者　之を聖と謂う」の語に代表されるように、礼楽などの諸制度の制作者としての性格である。同じく『礼記』楽記篇では「先王の礼楽を制するや、人に之が節を為す」とあるから、作者とは先王、すなわち王者である。従って、聖人には王者、すなわち統治者としての性格がある。これが聖人の特徴の第一である。

「作者　之を聖と謂う」の箇所の『礼記正義』には、「聖は物理に通達す、故に『作者　之を聖と謂う』なり。則ち堯舜禹湯　是れなり」とあり、礼楽の制作者である聖人の代表として、堯・舜などの中国古代の王者を挙げている。このように、古代において聖人は礼楽を制作する資格のある統治者として規定される。また、この統治者は、上述の神秘的能力を備える性格も併せもつことは当然であろう。

この統治者としての聖人が制作する礼楽とは何か。それは人間の文化である。例えば、『礼記』郷飲酒義篇に「万物を産する者は聖なり」とある。これは聖人が万物、すなわち人間の文化全ての創造者だという意味である。従って、王者たる聖人は文化の創造者である。逆に言えば、文化を創造する資格をもつのは王者だけだとも言えよう。

このような文化の創造者としての聖人像は、時代は下るけれど、韓愈の『原道』においても言及される。

古の時、人の害多し。聖人なる者立つこと有りて、然る後に之に教うるに相生養する道を以てし、之が君と為り、之が師と為る。

このように韓愈は聖人が民衆のために王となり、教育者となったと述べた後で、その具体的方策として、聖人が民衆のために蟲蛇禽獣を駆逐し、寒さに凍えないように衣服を発明し、飢えて困らないように食物を用意したと言う。さらにまた「礼」「楽」「政」「刑」などを整えて、民衆が安心して暮らせるようにしたと言う。要するに、『原道』に見える聖人も民衆のために文化を創造した人格者として描かれている。

次に、聖人の特徴の第二として、道徳的に優れた理想的人格者像としての性格が挙げられる。上述の韓愈の『原道』に、また、次のような文章が見える。

夫れいわゆる先王の教えとは、何ぞや。博く愛するを之《これ》仁と謂い、行ないて之《これ》を宜しくするを之《これ》義と謂い、是れに由りて之《ゆ》くを之《これ》道と謂い、己に足りて外に待つこと無きを之《これ》徳と謂う。…其の道為るは明らかにし易くして、其の教え為るは行ない易し。

韓愈は先王、すなわち聖人の教えとは、人を愛する気持ちである仁と時宜に適った適切な行動をとる義といった人間の倫理として最も根本的なものを教えることだと言う。そして、仁義道徳を実践し、また、これらの仁義道徳を自分の身に体得することが聖人によって求められる。当然、そのようなことを求める聖人自身は仁義道徳の体得者である。

このような道徳的人格者としての聖人の性格は、宋学に至って特に強調されるようになる。有名な「聖人は学んで至る可し」の主題は、聖人が理想的統治者ではなく、道徳的人格者と考えられていたからこそ成立するものである(5)。周敦頤・程頤などの宋学の先駆者に影響を受けた朱子は、いわゆる天理人欲説を以て理論的な整備を進め、誰もが道徳的人格者としての聖人をめざすべきだという説を確立した。例えば、「若《も》し是の上智聖人の資質ならば、著力を用いざれども、自然に天理を存して行ない、人欲に流れず」（『朱子語類』巻百十六、朱子十三、訓門人四）とは、聖人であったなら、無理をしなくても自然に天理に従い、人欲に流れることはないことを言う。朱子は、聖人を天理に則った道徳的人格者と考えている。

ただ、宋学以降に上記のような道徳的人格者としての聖人の性格が強調されたのは確かだけれど、このような聖人のとらえ方は宋学以前にも存在していた。例えば、はやく『孟子』離婁章句上に「規矩は方員《えん》の至りなり。聖人は人倫の至りなり」、同じく『孟子』万章章句下に「伯夷は聖の清なる者、伊尹は聖の任なる者、柳下恵は聖の和なる者、孔子は聖の時なる者なり」とある。前者はまさに聖人が人倫、すなわち道徳の面から見て至高の存在であることを言ったものであり、後者は聖人を道徳的人格者と見なしたうえで、誰がその意味での聖人に当たるか、その具体例を挙げている。この中では、特に孔子が聖人の範疇に属していることが注目される。『孟子』においては、当然、堯・舜などの理想的王者が聖人とされている。ただ、彼らはまた同時に道徳的人格者でもあった。そして、王者の位に就いてはいないけれど、孔子は道徳的人格者としての聖人と見なされていた。

このように全般的に言えば、聖人は、古代においては統治者としての性格が強調され、宋学以降、道徳的人格者としての性格が強調されるようになる。そのような相違点はあるものの、ほぼ、儒教において上述の二つの特徴をもつ聖人像が説かれてきたことは確かであろう。では、以上に述べたような儒教の聖人の性格を履軒はどのようにとらえていたのだろうか。以下、上述の二つの特徴に沿って『逢原』に見える履軒の聖人観を検討してゆきたい。履軒が活躍していた当時、懐徳堂の儒者の立場は、履軒の師五井蘭洲、履軒の兄竹山に代表されるように朱子学を奉じる立場であった。従って、履軒の聖人観も朱子学の影響が大きいことが考えられる。そのような観点から、まず、朱子学の聖人観の特徴と同じ道徳的人格者としての性格について検討し、その後に理想的統治者としての性格を検討する。

二　『逢原』中の聖人の性格―道徳的に優れた理想的人格者像―

（一）　聖人とは誰か

『逢原』は『論語』学而篇（以下、出拠が『論語』の場合、篇名のみを記す）冒頭に「朱子集註に拠る」とあることからもわかる通り、朱子の『論語集註』（以下、『集註』と称する）に基づいた注解である。[6]この『逢原』は、大体は『集註』に拠りながら、『集註』を逐条的に批判した書だと言う説が多い。[7]当然、『逢原』は『集註』の内容を踏んだ注釈が多い。従って、以下に『逢原』の注解を検討するときには、『集註』の内容を考慮する必要がある。

儒教において代表的な聖人は孔子であり、また、堯・舜などの中国古代の王者である。履軒も当然、この儒教の伝統的な立場を踏んでいる。孔子・堯・舜らを聖人と見なす例は『逢原』中に数多い。一例を挙げれば、述而篇「子曰く、我（孔子）は生まれながらにして之を知る者に非ず」の箇所の『逢原』に次のように言う。

①孔子は「生まれながらにして知」り、自らは処らず。唯だ学を好むを以て自ら標す。是れ孔子為る所以なり。抑《そもそも》堯舜以来、歴世の聖人、皆な自らは我は生まれながらにして知る、我は聖人なりと謂わず。即ち自ら聖とする者は、必ず聖人に非ず。

②群《もろもろ》の聖人、大抵「生まれながらにして知る」。然れども孔子　独り集めて大成する者なるは、其れ学を好むことの篤きを以てなり。孔子　学を好むを以て自ら標すとするも、亦た甚だ理有り。当に特《た》だに謙辞を以て之を断ずべからず。

『逢原』において、生まれながらものごとの道理をわきまえていることが聖人の特徴とされていることは朱子学との関連で興味深い。しかし、それはさておき、この箇所では中国古代の王者たる堯・舜らのみならず、孔子も聖人とされていることが重要である。特に『孟子』万章章句下の言を踏んで、孔子を聖人の中でも「集大成」する者として称揚していることは注目される。『孟子』が孔子を「集大成」する者としているのは、孟子が孔子を聖人の中でも高く評価していることの表われであり、その「集大成」の語を履軒が使用していることは、履軒も孟子の考えを踏襲していることを示している。(8)

以上のように、『逢原』においても孔子・堯・舜らが聖人とされていることが窺える。では、実際に履軒は聖人をどのような性格だととらえているのだろうか。

（二）　聖人の徳――盛徳――

聖人は道徳的人格者であるから、当然、高い徳を備えている。『逢原』において、徳はどのように定義されているのだろうか。為政篇冒頭の「子曰く、政を為すは徳を以てす」の箇所の『逢原』に、履軒は「徳は義理の己に得る者を謂う」と述べる。義理の解釈は難解だけれど、ここでは道理、人として行なうべき道の意に解しておく。すなわち、履軒の考える徳とは、道理を自らの一身に体得することである。

では、聖人はどの程度、その徳を体得しているのか。それは子罕篇の『逢原』に見える。子罕篇「大宰（国の首相）子貢に問いて曰く、夫子（孔子）は聖者か。何ぞ其れ多能なるや、と。子貢曰く、固《もと》より天　之に将《ほとん》ど聖なること、又た多能なることを縦《ゆる》す、と」の箇所の『逢原』に、「『聖』、是れ盛徳極至の称なり。『多能』と異なり」とある。『論語』本文は、ある大宰が孔子は聖人でありながら、どうして細々とした才能をもっているのかと弟子の子貢に聞き、それに対して、子貢が孔子はまさしく聖人でありながら、多能なのだと答えている。履軒はその聖人に対して、「盛徳極至」、すなわち徳が盛んで極限にまで至っているという最大級の賛辞を与えている。このように、履軒の考える聖人は徳を極限にまで体得した人格者である。

盛徳とされるのは孔子ばかりではない。例えば、泰伯篇「子曰く、大なるかな、堯の君為るや、巍巍乎（高く大きい様子）たり。…巍巍乎として其れ成功有り。煥乎として其れ文章有り」の箇所の『逢原』に「堯の盛徳と雖も、孔子　之を名言す。何ぞ『不可』なること之《これ》有らん」とある。これは『集註』に「堯の徳　名づく可からず」と言うのに対する履軒の批判である。『集註』では堯の徳はあまりに偉大であり、名状できない程のものだとする。それに対して、堯の徳の偉大さを民衆が名状できないのは理解できるとしても、孔子も堯と同じく聖人であり、堯の徳の偉大さについて、孔子は明言できると履軒は言う。そして、その堯の徳の偉大さを履軒は盛徳と称している。因みに「盛徳至」「盛徳」の語は『孟子』尽心章句下「動容周旋　礼に中《あた》るは、盛徳の至りなり」に基づく語である。

以上のように『逢原』では、孔子・堯・舜などの聖人が盛徳の理想的人格者とされている。では、盛徳、すなわち盛んなる徳とは具体的にどのような内容をさすのだろうか。一般的に、儒教では仁・義・礼・智など、様々の徳が重視される。その中で最も重視される徳目を挙げるとすれば、それは仁であろう。従って、代表的な徳として仁を取り上げて、以下に『逢原』に見える聖人と仁との関連について検討してゆきたい。

（二）　聖人の徳の内容—至仁—

聖人は道徳的人格者であるから、儒教の徳目において最も重視される仁を体得しているとされることはむしろ当然であろう。では、聖人と仁とについて、『逢原』ではどのように説いているのだろうか。例えば、雍也篇に「子貢曰く、如《も》し博く民に施して能く衆を救う有らば、何如。仁と謂う可きか、と。子曰く、何ぞ仁を事とせん。必ずや聖か。堯舜も其れ猶諸《なおこれ》を病む」とある。民衆を豊かにして救うことができたなら、それは仁と言えるでしょうかと弟子の子貢が尋ねた。それに対して、そのようなことができるならば、それは仁者であるにとどまらず、さらに上位の人格者たる聖人だと言えると孔子は答えた。この箇所の『逢原』に次のように言う。

「仁」は徳なり。「聖」は人品なり。元もと以て差等為し難し。但《た》だ此の言　是れ聖者の極功にして、仁の至盛なり。一の仁字、未だ此れを称するに足らざるのみ。

この箇所において、仁は徳目、聖は人間の品格の上下を表わす語で、仁と聖とは別の範疇の概念であるから、本来、『論語』のように差をつけることは難しいと履軒は述べつつ、『論語』にあるように、民衆本位の政治を行なう統治者は「聖者の極功」であり、その徳は「仁の至盛」だと述べる。すなわち、民衆本位の政治を行なう聖人は、最高の仁の徳を体得していると言っている。

また、述而篇「子曰く、仁　遠からんや。我　仁を欲すれば、斯《こ》に仁　至る」の『逢原』に「仁を欲して至るとは、盛徳の妙用なり」と言う。盛徳は聖人の徳を表わす。従って、仁の徳をめざし、その最高の状態を達成することは、まさに聖人の徳の実現だと履軒は言うのである。

このように、聖人は仁の徳を体得した人格者である。盛徳とは、すなわち仁の徳を盛んに有することである。『論語』では、このような聖人の例として堯・舜らの中国古代の王者が挙げられる。その中で舜と殷の湯王とに関する内容を検討してみる。例えば、顔淵篇「樊遅　仁を問う」章で、弟子の樊遅が孔子に知とは何かと問うたときに、孔子が「人を知るなり」と答えた。樊遅はその言葉がよく理解できず、別の弟子の子夏に孔子の語の意を聞いたところ、子夏は「富めるかな言や。舜の天下を有《たも》つや、衆より選びて皐陶を挙げ、不仁者遠ざかる。湯の天下を有つや、衆より選びて伊尹を挙げ、不仁者遠ざかる」と答えた。すなわち、子夏は孔子の語を解説して、舜や湯が天下をよく治めることができたのは皐陶や伊尹といった優秀な人材を登用して、仁ならざる者を遠ざけたからだと説く。その箇所の『逢原』は次のように言う。

「不仁者遠ざかる」とは、仁者の圧《いと》う所と為るが故なり。而れども仁者を挙ぐるは、是れ舜湯の智徳なり。舜湯は聖人にして、仁智兼完なり。

この箇所の『逢原』では、「舜湯は聖人にして、仁智兼完なり」の文章に注目すべきであろう。これは聖人が仁徳と智徳とを兼備しているということである。この「仁智兼完」の語は『孟子』公孫丑章句上の文章に基づく。『孟子』では「昔者《むかし》子貢　孔子に問いて曰く、夫子は聖なるか、と。孔子曰く、聖は則ち吾能わず。我　学びて厭わず、教えて倦まざるなり、と。子貢曰く、学びて厭わざるは智なり。教えて倦まざるは仁なり。仁にして且つ智ならば、夫子は既に聖なり、と」とあり、この『論語』の箇所と同様に、聖人が仁と智とを兼備すると言う[9]。顔淵篇の同箇所の『集註』においても「子夏は蓋し以て夫子の仁知を兼ねて言うを知ること有り」と述べており、朱子は『孟子』公孫丑章句上の同箇所を踏んで注釈を施している[10]。

以上述べたように、聖人は仁の徳を体得した人格者である。では、聖人の体得する仁の具体的性格は、どのようなものであろうか。

（四）仁徳の具体的性格

言うまでもなく、仁は儒教で重視される最高の徳目である。仁とは、一般的には思いやりの精神と考えられている。履軒は仁をどのようにとらえているのだろうか。例えば、衛霊公篇で、弟子の子貢が孔子に生涯かけて行なうべきことを一字で表わすと何だと言えるかと聞いたのに対して、孔子が「其れ恕か。己の欲せざる所は、人に施すこと勿れ」と答えている。その箇所の『集註』に尹焞《いんとん》の言を引いて、「推して之（恕）を極むるは、聖人の無我と雖も、此れを出《い》でず」と述べる。これは、思いやりの精神たる恕を推し極めることは無我、すなわち全く私利私欲のない最高の理想の徳を会得した聖人にしてはじめて可能だとの意である。それに対して、同箇所の『逢原』に次のように言う。

唯だ恕のみならば推極す可からざる者なり。蓋し之を推極すれば、則ち仁に入る。恕は言うに足らざるなり。聖人の無我は、是れ仁以上の事なり。

履軒は同じ思いやりの精神であっても、恕と仁とを比べれば、仁の水準を上位に置いている。恕は、「推し極めること」、すなわち努力して追求する必要はない。誰もがもつ一般的水準の思いやりの精神である。しかし、仁は「之

（恕）を推極すれば、則ち仁に入る」と言うように、努力して追求してはじめて到達できる。従って、仁は恕よりも高い水準の思いやりの精神ということになる。ただ、無我は私利私欲のない最高の理想の境地であるから、それと比べるならば、仁の境地は、まだその最高の理想的境地にまでは至っていないと履軒は考えた。

また、仁を高い水準の思いやりの境地だと言っても、それは仏教で重視される慈悲心とは相違すると履軒は考える。述而篇「子　釣して綱せず。弋して宿を射ず」の箇所の『集註』に洪興祖の言を引いて、孔子が本当は無益な殺生をすべきではないと考えていたけれど、「（生活のために）已むを得ずして釣弋（魚や鳥を捕って殺生する、いわゆる狩猟をする）」したことに孔子の「仁人の本心」を窺うことができると述べる。それに対して、『逢原』では以下のように言う。

①「釣」「弋」は皆な男子の事にして、亦た娯楽なるのみ。聖人と雖も、時有りて之を為す。

②浮屠（仏教）の慈悲心・殺生戒、民の骨髄に淪《しず》む。然れども彼は輪廻を以て人を嚇《おど》す。輪廻を信ずる者は、之に従うも可なり。輪廻を信ぜざる者は、何為《なんす》れぞ之に従わん。蓋し慈悲の仁に近似するを以てが故に惑う。是を以て殺生の一事、毎《つね》に已むを得ざるの説有り。儒者と雖も、往往にして此れを脱洒すること能わざるは、悲しきかな。

慈悲は、仏教において最も重視される概念の一つで、「慈悲の仁に近似する」とあることからこれも仁と同様に思いやりの精神を意味する。ただ、履軒は、仁と慈悲とは相違していると言い、仏教の慈悲を批判する。それはどのように相違しているのか。まず、履軒は①において、聖人であっても時として娯楽のために狩猟をすることはかまわないと言う。生活のために「已むを得ず」殺生するのではない。そのうえで、②において、どのような場合でも慈悲心から殺生をしてはならないという仏教の考えは、輪廻説（永遠に生死を繰り返すこと。現世の業が来世の結果の善悪に対応するという因果応報的な考えの基となる）に基づくものだと言う。そして、そのような考えで人を脅すことによって成立する仏教の「慈悲心・殺生戒」を批判する。恐らく、履軒は、仏教の慈悲が因果応報説を前提として来世の善果を期待して善業を行なうことに不純な動機を感じて批判するのであろう。また、仏教が輪廻説のような架空の説を根拠とするのに対して、儒教の仁が現実世界のみの人間の自然な感情に基づくものだと考えていたことから、仏教の慈悲と儒教の仁とは相違すると履軒は考えたのであろう。ただ、慈悲と仁とが類似していることから、当時一般の儒者までもが往往にしてこの仏教の説に惑わせられていることは遺憾だと履軒は言う。[11] 懐徳堂の儒者の仏教批判は有名である。この箇所の履軒の説からも懐徳堂儒者の基本的傾向を窺うことができよう。[12] 換言すれば、履軒をはじめ、懐徳堂の儒者らは、自らが儒者だという高い自負を抱いており、また、仁を中心とする儒教の諸概念に対しても、それらを尊重してゆこうとする強い意識をもっていたことが窺える。

以上、検討してきたように『逢原』で言及される聖人は、仁などの儒教的徳目を十分に体得した人格者像、すなわちほぼ伝統的な儒教の概念を踏んだ道徳的人格者像としてとらえられていることが理解された。しかし、『論語』自体もそうだけれど、『逢原』に見える聖人像には、上述したような道徳的人格者の性格のものばかりではない。実際のところ、理想的な統治者としての聖人についてもしばしば言及されている。以下にその点についての検討を進めてゆきたい。

三　『逢原』中の聖人の性格―統治者としての理想像―

（一）　礼楽制度の制作

上述したように、堯・舜などの中国古代の王者も聖人と見なされているから、聖人に統治者的性格を認めることは自然である。では、統治者たる王者は、具体的にどのような任務を果たさなければならないのだろうか。例えば、季氏篇に「孔子曰く、天下　道有れば、則ち礼楽征伐は、天子自《よ》り出《い》づ」とある。天下に道が行なわれている時には、国家の定める規範や国家の秩序を維持するための戦争は、全て統治者たる天子が最終責任をもって実行することを言う。すなわち、礼楽の制定や戦争の遂行などが統治者の任務と考えられている。ここでは礼楽の制定に論点を当てて、検討してゆきたい。

履軒は『逢原』において、礼楽の制定が統治者の任務だという『論語』の立場を踏襲する。例えば、述而篇「述べて作らず、信じて古を好む」の箇所の『逢原』に、上述した『礼記』楽記篇を引いて「いわゆる『作者　之を聖と謂う』とは、礼楽制度を指して言うなり」と述べる。このように、礼楽制度を制作できるのは、統治者たる聖人であってこそだと履軒は言う(13)。このように礼楽制度を整えるのは、先に検討した韓愈の『原道』でも述べられていたように、民衆に対して安定した生活を保障することが目的である。そのような意味において、統治者たる聖人は民衆本位でなければならない。以下、その点について検討する。

（二）　民衆本位の統治者

統治者としての聖人が礼楽制度を制作するのは、誰のためか。言うまでもなく、それは民衆のためである。従って、統治者たる聖人が民衆本位の政治を行なうべきだと強調する箇所は『逢原』中に数多く見られる。

例えば、雍也篇「子貢曰く、如《も》し博く民に施して能く衆を救う有らば、何如」の箇所の『逢原』に「但《た》だ此の言是れ聖者の極功にして、仁の至盛なり。一の仁字、未だ此れを称するに足らざるのみ」とあることは上述した。『論語』にあるように民衆本位の政治を行なう統治者に対して、履軒は「聖者の極功」「仁の至盛」と最大級の賛辞を与える。特に、仁について、ただ「仁」と言うだけでなく、「仁の至盛」と述べていることは、履軒が統治者たる聖人の民衆本位の政治を重視していることを表わすものであろう。

また、子路篇「善人　邦を為《おさ》むること百年ならば、亦た以て残に勝ち殺を去る可し」の箇所の『逢原』では、以下のように言う。

「残に勝ち殺を去る」、元来　聖賢の天下に王たる者の功業なり。…此れ言うこころは、「善人」の品は下なりと雖も、〔同箇所の『集註』に言うように〕「相継ぐの久しき」を得ば、則ち亦た以て是れ功業と成す可し、と。

「亦」の字　暗に王者を伏せて言う。

『論語』本文の「残に勝ち殺を去る」とは、残虐な人間を感化して、死刑などの刑罰を用いる必要のない政治状況を言う。このような良い治世は、聖賢が天下の王者たるにふさわしい政治をしてはじめて実現できることである。聖賢とは、聖人と賢人とを併称した語である(14)。その聖人や賢人よりも人間としての品格で劣る善人であったとしても、百年もの時間があれば、聖人や賢人が成し得るような功績を挙げることができる。以上のように履軒は言う。履軒は、聖人や賢人が本来、王者の位置にあるべきだと考えていた。従って、この箇所も民衆本位の政治を行なうことを聖人の任務だと履軒が考えていることを示している(15)。

以上のように、履軒は聖人に統治者としての性格を認めている。上述の箇所の他にも、例えば、先進篇篇末の有名な「吾は点に与《くみ》せん」章の『逢原』に孔子の考えを解説して、履軒は「夫子（孔子）は世を化し民を救うを以て念と為す」と述べる。「民を救う」の語は、『孟子』滕文公章句下に、周の武王が殷の紂王を討ったとき、殷の人民が武王を大いに歓迎した理由として、「民を水火の中より救いて、其の残（紂王）を取《う》つのみなればなり」とある部分を踏んだものであろう。履軒は孔子を聖人と見なしている。その孔子が世の人々を感化し、民衆を救うことを常に考えているということは、すなわち、この箇所においても履軒が聖人に民衆本位の統治者的性格を認めていることを示している。このような民衆本位の立場は、儒教の基本的立場である。そして、この立場は、「民を貴しと為す」という『孟子』尽心章句下に見える考えに代表される。とするならば、履軒の思想には『孟子』と同じ系統の考えが存在していると言ってよかろう。

　このような統治者としての聖人像は、『論語』において、孔子よりもむしろ堯・舜などの中国古代の王者にその典型を見ることができる。以下、理想の統治者としての中国古代の王者に対する『逢原』の記述について検討してゆきたい。

（三）　理想の統治者たる古代の王者

　泰伯篇には、孔子が中国古代の王者の統治を「巍巍乎たり」と称揚する箇所がある。

　　子曰く、巍巍乎たり、舜禹の天下を有《たも》つや。与らず。

この箇所は、舜や禹の統治ぶりが偉大であることを言っており、同部分の『逢原』も「夫の巍巍の成功あり。而れども自らは功に処らず。其れ矜伐（誇ること）無きの至りなり。殆ど我　其の事において干渉する無き者の如きなり」と述べる。舜や禹の統治が偉大であるのは、平和な統治という成果を実際に挙げていながら、その功を誇ることがない点にあると履軒は言う。

上記の泰伯篇の引用箇所に続いて、「聖人の徳―盛徳―」の項で取り上げた「子曰く、大なるかな、堯の君為るや、巍巍乎たり。…」の文章がある。上述したように、この箇所も中国古代の聖人は、民衆が平和な治世であることを自覚できないほど、完璧に平和な治世を実現していることを述べる。

平和な治世を実現した堯・舜などの古代の王者は、民衆からは目立った政策を何も実施していないかのように見える。従って、「民　能く名づくる無し」（上述の泰伯篇の引用箇所に見える『集註』の語）と言われる状況になる。それが例えば、衛霊公篇「子曰く、無為にして治まる者は、其れ舜か。夫れ何をか為さんや。己を恭しくして正しく南面するのみ」のように言われる治世となる。ここに見える「無為」の語は、例えば、『老子』第五十七章に「聖人云わく、我　無為にして民　自ら化す」と述べられるような道家風の「無為」の語と同じ意ではない。ただ、表面的には同じ語であるから混同される恐れがある。それに対して、履軒は、衛霊公篇の同箇所の『逢原』において、以下のように両者の相違する点について述べる。

舜の「無為」は、老聃の無為と、猶天淵なり。老聃は凡そ当に為すべき者も、皆な禁じて為す弗《な》し。舜は其れ当に為すべき者は、数を尽くして之を為す。天下　復《ま》た当に為すべき者無し。又た賢才を挙げて之を任用す。然る後に無為なり。

舜の無為と老子の無為とは、「天淵」、すなわち天地ほどの差があると履軒は言う。老子の方は為すべきことがあっても全く何もしない無為であり、舜の方は為すべきことを全て実践した後の無為である。従って、同じ無為であってもその内容に大きな差が生じる。このように履軒は聖人たる統治者の無為を理解していた(16)。

以上のように、理想の統治者たる堯・舜などの中国古代の王者について『逢原』は言及する。このように聖人を理想の統治者と見なすとき、障害となるのは孔子の存在である。孔子は聖人でありながら、王者の位に就くことはなかった。この問題を如何に考えるかは儒教史上、大いに議論されてきた。履軒の拠った『集註』の著者朱子も、また、履軒も、その問題を論じている。以下、その問題について朱子と履軒との立場を比較し、その立場の異同について検討する。

（四）孔子は理想的統治者たる聖人か

聖人を理想的統治者と考えるならば、王者の位に就かなかった孔子は聖人とは言えない。しかし、伝統的儒教の立場では、孔子は本来、王者の位に就くべきであったにもかかわらず、その地位に就くことができなかったとする。例えば、『朱子語類』巻十四、大学一、序において、朱子とその弟子による次のような問答が見える。

〔弟子〕問う「『天　必ず之に命ずるに以て億兆（人民）の君師と為す』と、天　如何にして之に命ずるや」と。〔朱子〕曰く「只だ人心　之に帰す、便ち是れ命なり」と。問う「孔子　如何にして命を得ざるや」と。曰く「『中庸』に云わく『大徳は必ず其の位を得』と。孔子却《かえ》って得ず。気数の差　此の極に至るが故に反すこと能わず」と。（可学）

このように、本来、孔子は天命を受けて王者の地位に就くべきであったけれど、気数、すなわちその当時の時勢の流れが良くなかったから、王者の地位に就くことができなかったと朱子は言う。

それに対して、履軒の考えはどのようなものであろうか。例えば、上述した述而篇「述べて作らず、信じて古を好む」の箇所の『逢原』では、「設令《もし》孔子　尊位を得ば、豈に謙して作らざらんや」とある。この箇所において、「作」というのは礼楽制度を制作する意であることは上述した。そして、それができるのは「尊位」、すなわち王者の位に在る者のみである。しかし、聖人たる孔子は王者の位に就いてはいなかった。従って、孔子は十分に礼楽制度を制作する能力を有しながらも、へりくだってそれをしなかったのだと履軒は言う。本来、王者の位に就くべきであった孔子がそれを果たせなかった理由は、ここでは述べられていない。しかし、別の箇所の『逢原』に参考とすべき一節がある。

憲問篇に、子路が石門に宿泊したときに、ある門番と会話する箇所がある。その門番は孔子を「是れ其の不可を知りて之を為す者か」と述べる。その箇所の『集註』に胡寅の言として、「晨門（門番）世の不可を知りて為さず。故に是れを以て孔子を識《そし》る。然れども聖人の天下を視ること、為す可からざるの時無きを知らず」と言う。『集註』では、とてもできないとわかっていることを敢えてしようとする孔子を門番がそしっているとする。しかし、朱子は聖人孔子には為すことのできない時勢などないのだと門番の言を批判する。以上の『集註』の解釈に対して、『逢原』では次のように言う。

〔『集註』に言うように〕「為す可からざるの時無し」、以て聖人の徳を語らば、則ち是なり。以て時勢を論ぜば、則ち非なり。蓋し孔子の徳、不可の時無し。而れども満天下の君臣、皆な不可の人なり。孔子と雖も、其れ之を如何せん。晨門のいわゆる不可は、是れなり。

孔子は聖人であり、その徳を以てすれば不可の時勢など存在しない。しかし、聖人にとって如何に不可の時勢など存在しなくても、孔子の周囲にいる君主やその家臣が全て「不可の人」であったとするならば、それは聖人にとっても如何ともなし難い。このように履軒は言う。

この考えに従うならば、本来、王者の位に就くべきであった孔子がそれを果たせなかったのは、孔子の周囲の人々が全て「不可の人」であったからだということになる。このように、聖人は時勢について翻弄されることがないと言いながら、同時代の周囲の人々の水準が高くなければ、聖人でも就くべき王者の地位に就くことができない。以上のように履軒は説明する。

以上検討してきたように、聖人孔子が王者になれなかった理由は、朱子の場合は「気数の差」、履軒は周囲の人々の低い水準というように相違している。しかし、朱子も履軒もともに、王者たり得なかった孔子が、本来、王者となってしかるべきだったと見なすことに腐心していた点は共通すると考えてよい。

『逢原』を見れば、確かに履軒は朱子学に対して批判的である。例えば、朱子学の重要術語である「理」について、履軒、あるいは懐徳堂の儒者の説く「理」の概念は、宋学の説くような「理」の概念と相違すると言われる。[17] 実際に、履軒は宋学の説くような「理」の概念を孔子は説いていないと『逢原』中においても批判する。[18] そのような観点から言えば、朱子が「自然に天理を存して行ない、人欲に流れず」というような人格者として聖人を定義することは、恐らく履軒は批判するだろう。

しかし、このような点を以て履軒が朱子学の立場全体に対して批判的であったということはできないのではなかろうか。一例を挙げる。例えば、顔淵篇「樊遅　仁を問う」章で、その箇所の『逢原』に「不仁者遠ざかる」とは、仁者の圧《いと》う所と為るが故なり。而れども仁者を挙ぐるは、是れ舜湯の智徳なり。舜湯は聖人にして、仁智兼完なり」とあることは上述した。この箇所の履軒の解釈は、『孟子』公孫丑章句上「仁にして且つ智ならば、夫子は既に聖なり」の箇所を踏むことも上述した。顔淵篇の同箇所の『集註』においても「子夏は蓋し以て夫子の仁知を兼ねて言うを知ること有り」と述べて、朱子は『孟子』公孫丑章句上の同箇所を踏んで注釈を施している。ここで、朱子は皐陶や伊尹という賢人を登用したのが舜や湯の仁徳によると考えていたと履軒はとらえる。しかし、履軒は、賢人を登用したのは舜や湯の智徳であって、仁徳ではないと『集註』を批判する。ただ、批判はしているけれど、その履軒の批判が朱子の立場に真っ向から反対すると考えることは正しくない。この箇所に関して、『孟子』公孫丑章句上の該当箇所を踏むという点において、履軒と朱子との立場は共通しているのである。

履軒は『集註』に対して、確かに批判的である。しかし、実際に『逢原』と『集註』との基本的な立場は、必ずしも対立していない。むしろ、履軒は全体として基本的に朱子学の立場に従いながら、例えば、「理」の概念など、個別の内容について批判していると考える方が自然ではないだろうか。聖人についても、「天理」「人欲」といった宋学の術語を用いて定義することには批判的であったとしても、朱子の、聖人を道徳的人格者と見る立場、また、孔子が聖人であったにもかかわらず無位の王者に終わったことの理由づけに腐心する立場は、ともに履軒と共通する。

批判が生じるのは、全く立場を異にする者同士の間においてではない。互いに立場を共有したうえで、そのうえで生じる差異について批判が生じるのである。朱子と履軒との立場は、まさにこのようなものであったのではないだろうか。

おわりに

以上、『逢原』に見える履軒の聖人観を検討してきた。その検討を通して、履軒が伝統的儒教の聖人観―すなわち、聖人を道徳的人格者像と統治者的理想像との両面からとらえる立場―を保持していることが看取された。一般的に、江戸期の正統的儒教である朱子学において、聖人は、『孟子』離婁章句上に「聖人は人倫の至りなり」と見えるように、主に道徳的人格者像としてとらえられている。その朱子学の立場と比較するならば、聖人像に関して、履軒は朱子の見解と同様に聖人を道徳的理想像ととらえる。

また、聖人たる堯・舜などの中国古代の王者は、道徳的人格者であったと同時に統治者でもあったけれど、孔子は聖人でありながら統治者にはなれなかった。朱子は「気数の差」の論理で聖人孔子が統治者たり得なかった理由を説明する。それに対して、履軒は、周囲の人々の低い水準という履軒なりの論理で聖人孔子が統治者になれなかった理由を説明する。このように、孔子は無位でありながら聖人であると考える点については、履軒と朱子との立場は共通する。

履軒は、朱子学に対して批判的だとよく言われる。この「批判的」の語から、批判する側と批判される側との立場が全く相違すると考えるのは早計である。先にも述べたように、批判とは、互いに立場を共有したうえで、そのうえで生じる差異に対して生じるものである。実際のところ、朱子と履軒との立場はまさにこのような関係にあるのではないだろうか。『逢原』に見える履軒の聖人観の特徴を検討することを通して、朱子学の立場とは必ずしも相違しない儒者としての履軒の基本的立場を窺うことができると考える。

三宅石庵の頃の懐徳堂は、朱子学や陽明学などを折衷した儒教で、その立場が必ずしも明確ではなく、「鵺《ぬえ》学問」(『先哲叢談』巻五などに見える香川修徳の語)などと批判する声もあった。その後、五井蘭洲が助教となって以降、履軒の兄竹山も含めて、懐徳堂の儒教は朱子学が主流となる。その中で履軒は、兄竹山が懐徳堂第四代学主として懐徳堂経営に中心的役割を果たしてゆくのに対して、自ら懐徳堂とは一線を画し、水哉館なる私塾で弟子の教育に当たったとされる。その点を鑑みれば、履軒の立場が竹山などとはやや異質な点があるとされることも理解できる。[19] しかし、本章において指摘した通り、儒者としての履軒の基本的な立場は、朱子学の立場とは必ずしも相違するものではない。広い意味で、履軒は朱子学の立場を踏んでいると言ってもよい。そうであるならば、履軒もやはり兄竹山などと基本的立場を共有しており、十分に懐徳堂の儒者の特徴を備えていると言ってもよいと考える。[20]

注

（1）拙稿『老子雕題』に見える中井履軒の聖人観（『阿南工業高等専門学校研究紀要』三十七号、二〇〇一年）拙稿『荘子雕題』に見える中井履軒の聖人観（『中国研究集刊』律号〔総三十号〕、二〇〇二年）参照。

（2）注（1）拙稿参照。

（3）『懐徳堂考』下巻、三十五章「履軒の文章論」参照。

（4）本章は、以下の論考を参照した。
島田虔次『朱子学と陽明学』（岩波書店、一九六七年）
島田虔次『大学・中庸』（上・下）（朝日新聞社、一九七八年）
本田済「聖人」（『東洋思想研究』、創文社、一九八七年、もと大阪市立大学文学部紀要『人文研究』十九巻十号、一九六八年）
王文亮『中国聖人論』（中国社会科学出版社、一九九三年）
浅野裕一『孔子神話』（岩波書店、一九九七年）

（5）この「聖人は学んで至る可し」の主題は、すでに周敦頤の『通書』聖学篇に「聖は学ぶ可きか。曰く可なり。曰く、要有るか。曰く、有り。曰く、請う聞かん。曰く、一を要と為す。一とは無欲なり」と見えている。さらに、『近思録』為学大要篇に引かれた程頤の語に「学は以て聖人に至るの道なり。聖人は学んで至る可きか。曰く、然り」とも見える。

（6）以下、『逢原』からの引用は、関儀一郎編『日本名家四書註釈全書』六巻、論語部四（鳳出版、一九七三年、もと東洋図書刊行会、一九二二～一九三〇年）所収の『逢原』に拠る。その安井小太郎の解題に拠れば、『日本名家四書註釈全書』所収の『逢原』は、履軒の曾孫中井天生が履軒の自筆本を底本とし、履軒の弟子三村崑山の手写本を参照して校訂したと述べる。本章では、さらに、適宜、履軒自筆本を参照する。なお、引用文中の（　）は、その前の語の意味を表わし、〔　〕は、文意をわかりやすくするために筆者が補った語である。

（7）例えば、上記『日本名家四書註釈全書』所収『逢原』の安井小太郎による解題、平重道「懐徳堂の経学思想」（『文化』〔東北大学文学会〕六巻八号、一九三九年）など。

（8）履軒が『孟子』を重視していることは、例えば、『懐徳堂考』下巻、三十五章「履軒の文章論」に見える。そこでは『論語』を「天地間第一の文章」と称揚した後、「孟子の文、其説論語に近し。亦以て名教を維持すべく、聖学を続《つ》ぐに似たり」と述べる。そのような点からすれば、儒者としての履軒の基本的立場を窺ううえで『孟子逢原』の検討は重要である。それは別稿において試みることとしたい。

（9）『孟子』公孫丑章句上の同箇所と類似の内容が述而篇「子曰く、聖と仁との若《ごと》きは、則ち吾豈《あ》に敢えてせんや。抑《そもそも》之を為して厭わず、人に誨《おし》えて倦まざれば、則ち云爾《しかり》と謂う可きのみ、と」である。ただ、この『論語』の箇所では、『孟子』のように「教えて倦まざる」を仁、「学びて厭わざる」を智とは述べていない。

（10）本章では、聖人の智の徳については論じていないけれど、例えば、憲問篇「子路　成人を問う」章の『集註』に、『論語』本文に見える「臧武仲の知」を解して「知は以て理を窮むるに足る」と言う。その箇所の『逢原』に「『理を窮む』とは、睿知の極功にして、聖人を賛する所以なり」と述べる。履軒が宋学で重視される窮理の概念を聖人の知を賛美するために用いていることは注目できる。

（11）例えば、朱子も「儒釈　只だ此の豪釐《ごうり》の間、便ち是れ謬ること千里の処を以てするを信知す」（『朱文公文集』巻三十九、許順之に答う）と述べて、儒教と仏教との間のわずかの差が結局は大きな差となり、甚だしい誤りを導くことは明らかだとする。このように仏教を批判する点については、朱子と履軒との間に相違はない。

（12）懐徳堂の儒者の仏教批判については、例えば、陶徳民『懐徳堂朱子学の研究』（大阪大学出版会、一九九四年）六章「無鬼論」二節「懐徳堂における無鬼論の成立」一「俗信批判・仏教批判の立場」などを参照。

（13）例えば、『礼記』中庸篇「其の位有りと雖も、苟《いや》しくも其の徳無ければ、敢えて礼楽を作らず」の箇所の鄭玄注に「言うこころは、礼楽を作る者は、必ず聖人にして天子の位に在るなり、と」とあり、天子の位にある有徳の聖人にしてはじめて礼楽を制作する資格があるとされている。従って、このような『逢原』の考えは、儒教の伝統的な考えを踏んでいると言えよう。

（14）本章では、履軒の聖人観を検討している。ただ、『逢原』中に人格者を表わす語としては、賢人・君子・善人など、他にも多数見ることができる。聖人とその他の人格者との関係の検討は興味深い課題であり、別稿において検討したい。

(15) 同じく子路篇「善人　民を教うること七年ならば、亦た以て戎に即《つ》かしむ可し」（〔聖賢よりも品格で劣る〕善人であっても民衆を教えて七年も経てば、〔十分に教育ができるので民衆を〕兵役に就かせることができる）の箇所の『逢原』に「『戎に即かしむ』の句、暗に聖賢君子の業を伏すなり」とあるのも同様の趣旨であろう。

(16) 注（1）拙稿参照。

(17) 宮川康子『富永仲基と懐徳堂』（ぺりかん社、一九九八年）四章「あたりまえの誠の位相」などを参照。

(18) 例えば、顔淵篇冒頭の「顔淵　仁を問う」章の『逢原』に「〔程〕明道先生嘗て自ら言えらく、天理人欲の説、是れ其の独見なり、と。…集註は乃ち孔子の未だ嘗て言わざる所にして、後人の肇《はじ》むる所の語を用いて、孔子の言を分析解釈し、強いて其の合を求む。烏《いず》くんぞ可ならんや」、憲問篇「子曰く、君子は上達し、小人は下達す」章の『逢原』に『集註』を批判して、「蓋し天理人欲、竟《つい》に用いて論語を解す可からず」と見える箇所などを参照。

(19) 例えば、懐徳堂の有名な中庸錯簡説にしても、懐徳堂では石庵の説を敷衍した『中庸懐徳堂定本』が竹山によって作成された。それに対して、履軒は中庸錯簡説に拠りつつ、独自の『中庸天楽楼定本』を以て水哉館で教授していた。

(20) 狩野直喜「履軒先生の経学」において、履軒は程朱学派ではないけれど、広い意味での宋学の影響を受けていると言う。この説は、本章で述べたような意味において当を得ていると考える。

第二章　中井履軒の性善説

藤居岳人

はじめに

中井履軒は、儒教の経書に対する厖大な注釈である『七経逢原』を著わしている。『論語逢原』（以下、『逢原』と称する）は、その『七経逢原』の中でも重要な位置を占める著述である。それは履軒が経書の中でも、孔子の意を伝える書として特に『論語』を重視しているからである。例えば、『懐徳堂考』下巻、三十五章「履軒の文章論」において、履軒が『論語』を「此は是れ天地間第一の文章」と述べることからも、それは窺える。

その『逢原』に見える性論について、筆者は別稿においてすでに検討を試みた[1]。そこでは、様々な考えの相違を含みながらも、性善説を承認する点において、履軒と朱子との基本的立場が共通することを指摘した。しかし、履軒が最も強調したかったのは、どんな人間であろうと、性が善である点において同一だということではなく、全ての人間は相違しており、その相違には要因があるということであったと考える。

人間には、その人格的側面から見ても、例えば、聖人や凡人といった相違が見られる。その相違は何に基づくのだろうか。拙稿一においては、その原因として、気稟が相違することに触れたのみであった。それにしても、性善であるはずの人間がなぜ悪事を為すのだろうか。例えば、履軒は『論語』陽貨篇「子曰く、唯だ上知と下愚とは移らず」章（以下、「上知」章と称する。なお、以下の『論語』からの引用は、篇名のみ記す）の『逢原』に「若《も》し其の善悪の由りて出《い》づる所を知らんと欲せば、惟だ宜しく習と蔽とに於いて之を求むべし」と述べて、「習」「蔽」という概念を用いて悪の根源を説明しようとする。(2) 履軒は、気稟の相違以外にも性の「習」や「蔽」によって人間の相違が表われると考える。この「習」や「蔽」とはどのような概念なのであろうか。また、どのようにして悪を善に向かわせることが可能なのだろうか。本章では、履軒の性善説と善の発揮を阻害する要因とについて、「習」「蔽」の語を中心に検討してゆきたい。

一　気稟の昏明強弱と性の善悪と

陽貨篇「上知」章の『逢原』は、履軒の性論や気稟論を窺ううえで重要な記述が多い。まず、「上知」章の『逢原』から性論や気稟論に関連する主要箇所を以下に挙げたうえで、履軒の考えを検討する。

①気稟とは、惟だ是れ昏明強弱の分なり。未だ嘗て善悪有らず。人　昏弱にして善なるもの有り。亦た昏弱にして悪なるもの有り。強明にして善なるもの有り。亦た強明にして悪なるもの有り。善悪と気稟と干渉無きを見る可し。若し其の善悪の由りて出づる所を知らんと欲せば、惟だ宜しく習と蔽とに於いて之を求むべし。

②愚と知と対なり。即ち是れ知らざるの謂なり。故に至愚と雖も、未だ名づくるに悪を以てす可からず。程子　暴棄を以て下愚を解して、商辛を引いて証と為すは、大いに謬る。夫の商辛は是れ悪人なり。其の質は昏愚に非ず

して、乃ち是れ習蔽の尤も甚だしき者なり。上章にいわゆる習い相遠しは、是れなり。商辛…、其の質は強明と謂う可し。豈に下愚ならんや。

③暴棄は一に習蔽に出づ。気稟の罪に非ず。暴棄者は一に面を転ずれば、皆な以て道に入る可し。孟子　性善を道《い》い、堯舜を称す。皆な暴棄者を鞭策する所以なり。暴棄　何ぞ移らざること之《これ》有らん。

①の箇所については、拙稿一においても検討した。その概略を述べれば、気の昏明強弱に由って気稟の相違が生じるという点は、朱子の立場と履軒の立場とにおいて共通する。そして、朱子は気稟、すなわち気質を性（いわゆる気質の性）と見なしたうえで、その昏明強弱に由って人間の善悪の区別が生じると言う。それに対して、履軒は、気稟を性とは見なさないうえに、気稟に善悪はないと言う。朱子にあっては、気稟の昏明強弱は人間の善悪に直接関係するというのがその基本的立場である。しかし、履軒は気稟に昏明強弱の区別があることは承認するものの、その昏明強弱によって善悪の差が生じることは認めない。気稟の昏明強弱と性の善悪との間に相関関係はないのである。

履軒が気稟の昏明強弱と性の善悪との間に相関関係はないと説くことは、②の箇所からも窺える。②では「上知」章の『論語集註』（以下、『集註』と称する）に引く程子の注を批判している。『集註』では、次のように程子の言を引く。

程子曰く、…いわゆる下愚に二有り。自暴と自棄となり。人　苟《も》し善を以て自ら治めば、則ち移る可からざること無し。昏愚の至りと雖も、皆な漸磨して進む可し。惟だ自ら暴なう者は之を拒みて以て信ぜず。自ら棄つる者は之を絶ちて以て為さず。聖人　与《そこ》に居ると雖も、化して〔善に〕入らしむること能わず。仲尼のいわゆる下愚なり。然れども其の質は必ずしも昏にして且つ愚なるに非ず。往往にして強戾にして才力も人に過ぐる者有り。

商辛は是れなり。聖人は其の自ら善を絶つものを以て、之を下愚と謂う。

この箇所で程子が昏愚と下愚とを区別していることに注意すべきである。まず、程子は「人苟し善を以て自ら治めば、則ち移る可からざること無し。昏愚の至りと雖も、皆な漸磨して進む可し」と述べて、どれほど昏愚であったとしても自ら善に向かう意志さえあれば、善に移ることは可能だと言う。次に、程子は『論語』に見える「下愚」の語を『孟子』離婁篇に見える「自暴自棄」と同様の意だと解したうえで、この下愚なる者は、自らの意志で善に向かうことを拒否するが故に下愚なのだと言う。従って、程子は商辛、すなわち殷の紂王のように昏愚でなく、逆に「強戻にして才力も人に過ぐる者」であったとしても、善に向かう意志のない者は下愚だとしている。つまり、昏愚は愚鈍な者の意、下愚は自ら善に向かう意志のない者の意だと考えている。

上記の『集註』の説では、紂王が悪人であることは明確には説かれていないけれども、それは言を俟たないからであろう。とするならば、程子は紂王を「強戻にして才力も人に過ぐる者」と言っているから、この箇所の程子の言は、紂王のように、悪人でありながら昏愚ならざる者の存在を程子自身も暗黙のうちに承認していることを示していよう。

それに対して、履軒は、②において、程子が紂王を下愚と解するのを批判する。ただ、この履軒の批判は程子の意図をやや誤解している。履軒は「夫の商辛は是れ悪人なり。其の質は昏愚に非ず」と述べているが、同様の内容を程子も承認していることはすでに述べた。そして、履軒が「商辛…、其の質は強明と謂う可し。豈に下愚ならんや」と述べていることから推察すれば、程子が区別していた昏愚と下愚とを双方とも愚鈍な者の意だと履軒は混同して解している。

この誤解はさておき、紂王の例からも窺える通り、②においても、①の箇所と同様に気稟の昏明強弱と性の善悪との間に相関関係はないと履軒は主張していることが理解できる。

以上の①②の箇所においては、さらに重要なことがある。それは、ともに性の善悪の区別は「習」と「蔽」とによって生じると述べている点である。この「習」「蔽」という概念からは、履軒独自の立場を窺うことができる。①では、「若し其の善悪の由りて出づる所を知らんと欲せば、惟だ宜しく習と蔽とに於いて之を求むべし」とあり、②では、「夫の商辛は是れ悪人なり。其の質は昏愚に非ずして、乃ち是れ習蔽の尤も甚だしき者なり」と述べている。「習」「蔽」の語は、「上知」章に頻出する。この両者はどのような概念なのだろうか。

②を例に説明すれば、商辛、すなわち殷の紂王は悪人である。しかし、紂王の気稟は強明で、昏愚の人間ではない。朱子の立場とも共通するが、履軒も基本的に性善説の立場に立つ。(3) 従って、悪人の紂王も本来、善の素質を保持しているはずである。その紂王がなぜ悪人なのか。それは「習」「蔽」によると履軒は考える。履軒は、性善の人間であっても「習」や「蔽」によって悪に向かい得ると考えた。

③においても、履軒は「習」「蔽」によって自暴自棄、すなわち悪が生じると述べる。そして、悪が生じるのは「気稟の罪に非ず」（『孟子』告子篇「夫の不善を為すが若きは、才の罪に非ず」に基づく）と述べる。人間は性善であるから、たとい自暴自棄の悪人であったとしても善に向かう可能性があると履軒は言う。従って、『集註』において程子が「下愚の移らざるもの有り」と述べて、その例として自暴自棄の者を挙げていることに対しては当たらないと批判する。

以上のように、履軒は「習」「蔽」によって悪が生じると考える。この「習」「蔽」とは何か。『逢原』には「習」「蔽」を直接的に定義する語は見えないが、「習」とは陽貨篇「子曰く、性　相近し。習い相遠し」に見える「習」であり、後天的要素を指す。同箇所の『集註』においても「但だ善に習えば、則ち善。悪に習えば、則ち悪」と説明される。また、「蔽」とは『孟子』滕文公篇「孟子　性善を道い、言えば必ず堯舜を称す」の箇所の『集註』に見える

「堯舜は、則ち私欲の蔽無く、而して能く其の性を充つるのみ」の「蔽」で、こちらも後天的要素を指す。ただ、「蔽」は私欲や悪弊などの良くない後天的要素であり、この「蔽」と併称される「習」も同様の意味で使用されていると考えるべきであろう。このように「習」や「蔽」といった後天的な要素によって、本来は性善であるはずの人間が悪に向かうというのが履軒の考えである。そして、人間が悪に向かうのは、気稟の昏明強弱と相関関係がないと履軒は考えた。

言うまでもなく、朱子は、性を本然の性と気質の性とに分けて、本然の性を純粋に善なる存在、気質の性をややもすれば悪に向かい得る存在としている。それが朱子学の基本的立場である。しかし、性善説の立場に立つ朱子が本来は純粋に善であるはずの性を本然・気質の二種類の性に分類し、気質の性が悪に向かう可能性をもつという論理は、表面的にはややわかりにくい。このような朱子の論理よりも、性そのものは善であり、性とは名づけられていない「習」「蔽」という後天的要素によって、人間は悪に向かう可能性をもつという履軒の論理の方が明確である。ただ、「習」「蔽」という後天的要素が善なる性に影響を与えるとすることは理解できるけれども、さて、具体的に「習」「蔽」がどのような要素に由来して生じるのか、どのように性と関連するのかは、『逢原』中からは読み取ることができない。

以上のように、朱子の論理と履軒の論理とは相違している。ただ、本来は性善でありながら、別の要素の影響によって悪に向かい、また、後天的努力によって善に向かい得るとする基本的立場は、朱子も履軒も共通している。履軒は「習」「蔽」という概念を用いて、確かに朱子の気質の性の思想に批判を加えている。しかし、以上の如く、その基本的立場は共通している。(4) 端的に言えば、朱子が気質の性で説明しようとしたことを、履軒は「性」の語を用いずに同様の内容を述べようとしているのである。

このように人間が悪に向かうのは、後天的要素である「習」と「蔽」とによると履軒は述べる。では、その悪を脱して善に向かうためには実際にどのような努力が必要なのだろうか。それは〝学ぶこと〟である。学ぶことの重視という儒教の基本的立場を、当然のことながら履軒も十分に踏んでいる。以下、項を改めて学に対する履軒の立場を検討したい。

二　学ぶことの重視

前節において、「習」と「蔽」とによって人間が悪に向かうと履軒が考えていたことを指摘した。そのような悪の状態から脱却して、人間本来の善を発揮するには学ぶことが必要だと履軒は言う。例えば、季氏篇「孔子曰く、生まれながらにして之を知る者は、上なり。学びて之を知る者は、次なり。困《くる》しみて之を学ぶものは、又た其の次なり。困しみて学ばざるは、民にして斯れ下と為す」章（以下、「生知」章と称する）の箇所に、履軒は次のように言う。

①生知の外、並びに習蔽の多少なるのみ。専らは気質に繫がらず。故に学ばざるを下と為すと曰う。夫れ学と不学とは、其の人の肯《うべな》う（心から進んでする）と肯わざるとに在るのみ。何ぞ曾ち気質に干渉せんや。聖人　唯だその学ばざるを責めて、気質を責めず。

②是の章、四等を列すると雖も、而れども主意は困学に在り。夫れ困学は、未だ知らざること有ると雖も、猶人と為り枉《ま》がらず。況んや知る可きの理有りて存するときをや。未だ指して以て下と為す可からず。是れ聖人　学を勧むるの言にして、徒然として評論するに非ず。

③楊氏　中庸に泥《なず》みて、「困学」を以て「困知」と為す。是の章の意を失う。

④民　猶人なり。言うこころは人中の唯だ学ばざる者を以て下等と為す。

①では、「生知の外、並びに習蔽の多少なるのみ。専らは気質に繋がらず」とあるが、この生知とは、気稟の優れる者である。それ以外の学知と困学とは「習」「蔽」に関わる概念であり、気稟（①では「気質」の語になっている）とは関連が薄い。すなわち、「上知」章でも言及されるように、気稟と「習」「蔽」とが相関関係にないことが重ねて述べられている。ただ、この箇所ではそれ以上に学ぶことに言及することに注目すべきであろう。

『論語』本文においても「困しみて学ばざる」者が最も下等とされている。そして、履軒も学ぶか学ばないかは、その人が自ら進んで向上しようとする気持ちをもっているかどうかにかかっていると述べる。すなわち、学ぶことは、自らを向上させることができるからこそ重要なのである。それが「習」と「蔽」とに代表される後天的な悪弊を打破するための最も重要な方法である。

このような履軒の考えは、②の箇所に見える「是れ聖人　学を勧むるの言にして、徒然として評論するに非ず」や④の箇所の「人中の唯だ学ばざる者を以て下等と為す」の語からも窺うことができよう。

また、この「生知」章において、学と知とを厳格に区別する履軒の考えが窺えるのも興味深い。それはどのようなことか。「生知」章の『集註』に楊時の説を引いて、「『生知』『学知』より以て『困学』に至るまで、其の質同じからずと雖も、然れども其の之を知るに及びては、一なり」と言う。この『集註』の説は、『中庸章句』第二十章「或いは生まれながらにして之を知り、或いは学びて之を知り、或いは困《くる》しみて之を知る。其の之を知るに及びては、一なり」の箇所を踏んでいる。すなわち、楊時は『論語』の生知・学知・困学を『中庸』の生知・学知・困知に対応させて、それぞれが同一の概念だとする。

しかし、履軒は③の箇所で指摘しているように、『中庸』を踏んで、困学と困知とを対応させる楊時の説を「是の章の意を失う」と批判する。なぜ履軒は批判するのだろうか。その理由は、『中庸』の同箇所に対する『中庸逢原』に述べられている。そこで履軒は、「学は未だ能く之を知らず。乃ち百千の労を積みて、困しみて而る後に始めて之を知る。是れを之《これ》『困知』と謂う。論語の『困学』と旨を異にす。当に牽合して解を作《な》すべからず」と言う。履軒は、学ぶことの理由を「未だ能く之を知らず」ということに求めている。知らないからこそ学ぶのである。『中庸』の「困しみて知る」とは、すでに知っている、すなわち学んだことの結果を得ていることを表わす。それに対して、『論語』の「困しみて学ぶ」は、まだ結果を得る以前の過程の段階を示す。このように履軒は考えた。従って、履軒にとって困知と困学とは厳密に区別されるべきだと意識されていた。

このように履軒が困知と困学とを区別するのは、彼自身が困学を重視していることの表われである。それは②の箇所の『逢原』から窺うことができる。②では、まず「是の章、四等を列すると雖も、而れども主意は困学に在り」と述べて、困学を重視する立場を明確にする。そのうえで、「夫れ困学は、未だ知らざること有ると雖も、猶人と為り枉がらず」と言い、苦しみながらも学ぶ者は、まだ知らないことがあるから十分な人格者だとは言えないけれども、その人となりは悪くないと履軒は言う。たとい現在の時点では不十分であったとしても、自ら学んで向上しようとする意志のある者は尊重するに値するという履軒の考えがこの箇所から窺える。

履軒は学ぶことによって、「習」と「蔽」とを克服して、人間本来の善を発揮することができると考えた。では、人間本来の善を発揮している人格者を履軒は何と称しているのだろうか。それは聖人である。

拙稿一においても紹介したが、述而篇「子曰く、我（孔子）は生まれながらにして之を知る者に非ず。古を好み、敏にして以て之を求むる者なり」の箇所の『逢原』において、履軒は聖人と学との関係に触れている。

①孔子は「生まれながらにして知」り、自らは処らず。唯だ学を好むを以て自ら標す。是れ孔子為る所以なり。

②群《もろもろ》の聖人、大抵「生まれながらにして知る」。然れども孔子　独り集めて大成する者なるは、其れ学を好むことの篤きを以てなり。孔子　学を好むを以て自ら標す者とするも、亦た甚だ理有り。当に特《た》だに謙辞を以て之を断ずべからず。

聖人とは、儒教における理想的人格者である。履軒にとって、聖人は、生まれながらにして道を知っており（道については後述）、道徳的に優れた理想的人格者の側面をもっている。(5) 生まれながらにして道を知っているから、本来、聖人はそれを学ぶ必要はない。そうであるにもかかわらず、聖人は「学を好む」。特に聖人の中でも孔子は学を好むことが甚だ篤いから、『孟子』万章篇において「集大成」と称されている。このように聖人は学ぶことを重視する。

ここで、学ぶか学ばないかは、その本人の気稟、あるいは気質と相関関係がないことに注意すべきである。先にも述べたように、気稟の昏明強弱によって、例えば、聖人や凡人といったような様々な人間の区別が生じる。聖人の気稟は、当然のことながら強明である。また、陽貨篇の「子曰く、唯だ上知と下愚とは、移らず」の語を用いるならば、聖人は「上知」である。そのことは同部分の『逢原』において、「『上知』は、生知の属を謂う」とあることからも裏づけられる。

それに対して、凡人の気稟は、確かに昏弱である。しかし、先に取り上げた季氏篇「生知」章「困しみて学ばざるは、民にして斯れ下と為す」の箇所に対する『逢原』に「民　猶人なり。言うこころは人中の唯だ学ばざる者を以て下等と為す」とあったことからも、たとい気稟が昏弱であったとしても、自ら学び、向上しようとする気持ちのある者を、履軒は尊重しようとする。逆に優秀であったとしても自ら学ぶ姿勢のない者は批判される。以上のように、人間の気稟の昏明強弱にかかわらず、自ら学び、悪に向かう原因とされる「習」と「蔽」とを取り除く姿勢のある者を履軒は大いに尊重する。

上記の内容を聖人と凡人との相違という観点からまとめると以下のように言えるであろう。まず、聖人は、その気稟は強明であって、その性は善である。そして、生まれながらにして道を知っているから「習」と「蔽」とによって惑わされることなく、自らの性の善を十分に発揮することができる。また、すでに善を発揮しているうえに、さらに学を好むことが篤い。それに対して、凡人は、気稟が昏弱ではあるけれど、その性は善である。ただ、「習」と「蔽」とにとらわれていて、性の善を十分には発揮できていない。そのような凡人であったとしても、学んで自ら向上しようとする気持ちがあれば、将来的に善を発揮できる可能性がある。しかし、『集註』の例にも取り上げられていたが、殷の紂王のように、気稟が強明であっても、自ら学ぶ意志のない者は、履軒から見れば人間として最低の者である。従って、履軒にとっては、自ら学ぶ意志の有無が最も重要である。では、何を学ぶのか。それは道である。以下、『逢原』に見える履軒の道についての見解を検討する。

三　履軒の解する「道」について

例えば、季氏篇「生知」章の「生まれながらにして之を知る者は、上なり」に見える「之」とは、何か。また、「学びて之を知る者は、次なり」の「之」とは、何か。それは言うまでもなく、道であろう。儒教において、最も知るべきもの、最も学ぶべきものは道である。履軒は儒者である。従って、当然、彼にとって最も重要なものは、道であった。では、『逢原』中において、道についてはどのように言及されているのだろうか。[6]

『逢原』において、道について詳細に言及するのは、里仁篇「子曰く、朝に道を聞かば、夕べに死すとも可なり」章（以下、「朝聞道」章と称する）、衛霊公篇「人　能く道を弘む。道　人を弘むるに非ず」章（以下、「人能弘道」章と称する）である。まず、里仁篇「朝聞道」章から検討する。

里仁篇「朝聞道」章の『逢原』は、次のように言う。

「道」　君子の道、聖人の道と言うが如し。即ち人の共に由る所の大道なり。亦た聖賢の独り有する所に非ず。但だ聖賢は能く斯道に由りて行なう。衆人は多く能わず。故に〔道の〕名を聖賢に帰するのみ。聖賢　豈に別に一道を築かんや。〔朱子の〕註の、「事物当然の理」、道字に貼《つ》かず。

『集註』では、「道とは、事物当然の理なり」とあり、朱子の理気論に基づく解釈が展開されている。しかし、履軒はその解釈を「道字に貼かず」と述べて、批判する。履軒にとって、道とは、「人の共に由る所の大道」、すなわちどんな人間であろうと共通して由るべき道理である。『逢原』にも説かれるように、その道理は「斯道」（『論語』雍也篇「子曰く、誰か能く出《い》づるに戸に由らざらん。何ぞ斯の道に由ること莫きや」に基づく）とも言われる。

履軒の言う由るべき道は、どんな人間であろうと共通するから、本来、一つの道である。しかし、衆人、すなわち凡人は、先にも述べたように、「習」と「蔽」とに晦まされて斯道の実践が難しい。それに対して、聖人や君子は、斯道を実践できている。従って、全ての人間に共通の道でありながら、「君子の道」「聖人の道」などのように、聖賢の名前を道に冠するのだと履軒は言う。

ここでは、人間の由るべき道理は一つだというのが履軒が最も言いたいことである。このような履軒の考えは、衛霊公篇「人能弘道」章の『逢原』からも窺うことができる。そこでは以下のように言う。

①道に大小無く、人に随いて大小す。猶水に大小無く、器に随いて大小す。一盤の水も亦た水なり。一杯の水も亦た水なり。器の小なるは水随いて小となる。器の大なるは水随いて大となる。池沢湖海に至るも、亦た然り。是れ器は能く水をして大なら使む。水　器を奈何ともする無し。是れ水　器をして大なら使むこと能わず。

②人の宜しく践み行なうべき所、之を道と謂う。〔朱子の〕註の「人の外に道無し」、之を得。然れども愚不肖は践むこと能わず。悖戻して肯《あ》えて践むこと弗き者に至る、之を無道の人と謂う。豈に〔『集註』のように〕「道の外に人無し」と言うを得んや。

③今人　官道に遵いて行く者有り。邪径小路を尋ねて行く者あり。山谷曠野を跋渉する者有り。是れ道の外に固より人有り。故に君子は大道を明らかにして、人を導きて焉に由ら使む。若し「道の外に人無し」とする者ならば、君子　明らかにして之を導くを待たず。

④匹庶自り天子に至るまで、庸人より聖人に至るまで、其の階級は数十百なり。其の道　以て大いには異なること無く、唯だ小大有るのみ。譬えば官道（皇帝の責任で開き、修する道路）の如し。従来　此れに由る。然れども若し其の狭小傾側もて、車馬　相過ぐることを得ず、行旅　頗る病まば、邦君　之を聞きて、命じて役を発して修築せん。其の広さ　旧より三倍し、其の途は平坦、益して之を樹うるに槐柳を以てす。行旅　甚だ之を便とす。是れを之《これ》道を修すると謂う。亦た之を「道を弘む」と謂う。

まず、②の箇所と③の箇所とから検討する。②と③とは、この箇所の『集註』に、「人の外に道無し、道の外に人無し」とあることに対する履軒の批判である。②において、履軒は道を人間が践み行なうべきものと定義する。そのうえで、道を踏み外して実践できない凡人を「無道の人」とするが、このように言うならば、『集註』の「道の外に人無し」の注釈とは合わない。従って、『集註』は誤っていると述べる。続く③では、人の道に外れるような行ないをする者も実際には存在するという②の内容を補足して、「道の外に固より人有り」という状況であるからこそ、君子は道から外れた人間をよく導かねばならないと説く。

以上のように、履軒は『集註』を批判したうえで、彼独自の具体的な事例を用いて、道を解説する。それが①の箇所と④の箇所とである。

まず、①において、履軒は水を例に道を説明する。すなわち、器に水を入れるとき、その器が大きければ、水は多く入る。逆に、器が小さければ、その器に入る水の量は少ない。このように器の大小によって、その器に入る水の多少は変化する。しかし、水自体は器の大小にかかわらず、あくまでも水である。

以上の論理が道にも当てはまると履軒は言う。すなわち、例えば、聖人であったり、凡人であったり、人によって、その表面的に実現している道は異なっている。従って、それぞれ別の道に遵っているように見える。しかし、道自体は一つの同じ道である。その人間の「器」の大小によって、表面的に異なった道に遵っているように見えるだけである。

同様の内容は④からも窺える。庶民や皇帝、また、凡人や聖人など、人間には様々の「階級」が存在すると履軒は言う。ただ、どのような階級の人間であろうと、その「践み行なうべき」道は一つである。それはまさに「官道」のようなものである。道は一つではあるけれど、先にも述べたように、凡人は「習」と「蔽」とに晦まされて践み行なうべき道に遵って日々の行ないを進めることが難しい。従って、そのような凡人のために「邦君」が道幅を広げるなどの事業を起こして、道を修築する。その結果、凡人であろうとより一層道に遵った行ないを実践できる。

以上のような履軒の見解の中で、「邦君」が道を修築するという点が注目できる。拙稿二において、履軒の考える聖人とは、道徳的人格者であるとともに、理想的統治者としての側面も有することをすでに指摘した。④で言及される「邦君」は、狭い道ではその道に遵ってゆくことの難しい凡人のために道を広げる。これは、まさしく自らはすでに道を知っていながら、凡人のために践み行なうべき道を説く聖人の行為である。

このように、履軒は、水や官道などの具体的事例を用いて、道がどのような階層の人間にも共通の存在であり、また、全ての人間が道を学ぶべきだと主張する。そして、道を学ぶことによって、「習」と「蔽」とを取り除き、人間本来の善なる性を発揮させることをめざしている。

さて、残る問題は善である。善については、『論語』中の「善人」の語を検討すべきであろう。『逢原』において、この善人とは履軒にとってどのような人格者としてとらえられているのであろうか。当然、履軒の基本的な立場は性善説であり、先ほども述べたように、履軒は人間本来の善なる性の発揮をめざしているから、この「善人」の語に対して、肯定的な解釈が施されていると予想される。しかし、実は『逢原』の解釈を検討すれば、そうではないことがわかる。以下、項を改めて、「善人」の語を中心に善の問題を検討する。

四　善について

性善の人間が学ぶべき道とは、善の道である。では、善を発揮できている善人が『逢原』において無条件に称賛されているかと言えば、実はそうではない。例えば、以下に三例を挙げる。

①「忮《そこ》なわず求めず」は好事と雖も、然れども善人の能くする所なるのみ。子路は孔門の高弟にして、此れに規規たり。期する所も亦た浅し。夫子も又た警《いまし》むる所以なり。（子罕篇「〈『詩経』に見える〉『忮なわず求めず、何を用て臧《よ》からざらん』、子路　終身之《これ》を誦す」の箇所の『逢原』）

②今　人有り。忠信慈祥にして、肯えて不善の事を為さず。善と謂う可し。然れども、其の道は狭小にして、僅かに其の身を淑くするのみ。以て家衆を御《おさ》めて隣里を化するに足らず。（衛霊公篇「人能弘道」章の箇所の『逢原』）

③蓋し顔子　既に博文にして、又た約礼なり。顔子の行ない　既に立つ。惟だ善有りて不善無し。然れども未だ仁ならざる者なり。其の善は未だ悉くは其の至りを得ざるが故なり。（顔淵篇冒頭部「顔淵曰く、請う其の目を問う、と。子曰く、礼に非ざるもの　視ること勿れ、礼に非ざるもの　聴くこと勿れ、礼に非ざるもの　言うこと勿れ、礼に非ざるもの　動くこと勿れ」の箇所の『逢原』）

①の『逢原』は、「忮なわず求めず」という『詩経』の一節を読誦するのは確かに良いことだけれども、それだけでは不十分だという意味で、「善人の能くする所なるのみ」と述べている。②においても、敢えて不善を行なわない者は善だと言っても良いが、その善人の道は、自分の身に関わるだけで、国全体を善に感化するほど十分なものではないとされる。③は、孔子の高弟の顔淵に対して、善であって不善ではないと言うものの、まだ儒教の最高の徳たる仁の徳を会得した者ではないと評する。

以上の三例を見れば、『逢原』において、善人の評価は低くはないものの、必ずしも無条件に称賛されているわけではないことが窺えよう。確かに善人は良いことは良い。しかし、最高の人格者たる聖人に比べれば、その評価は高くない。これは一体、なぜなのだろうか。それを『論語』中に見える「善人」の語に対する『逢原』の解釈を取り上げて検討してみよう。

『論語』の中に「善人」の語は五例ある。「善人」の語に対する『逢原』の注釈の中では、述而篇「善人は吾得て之を見ず。恒有る者を見るを得ば、斯ち可なり」章と先進篇「子張　善人の道を問う。子曰く、迹を践まず、亦た室に入らず、と」章（以下、「子張問善人之道」章と称する）との『逢原』が重要であり、これらの箇所を中心に検討する。まず、論旨の展開上、先進篇「子張問善人之道」章を取り上げ、その後に述而篇の該当箇所を検討する。「子張問善人之道」章の『逢原』には、次のように言う。

善人も亦た自ら見識有り、力量有り。〔『集註』に言うように〕「悪を為さず」に止まらず。〔子路篇に言うように〕「残に克ち殺を去る」の如きは、以て見る可し。いわゆる〔季氏篇に言うように〕「善柔」と、科を異にす。

この箇所の『集註』に、「善人は必ずしも旧迹を践まざると雖も、自ら悪を為さず」とあり、善人は、聖人の教えの「迹」、すなわち道に遵ってはいないけれど、自分から悪事を働くことはないと言う。しかし、履軒から見れば、善人もある程度の見識や力量も有している。例えば、子路篇に「善人　邦を為《おさ》むること百年ならば、亦た以て残に克ち殺を去る可し」とあるように、善人が国を治めて百年の時間があれば、良い治世を実現できる。善人というのはこのように肯定的に評価できる良い面を有している。ここで言及される善は、決して季氏篇において、「損者三友」に数えられる「善柔（へつらいだけが巧みで誠のない友）」の意ではないと履軒は言う。

このように履軒は、善人の良さを一応、承認する。しかし、履軒は、続く『逢原』に、「程説の『自《みずか》ら悪を為さず』、元もと宜しく為す所自《おのずか》ら善なりと言うべし」と述べる。この『逢原』の「自《おのずか》ら」の語は注意すべきである。なぜならここに履軒が善人を聖人よりも低く評価する理由があるからである。

すなわち、善人は意識して良い行ないをするのではない。そうではなく、自然に無意識に良い行ないをする。履軒は、善人が良い行ないをするのは認めている。しかし、それが自覚的な行為でないのならば、それは最高に称賛される良い行為にはならない。それでは、履軒をはじめとして、儒者にとって、最高に称賛されるべき良い行為とは何か。それは聖人の道に遵った良い行為である。従って、履軒は、「子張問善人之道」章の同箇所に次のように言う。

古人の轍迹に践循せざると雖も、而れども為す所は自《おのずか》ら善なり。唯だ未だ古人の閫《こん》奥（道の妙処）に達せざるのみ。善人　豈に軽んず可けんや。

確かに善人は善であるから、軽んじるべきではない。しかし、意識的に聖人の道に遵っているわけではないから、まだ聖人の道の妙処には到達していないと履軒は言う。では、聖人の道の妙処に到達するためにはどのようにすればよいのか。その最も端的で重要な方法は、先にも述べた〝学ぶこと〟である。道を自覚的に学ぶことによって、無自覚の善は昇華されて、自覚的な善となる。善が自覚的なものになってはじめて、踏み外すことなく聖人の道を実践することができる。学ぶことが重要であるのは、自覚的に善を行なうことにつながるからである。

学ぶことによって、無自覚の善を昇華することの重要性は、述而篇「善人は吾得て之を見ず。恒有る者を見るを得ば、斯ち可なり」の箇所の『逢原』においても強調される。

①「善人」は学無し。未だ道を知らざれば、則ち仁を識ること能わず。

②「善人」と「恒有る者」と、是れ学問外の人なり。然れども其の平素は、豈に必ずしも自ら勉め自ら修むる者無きや。今　武人俗吏、及び農商の間に、一丁字も知らずして、而れども行ない　群を超ゆる者有り。其の平素も

亦た自ら志を立て、勉むる所有り、修むる所有り。道を知らざると雖も、而れども間ま暗合する者有り。亦た頗る精力を費やす。専らは〔『集註』に言うように〕「質」の美を以てするに非ず。いわゆる「善人」「恒有る者」も、亦た此の類を云う。

①の箇所では、善人は学んではいないから、まだ聖人の道を知らないと履軒は言う。これは当然、道を学ぶことによって、善人は聖人に近づくことをめざすべきだという主張を内に含んでいるものであろう[7]。また、②においても『論語』本文に見える善人を「学問外の人」と定義して、善人は「道を知らざる」者だと述べる。この箇所においても、履軒は、学ぶことの重要性を説いている。

ただ、先にも述べたとおり、善人の良さを履軒が承認していることは、忘れてはならない。善人は、確かに自覚的に聖人の道を学ぶための努力はしていない。しかし、時として聖人の道に遵った行ないをすることがある。それはなぜか。それは善人が普段から彼らなりの志を立てて、努力を重ねているからである。この箇所の『集註』においては、「善人は、…質を以て言う」とあり、また、先に引いた先進篇「子張問善人之道」章の『集註』には、「『善人』、質美にして、而れども未だ学ばざる者なり」とある。このように、善人をただその生来の性質のみが優れていて、まだ学ぶ努力をしていない者と朱子は定義している。それに対して、履軒は、善人を自ら勉め、自ら修める努力をしていると認めている。従って、朱子に比べれば、履軒は善人を評価する度合いが高いと言って良い。

しかし、善人の努力は、聖人の道という確固たる基準にのっとった努力ではない。そのために彼らの善は不十分なのである。換言すれば、善人の善は、まだ無自覚の善である。同じ善であったとしても、自覚的な善であれば、のっとるべき基準、すなわち聖人の道を自覚できているから、たとい基準から外れるような行ないをしてしまったとしても、そのときに自ら誤りを修正することができる。ところが、無自覚の善であれば、のっとるべき基準が確立されていないから、善から外れて知らず知らず悪に向かってしまったとき、自ら修正することが難しい。同じように善を実践していても、無自覚の善と自覚的な善とでは、自覚的な善が上位に位置づけられるのはそのためである[8]。

また、この②の箇所では、「武人俗吏、及び農商の間に、一丁字も知らずして、而れども行ない群を超ゆる者有り」の文章が注目できる。言うまでもなく、履軒が生きていた江戸の世は、明確な身分制が存在していた時代である。その中で、武士や農民、商人といった身分にかかわりなく、その行動が他に比べて優れている者が存在することを履軒が認めている点は興味深い。たといそれが無自覚の善であろうとも。この履軒の考えは、江戸期の身分制を超えて、全ての人間の本性は善だという儒者としての正統的な主張につながるものであろう[9]。

履軒は、善人を以上のような意味でとらえていた。『逢原』の見解は、善人の努力を認める点において、生来の性質の良さのみを強調する『集註』の見解を修正するものである。ただ、「専らは質の美を以てするに非ず」の語からもわかるように、善人の「質」が「美」であることをいう『集註』の解釈をある程度、履軒も認めている。つまり、履軒の基本的立場は『集註』の見解に従っている。履軒は『逢原』において、『集註』に対する様々な観点からの批判を加える。しかし、その批判はあくまでも基本的な立場を『集註』と共有したうえでの批判である。逆に言えば、相互の立場を共有したうえでなければ、批判は生じない。そのような意味において、履軒は基本的に朱子学者であると言って良かろう。それは、以上の善人に対する見解からも理解できる[10]。

ただ、履軒が基本的に朱子学者であると言っても、それは純粋の朱子学者だという意味ではないことに注意しなければならない。確かに朱子と基本的な立場を共有しているとは言え、『集註』の見解を批判しているのであるから、履軒は、朱子学の立場を墨守しているわけではない。朱子学の基本的な立場を共有しつつ、朱子学を相対化するのが履軒の立場である。このような履軒の内面的な立場は、外側からの評価にも反映している。注（4）に述べたように、頼春水などは、履軒を純粋の朱子学者とは見なしていない。履軒の思想の内面的な立場が外側からの評価に反映されている一例であろう。

以上に述べたように、履軒は、人間の性が基本的に善だと言う。しかし、凡人は「習」と「蔽」とに晦まされて、自らが本来もっているはずの善を発揮することができない者が多い。たとい生来の善人で、善を発揮できている者であったとしても、その善が無自覚である限り、その善は不十分だと履軒は考える。従って、そのような凡人や善人に対しては、善を発揮できるよう、あるいは、善を自覚的なものにするよう、聖人の道を学ぶことを通じて、自らの人格的水準を向上させる努力を怠ってはならないと履軒は言う。ただ、凡人や善人自身の自主的な努力にのみ期待するほど、履軒は楽観主義者ではなかった。凡人は、周囲の条件が整ってはじめて善に向かい得る。では、彼らが努力して向上できるよう、周囲の条件を整える役割は、誰が担うべきであるか。それは理想的統治者たる聖人の役割であった。以下、凡人の性質と彼らに対する聖人の役割とについて、検討する。

五　中人あるいは民衆について

『論語』に「中人」を主題とする章がある。雍也篇「子曰く、中人以上は、以て上を語る可し。中人以下は、以て上を語る可からず[11]」章（以下、「中人」章と称する）である。その箇所の『逢原』に以下のように言う。

中人以下、与に上を語ると雖も、全然通ぜず。蓋し之を奈何ともする無きのみ。

『論語』で言及される中人とは、人間の人格的水準を上中下に分類したときの中級程度の水準の者である。『逢原』

では、中級程度の者に上級水準の内容を語っても、なかなか通じないと述べている。

また、子罕篇「子曰く、…鄙夫有りて我に問う。空空如（誠実である様子）たり。我　其の両端を叩きて竭くす」の箇所の『逢原』に、次のように言う。

> 蓋し〔雍也篇に見えるように〕「中人以下は、以て上を語る可からず」。夫子　愛《お》しむ所無きと雖も、豈に敢えて〔『集註』に言うように〕「上」者「精」者を以て、強いて空空の鄙夫に聒《かまびす》しくせんや。

この箇所の『集註』には、「孔子　謙して己に知識無く、但だ其れ人に告ぐるに、至愚と雖も、敢えて尽くさずんばあらずと言うのみ。…言うこころは、終始・本末・上下・精粗、尽くさざる所無し、と」とある。それに対して、『逢原』では、上記の雍也篇と同様に、上級の水準に達していない「鄙夫」に対して、無理に『集註』で言及するような上級水準の内容を語るべきではないという履軒の考えが示されている。

このように中級水準以下の凡人に対して、上級水準の内容を語ることが困難であることを履軒は強調する。実際のところ、それは本当に難しい。たとい聖人であったとしても、それが困難であることには変わりがない。

例えば、述而篇「子曰く、…不善　改むる能わざる、是れ吾が憂えなり」の箇所の『逢原』に、「聖人　与に居ると雖も、化すること能う弗し。故に夫子は以て己が憂えと為す」と言う。聖人の孔子ですら、不善を良い方向に向かわせることが困難であることを憂えていたと履軒は言う[12]。

確かに凡人あるいは民衆に聖人の道を学ばせ、理解させることは難しい。しかし、それは全く不可能なことではないと履軒は考えていた。困難ではあるけれど、無学の善人や凡人、あるいは民衆も、聖人の道を学ぶことを通じて、全ての人間が本来もっている善を自覚し、自ら向上する方向に向かうことができると履軒は考えていた。そして、彼らをその方向に向かわせることが、聖人としての使命なのである。

以上に述べた履軒の考えは、具体的にどのように『逢原』において、触れられているのだろうか。まず、先にも取り上げた「中人」章の『逢原』に、次のように言う。

「不可」の両字、殊に禁止の意無し。是れ為し難きの義なり。「民は之に由ら使む可し。之を知ら使む可からず」、此の章と語気は正に同じ。

この箇所において、履軒は、『論語』本文の「不可」の語に禁止の意味はないと明確に述べる。すなわち、たとい中人の水準が高くなく、上級水準の内容を理解することが難しいとしても、そうであるからと言って、上級水準の内容を知らせてはならない、あるいは知らせるべきではないということにはならない。確かにそれは「為し難」いことではある。しかし、不可能ではない。このように履軒は言う[13]。さらに、この箇所の意図は、泰伯篇「子曰く、民は之に由ら使む可し。之を知ら使む可からず」章と同じだと履軒は述べる。泰伯篇の該当箇所に見える『逢原』の記述では以下のように述べられている。

①「之」字、道を指す。

②民の顓蒙（愚かなこと）、善く之を導けば、則ち道に由りて行なう。自らをして道を識別せ使めんと欲すれば、則ち能くすること弗き者有り。

③世俗　或いは謬読す。「不可」を勿れの〔意の〕如くして、禁止の辞と作すは、大いに舛《あやま》る。弁ずるに足らず。

まず、①の箇所では、民衆に依拠させる対象を道、すなわち聖人の道と定義する。言うまでもなく、聖人の道とは、「聖人」の語が冠せられているけれど、本来、万人に共通の道である。そのことは上述した。そのうえで、②の箇所では、民衆は愚かであるから、聖人が彼らをうまく導くと、聖人の道に従わせることができるけれども、民衆自身に聖人の道の意義を認識させようとすると、それは難しいとしている。当然、この聖人とは、理想的統治者としての聖人である。

最も重要なのは、③の箇所である。ここでも、「中人」章と同様に、「不可」を禁止の意味に訓んではならないと履軒は述べている。すなわち、民衆が如何に愚かで、理解能力が乏しかったとしても、それが民衆に対して聖人の道を知らせない理由にはならない。愚かな民衆に対しても、理想的統治者としての聖人は、道を知らせる努力を怠ってはならない(14)。

以上の『逢原』から、履軒が愚民観を有していることが窺える。一般的に、儒教では民衆を愚民視する傾向が強い。それは履軒を含む懐徳堂学派でもそうである(15)。ただし、履軒が民衆を全くの愚民、どのように改善しようもない愚民ととらえていたかと言えば、そうではない。履軒は、確かに民衆に愚かな者が多いことは認めていた。しかし、そのような民衆であったとしても、彼ら民衆に善に向かう可能性を認めていた。それは彼の気稟論と性論とに基づく。

履軒は、人の気稟について、陽貨篇「上知」章の『逢原』に、「上知」章が気稟を論じた章だと述べたうえで、「是の章の主意、人に勧めて善に遷らしむるに在り。移る可からざるの人　至って寡なきを謂うのみ。下愚　移らざるを患えるに非ず。蓋し上知と下愚と、千万人中、僅かに各おの両三人有るのみ。其の他は皆な移る可きの人なり」と言う。履軒は、気稟の昏明強弱によって優秀と愚鈍との差が生じると述べる。ただ、本当に優秀な者と愚鈍な者との数は、非常に少ない。そして、「其の他は皆な移る可きの人なり」と述べるのであるから、大多数の者は「善に遷」る可能性を持っていると言う。ただ、この「移る可き」の主語がなく、何が移るのかということがやや不明確である。

以上のように、気稟の相違はあるものの、大多数の者は善に向かう可能性を持つと履軒は言う。それ以外に、本章でも述べるように、履軒は、性の善が発揮されている者と、「習」と「蔽」とに晦まされて性の善が発揮されていない者とが存在すると言う。そして、性の善が発揮されていない者は、性の善を発揮するために聖人の道を学ぶ努力が必要だと履軒は考える。善を発揮するとは、換言すれば、無自覚に善であったものを自覚的な善にすること、すなわち何が善で何が悪なのか、自分自身で判別し、善を実践できることである。

このように、履軒は、その気稟論と性論とに基づいて、たといそれがはなはだ難しいことであったとしても愚鈍に見える民衆にも良い方向へ向かう可能性を承認している。言わば、人間が良い方向へ向かう可能性を認め、それを信じるところに儒者としての履軒の神髄があったと考えるべきであろう。

また、このように道徳的に上位水準にある統治者が上位水準にない民衆を教育するという教化策はまさしく儒教的である。さらに言うならば、このような上からの民衆教化の立場は、竹山を中心とする懐徳堂学派がめざした寛政異学の禁による朱子学振興の方向とも合致する。[16] その意味で、履軒の基本的立場も懐徳堂の儒者の朱子学と同様の立場にあると言えよう。履軒は、『逢原』において朱子学の理気論に対する様々な批判を展開する。しかし、以上の点を勘案するならば、履軒も基本的に朱子学的立場を共有していると言えよう。

おわりに

聖人であろうと、凡人であろうと、履軒は、人間が基本的に善である点は共通すると考えていた。ただ、気稟の昏明強弱や、善なる性が「習」と「蔽」とに晦まされることによって、人間には様々の差が生じることも事実である。特に善については、それが無自覚のものであるときと、自覚的なものであるときとでは、差があることを履軒は主張した。聖人と凡人との差は、善が無自覚的か自覚的かという点に基づくことは上述した。そして、善を自覚的なものにするために、儒教では、聖人の道を学ぶことが求められる。

履軒の考える聖人は、理想的統治者としての性格も併せもつ存在である。その聖人は、聖人の道を学ぶことを通して、民衆の蒙を啓くことをめざした。ただ、その実践には非常な困難が伴うことは確かである。その模範を示すためでもあろう。「生まれながらにして之（道）を知る」者であっても、聖人は、生涯にわたって自ら学ぶ努力を怠る者ではなかった。聖人が学ぶことを重視しているのは、履軒も十分認識していた。

この学ぶことの重視は、『孟子』に見える語を使用するならば、性の「拡充」の重視と言い換えても良かろう。例えば、『孟子』告子篇「公都子曰く、告子　性は善も無く、不善も無しと曰う」章に「詩に曰く、天の蒸民を生ずるや、物有れば則有り」と『詩経』大雅、蒸民篇を引く箇所があり、その箇所の『孟子逢原』に次のように言う。

性は善なり。惟だ拡充有るのみ。矯揉を施す所無きのみ。矯揉は必ず習蔽の敗壊を俟ちて、而る後に施す可し。[17]

履軒は、本章において取り上げた『論語』以外に、経書では『孟子』と『中庸』とを重視する。それは、「孔子の道を伝うるは、唯だ論語・孟子・中庸の三種のみ」（『孟子逢原』公孫丑篇の語）と履軒自身が述べていることからも窺える。本章において取り上げた性論をはじめとする問題は、『孟子逢原』『中庸逢原』など、履軒の他の著述においても言及されていよう。また、それは『逢原』における主張と恐らく矛盾するものではない。これら履軒の他の著述に見える性論を中心とする問題は、今後、探求してゆく必要があろう。

注

（1）　拙稿「中井履軒の性論と気稟論と――『論語逢原』を中心に――」（『懐徳』七十三号、二〇〇五年）（以下、拙稿一と称する）

参照。

（2）以下、『逢原』からの引用は、関儀一郎編『日本名家四書註釈全書』（東洋図書刊行会、一九二二〜一九三〇年）（鳳出版、一九七三年、復刻）所収本を底本として、適宜、履軒自筆本を参照する。なお、引用文中の（　）は、その前の語の意味を表わし、〔　〕は、文意をわかりやすくするために筆者が補った語を示す。

（3）例えば、『孟子』公孫丑篇「孟子曰く、矢人　豈に函人より不仁ならんや」の箇所の『孟子逢原』に、「子思曰く、天の命ずるを之《これ》性と謂う、と。孟子曰く、性は善なり、と。斯の二語を信ぜば、足れり。夫の両君子、豈に我を欺かんや」と述べる。

（4）ただし、履軒の立場は、純粋の朱子学の立場とは一線を画していると周囲からも見なされていた。例えば、頼祺一『近世後期朱子学派の研究』（渓水社、一九八六年）では、混沌社を通じて、履軒とその兄中井竹山と交流の深かった頼春水は、その師友の言行を録した『師友志』（『日本儒林叢書』第三巻、史伝書簡部所収）において、「〔中井〕兄弟皆な山斗の望有り。但だ其の学　程朱を信じて純ならざるを恨みと為す」と述べて、竹山と履軒との学問を純粋の朱子学とは見ていなかったことを指摘している。

（5）履軒の聖人観の詳細については、注（1）に取り上げた拙稿一に加えて、本書第四部第一章「『論語逢原』に見える聖人観」（以下、拙稿二と称する）を参照。

（6）『逢原』に見える道については、宇野田尚哉「中井履軒『論語逢原』の位置」（『懐徳』六十二号、一九九四年）の第一章「離脱の方向」においてすでに言及されている。宇野田論考では、履軒が道を人が践み行なうべき道、すなわち人道としてとらえる方向にあると指摘する。そのうえで、宇野田氏は、道を人道としてとらえることによって履軒が朱子から離れていっていると述べる。

（7）この箇所では、道を知らなければ仁を知ることができないと言っていることも注目できる。仁は、学ぶべき道の中で最も重要な徳目である。拙稿二参照。

（8）履軒が無自覚の善よりも自覚的な善を上位に位置づけていることに関連して、『中庸』第二十章「善に明らかならざれば、身に誠ならず」の箇所に見える『中庸逢原』が注目できる。

人　若し「善を明らかに」せんと欲せば、何為れぞ可なるか。其れ必ず学問思弁して、以て之を求むるのみ。〔『中庸』〕下文の「善を択ぶ」以下、全く是れ「善を明らかにす」るの工夫なり。是れ人をして学問に勉めしむるの意なり。人　苟し善を明らかにせずば、縦令《たとい》質之《これ》美、心之愨《これまこと》なれども、或いは不善を覩《み》て以て善と為して、敢えて之を為す。善を覩て以て不善と為して、肯えて為さず。知らず覚えず義を失い道を離る。其の弊　勝《あ》げて道とす可からざる者有り。人の以て学ばざる可からざるや此くの如し。

『逢原』において言及される、善を自覚することは、すなわち『中庸逢原』で説かれる「必ず学問思弁して、以て之〔善を明らかにすること〕を求むる」と同じ意であろう。履軒は、「明善」を学ぶことの意と考え、『中庸』の「明善」を重視していた。履軒が『中庸』の「明善」を重視することは、すでに多くの論者によって説かれている。例えば、加地伸行編『中井竹山・中井履軒』（明徳出版社、一九八〇年）第六章「中井履軒の思想」第1項「儒学思想の特質」などを参照。なお、学ぶことの重視と『中庸』に見える「明善」との関連について、履軒の思想を分析することは、今後の検討課題である。

（9）衣笠安喜『近世儒学思想史の研究』（法政大学出版局、一九七六年）Ⅰ「近世儒学思想の成立」第二章「儒学の諸理念とその社会的機能」では、履軒の『年成録』穢忌篇の文章を紹介して、履軒が当時、賤視されていた屠殺業の者も封建的人間としてとらえようとしていたと指摘する。すなわち、履軒が賤民に対する人間的平等観をもっていたことを指摘する。この考えは、全ての人間の性が善だという主張につながるものであろう。

（10）拙稿二参照。

（11）「語」の訓みは、この箇所の『逢原』に、「『語』、字の如し。上声。『以て語る』、猶与に語るを言う」とあるのに従う。

（12）先にも引いたが、「上知」章の『集註』に引く程子の注に、「惟だ自ら暴なう者は之を拒みて以て信ぜず。自ら棄つる者は之を絶ちて以て為さず。聖人　与に居ると雖も、化して〔善に〕入らしむること能わず」とある。朱子も聖人が民衆と共に居ても、彼らを教化することは必ずしもできないと考えていた。その点は履軒と同様の立場である。

（13）テツオ・ナジタ『懐徳堂』（岩波書店、一九九二年）は、第五章「学問所からの知的展望」において履軒の思想について言及する。その中で「中人」章の『逢原』において、本文に見える「不可」の語を「庶民は上の人に助言してはいけない」と読むのではなく、「できない」あるいは「禁止されている」を意味すると履軒が考えていると述べる。しかし、「助言してはいけない」と「禁止されている」との間に具体的にどのような差異があるか、やや不明確である。

(14) 泰伯篇「子曰く、民は之に由ら使む可し。之を知ら使む可からず」章の解釈については、若槻俊秀「論語『民可使由之不可使知之』章解釈私攷」（『大谷学報』七十五号、一九九六年）に古注や『集註』等の解釈を網羅して、考察を加えている。

(15) 例えば、宮川康子『自由学問都市大坂』（講談社、二〇〇二年）第五章「心学と懐徳堂」の「懐徳堂の危機感」の項において、中井竹山の『草茅危言』を取り上げて、懐徳堂に愚民観が存在したことに言及している。

(16) 寛政異学の禁は、尾藤二洲や頼春水らによって主導された。彼らが明和・安永期の大坂において、緊密に交流していたことは周知のことであり、彼らと懐徳堂学派との関連は、注（4）において取り上げた頼祺一前掲書等にすでに言及されている。しかし、彼らに対して、懐徳堂学派が具体的にどのような影響を与えているのか、また、逆にどのような影響を与えられているのか、についてはまだ詳細な検討は為されていない。それは今後の検討課題である。

(17) 「習蔽の敗壊」の語は、顔淵篇「顔淵曰く、其の目を請い問う」の箇所の『逢原』にも見える。

第三章　中井履軒の「孝」観

佐野大介

はじめに

中井履軒は、七経雕題・七経雕題略・七経逢原など、経書の注釈をはじめとする厖大な著作を残した儒者として知られ、その注解は、「履軒、家学の傍諸家に渉猟し、尤も力を先秦古書に用ふ、是を以て往々独得の見あり。」（「大学雑議中庸逢原改題」『日本名家四書注釈全書』学庸部一、東洋図書刊行会、大正一二年）とされるように高い評価を得ている。しかし現在、一部を除いてこれら履軒の著作が出版されていないこともあり、その思想の全貌が明らかとなっているとは言い難い状況にある[1]。

中井甃菴が『五孝子伝』を、中井竹山が『蒙養篇』『孝子義兵衛記録』などを著し、孝子顕彰運動に携わっていたことからも明らかなように、中井家が代々の学主を務めてきた懐徳堂は、常に「孝」を重要視して来た。履軒も、「忠孝は人倫の大節」（『履軒弊帚』「忠孝両全論」）と記しており、孝を重視していたことは疑いない。

そこで本章では、我邦江戸期における「孝」思想の展開及び懐徳堂の孝子顕彰に対する研究の一環として、履軒の「孝」観について考察してみたい。

履軒は四書五経すべてに注解を附していながら、『孝経』には注釈を附していない[2]。孝を重要視しながら、『孝経』を等閑視していたとすれば、『孝経』の「孝」観と履軒の「孝」観との間に何らかの齟齬があったために、これに注解を附さなかった、という可能性を想定し得る。そこで、履軒の「孝」観について考察するにあたり、まずその『孝経』観について考察する[3]。次に、「不敢毀傷」「諫争」「揚名」といった『孝経』が言及する「孝」のあり方に対する考えを中心に、履軒の「孝」観について考察し、最後に、竹山の「孝」観との比較を通して、履軒の「孝」観の思想的特質について考えたい。

一　『孝経』と履軒の「孝」観と

履軒が『孝経』に対して注解をつけなかった一つの理由として、先ず、履軒が『孝経』を孔子の言ではない、と考えていたことがあげられる。『後漢書』列伝二九の序の「孔子曰、夫孝莫大於厳父、厳父莫大於配天。則周公其人也。」句は、『孝経』聖治章に依拠したものであるが、当条に対して履軒は、

斯の語末だ粋ならず。必ず聖人の言に非ず。泥む勿かれ。（『後漢書雕題』列伝二九）

と注しており、『孝経』を孔子の言ではないと断ずる。『孝経』の制作者については、様々な説があり、現在に至っても決着を見ていない。しかし、例えば、『孝経』唐玄宗注の序が「『孝経』は、孔子 曾参の為に孝道を陳べしものなり。」として、基本的に『孝経』が孔子の言を集成したものであるとの認識を示すのと、この履軒の判断とは好対照を示していよう。尤も、管見の及ぶ限り、履軒自身は『孝経』の制作者についての己の説を明言している訳ではない。しかし、後に示すように、履軒の『孝経』に対する評価には非常に厳しいものがあり、これを孔子や曾子に関係のな

い、後世の偽作だと考えていたことは疑いを容れない。

この、経書の権威に盲従せず、経書が真に聖人の言であるかについてにまで考察を進める履軒の態度は、ひとり『孝経』に対してのみならず、他の経書にも及んでいる。『履軒行状』には、「其の大要、『易』「十翼」及び『春秋』を以て、皆孔子の筆に非ずと為す。其の他、『古文尚書』・『孝経』・『周礼』等を取らず。」とあり、履軒がこれらの書を無条件に尊重していた訳ではないことが解る。(4)

しかし、履軒は聖人の著作であるとの伝承をもともと有しない『左伝』・『礼記』などには『離題』を著しており、また、『荘子』や『戦国策』など儒家系文献以外の著作にも注解を附している。このことから、孔子（聖人）の言でないということが、唯一の『孝経』に注解を附さない理由であると考えることはできない。

そこで以下、履軒の『孝経』に対する批評をとりあげ、履軒が『孝経』の言及する「孝」のあり方について如何に考えていたかについて考察する。

二 「不敢毀傷」に対する見解

履軒は、その著作の各所で『孝経』を名指しで非難しており、その『孝経』に対する評価は非常に厳しいものがある。そこで、履軒の『孝経』観を考えるに当たって、先ず、履軒がその著作において『孝経』に直接言及した箇所をとりあげる。

『孝経』の有名な一文として、「身体髪膚、受之父母、不敢毀傷、孝之始也。」（開宗明義章）というものがある。ここから、「己の躰を傷つけないことが孝である」という命題が導き出され、後世、人々の行動に対して大きな影響力を持った。

以下、この命題に対する履軒の考えについて考察する。

【経】孟子 曰く、事うること孰れか大と為さん。親に事うるを大と為す。守ること孰れか大と為さん。身を守るを大と為す。其の身を失わずして能く其の親に事うる者は、吾 之を聞けり。其の身を失いて能く其の親に事うる者は、吾 未だ之を聞かざるなり。（『孟子』離婁上）

【注】守身に拘《なず》むは、且だ『孝経』より承来す。従うべからず。（『孟子逢原』(5)）

ここで、履軒は、「拘於守身」という考えを『孝経』から生じた考えで、従うべきではない、とする。「拘於守身」という考えを起こす原因となった箇所が『孝経』のどの部分かについての明言はないが、開宗明義章の「不敢毀傷」であると履軒が考えていたであろうことは容易に想像がつく。そうして、事実この「不敢毀傷」という考えは、後世の学者が他の経書を解釈する際にも大きな影響を与えている。

曾子に疾有り。門弟子を召して曰く、「予が足を啓け、予が手を啓け。」と。『詩』に云えらく、「戦戦兢兢、深淵に臨むが如く、薄氷を履むが如し。」と。而今より而して後、吾 免るるを知るかな。小子。（『論語』泰伯）

この章は、曾子臨終の際の言を記したものとされる。この章は『論語集解』や『論語集注』などにおいては、曾子が「不敢毀傷」という孝を全うしたことを弟子達に示したものだと認識されてきた(6)。しかし、この章に対する履軒の注釈は次のようなものである。

先儒、皆『孝経』に据りて此の章を解し、之を失す。『孝経』、豈に据るべきの書ならん。（『論語逢原』）

履軒は、この章は孝について述べたものではないと理解しており、「先儒」がこの章を孝と関連して考えるようになったのは、『孝経』に誤られたものとする。つまり履軒は、『孝経』の「不敢毀傷」句が「拘於守身」という弊害を生み、また、曾子有疾章の解釈にも誤読を生じさせたと考えるのである。

このように、履軒は「不敢毀傷」を直ちに「孝」と考えることを否定するが、「守身」そのものを否定しているわけではない。先にあげた『孟子』の続く一段に対しては、

【経】孰れか事うると為さざらん。親に事う、事うるの本《もと》なり。孰れか守ると為さざらん。身を守る、守るの本なり。（『孟子』離婁上）

【注】器を守る・家を守る・社稷を守る、守るに非ざる無し。然るに唯だ守身をば重しと為す。本《もと》とは、猶お第一義と言うがごとし。（『孟子逢原』）

としている。履軒は「守身」を「重しと為す」としており、これを重要視していることは明らかである。ではなぜ、「守身」を説く基本的な言説であると一般に捉えられてきた『孝経』の「不敢毀傷」句は否定されるのであろうか。

このことに関連して、『小学題』には、

【経】曾子曰く、「身なるは父母の遺体なり。父母の遺体を行なう、敢えて敬せざらんや。居処荘ならざるは孝に非ざるなり。」と。（『小学』明倫第二、『礼記』依拠部）

【注】是れ売薬の能書。（『小学題』）

とある。『小学』には、朱子が『孝経刊誤』において『孝経』の経だと認定した部分が一括して引用されている。右にあげた箇所は『礼記』からの引用であるが、『孝経』引用部のすぐ後に続けられたものであり、『孝経』と相い補完しあうものだといえよう。

また、『孝経』には、「身体髪膚、受之父母、不敢毀傷、孝之始也。」（開宗明義章）とあり、『孝経』の設定する「不敢毀傷」の理由は、自身の身体が「之を父母に受」けたものであるという認識より生じるものであることが解る。こ

れらより、この「身体髪膚、受之父母」と『礼記』の「父母之遺体」とは親和性が高いと考えてよいであろう。であるならば、開宗明義章のこの句の主張は、己の体が「父母之遺体」であるが故に「不敢毀傷」でなければならない、と解釈できる。

そうして、この「父母之遺体」との考えに対して、履軒は「売薬能書」という激しい口調で否定する。つまり、履軒が「守身」そのものは容認しながら、『孝経』の主張に限って否定するのは、『孝経』が「守身」の理由として「父母之遺体」という考えを持ち出し、「孝」に関連づけようとするためであるといえよう。

三　諫争に対する見解

「諫争」は「孝」の重要な一部をなし、儒家の重要な論点の一つとして、古来よりさまざまに解説されている。また、『孝経』にも「諫争章」として独立した一章が設けられている。本節では、この「諫争」と『孝経』との関係に対する履軒の考えについて検討する。

【経】古者、子を易えて之を教う。父子の間、善を責めず。善を責むれば則ち離る。離るれば則ち不祥焉より大なるは莫し。（『孟子』離婁上）

【注】諫争は子の職に非ず。此れ当に別論すべし。父に争子有りとは、『孝経』に出づ。元もと佳語に非ず。此れ何ぞ必ず援《ひ》きて論ぜんや。（『孟子逢原』）

【経】不義に当れば、則ち子 以て争わざるべからず。（『小学』明倫第二、『孝経』依拠部）

【注】此れ『孝経』の差《たが》う処。語、軽重を失し、遂に後害を貽《のこ》す。（『小学雕題』）

履軒は、諫争を基本的に認めず、「争子」を是認する考えが『孝経』に出たものであるとして、『孝経』を非難している。では、履軒は諫争のあるべき姿について、どのように考えていたのであろうか。

【経】親に得られざれば、以て人と為すべからず。親に順われざれば、以て子と為すべからず。舜 親に事うるの道を尽して、瞽瞍 豫《よろこび》を厎《いた》す。瞽瞍 豫を厎して、天下化す。瞽瞍 豫を厎して、天下の父子たる者 定まる。此れ之を大孝と謂う。（『孟子』離婁上）

【注】親を道に諭さんと欲す。是れ善を責むるの大なる者にして、父子乖戻の源なり。（『孟子逢原』）

ここで、履軒は『孟子』の「父子之間不責善」という思想をとりあげ、基本的に諫争を認めない。これに対して『孝経』は、親が「当不義」の場合、子に諫争を義務づける。諫争を認めない履軒は、子が親の不義に直面した場合について次のように解説する。

【経】孟子 曰く、不孝に三有り。後無きを大と為す。（『孟子』離婁上）

【注】「阿意曲従」と曰えば、善事に非ざるに似る。若し「先意承顔」と曰えば、則ち大善事なり。其の実、一なり。……子の父に事うるは、承順を以て職と為す。諫諍を以て職と為さず。縦令《たとい》、其の諫諍有れども、必ず已むを得ざるに在り。経礼に非ず。……若し阿意曲従を以て不孝の一目と為せば、而して諫諍を以て孝と為す。此を以て教を立つれば、恐るらくは人子 先意承顔の義を忘れて、責善の大罪に陥るなり。（『孟子逢原』）

ここで履軒は、「阿意曲従」と「先意承顔」とを同義であるとして「承順」こそが子の道であるとし、諫争を「責善之大罪」として否定する。

もともと、諫争が儒家系文献で問題とされるのは、双方共に「孝」だとされる「親の不義の防止」と「親への服従」とが背反するためである。(7) しかし、親の不義に当たった際、履軒のいうように、子が「責善」を避け「先意承顔」するばかりでは、親は不義を恣にすることとなる。これでは、「親への服従」を全うすることにはなっても、「親の不義の防止」は全うし得ないであろう。

そこで履軒は、「経《つね》の礼ではない」との限定を付け、「已むを得ざる」場合のみ諫争することを認める。これは、「不義」に対する子の対応として、「承順」即ち「阿意曲従」と「已むを得ざる諫諍」との二種類を設定することであり、どちらの対応を採るか選択するための判断基準が必要となろう。その基準は続く一段に示されている。

父の不義、子に以て諍せざるべからざる者有り。蓋し不義に亦た大小有り。小事の若きは、子 必ずしも諍わざるなり。子の諍うべきは、必ず大不義に在り。或いは此に因りて大禍を致せば、坐視に忍びざる者なり。所謂、必ず已むを得ざるとは、是なり。（『孟子逢原』）

「不義」には大小があり、小事は見逃してもよいが、「大不義」に対しては諫争すべきだというのである。また、『論語逢原』には次のようにある。

【経】子 曰く、父母に事えて幾諫す。志の従わざるを見れば、又敬して違わず。労して怨みず。（『論語』里仁）

【注】幾諫して父母 能く焉を納れ、忤逆の色無ければ、則ち熟諫すべし。若し拂逆して受けず、必ず従わざるの気有れば、則ち復たは諫めず。唯だ敬共して違戻せざるのみ。……此の章、亦た大概通情の事を論ず。大無道悪逆の若きは、則ち当に別論すべし。（『論語逢原』）

ここで履軒は、親の不義を「大無道悪逆」と「通情の事」とに分別し、子の対応もそれに応じて異なるべきことを説く。ここで、「大無道悪逆」は先の「大不義」に相当し、「通情の事」は「小事」に相当すると考えられよう。ここにおいて、親の「大不義」に対して諫争が認められ、諫争が成功すれば、「親の不義の防止」が完成する。

しかし、「通情の事」の場合は、熟諫が受け入れられなければ、最終的に子は親に従わざるを得ず、不義が達成されてしまうこととなる。

労して怨みずとは、頗る難事なり。父母が為す所の不善、子の諫を納れず、而して子をして其の不善の労役を執らしむ。是れ、尤も心を為し難き者なり。乃ち其の労を執りて、其の父母を怨みず。亦た孝たらざるか。此、平日に疾怨せず、労を辞せざるの比に非ず。（『論語逢原』）

このように、子が「不善の労役を執」ったならば、それが子の主観的には、いかに「尤難為心」ことであったとしても、現実として不義は達成されてしまう。つまり履軒は、不義が発現すること自身については、これを容認しているといえる。その上で、子が、その命が不善のものであることを理解していながらも親の命に従うことを「尤難為心」として高く評価しているのである。だが、たとい「小事」であろうと、不善が発現してしまえば、親は不利益を免れない[8]。しかも、その不利益は、子の諫争が成功すれば回避され得る性質のものなのである。しかし履軒は、親の不利益という結果を回避することよりも、従い難い命に従うという子の心情に重きを置く。換言すれば、諫争により生ずる親の利得は度外視し、己の倫理観に反することですら親の命であれば行なう、という子の心情こそが重視されるのである。これは、履軒の動機主義的な観点を示しているといえるであろう。

さらに、この動機主義的な傾向は、結果を未然に考慮することすら否定することに繋がる。

【経】子の親に事うるや、三諫して聴かざれば、則ち号泣して之に随う。（『小学』明倫第二、『礼記』依拠部）

【注】号泣とは、情の切にして自ら已む能わざる者なり。事、此に至りて逃るを得ざるは、父子の天倫、然ればなり。本経の此の語と「臣三諫して聴かざれば則ち之を逃ぐ」と対ず。意、自ら分明なり。親の心を感動せんと欲して号泣するに非ざるなり。（『小学雕題』）

「号泣」については、陳選『小学句読』[9]が「正に親の心を感動せんとし、或いは能く聴くを庶う。」とするのを始め、多くの注釈が「号泣」を「親の心を動かす」ための手段と捉える。しかし、履軒は「号泣」を「情の切」が発露したものであると解釈し、「親の心が動く」という結果を意図することを認めない。

以上のように、履軒は「諌争」・「号泣」という親に対する行動に関して、その結果には重きを置かず、ただ動機としての「情の切」[10]を重要視しているのである。

四　揚名に対する見解

「立身」や「揚名」を孝に結びつけることも、『孝経』の特徴的な思想の一つだといえる。以下、これらの思想に対して履軒がどのように考えていたかについて考察する。

【経】身を立て道を行ない、名を後世に揚げ、以て父母を顕す。孝の終なり。（『小学』明倫第一、『孝経』依拠部）

【注】此れ『孝経』の差《たが》う処。遂に後害を貽《のこ》す。（『小学雕題』）

ここで履軒は、「揚名」が「孝の終」だという考えは、『孝経』に由来する誤った考えであるとする。また、「名を好む」という風潮に対して、『後漢書雕題』列伝二九[11]に厳しい批判がある。

寧ろ老母を棄つれども噉人の賊を欺く能わず。人情に非ざるに且《ちか》し。好名の弊、一に此に至る。（『後漢書雕題』列伝二九、劉平の条）

一往、弟の為なるは可なり。再往は則ち可ならず。人情に遠し。亦た好名の弊なり。（『後漢書雕題』列伝二九、趙孝の条）

一条目は、劉平の伝に関する言説である。該当箇所の概略は、「母のために食料を調達しに出た平が盗賊に遭い、煮殺されそうになった。平は、一旦解放してくれれば、母に食事をさせてから、今一度食べられに戻ってくる、と約束した。平が戻ってきたため賊は感心して平を食べずに解放した。」というものである。

二条目は、趙孝の伝に関する言説である。該当個所の概略は、「賊に捕まった弟の為に、自ら己を縛って賊の元に赴き、己を食べることを請う。それに感じた賊が米を持ってくることを代償に二人を解放すると、米を用意できなかったため、孝はもう一度賊の元に戻り、己を食べることを請う。」というものである。

二者共に続いて、この事件の後に孝廉に挙げられたことが記されており、『後漢書』においてこの二者は孝子として取扱われていることが解る。(12)

しかしこれらのエピソードは、厳密には孝行を称揚したものとはいえない。劉平の伝には、老母の為に一旦家に帰ることを望む、という要素があるため、孝行について語ったように見えなくもない。しかし、これらの話の行ないがたい処は、「賊の元に再び戻る」という点である。これは、賊に対する正直さの現れではあっても、親に対する孝行とはいえない。この点を履軒はよく理解しており、劉平の行為を「棄老母」と言い放っている。この行為を孝行と見なすためには、行為そのものだけで孝行であるということはできず、この行為によって名を揚げたことが孝である、との認識が必要となろう。范曄がこの二者の行為自体を孝行と見なしたのか、それとも、この行為の結果名が揚がったことを孝行と見なしたのかは定かではないが、二者共に、名が揚がり孝子として認識されるようになったということは事実である。そうして、この事実は『孝経』の思想と合致するものであるといえよう。

後漢時代は、『孝経』の受容が進み、読者層が拡がった時期にあたる。(13)また、『後漢書』列伝二九の序に、『孝経』の「孔子曰、夫孝莫大於厳父云云」（聖治章）を引用しているように、この伝中の人物の事蹟と『孝経』とは関連のあるものと一般的に認識されていたと考えられる。

履軒は、二者の行為を、直接『孝経』の思想に基づくものとしている訳ではないが、序に対する『雕題』で『孝経』に「勿泥」といい、二者の行為を「好名之弊」としていることから、履軒は、この二者の行為が「揚名」を目的としたものであり、また『孝経』の「揚名」と軌を同じくするものだと考えていたとしてよいであろう。

もちろん、「己の名が揚がる」こと自体を孝行の目的とすることは、履軒でなくとも論外であろう。しかし、孝行の結果として、「名が揚がる」ことは現実に存在することである。こういった事象は、履軒の「好名之弊」の否定とは抵触しないのであろうか。

履軒は、懐徳堂の門人である加藤竹里の『かはしまものかたり』に序を附している。これは、「孝子」として公儀より表彰された川島村の義兵衛の孝行について記したものである[14]。また、履軒の詩集である『履軒古風』には、孝子稲垣子華を称えた詩、「孝思詩三首」があり、子華が幕府より表彰をうけたことに対して、「友朋は咸喜び、躬ずから賜を受くが如し。」としている。表彰を受け褒美を得ることは、当然「名が揚がる」に当たるであろう。

孝行によって褒美をうけるという事例については、「錫類記」（『弊帚続編』）にも例がある。これは、履軒が記した、豊国の孝女初についての伝記である[15]。

近日、吾聞く所の孝子孝婦、旌典を膺け、褒賚を受く。室家の内、又祉福を獲る者、往往にして有り。豈に天意に非ざらんかな。（『弊帚続編』「錫類記」）

ここで履軒は、孝子・孝婦が報償を受けることを「天意」と表現している。ここから、意図的に「名を揚げようとする」ことは否定しながらも、己の意図によらず「名が揚がる」ことは否定しないことが見てとれる。

つまり、「名が揚がる」には、何らかの孝行が必要であるが、その何らかの孝行を行なうに際し、孝行の動機が「名を揚げる」ことにある場合を否定し、「情の切」にある場合を称揚すると考えられる。ここでも履軒は、孝行が発

現する前の動機のありようを問題とする、動機主義的な考えを貫いているといえよう。(16)

五　その他の箇所より見た履軒の「孝」観

ここまで、履軒の『孝経』に対する批評から、履軒の「孝」観について考察してきた。以下は、『孝経』について直接言及のない箇所から履軒の「孝」観について考察する。先づ、履軒は孝が如何なるものに由来し、どのような本来性を有するものだと認識していたのであろうか。

【経】子夏曰く、賢を賢として色に易え、父母に事えて能く其の力を竭し、君に事えて能く其の身を致し、朋友と交わり言いて信有り。未だ学ばざると曰うと雖も、吾れ必ず之を学べりと謂わん。（『論語』学而）

【注】蓋し人情、大抵父母に於いては身を致すに難からず。其の至親、天属なるを以てなり。唯だ其の力を竭くさざるを患う。其の恩に狎れ愛を恃めども、爵禄栄辱の期無きを以てなり。君に於いては力を竭くすに難からず。其の爵禄栄辱、身に切なるを以てなり。唯だ其の身を致さざるを患う。其の義合、天属の親に非ざるを以てなり。

（『論語逢原』）

ここで履軒は、親子関係を「天属」とし、君臣関係を「義合」とする。「義合」が、「爵禄栄辱」という損益を媒介とした関係であるのに対して、「天属」は、親からの「恩」・「愛」という心情を媒介としたものと解釈されている。ここには、子から親への心情は明記されていないが、前節で述べたように、履軒は孝行の動機としての「情の切」を重要視していることから、「天属」に子からの親を想う心情が設定されているであろうことは疑いを容れない。

これは、次の「錫類記」の文章からも窺うことができる。

其の言を聴き、其の行ないを視るに、孝子為るに愧じず。抑そも其の善心の生、豈に天性の泯《つ》くる弗きを以てせざらんや。（『弊帚続編』「錫類記」）

ここでは、「孝子」という基準を満たす行ないは、「善心の生」であり、それは「天性の尽きないこと」によると解説される。つまり、「孝」は天性より発する心情であることとなる。そうであれば、孝は自然に湧き起こってくる心情、つまり「情の切」に発するものでなければならないのは、自然な展開であろう。こうして履軒は、孝行の動機として、「情の切」を優先させ、その他のあらゆる意図を否定するのである。

また、次の記述には、そのことが顕著に表れている。

【経】子游 孝を問う。子 曰く、「今の孝なる者、是れ能く養うを謂うのみ。犬馬に至るも、皆な能く養う有り。敬せざれば、何を以てか別たん。」と。（『論語』為政）

【注】而して親愛崇奉の意無ければ、則ち其の親に於いて、情意接せず。不敬、焉より大なるは莫し。……今時を以て之を言えば、凡そ人の親に事うるや、愛足らざるの失有るのみ。未だ愛踰ゆの失を見ざるなり。学者に在りては、尤も愛の足らざるを以て通病と為す。胡氏の愛踰の説、恐るらくは後世の為に病を生ずること少なからず。慎みて主張する勿かれ。（『論語逢原』）

ここで履軒は、この章を「聖人 直だ其の愛の敬を踰《こ》ゆを恐る」（『論語集解』引「胡氏曰」）と解する胡寅の説に反駁している。履軒の解釈は、「人は、孝行において養を尽くしていても愛が足りないものである。」とまとめられよう。履軒は、経文に「敬せざれば何を以てか別たん。」とあるにも関わらず、「敬」の不足を問題にしていない。逆に、「今時」は、親への「愛」が、「敬を踰える」どころか「不足」しているとして警告しているのである。[17] ここで言う「愛」とは、「情の切」と近い概念と考えてよいであろう。「情の切」を最優先させれば、「養を尽くす」という孝行が完成されていても、「愛足らざるの失」は決して認められないこととなる。そうして、履軒にとって、「情の切」の不足（＝「愛足らざるの失」）は、一時経の解釈から外れても主張しておかねばならないことだったのである。

ところで、礼に叶った葬儀を行なうことも、一般的に孝の一部と見なされてきた。当然、礼儀制度に叶った葬儀は、「情の切」をその内に有したものではあろうが、履軒は、形式のみを重視するような厚葬を否定し、形式よりもその基づくところである「情の切」を重視する。

財を死父を葬るに竭し、而して後、以て生母を供養する無し。世間に多く之れ有り。是れ之れを云うのみ。此れ実に確論なり。（『後漢書雕題』列伝二九）

ここでは、葬礼に費用を尽くして、生きている母に対する孝養をないがしろにすることが非難されている。世間では、葬礼の形式を整えることを重視するあまり、生きている親への普段の養という目立たない孝を軽視する向きが多かったのであろう。

また、次のようなさらに厳しい意見もある。

【経】曾子 曰く、終りを慎しみ遠きを追えば、民徳 厚きに帰す。（『論語』学而）

【注】後世、厚葬の風 盛なり。皆是れ奢侈なり。……喪と祭との若きは、是れ生事愛敬の余波影響なり。未だ以て孝と為すに足らず。（『論語逢原』）

ここで履軒は、厚葬を戒めるとともに、死親に事えることを「生事愛敬の余波」にすぎないと言い切り、喪祭を行なうという行為単独では孝とは認めない。これは、喪親章を設けて喪祭を孝の主要部分と措定する『孝経』をはじめ、一般的な儒教の考えに対して、かなり特徴的なものといえよう。

また、厚葬を行なうことによって、子が己の孝行ぶりに自己満足してしまうことも考えられることである。先に続いて、このことについての警戒が述べられる。

近世の儒家、一等の悖徳有り。其の親に於いて、生事は肯て力を竭さず、亦た其の歓心を得るを求めず、甚だしきは意見合わざるを以て乖戻を致すに至る。親　歿するに及べば、則ち喪祭を以て天下の大事と為し、敬を致すこと極めて厳。自ら以て孝と為して、其の弟子を率う。(『論語逢原』)

親の生前に「孝」を尽くさず、厚い葬儀を行なうことのみによって、己を孝だとして自己満足してしまうことは、履軒にとって、決して「情の切」の発露だとは認められないであろう。また、「情の切」から離れた単なる厚葬は、葬儀を己が孝子であるための手段と考えることにつながる。これは、葬儀という孝行の動機を、孝子となるという己の利得に置くこととなり、履軒にとって、なおのこと認め得ないことであろう(18)。

なお、『孝経』には喪親章として、喪祭に関する章が存在するが、「三日而食、教民亡以死傷生也。毀不滅性、此聖人之正也。喪不過三年、示民有終也。」とあるように、無制限な厚葬を推奨しているわけではない。しかし、喪親章には、「生事愛敬、死事哀戚。生民之本盡矣。」として、生親に対する孝と、死親に対する孝つまり喪祭とを同等に扱う観点が見られる。履軒は、こういった点が後世の、喪祭そのものを「孝」と誤解し、生親を養わず厚葬のみで足るとする風をもたらしたと考えていたのかも知れない。

以上のように、履軒は孝を天性に基づくものとみなす。そこから、「情の切」以外に基づく孝を否定し、孝行は「情の切」の直接の発露でなければならないとするのである。

六　履軒の「孝」観の独自性

ここまで、履軒の「孝」観について考察してきた。その結果、履軒の「孝」観は、動機主義的傾向が強いものであったとの結論を得た。では、この傾向は、履軒独自の傾向なのであろうか。以下では、他者の『孝経』理解や「孝」観、特に履軒の動機主義的な「孝」観が現れていた「不敢毀傷」・「揚名」・「諫争」などの語句に対する態度を通して、履軒の「孝」観の独自性について考察する。

懐徳堂は、五井蘭洲が助教となって以来、基本的に朱子学を重んじてきた。狩野氏は履軒を「履軒先生が宋明儒者の学風を受けられ、程朱学者ではないけれども広い意味より矢張宋明の学風を受けられたるものとせんとす。」（狩野氏前掲論文）としている。朱子学を無批判に信奉したわけではなかったが、履軒も基本的には朱子学的な視点に立っていたといえる。

そこで、履軒の「孝」観の独自性を考察するに当たり、先ず、代表的な宋学の『孝経』注解であり、日本においても広く流布していた董鼎『孝経大義』の内容を確認する[19]。

『孝経大義』の「不敢毀傷」・「揚名」句に対する注解は、

孝は身を守るを以て大と為す。身は親の枝なればなり。（『孝経大義』開宗明誼章相当部）

能く其の身を立て、能く其の道を行なうに至るは、惟だ自ら其の名を揚ぐるのみならずして、又以て其の父母を顕す。此れ則ち孝の終なり。（『孝経大義』開宗明誼章相当部）

というものである。

これらは、「身は親の枝」・「其の名を揚ぐ」として、経に添った解釈を施しており、特に履軒のような批判をするものではない。特に「身は親の枝」は、履軒が「売薬の能書」とした「父母之遺体」に類似した表現であり、履軒の解釈とは大いに異なる。また、諫争時の「号泣」についても、誠を積みて以て之を感動す。必ず其れ従いて後已む。此れ則ち人子　親を愛するの至り。終に其の至善に帰せんことを欲す。……義を争いて当に従うべきは、諍諫の大なる者なり。諫めて入れられざれば、則ち顔を犯し義を引き、以て之を争う。聴かざれば則ち止めず。（『孝経大義』諫争章相当部）

とあり、「号泣」を、「親の心を動かす」という成果を意図したものであると解釈している。これらの経に添った解釈は、『孝経大義』が『孝経』の注釈書であるためとも考えられるが、『小学句読』等もほぼ同様の解釈を採っていることから、朱子学における一般的な解釈であったと考えられる。

では、これら朱子学一般の孝解釈と異なる履軒の解釈は、彼独自のものなのであろうか。ここで、履軒の兄である中井竹山の『小学』解釈と比較してみる。[20]

【経】子の親に事うるや、三諫して聴かざれば、則ち号泣して之に従う。（『小学』明倫第二、『礼記』依拠部）

【注】号泣して随うは、人子の至情已むを得ざるの極なり。能く聴くを庶或うは、既に三諫中に在り。此に論ぜざる所なり。凡そ感不感は人に在り。我は唯だ吾が誠を尽くすのみ。苟くも感を求むるの心有れば、是れ故意の設為に渉る。至誠に非ず。（『竹山中井先生雕題』国読刪正小学』）

「号泣」について竹山は、「人子の至情」としている。また、「苟くも感を求むるの心有れば、是れ故意の設為に渉る。」として、「親の心を動かす」という結果を意図することを否定する。これは、「親の心を動かす」という意図を否定し、動機を「情の切」に置く履軒の考えとほぼ同様であるといえよう。

次に、他の「孝行」についての見解についてみてみる。

誠心もて親の為に物を求むれども、之を得ざる有り。其の孝為るや則ち同じ。其の之を偶然に得るのみ。姜詩・孟宗・郭巨の類、皆然り。以て孝感と為すは、是れ評賞の言。或いは以て実と為すは、此の理は則ち愚なり。

（『〈竹山中井先生雕題〉国読刪正小学』善行第六、王祥の条）

体既に分かるれば、則ち疾痛苛癢相い通ぜず。是れ理の常なり。心驚汗出、是れ至誠の発にして、偶たま中るを得るなり。何ぞ理の自然に之れ有らんや。借令、其の中らずとも、其の孝為るや則ち同じ。（『〈竹山中井先生雕題〉国読刪正小学』善行第六、庾黔婁の条）

ここでは、二者ともに成果のあるなしとは独立して、その動機が「親の為」であれば、その行為は「借令《たとい》、其の中《あた》らずとも、其の孝為るや則ち同じ」とされる。つまり、竹山においても、「孝」において重視されるべきは、その動機であり、成果は問題とされないのである。

以上より、竹山も履軒と同様、「孝」において、その動機を重視する動機主義的な立場を採っているといえよう。なお、ここで竹山は、両者の条で挙げられた、孝が原因で発生すると考えられた不可思議な現象を「評賞」[21]ととらえ、事実と考えることを否定している。履軒も、庾黔婁の条に対して『小学句読』の引く、「熊氏曰、父子一体、而子心驚汗出、自然之理也」に対して「熊説腐」と注しており、これら兄弟の見解は、無鬼論を主張した懐徳堂の面目を示しているといえるであろう[22]。

竹山の「孝」観は履軒のそれと非常に近いものであったといえるであろう。では、竹山の『孝経』観はどのようなものであろうか。二節で考察した『論語』曾子有疾章に対する竹山の見解を確認する。

免とは、泛《およ》そ不孝の罪を免ぜらるを言う。止だに毀傷のみならず。（『〈竹山中井先生雕題〉国読刪正小学』稽古第四、『論語』依拠部）

竹山も、曾子の行為を「止だに毀傷のみならず」としており、無批判に『孝経』の「不敢毀傷」と関連させてはいない。これは履軒と同様の見解であるが、竹山は名を挙げて『孝経』を批判はしていない。なお、竹山も履軒と同様、

『孝経』に対して注解を附していない。しかし管見の及ぶ限りでは、竹山による直接の『孝経』批判は見あたらず、『孝経』に対し履軒ほど批判的ではなかったとしてよいであろう。

以上より、履軒の動機主義的な「孝」観は、朱子学的観点とは立場を異にしており、兄である竹山と近しいものであるといえる。これは、朱子学を基本としながらも独自の思想を発展させた懐徳堂の学問の一形態といえるのではないだろうか。

おわりに

儒家である履軒にとって、いうまでもなく「孝」は重要な徳目であった。履軒にとっての孝とは、天性に基づくものであるといえる。「孝」を天性と措定すれば、「情の切」の発露である孝行は、それ以外の意図を介したものであってはならなくなる。そこから、あらゆる意図を介した孝行は、人情に悖るような孝行として全て否定されるのである。これは、朱子学の「孝」観と同一ではなく、動機主義という点において、兄・竹山の「孝」観と通じるものであり、朱子学に定位しながらも独自の哲学を発展させた懐徳堂の特徴を示しているといえよう。

履軒は、孝に関する経書である『孝経』に注解を附していない。それは、『孝経』を聖人の言ではないと考えていたためばかりではない。「情の切」を重要視する履軒にとって、『孝経』の基本思想である「不敢毀傷」・「揚名」・「諫争」などの思想は、親を動かそうとする意図や、さらには孝子と認められようとする意図を是認することに繋がるものであり、容認し得ないものだったのである。

以上のように、履軒の推奨する孝とは、孝行の結果を想定した意図や作為といったものを全て排した、極めて動機主義的なものであったと考えられる。そうして履軒は、『孝経』が、こうした彼の思想と一致しないばかりではなく、後の世に悪影響を及ぼすものと考えていた。彼は度々、『孝経』について「遂に後害を貽す。」と評している。

『孝経』の制作・受容によって、「孝」が称揚されたのは事実である。しかし、「孝」が明文化されたテキストによって具体的に解説されることによって、孝行が形式化したこともまた事実であったであろう。履軒が『孝経』に雕題を附さなかったのは、こうした孝の形式化に対する彼の不信を示しているとは言えないであろうか。

注

（1）懐徳堂関係の研究状況については、釜田啓市氏「懐徳堂関係研究論考目録」（『中国研究集刊』夏号（総第二〇号）、平成九年）及び大阪大学大学院文学研究科懐徳堂センターホームページ（http://www.let.osaka-u.ac.jp/kaitoku-c/）に研究論考の目録がある。

（2）水哉館遺書として、履軒書入れ本『孝経大義』（大阪大学附属図書館蔵）が存在するが、「単なる誤字の訂正や「註大謬」などとのみ指摘するものが大部分を占めており……これらの書き入れからは、『孝経』や『孝経大義』に対する履軒の思想的立場は窺えない。」（『懐徳堂事典』「孝経大義」条、湯浅邦弘編著、大阪大学出版会、二〇〇一年、一〇七頁）とされる。

（3）履軒の著作は厖大な量に及んでおり、筆者の力量では全ての著作について調査を行なうことは叶わなかった。そのため、本章においては、四書に関する注解と『小学雕題』・『後漢書雕題』などを中心に考察した。『小学』を選んだのは、この書が童蒙教育書であり、孝に関する言説が多いことに依る。『後漢書』については注11を参照のこと。

（4）履軒の諸経書に対する態度については、平重道氏「懐徳堂の経学思想」（『文化』第六巻第八号、昭和一八年）・狩野直喜氏「履軒先生の経学」（『読書纂余』みすず書房、昭和五五年）等に紹介がある。

（5）経とそれに対応する注解とを同時に引用する場合は、冒頭に【経】【注】などと標識を附して引用する。また、履軒の経解の引用は、大阪大学附属図書館蔵直筆本を用いた。以下同じ。

（6）曾子有疾章に関する諸注解については、「懐徳堂学派の『論語』注釈　―泰伯篇曾子有疾章について―」（湯浅邦弘・寺門日出男・神林裕子・石飛憲、『中国研究集刊』歳号（総第二九号）、平成一三年）に詳しい。

（7）このことに関しては、拙稿「儒家系文献における「孝」と「不服従」との関係」（『中国研究集刊』律号（総第三〇号）、平成一四年）を参照されたい。

（8）この「親の不利益」は、例えば『荀子』に、「命に従えば則ち親危うく、命に従わざれば則ち親安ければ、命に従わざるは乃ち衷なり。命に従えば則ち親辱しめられ、命に従えば則ち親栄なれば、孝子の命に従わざるは乃ち義なり。命に従えば則ち禽獣たり、命に従わざれば則ち脩飾せば、孝子の命に従わざるは乃ち敬なり。」（子道篇）とあるように、不義の命に従えば、親が「危」・「辱」・「禽獣」となる、といったことも含む。

（9）『小学雕題』は、陳選『小学句読』の欄外に履軒が己の説を書き入れたもの。

（10）以後、孝行によって実現する結果を目的としない、純粋な親を想う心から発動する孝行の動機を「情の切」と表記する。

（11）特に『後漢書雕題』列伝二九に限ったのは、呉樹平氏が、「過去的研究者認為孝子伝以合伝的形式出現始于范曄《後漢書》。」（「紀伝体史書中《孝子伝》創始始末考」『秦漢文献研究』、斉魯書社出版、一九八八年）とするように、この伝が現存する『雕題』の附された正史の中で、最もまとまった孝に関する合伝であるためである。

（12）注11で示したとおり、『後漢書』列伝二九は後の正史でいう「孝子伝」・「孝行伝」などに相当するものだといえる。また、二者の逸話が清の胡文炳『二百四十孝』や『百孝図』（李明編、三秦出版社、二〇〇〇年）といった孝子譚集に採録されているように、この二者は孝子であったと一般的に認識されていると考えられる。

（13）「漢制、天下をして『孝経』を誦せしめ、吏に選び孝廉に挙ぐ。」（『後漢書』列伝五二荀爽伝）・「期門羽林の士自り、悉く『孝経』章句に通ぜ令め……、」（『後漢書』列伝六九儒林伝序）などとある。

（14）孝子義兵衛については、拙稿「孝子義兵衛関連文献と懐徳堂との間　附翻刻」（『懐徳堂センター報 2005』、平成一七年）を参照されたい。

（15）孝女初については、拙稿「中井履軒「錫類記」及び孝女はつ関連文献について」（『懐徳堂センター報 2006』、平成一八年）

を参照されたい。

(16) なお、履軒が「好名」を嫌うのは、孝に関する文脈のみではない。『論語逢原』では、「名は実の影。故に君子謂う所の名は、皆其の実有る者を指す。虚誉に非ざるなり。故に自ら名を好むの嫌い無し。小人の名を好むや、是れ実無きの虚誉なり。」(衛霊公)としており、「好名」一般を非難している。また、西村天囚『懐徳堂考』によれば、履軒自身も隠遁者の風があり、世間に己の名を揚げることに対しては全く興味を持たなかったという。

(17) 「孝」と「愛」・「敬」とに関しては、拙稿「経解上に現れたる「孝」における「愛」と「敬」との関係」(『懐徳』七二号、平成一六年)を参照されたい。

(18) また、履軒は祖霊について、「然るに已に散じるの魂、豈に能く復た聚らんかな。」(『水哉子』中巻)としており、厚葬に対する批判には、その霊魂観や無鬼論も大きく影響していると考えられる。なお、懐徳堂学派の無鬼論に関しては、陶徳民氏「無鬼論」(『懐徳堂朱子学の研究』第六章、大阪大学出版会、一九九四年)に詳しい。

(19) 『孝経大義』について森川彰氏は、「享保期までの『孝経』出版界を独占した観があるのは，『孝経大義』であった。林鵞峯は、「近世董鼎大義世を挙げて皆之を読む」と言っているから，流行の程が想像できる。」(「孝経の和刻」『日本漢学』中国文化叢書9、大修館書店、水田紀久・頼惟勤編、昭和四三年)としている。

(20) 竹山の『小学』解釈については、『柚園色別首書小学』(『小学句読』の欄外に、柚園が、竹山・履軒・柚園の注解を色別の筆を用いて記したもの)(大阪大学蔵)及び『(竹山中井先生雕題)国読刪正小学』(懐徳堂蔵版、嘉永三年)を用いた。

(21) 王祥の条には「氷が独りでに解けて、鯉が踊り出てくる」・「雀が勝手に部屋に飛び込んでくる」、庾黔婁の条には「父が病にかかると、離れた土地にいる庾黔婁は胸騒ぎがして汗が出る」という記述があり、両者とも「孝感」がテーマとなっている。

(22) 注18参照

第四章　中井履軒の『春秋』観

井上　了

はじめに

懐徳堂の初代学主であった三宅石庵（一六六五～一七三〇）の学問は、朱王を併用する「鵺学問」と呼ばれるものであった。しかし石庵没後には、朱子学を宗とする五井蘭洲（一六九七～一七六二）が懐徳堂の助教となり（一七四〇年）、彼に学んだ中井竹山（一七三〇～一八〇四）が懐徳堂の第四代学主となる（一七八二年）に及んで、懐徳堂は名実ともに「官許学問所」となり朱子学を奉じ、徂徠学に対峙したのである。松平定信が来阪した際（一七八八年）に竹山が召されて意見を具申し、いわゆる「寛政異学の禁」（一七九〇年）につながったことは名高い。ただし竹山自身は「吾が学は林に非ず山崎に非ず、一家の宋学」と称していたのであるが。

さて、懐徳堂は官許学問所として朱子学を奉じており、当然ながら「四書」を重視した。しかし懐徳堂を離れ私塾水哉館《すいさいかん》を開いていた中井履軒（竹山の弟。一七三二～一八一七）においては、やや事情が異なる。

履軒は経書注釈として、ごく早い時期に「逢原」を作成し、一七六六年（三五歳）以前には『四書雕題』『五経雕題』を著していた(1)。この時点では履軒は、オーソドックスな「四書」「五経」の枠組みに従っていたと思われる。しかし履軒は後にこれを整理して『七経雕題略』を著しており、六十代後半以降に「七経逢原」（最初の「逢原」とは別）を完成させた。『七経逢原』の「七経」とは『易』・『書』・『詩』・『春秋（左伝）』・『論語』・『孟子』・『中庸』である[2]。「五経」のうち『礼（礼記）』については「雕題」（亡佚）および「雕題略」が作成されたものの、「逢原」はついに作成されなかった。また「四書」のうち『大学』にも「逢原」は作られず、ただ『大学雑議』が『七経逢原』に付録されるにとどまった。履軒は「四書」でも「五経」でもなく、独自に選択した「七経」を重視したのである。

各経書に対する履軒の見解を確認し、その取捨の根拠を明らかとすることは、履軒の経学を考えるための基礎的な作業である。ただし履軒の「四書」観については山中浩之や加地伸行らがすでに考察している[3]。よって本章ではもっぱら履軒の「五経」観について述べ、とくに、履軒晩年の経書観としてもっとも特徴的である『春秋』および『左氏伝』に対する見解を考えることとしたい[4]。

一　履軒の五経観

履軒は、孔子の道を伝えるものはただ『論語』『孟子』『中庸』の三経のみであるとして、この点については現存する「五経」の価値を否定する[5]。

夫子晩年緒正六経、固非無垂教之意。然秦漢以降、『礼』『楽』已泯滅矣、『詩』『書』缺亡紛乱、無以見夫子功。『易経』雖存矣、亦無功。『春秋』非孔子之筆。故伝孔子之道者、唯『論語』『孟子』『中庸』三種而已矣。（『孟子逢原』公孫丑）

現行の『書』に問題があることは当時すでに認められていたが、『詩』や『春秋』に対する疑義は履軒に特徴的なものであろう。以下、履軒の「五経」観を確認していく。

『易』の作者については諸説があるが、文王や周公など、西周初期の聖人によって整理されたものである点について伝統的な経説は一致している。また伝（十翼）の作成を孔子に帰すことも伝統的に承認されてきたが、欧陽修『易童子問』に至り、伝の作者を孔子とすることに疑問が提示された。

履軒は『易』に対し、十翼の構成を改めるなど、大胆な提案を多数行っている（『左伝逢原』昭公二年など）。履軒の『易』観については神林裕子・田中佳哉「懐徳堂学派の『周易』関係諸本」（『懐徳堂文庫復刻叢書』十、平成九年）に詳しいので、いま要点のみを掲げる。

まず履軒は、『易』の経文を、文王・周公の整理に出る「経」と認める。

文王以前、易又有雑占、……往々乱道、失聖人至正之道。故文王周公繫辞焉以寓数、要帰於人道之正而已矣。（『周易逢原』周易上）

一方で伝については、これを孔子の作ではないとする欧陽修の説に従い、その制作時期については子思より以降と考える。

翼伝、無孔子之筆一篇、欧陽子既有成説、今不更言。「十翼」之数妄已、勿論可也。（『周易逢原』翼伝）

易伝、孔子之述無一篇。以為孔子之筆者、皆後人之妄伝。（『史記雕題』孔子世家）[6]

子思『中庸』之前、未有以「誠」字論道理工夫者。此篇有「誠意」、必是子思以後之書矣。易伝亦然。（『大学雑議』）

ただし履軒は、伝のうち大象を孔子以前の遺文とする。また伝をまったく無価値とはせず、経を翼輔するという点においては一定の価値を認めるのである。

文王周公之後、『周易』又有雑説、往々乱道、失文王周公之旨。故「十翼」作也。「十翼」雖未敢謂孔氏之書、然

其要帰於人道之正、則翼輔聖経之功亦偉矣。（『周易逢原』周易上）

『書』は孔子によって百篇に刪定され、秦の焚書によりいったん失われたとされるが、漢代に一部が復元された（『今文尚書』）。のち孔子の旧宅が解体された際に、古代文字で書かれた『尚書』が発見され（孔安国本『古文尚書』）、中世の亡佚と梅賾による再発見などを経て現代にまで伝えられている（梅賾本『古文尚書』）。

履軒はまず、現行の古文尚書（梅賾本）が、漢代の古文尚書（孔安国本）とは異なることを指摘する。

孔氏古文尚書、班馬皆言之、蓋非虚妄。但所謂古文、又与梅賾古文殊。（『尚書雕題附言』）

現行の古文尚書が中世の偽作であることは閻若璩が証明しており、閻よりも百年おくれる履軒がこれを踏まえているのは当然である（ただし『尚書雕題附言』は呉才老と朱子のみを引く）。しかし履軒は、漢代に古文尚書（孔安国本）が発見された経緯について下記のように述べ、これを劉歆の創作かと疑う。

夫恭王壊宅之事、創見於劉歆移書、而班史取之。（『尚書雕題附言』）

そして履軒は、梅賾本のみならず、孔安国が得たという漢代の古文尚書をも偽作と断じてしまう。

安国所献古文尚書、今無其書、然亦偽書耳。劉向劉歆司馬遷班固所見、此偽書也。（『尚書雕題附言』）

或恐妄誕不経、甚於梅賾也。（『史記雕題』魯周公世家）

蓋安国之徒造之。（同）

履軒はもっぱら今文尚書のみを信じ、堯典・皐陶謨・禹貢・甘誓（『墨子』明鬼下篇引「夏書禹誓」）のみに対して『夏書逢原』を作成したのである。

『詩』（『毛詩』『詩経』とも）は三百五篇が現存するが、もと三千篇あった中から正しい詩のみを孔子が刪定したという、いわゆる「孔子刪詩説」が行われた。履軒の『詩』観については、山口澄子「『古詩所得編』と『古詩古色』と」

（『懐徳堂文庫復刻叢書』八、平成七年）に詳しいので、いま要点のみを掲げる。

履軒は、『詩』が三千篇あったとする説そのものを否定し、「孔子刪詩説」を『史記』の創作かと疑う。

三千余篇之説、無稽。其肇於大史邪、抑有所本邪。（『史記雕題』孔子世家）

そして『詩』は本来三百篇であったとし、孔子が刪定した『詩』は当然、三百篇より少なかったはずだとする。

三百五篇、詩之旧数。夫子即刪之、其数宜減半。（『史記雕題』孔子世家）

蓋「三百」者、『詩』之原数。故孔子屡称「詩三百」矣。即孔子刪之、其数減焉、僅有二百余篇。（『毛詩雕題附言』）

意、二百刪本、唯弟子授之。不多若三百原本即満天下家貯人誦、其罹乎焚坑之禍而塵塵存焉者。（同）

履軒によると、孔子が百数十ないし二百篇に刪定した『詩』は、焚書坑儒によって亡びたとされる。現存する『詩』三百篇は、孔子以前の『詩』を漢儒が孔子刪定本と誤ったものとされるのである。この立場は『論語雕題』にも見え、履軒はかなり若い頃よりこれに確信を持っていたものであろう。

孔子刪本、既泯於秦火。漢初韓・魯・毛詩前後出、皆古詩旧本、未歴夫子之刪者。漢儒以降、刪本釈之、並謬。

若三千篇説、妄已。（『古詩所得編』）

淫詩の残存や逸詩の乏しさなどによって孔子刪詩説には古くから疑義が提出されてきたが、履軒はこれを独特の解釈で解決する。履軒はまた、『毛伝』を毛萇ではなく馬融の撰とし、『詩』のうち十七篇を周公の「親筆」とするなど、興味深い意見を多く述べている。

『周礼』は周公旦によって定められた経書で、周王朝の根幹をなす制度を述べたものとされる。履軒は、周の礼楽が周公旦によって定められたという定説を基本的には是認する。

周武王王天下、未及制礼楽而没。礼楽成于周公。（『史記雕題』劉敬叔孫通列伝）

しかし履軒は、現存する『周礼』（『周官経』）を劉歆の偽作と断じ、その権威を認めない。

所作『周官』、其書亡、非今『周礼』也。（『史記雕題』魯周公世家「周公作周官」）

並劉歆之妄作、難以論周制。（『度量衡考雕題』田畝考附「周礼」）

荻生徂徠はしばしば『周礼』を引いて自説の論拠としており、徂徠説に対抗するためにも『周礼』批判は履軒にとって重要であった。[7]

『礼記』は、戦国から漢代にかけて蓄積された礼に関する文献群を、漢代にまとめたものとされる。その中には孔子の意を伝える（とされる）『中庸』なども含まれているが、全体としては周公や孔子の手に出るものではない。しかし履軒は、たとえば月令篇について

是一篇、誕妄不経之甚者、勿講可也。（『礼記雕題略』月令）

と述べる一方で、

孔氏之礼記、今亡。（『史記雕題』孔子世家「故書伝礼記自孔氏」）

と述べており、現存の『礼記』とは異なる「孔氏之礼記」の存在を認めるようである。そもそも履軒は孔子世家の記述を「虚誕尤多。」とするのだが、孔子世家に見える「礼記」を否定せず、つまり孔子以降に何らかの「礼記」が存在したと履軒が認めていることは却って注目されよう。

二　履軒晩年の『春秋』観

『春秋』は、伝統的には、魯国の年代記（『不修春秋』）に孔子が筆削を加えたものとされ、加えられた微妙な筆法を

分析して大義を見出すべき経典とされた。
しかし履軒は、孔子の筆削した『春秋』は戦国末に亡びたと考え、現存する『春秋』は孔子の删定を経ない『旧春秋』だとする。

戦国之時、『孔子春秋』尚存焉。故孟子能道『春秋』矣。楚之滅魯、在於秦政即位之前三歳、下距火書坑儒殆四十年矣。是際『孔子春秋』蓋先滅矣、不必待秦火也。漢興、灰燼之余、『詩』『書』稍々出、而『春秋』不復出矣。其出者、乃孔前『旧春秋』、而非『孔子春秋』也。……『左』『穀』之徒、謬以此為『孔子春秋』、遂為作伝、以発明其義、莫非臆断傅会、豈足道哉。(『左伝逢原』巻前付載「春秋議」)

魯国の年代記である『旧春秋』は、孔子の删定こそ加えられていないが、そもそも周公の制度によって記されていたため、その中には「周公の法」が存している。この意味において『旧春秋』は無価値な年代記ではなく、一定の価値を持つとされる。しかし、現行の『春秋』経文(すなわち『旧春秋』)から孔子の微言を読みとろうとする営為(『公羊伝』など)は、履軒にとり無意味なのである。

『魯春秋』、周公之法也。故帰美于周公、可也。(『左伝逢原』)

また履軒は、現存しない『孔子春秋』の実態を考え、隠公ではなく恵公の元年より開始されていただろうと推定する。

若『孔子春秋』、窃恐必以恵公元年以起筆之始也。此在平王東遷之三年、則遷時之褒貶、亦可寓焉、而天下興亡之関鍵存焉。安有舎恵取隠之理哉。(「春秋議」)

其絶筆、必無俟獲麟矣、或訖於定公之季年耳。(同)

また漢代に再発見された『旧春秋』は隠公元年より昭公十年までの部分のみで、本来の『左伝』も同様であっただろうとする。

『旧春秋』、宜以伯禽為始也。今三伝之経並以隠公為始、是『旧春秋』之出、亦亡逸其恵公以上之策也。（「春秋議」）

『旧春秋』出者、蓋起于隠公元年、而止于昭公十年矣。其前後皆已亡逸、左氏作伝、亦如之。（同）

昭公十一年より哀公十六年までの経文は「擬経」、この部分についての『左伝』も後人による「擬伝」だとされるのである。

後人……乃採摭諸家説記載、擬作昭定哀公五十一年之『春秋』。此宜称「擬経」也。随作伝、擬于左氏之撰。此宜称「擬伝」也。獲麟之後至于孔丘卒之三歳、固有「補経」之称。此「擬経」之余波耳。若「擬伝」之余波、則更延於哀公之季年、並出於一人之手。（春秋議）

『公』『穀』之徒、扼於獲麟深矣、憎「補経」之蛇足、而斷焉。（同）

以上、履軒の『春秋』観を年表風に整理すると、下記のようになろう。

・西周初期、周公の法によって『旧春秋』が記録され始める（『旧春秋』の記載は伯禽から始まる）。
・春秋末、孔子が『孔子春秋』を删定（『孔子春秋』の記載は恵公元年から定公までか）。
（以降、儒家の内部では『孔子春秋』が伝承され、儒家の外部では従来の『旧春秋』が伝承される。）
・戦国末、魯の滅亡により『孔子春秋』が消滅。
・秦による統一と焚書を経て、漢が成立。
・漢初に『旧春秋』が発見される（隠公元年から昭公十年までのみ）。
・漢儒が『旧春秋』を『孔子春秋』だと誤認。

・漢儒が『旧春秋』を経として『左伝』を作成（隠公元年から昭公十年まで）。
・昭公十一年以降について「後人」が「擬経」「補経」「擬伝」を作成（現行本『左伝』の経と伝とが完成）。
・「公穀の徒」が獲麟以降の経文を削除（『公羊』『穀梁』の経文が完成）。（これ以降に『公羊』の「伝」が作成される？）

履軒の『春秋』観は、このように極めて特異である。なおこの説は『左伝逢原』に初見して『左伝雕題略』には見えないため、『雕題略』から『逢原』の間に固まったものと考えられる。

上述した『詩』についての見解にも共通して見られる特徴であるが、履軒は、孔子が経書を刪定した後にも、刪定前のテキストが一般には流通していたと考える。孔子が刪定した経書（『孔子春秋』や三百篇本『詩』）は魯の儒家という特殊な集団の内部に伝えられたのであり、その流通量は『旧春秋』や三百篇の『古詩旧本』に及ばなかった。故に、孔子刪定本の亡後（魯の儒家集団の壊滅後）にも旧本は存続し、漢儒によって再発見され孔子刪定本と誤認されたというのである。ユニークな着眼点から大胆に議論を進めたものと評価されよう。

もっとも、履軒の見解には矛盾する点も見られる。たとえば「春秋議」は孔子没後の経文を漢代に作成されたものとするのだが、哀公二十四年「孝恵娶于商」について『左伝逢原』は「定公名宋、故魯人諱宋。」としており、「補経」部分も魯人によって作成されたとするがごとくである。この「魯人諱宋」説は『左伝雕題略』などには見えず、旧説を削り忘れたものとも思われない。また『公羊伝』荘公七年に引かれる『不修春秋』について、履軒説では説明が困難ではなかろうか。履軒自身が

此我一人之私言、非有明証確拠。嗟夫後世罪我者、其唯『春秋』乎。（「春秋議」）

と述べているように（もっとも履軒自身はこれを自信のあらわれとして述べたのであろうが）、履軒晩年の『春秋』説は「明

証確拠」のないまま進められた議論である。もし『左伝逢原』が公刊されていたとしても、その説が当時に受け入れられたとは思えない。

ともあれ、晩年の履軒においては、『春秋』や『左伝』はきわめて低く評価されている。この独特の『春秋』観・『左伝』観は、後世どのように継承されていったのだろうか。

三　後学への影響

履軒晩年の弟子であった山片蟠桃（一七四八～一八二一）は、履軒と同様に

周礼・儀礼アレドモ、今ノ二礼ハ周公ノ作ニアラザルベシ。（『夢ノ代』雑書）

とする。しかし『周礼』を偽書とする立場は古代からあり、またこれは徂徠学に対抗した懐徳堂・水哉館においては一般的な立場であった。これをもってただちに履軒の影響と断定することはできない。また蟠桃は『詩』について、

詩経ハ古ノマ、ニテ孔子ノ聖手ヲ入サセタマヒタルニハアラザル也。（『夢ノ代』経論）

などと述べ、現行本『詩』三百篇は孔子の刪定本ではなく、『詩』はもともと三百篇であったとする。ただしその根拠として蟠桃が挙げるのは「淫詩」の残存などで、やはり履軒説との直接の継承関係をいうことはできない。『夢ノ代』は孔子刪詩の有無を明言せず、『古詩所得編』などに見えるような、孔子刪定本と旧本との併存などといった説も述べないのである。

『左伝』についての記述としては、『夢ノ代』無鬼上に

スベテ左氏鬼神ヲ云コト多シ。ミナ妄誕ナリ。

とあるが、これは『左伝』全体の資料性に対してというよりは、その神怪譚に対する限定的な批判と解すべきであろう。なお『夢ノ代』経論篇は、『左伝』の作者を「左氏」とし、『論語』に見える「左丘明」とは別人だとするものの、その作伝の時期を明らかとはしない。

春秋ノ起リイカンヲシラザレドモ、隠公ヨリ始マルモノハ、魯ノ史記コノ時ヨリ委シキナルベシ。（『夢ノ代』雑書）

孔子ノ時ニ獲麟ノコトニヨリテ春秋ヲ作ルト云モノモマタ信用スベカラズ。（『夢ノ代』無鬼上）

要するに蟠桃は、履軒晩年のもっとも奇矯な経説である『春秋』に関する議論を、全く継承していないように見えるのである。

佐藤一斎（一七七一～一八五九）は、懐徳堂で中井竹山に学んでいた際に『左伝雕題略』を謄しており（一七九二年）、これを後々まで自らの講義に用いている[8]。また一八四六年に唐津廓然堂蔵版として刊行された『左伝雕題略』は一斎の抄本を藍本とする。履軒の『左伝』注釈が比較的ひろく流布したことは一斎の功績でもあろう[9]。しかしその影で、刊行されなかった『左伝逢原』は埋もれてしまい、ひとり『左伝雕題略』のみが履軒の『左伝』説を代表するものとされてしまったのである[10]。

一斎が懐徳堂に学んでいた当時、『左伝逢原』説はおそらく熟しておらず、一斎が『左伝雕題略』しか見ることができなかったのは当然である。しかし、その晩年に至るまで一斎は『左伝逢原』を知り得なかったのであろうか。一般に対する『逢原』の借覧謄写は制限されていたが、一斎は『逢原』のすくなくとも存在は知っていたであろう。一斎は『左伝逢原』の内容を知り得なかったのか、それとも『逢原』説を知りつつ、より穏当な『左伝雕題略』の刊行に左担したのか。現在となってはもはや知り得ないが、興味深い問題である。

おわりに

杜預注は現存最古の『左伝』注釈であり、正統な注釈として『五経正義』に採用されたが、様々な批判が加えられてもきた。杜注を批判するのがむしろ中世以降における『左伝』研究の一般的な動向であったと言える。履軒は『雕題略』『逢原』において積極的に『公』『穀』を批判し、杜注はおろか、『左伝』の伝文そのものをもしばしば批判する[11]。履軒において「『左伝』は『春秋』の伝であるという前提の注釈が重ねられ、同じく『春秋』の注釈とされた『公羊伝』や『穀梁伝』が参照されていた」とし、また履軒が杜注の「呪縛から逃れられなくなった」といった評[12]は失当であろう。

履軒晩年の経書観は、唐宋以降に一般的となった旧注への批判、伝文への批判、ひいては経文への批判をさらに大胆に推し進めたもののごとくである。履軒は『春秋』を「断爛朝報」とする王安石の立場を「実得其解已。」と評価しており（「春秋議」）、また履軒鈔本『五代論』は欧陽修の立場を是認・踏襲する立場を示すものでもあろう。すくなくとも本章で簡単に確認した範囲においては、履軒の立場は朱子学というよりもむしろ北宋学の傾向を継承し発展させたものと印象される。

注

（1）「北遊行李」（履軒が一七六六年に京都高辻家へ持参した図書などの目録。大阪大学懐徳堂文庫蔵『履軒小乗』に収）に、「四書雕題」「五経雕題」の名が見える。

（2）　履軒の経書注釈は、下記の通り。『懐徳堂文庫復刻叢書』に収録されているものは巻数を、それ以外のものは代表的な排印本等を（　）内に掲げる。

○「四書雕題」「五経雕題」類

『周易雕題』（『懐徳堂文庫復刻叢書　十』影印本）
『周易雕題附言』（未刊）
『尚書雕題』（未刊）
『尚書雕題附言』（未刊）
『詩雕題』（『懐徳堂文庫復刻叢書　八』影印本）
『毛詩雕題附言』（『懐徳堂文庫復刻叢書　八』影印本）
『左氏雕題』（未刊）
『礼記雕題』（佚）
『学庸雕題』（『懐徳堂文庫復刻叢書　七』影印本（『中庸雕題』のみ））
『論語雕題』（『懐徳堂文庫復刻叢書　九』影印本）
『孟子雕題』（『懐徳堂文庫復刻叢書　十二』影印本）

○「七経雕題略」類

『易雕題略』（未刊）
『尚書雕題略　附典謨接』（未刊。典謨接に「癸巳仲冬（一七七三）」の序あり）
『詩雕題略』（未刊）
『左伝雕題略』（弘化三年唐津廓然堂蔵刊本）
『礼記雕題略』（年次未詳聚星堂木活本）
『中庸雕題略』（『懐徳堂文庫復刻叢書　七』影印本）

『論語雕題略』（『懐徳堂文庫復刻叢書　九』影印本）
『孟子雕題略』（『懐徳堂文庫復刻叢書　十二』影印本）

○「七経逢原」類
『周易逢原』（『懐徳堂文庫復刻叢書　十』影印本・大正十五年岡田利兵衛排印本）
『夏書逢原』（未刊）
『古詩逢原』（未刊「乙巳之冬（一七九九年）」の序あり）
『古詩所得編』（未刊）
『古詩古色』（未刊）
『左伝逢原』（未刊）
『論語逢原』（『懐徳堂文庫復刻叢書　九』影印本・明治四十五年松村文海堂排印本・明治四十五年東陽堂排印本・昭和三年東洋図書刊行会『日本名家四書注釈全書　論語部四』排印本（昭和四十八年鳳出版復刻）・一九六六年『無求備斎論語集成』影東洋図書刊行会排印本）
『孟子逢原』（昭和三年『日本名家四書注釈全書　孟子部二』排印本）
『中庸逢原』（『懐徳堂文庫復刻叢書　七』影印本・大正十二年『日本名家四書注釈全書　学庸部一』排印本・昭和二年岡田利兵衛排印本）
『大学雑議』（『日本名家四書注釈全書　学庸部一』排印本・昭和二年岡田利兵衛排印本）
なお『享保以後大阪出版書籍目録』には履軒点の『五経』が寛政六年三月敦賀屋六兵衛刊として見えるが、筆者は未だ現物を見ない。

（3）　明徳出版社『中井竹山・中井履軒』（昭和五十五年）。
（4）　なお西村時彦『懐徳堂考』下（明治四十四年）も履軒の経学を概説している。また狩野直喜「履軒先生の経学」（明治四十四年講演、のち『読書纂余』に収）は履軒の『易』『詩』『春秋』に対する考を略説しており、古賀芳枝「中井履軒『春秋左氏伝』関連諸本の考察」（『懐徳』六六号、財団法人懐徳堂記念会、平成十年）は書誌学的な考察を中心としつつ「春秋議」の立場とその時期にまで説き及ぶ。本章の内容は、これらと重複する部分があることをあらかじめお断りしておく。

（5）伊藤仁斎も『大学』を「四書」から排除していることが注意される。

（6）履軒は和刻本『史記評林』の欄外などに膨大な頭書を残しており、これを『史記雕題』と通称する。下の『度量衡考雕題』も同様の頭書本。

（7）陶徳民『懐徳堂朱子学の研究』（大阪大学出版会、一九九四年）など。

（8）山田士栗「左伝雕題略跋」など。

（9）これに対して聚星堂刊本『礼記雕題略』は木活字を用いており、印行数は少なかったと考えられる。

（10）たとえば竹添光鴻『左氏会箋』や近藤元粋『増注左伝』は履軒説を多く採用するが、いずれも『左伝雕題略』のみに依っている。

（11）たとえば山田「左伝雕題略跋」は『左伝雕題略』について「於杜注孔疏、則排撃不免失当者。」と評す。

（12）平勢隆郎『中国古代の予言書』（講談社現代新書、二〇〇〇年）。平勢は、履軒の『左伝雕題略』が「漢代以来の注釈」に縛られており「『左伝』の本質を見抜く」ことができなかったと批判するが、該当する『左伝雕題略』の部分・記述は示されていない。

第五章　『孟子逢原』における「覇」

池田光子

はじめに

『孟子』の主要な思想の一つに「王覇の論」という議論がある。「王」とは徳をもって政治を行う「王道」のことであり、「覇」とは力をもって統治する「覇道」のことである。この議論は孟子思想の受容の中で、日本は天皇制国家であることもあり、特に議論された分野であった。例えば、「覇道」を代表する管仲への評価は、伊藤仁斎や太宰春台、藪孤山などによって諸説が展開されている。[1] 本章の対象である中井履軒も、「覇」について独自の解釈を行っている一人である。

本章では、中井履軒「覇」解釈の特徴を朱子説と比較しながら考察していく。考察に際し、履軒の経学研究の集大成とされる「七経逢原」中の『孟子逢原』（以下、『逢原』と略称）を中心として用い、『逢原』の前段階である『孟子雕題』（以下、『雕題』と略称）と大きく異なる場合には、そちらについても触れることとする。[2]

一 「王道」の解釈

一般に、孟子は「覇道」を退け「王道」による統治を提唱したとされているが、「王道」という用語自体は、『孟子』において一度しか使用されていない。その一箇所とは梁恵王篇にみられる。恵王は、自分は一生懸命に政治に取り組んでいるが、隣国の民が減るわけでも、自国の民が増えるわけでもないのはどうしてか、と孟子に尋ねた。当時、人口問題は国力に直接影響するので、恵王の問いは切実である。恵王の疑問に対し、孟子は「五十歩百歩」の譬えを挙げ、恵王の政治は他国の政治と大差が無いことを説き、その後に具体的な統治例を出す。そして、その統治策の中で登場する「養生喪死無憾王道始也」という一句が、『孟子』唯一の「王道」の用例である。

この一句に対して、朱子は以下のように注釈を付す。

然飲食宮室所以養生、祭祀棺槨所以送死。皆民所急而不可無者。今皆有以資之則人無所恨矣。王道以得民心為本、故以此為王道之始。（『孟子集註』梁恵王）

（然れども飲食宮室は以て生を養う所、祭祀棺槨《かんかく》は以て死を送る所なり。皆な民の急する所にして無みすべからざるものなり。今皆な以て之を資《たす》くること有らば則ち人恨む所無し。王道は民心を得るを以て本と為し、故に此を以て王道の始とす。）

朱子によれば「養生喪死無憾王道之始」の一句は、「養生喪死」・「無憾」・「王道之始」と三分割される。そして具体的説明を加えながら「養生喪死」が為政者の無視してはならないことであると解釈する。続いて「無憾」とは、為政者が民の「養生喪死」を満足させるとき、「民が為政者を恨（憾）む」ことはなくなる、と解釈する。物質的な困窮が無くなれば、民の不満は解消される、と言うのである。

以上が「養生喪死無憾」に対する朱子の解である。主語を補いつつ訓読すれば、「（為政者が）生を養い死を喪すれば（民は）憾み無し」となるであろう。残された「王道之始」であるが、この四字を解釈するために朱子は「王道」の「本」とは「民心を得」ることにあるとの説を提示する。すなわち、「養生喪死」は民心を得ることに他ならず、「無憾」とは民の満足を得られた状態を言う。そして民心を得ることこそが「王道」の「本」なのだから、「（為政者が）生を養い死を喪」するのは、「王道」に従う為政者が必ず実施すべき事項となる。そうすることによって、民が「憾み無」い状態にしなければならないのである。よって、「養生喪死無憾」は「王道」に従う為政者が重視して第一に実施しなければならない事項となり、「養生喪死無憾」と「王道之始」とが結合され、解釈が完了するのである。

だが、朱子の注を敷衍させて考えると、「養生喪死」を満足させることが「民心を得」に通じ、上を「憾」まないようになる、とされるのであるから、ここでの民とは単純に物質的な満足さえ得られれば、為政者に対して従順な存在ということとなる。つまり、朱子の考える「民」とは、物質的な満足を与えれば、その心を得られる存在と解釈されることとなる。この為政者と民との安易な関係が、履軒の批判対象となった。

履軒は物質面により民心を得、それを「王道の始」とする朱子説を批判する。

「養生喪死無憾」只是在財用上説。元不甚重。未足為王道之基本。然行王道当以是為下手之初矣。其「無憾」云者人々無食材不給之憾之謂耳。非謂民不恨上也。則未足道、得民心亦未足為王道之基本。註恐舛。（『雕題』梁恵王）

（「養生喪死無憾」とは只だ是れ財用上に在る説なるのみ。元は甚だ重ならず。未だ王道の基本と為すに足らず。然れども王道を行うに当に是を以て下手の初めと為すべし。其れ「無憾」と云うは人々食材給わざるの憾無きの謂いなるのみ。民の上を恨まざるを謂うに非ざるなり。則ち未だ道とすに足らざれば、民心を得るも亦た未だ王道の基本を為すに足らず。註恐らく舛《たが》う。）

この箇所の履軒説は『逢原』よりも『雕題』のほうが詳しいため、『雕題』の文を用いて考察を進める。さて履軒は、「養生喪死無憾」の六字は経済上の説にすぎず、重視すべきではないとし、これは「王道」の基本でもなく、ここから「王道」を始めるのは「下手の初め」とまで言い切っている。「養生喪死」を重視しないということは、朱子説とは明らかに異なるということでもある。重要なのは経済的な問題ではなく、「道」なのである。履軒は「道」について、『孟子』公孫丑「其の気為るや、義と道とに配す。是れ無ければ餒《う》うるなり（其為気也、配義与道。無是餒也）」への注で、「「道」とは元は往来道路の名を仮るなり。人の宜しく践み行うべき所なるが故に之を道と謂うなり（「道」元仮往来道路之名。人之所宜践行故謂之道也）」としており、「道」を「践み行うべき所」と解釈している。(3)この解釈を援用すれば、履軒の言う「王道」とは「王が践み行うべき道」のことである。「王」には「王」としての「道」があり、「道」が確立されていることこそが肝要なのである。「道」が存在しないところでは、いくら民心を得てもそれは「王道」の基本にはならない。朱子説に見られる経済問題など、履軒にとって枝葉末節の問題に過ぎない。たとえ、経済上に不満がないとしても、「道」が確立しない限り、それは「王道」ではないのである。朱子が「王道」を実際的な政治手法として理解しようとするのに対し、履軒は「王道」を理念的に捉えようとするところに両者の大きな相違がある。

「憾」、遺憾也。謂有所不足而慊於心也。註以「憾」為恨上。故生得民心之説耳。（同前）

（「憾」、遺憾なり。謂うこころは不足とする所有りて心に慊《うら》む。註は「憾」を以て上を恨むと為す。故に民心を得るの説を生ずるのみ。）

履軒によれば、「憾」とは不足に対する嫌悪を示す語であり、為政者とは本来的に無関係な語である。にもかかわらず、朱子は「憾」を「上（為政者）を恨む」と解してしまった。そのために「民心を得」という説を述べたのであり、だからこそ、経済措置ともいうべき「養生喪死」を「王道」の基本としてしまったと履軒は考えていたのであろう。

以上を踏まえてこの一句を履軒流に訓読したとしても、その訓読は朱子と同じになる。しかし、その意味するところは履軒と朱子とでは大いに異なる。履軒にとって重要なのは「（為政者が）生を養い死を喪すれば（民は）憾み無し」の背後に潜む「王の道」である。「王の道」に比べれば「養生喪死無憾」など表面上の問題に過ぎない。履軒の解釈は『孟子』経文に戻した時、多少ぎこちなさが目立つことは否定されないが、逆にいえば、履軒は経文の文脈にそぐわない形になったとしても、「王道」が経済問題を「本」として実践されるべきものとすることはできなかったのであろう。履軒の解釈はそれほど「王道」に拘泥した解釈である。王たる者には「王」としての「道」がある。それは経済的な問題の解決といった現実的な問題としてではなく、理念的な問題として存在した。空想の王国「華胥国」の「王」でもあった履軒にとって、「王道」とは自らを規定する問題でもあったのかもしれない。

こうした理念的な履軒の「王道」観は他所にも見られる。端的に表れているのが、「王」が統治する民と、「覇」が統治する民とを対比した尽心篇の「覇者の民は、驩虞如たり。王者の民は、皞皞如たり（覇者之民、驩虞如也。王者之民、皞皞如也）」に対する注釈箇所である。

> 「王者之民」、如雨露之草木。「覇者之民」、如桔槔之菜蔬。民饑寒而後賑以衣食、民傷痍而後傅以良薬。是覇者所以得民之驩虞也。王者施仁政、使民無饑寒亦無傷痍、従容自得於南畝。宜乎其皞皞不庸也。其実愛利之心、日月無忘故能如此。（『逢原』尽心）

（「王者の民」は、雨露の草木の如し。「覇者の民」は、桔槹の菜蔬の如し。民の饑寒して後に賑《ほどこ》すに衣食を以てし、民の傷痍して後に傅すに良薬を以てす。是れ覇者の民の驩虞を得る所以なり。王者は仁政を施し、民の饑寒無く亦た傷痍無く、従容として自ずから南畝を得さしむ。宜なるかな其れ皞皞として庸とせざるなり。其の実は愛利の心、日月忘るる無きが故に能く此くの如し。」）

履軒にとって「王道」が行われている政治とは、物質的な不満足が起こりうるような統治状況ではない。そもそも「王道」が実現している限り、物質的・経済的な問題は自然と解決されるはずなので、朱子が言うような物質的な問題など些少なことに過ぎないのである。

これに対して、物質的な満足を民に与えることが前提となるのが「覇」である。前掲の『逢原』尽心では、「王」と「覇」との差異は、それぞれの民が「雨露の草木」であるのか「桔槹の菜蔬」であるのかで弁別されているが、民に水を与えている点では共通している。その意味では、履軒は「覇」が「王」よりは劣るとはしながらも、行為としては「王」と同様に民に利益を与える存在とみなしていたこととなる。

履軒は経書の中でも、『論語』についで『孟子』を重視していた。(4)「覇」を斥けるべき対象とする『孟子』において、履軒は「王」と似た行為が行えるとした「覇」をどのような存在として位置づけているのか。次節では、「五覇」への注釈から、履軒の「覇」解釈の検討を進めていく。

二　履軒の「覇」観

孟子曰「堯舜性之也。湯武身之也。五覇仮之也。久仮而不帰、悪知其非有也。」（『孟子』尽心）

（孟子曰く「堯舜は之を性とす。湯武は之を身にす。[5]五覇は之を仮る。久しく仮りて帰さず。悪んぞ其の有に非ざるを知らんや。」）

この経文は、堯舜・湯武・五覇を並列している箇所である。この箇所で、履軒は「覇」について詳細な解釈を展開する。

まず朱子注を確認しておくと、朱子は厳しく「五覇」を否定していることが分かる。

堯舜天性渾然、不仮修習。湯武修身体道、以復其性。五覇則仮仁義之名、以求済其貪欲之私耳。（『孟子集註』尽心）

（堯舜の天性は渾全にして仮らずして修習す。湯武身を修めて道を体し、以て其の性を復す。五覇は則ち仁義の名を仮り、以て其の貪欲の私を済《な》すを求むるのみ。）

堯舜の性は「渾全」であり、「仮」のものではなく、十全なものである。湯武は堯舜には及ばずとも、努力によって「身を修めて道を体し」、そうすることで堯舜の性を保持することが出来た存在である。だが「五覇」は「仁義の名を仮り」た存在であるので、「貪欲」であり、「私」を行う存在、つまり私欲に基づいた行いをするとして非難する。朱子が「五覇」に否定的だったことは明らかである。他方、履軒は「五覇」を批判せず、肯定的に解釈する。

聖人性無壊。故不仮修、可也。習豈可少哉。譬如九章算術・暦術推歩、雖生知之聖、非経習学、必不得焉。但与凡人有遅速而已。其他可由此而推焉。「体道」、是後世之語。含糊不中用。宜言履道也。五覇所仮、亦仁義之実耳。雖非其徳不足称者、然大概摹倣而行焉。所謂仮之也。……註「借名」、不可従。五覇亦英豪気象、有匡世救民之念、而頗有其功。但不能純焉耳。未可偏以貪欲罵之。註「貪欲之私」、貶斥過当。（『逢原』尽心）

（聖人の性は壊無し。故に仮らずして修むること、可なり。習うこと豈に少なるべけんや。譬うるに九章算術・

暦術推歩の如きは、生知の聖と雖も、習学を経るに非ざれば、必ず得ず。但だ凡人と遅速有るのみ。其の他は此に由りて推すべし。「道を体す」とは、是れ後世の語なり。含糊にして用うるに中らず。宜しく道を履むと言うべし。五覇の仮る所、亦た仁義の実のみ。其の徳は称えるに足らざる者に非ずと雖も、然るに大概摹倣して行う。所謂之を仮るなり。……註の「名を借る」、従うべからず。五覇も亦た英豪の気象にして、世を匡し民を救うの念有りて、頗る其の功有り。但だ純なること能わざるのみ。未だ偏《ひと》えに貪欲を以て之を罵るべからず。註の「貪欲の私」とは、貶斥の過当なり。）

聖人と凡人との間には、修学速度の差があるのみであること、「道」とは、朱子が述べるような「体」するものではなく、践み行うべきところであることを指摘した上で、履軒は、「覇」がどのような存在であるのかを述べる。履軒は「覇」とは「仁義の実」を模倣して行っており、本来的な「仁義」を実践できないが、英雄の気象や経世済民の意志を持っている点を指摘し、その効力を評価した上で、「貪欲」として「覇」を非難する解釈を批判する。つまり、「純」なるものではないが、行いだけを見るならば評価できる存在なので、履軒は「五覇」を否定的には捉えないのである。また、修学速度の差異について触れていることから、おそらく履軒は、「覇」が「王」に至るには未習のある存在として把握していたと推察できる。

つまり、「覇」とは未習がある不完全な「王」ということになる。不完全だから「仮」るのであるが、その不完全さとは具体的にどのような状態であるのか。そのことを「仮」に対する履軒の解釈に着目し、公孫丑篇の一文から考察を進める。

孟子曰「以力仮仁者覇。覇必有大国。以徳行仁者王。王不待大。湯以七十里、文王以百里。」（『孟子』公孫丑）

（孟子曰く「力を以て仁を仮る者は覇たり。覇は必ず大国を有つ。徳を以て仁を行う者は王たり。王は大を待たず。湯七十里を以てし、文王は百里を以てす」と。）

この章においても、尽心篇と同様に「仮」の語が見られる。この章に対する朱子注は次のとおりである。

「力」、謂土地甲兵之力。「仮仁」者、本無是心而借其事以為功者也。「覇」、若斉桓・晋文是也。以徳行仁、則自吾之得於心者推之、無適而非仁也。（『孟子集註』公孫丑）

（「力」とは、土地甲兵の力を謂う。「仁を仮る」とは、本は是の心無くして其の事を借り以て功を為す者なり。「覇」とは、斉桓・晋文の若きが是れなり。徳を以て仁を行わば、則ち吾が心に得る者自り之を推し、適きて仁に非ざる無し。）

朱子は「力」を具体的に領土と武力とに設定する。「覇」とは仁の心は無いが、力を使い、仁の名目をかりて功績をあげる存在である。ここでの「覇」も、前掲の尽心篇で確認した「五覇」への解釈と同様、否定的に捉えている。では履軒はどの様な注解を施しているのか。

覇者必有大国之資。方済事、若無大国、則力小。饒使仮仁、亦不済事。註「本無是心」、宜言「無是徳」也。「得於心」、宜言「得於己」也。是章、「仁」専以行事而言、「徳」専以有於己而言。（『逢原』公孫丑[6]）

（覇は必ず大国の資有り。方に事を済すに、若し大国無からば、則ち力小なり。饒使《たとい》仁を仮るも、亦た事を済さず。註の「本は是の心無し」とは、宜しく「是の徳無し」と言うべきなり。「心に得」とは、宜しく「己に得」と言うべし。是の章、「仁」とは専ら事を行うを以ての言、「徳」とは専ら己に有つを以ての言なり。）

経文の「力を以て」について、「覇」とはもちろん大国としての資質を備えていなければならない、という点では、朱子と履軒とで共通している。力量がなければ、そもそも何も行動はできない。ここにいう力量とは、朱子の言葉でいえば「土地甲兵」に相当するのであり、「覇」とはそうした広大な領地、多数の兵力を持った強大な存在である。

だが、経文「仁を仮る」の解釈について、両者の議論が乖離しはじめる。朱子が「本は是の心無くして其の事を借り以て功を為す者なり」と解釈するのに対し、履軒は「是の心無くして」を「是の徳無くして」と、「心」を「徳」に改めるべきとするのである。その背景には履軒独自の「徳」の解釈が存在する。履軒は「仁」のみならず、徳目とされているものは、基本的に人間の内側ではなく、外側、つまり、行いに表れることとして解釈していた。[7] 山中浩之氏が指摘しているように、履軒は「徳」を「もとから自分に備わっているのではな」く、「おのれの外にあって、新たに獲得していくもの」として考えていたのである。[8]

つまり、履軒にとっての「仁」は、行動の中に体現するのであり、人の内面に単独で存在するものではない。「仁」の行動を行う主体としての人間に付与されるべき要素が「徳」である。「徳」とは人の内面にあって、「仁」などの徳目に対応する。「王道」を実践した聖人は内面に「徳」を有していたが、「覇」にはそれがないと履軒は考えていた。「徳」がないのに、力でもって王の振る舞いをする存在、それこそが「覇」なのであり、いうなれば履軒にとって、「覇道」とは「王道」の亜流なのである。

それゆえ、朱子の「是の心無し」は「是の徳無し」と改められなければならない。人の内面にあって徳目に対応するのは「心」ではなく、「徳」だからである。同様に「心に得」も「己に得」でなければならない。「徳」とは単に「心」の問題ではなく、「己」が獲得していくことだからである。朱子はこの経文を、「覇」は力でもって私欲のままに振る舞う、といったような否定的ニュアンスを漂わせながら解釈しているが、履軒はこれに異なる。履軒は、「王道」を実践できる聖人ならばわずかな力量で可能なことでも、「覇」はそれだけの「徳」を有しないがために代用として力が必要となる、と解釈するのである。

さて、このように履軒にとって「覇」は、その行動だけを見れば、決して否定されるべき存在ではなく、「覇」と

「王」とは「徳」の習得にのみ差があるだけだ、と考えていたのであるが、『孟子』全体を通じて、「覇」をこのように捉えることは、非常に困難なことでもあった。それはテキストである『孟子』自体が「王道」による統治を提唱しており、「覇道」に対して否定的言辞を発しているからである。それは履軒の「覇」解釈が限界を迎えるということである。続いて履軒の解釈の限界を見ていく。

三　履軒の「覇」解釈の限界

公孫丑が「夫子斉に当路せば、管仲・晏子の功、復た許すべきか（夫子当路於斉、管仲・晏子之功、可復許乎）」と質問した際、孟子は曾西の言葉を引用し、「管仲は君を得ること彼の如く其れ専らなり。国政を行うこと彼の如く其れ久しきなり。功烈は彼の如く其れ卑しきなり（管仲得君如彼其専也。行乎国政如彼其久也。功烈如彼其卑也）」と言って管仲を強く批判した。

孟子の批判した管仲に対して、朱子は「管仲王道を知らずして覇術を行うが故に功烈の卑と言う（管仲不知王道而行覇術故言功烈之卑也）」と言い、管仲は「王道」を行うべきだったのに「覇道（覇術）」を選んでしまったことを非難し、それ故に「卑」とする。朱子はここでも「覇」を否定的に捉え、管仲を「覇道」を行った者と解する。これに対して履軒は異なる見解を示す。

「功烈」、宜論其所成就也。未可以王覇邪正立論。唯其不知王道而用譎詐之術。故其所成就厪厪乎期於少康、掩瑕蓋臭。苟且弭天下之暴乱、雖立九合一匡之功、而未曾得天下之心服。其施設、唯営目前而無百年之規。猶暴氷于日中也。此之謂功烈之卑。……註及諸家、皆徒論術之邪正而不及乎功之崇卑。故言無帰着。豈以管仲之功為崇邪。

其試以文王比之、較其崇卑、自可知矣。（『逢原』公孫丑）

（「功烈」、宜しく其の成就する所を論ずべきなり。未だ王覇の邪正を以て論を立つべからず。唯だ其れ王道を知らずして譎詐の術を用うるのみ。故に其の成就する所は僱僱として少康に期し、瑕を掩い臭に蓋をす。苟且《こうしょ》天下の暴乱を弭《やすん》じ、九合一匡の功を立つと雖も、未だ嘗て天下の心服を得ず。其の施設、唯だ目前を営むのみにして百年の規無し。猶お氷を日中に暴すがごときなり。此れ之れ功烈の卑と謂う。……註及び諸家、皆な徒に術の邪正を論じて功の崇卑に及ばず。故に言の帰着無し。豈に管仲の功を以て崇と為さんや。其れ試みに文王を以て之に比し、其の崇卑を較ぶるや、自から知るべし。）

「功烈」とは、結果から論じるべきであるのに、「王覇の邪正」と言う観点から朱子が判断を下していることを、履軒は批判する。それを述べた上で、管仲の行為の結果に着目し、それは表面的な修正を施しただけで長続きしないような行為であり、天下の心服を得ることもできなかったことであり、「卑」とされることだ、と解釈をまとめる。

履軒が朱子注を拒否して管仲を覇者と認めないのは、経文に述べられていない「覇」の言葉を用いていることにもよるであろうが、やはり、履軒にとって行いが「仁」である「覇」を肯定するという、朱子と履軒との王覇観の相違に基づくためであろう。

つまり、経文が管仲を否定している理由を、「覇」から乖離させて解釈することができる。しかし、経文自体が「覇」を否定的に捉える場合、履軒の注釈はそこで行き詰まることとなる。そこで、次に、『孟子』中で「覇」を直接的に否定して述べている、告子篇を参照していく。

孟子曰「五覇者三王之罪人也。今之諸侯五覇之罪人也。今之大夫今之諸侯之罪人也。」（『孟子』告子）

（孟子曰く「五覇とは三王の罪人なり。今の諸侯は五覇の罪人なり。今の大夫は今の諸侯の罪人なり」と。）

この章において、経文は「五覇」を「罪人」として否定的に述べているのであるが、この箇所に対し、朱子注では次のように述べる。

趙氏曰「「五覇」、斉桓・晋文・秦穆・宋襄・楚荘也。」」……丁氏曰「夏昆吾・商大彭・豕韋・周斉桓・晋文、謂之「五覇」。」（『孟子集註』告子）

（趙氏曰く「「五覇」とは、斉桓・晋文・秦穆・宋襄・楚荘なり」と。……丁氏曰く「夏昆吾・商大彭・豕韋・周斉桓・晋文、之を「五覇」と謂う」と。）

朱子は経に対して特に注を加えるでもなく、「五覇」の具体的な名前を二例挙げるに止まる。それに対して履軒は、独自の「覇」観から次のように「五覇」を組み替える。

宋襄図覇而不成、焉得称覇。楚是夷狄之君長。呉夫差之等耳。不当予以覇名。且覇業以撫夏攘夷為功、而楚荘猾夏之巨魁、当誅之鯨鯢矣。焉得入于覇数。夫晋文之後、世為盟主。雖君幼大夫為政之時、尚主諸侯之盟。況襄悼二公。尤傑然其威霊、不多譲於文公。宜除宋襄・楚荘、易以晋襄悼矣。晋文之前、已有五覇之称。此則通夏殷而数焉者。非此之五覇。当別論焉。丁説当削。（『逢原』告子[9]）

（宋襄は覇を図りて成らざれば、焉んぞ覇と称するを得んや。楚は是れ夷狄の君長ならん。呉夫差の等なるのみ。当に予るに覇名を以てすべからず。且つ覇業は夏を撫し夷を攘するを以て功と為すに、楚荘は夏を猾《みだ》するの巨魁にして、当に誅すべきの鯨鯢ならん。焉んぞ覇数に入るを得んや。夫れ晋文の後、世々盟主と為る。君幼くして大夫政を為す時と雖も、尚お諸侯の盟を主る。況んや襄悼の二公をや。尤も傑然として其の威霊、多く文公に譲らず。宜しく宋襄・楚荘を除き、易うるに晋襄悼を以てすべし。晋文の前、已に五覇の称有り。此れ則ち夏殷を通じて焉を数うる者なり。此の五覇に非ず。当に別論にすべし。丁説当に削るべし。）

「覇」を否定的に捉える朱子に対し、履軒は行いの是非、おそらくは「仁」の行いの有無を指標として、独自の「五覇」を設定することで反駁を加える。宋襄は覇業を成し得なかった人物として排除し、楚荘は「夏を撫し夷を攘する」といった「仁」の行いに則っていないと考え除外する。ここでも履軒が「覇」を肯定的に捉えていることが理解され得る。しかし、「罪人」とされていることに対して、履軒は注釈を付していない。履軒にとっての「覇」とは、「王」と比較して、「徳」という点に関して「純ならざる所」がある存在ではあったが、決して否定的には捉えていなかった。このような履軒の「覇」解釈の性格からすれば、経文が「五覇」を「罪人」として否定的に捉えている箇所に関しては、注釈しなかったのではなく、出来なかったのではないだろうか。もしそうだとすれば、ここに履軒の「覇」観の限界が窺えることとなる。

おわりに

王覇についての議論は、孟子・荀子以来、中国において議論の対象となっていた[10]。本章で挙げた朱子の注釈からは、朱子が「王」と「覇」とを全く異なるものとして考え、「覇」を排除する方向で解釈を行っていることが分かる。しかし、履軒は、「王」と「覇」とを、朱子のように全く異なる存在として解釈せず、「覇」の存在を、「王」には「徳」の面で劣るだけの存在、つまり、習得の面に関して不足がある、「王」に次ぐ存在として捉えている。これは、「覇」を一定のレベルに達していた存在として評価していたことであり、そのことは、朱子が経文で「卑」とされた管仲を「覇」の観点から否定すべき人物だと解釈したのに対し、履軒は管仲の行いが「卑」であって、「覇」の観点からは論じていないことからも窺える。

だが、この解釈で経文を捉えることに限界が生じる。経文が「覇」を否定的に述べている箇所になると、行いが「仁」である人物を、経文が否定するところの「覇」から脱出させることはできるが、経文自体が「覇」そのものを否定することを覆すことはできない。ここに履軒の「覇」解釈の限界が窺える。

以上のような履軒の「覇」解釈は、履軒の中に人間の行動というものを重視する思想が強く存在していたことを示していると言えよう。このような思想が生まれた背景には、やはり履軒が生まれ育った懐徳堂の存在が大きいと考えられる。

懐徳堂の先哲が行った講義を記した書である『論語聞書』及び『万年先生論孟首章講義』をみると、「聖人ノ道ハ知テ行フ外ニナニモナキナリ」や「学者モヒタモノ道ヲ思フテ見タリ行フテ見ルトチク、シアガリテ後ニ君子ニモナルナリ」（以上、『論語聞書』学而）、「己レニ天ヨリウミツケ玉フモノヲトリ失フナリ。ソレヲ失ナハヌ人ガ聖賢ニシテ、我ヨリ先ニサトレル人ナリ。……アトノ者ハ先ニ目ヲアキテサトリシ人ノ如クニスル也。ソノヤウニシテ間断ナキト、凡人ヨリ聖人ニモ至ル也」（『論孟首章講義』学而）といったように、人間が学び行うことによって「聖人」や「君子」にも至ることが可能であることを提示し、学び行うことの重要性を繰り返し述べている。(11)

履軒は、このような懐徳堂先哲の思想を受け継ぎ、人間が行うことへの限界を設けずに、性善の立場から「覇」を解釈し、「覇」を「王」の段階へと至っていない人間として未熟な存在とするのみで、完全に否定をしなかったのであろう。

このような懐徳堂学派の思想的影響を受けて生まれた履軒の「覇」解釈は、履軒が思想的影響を受けたとされる伊藤仁斎が、その著書である『語孟字義』の「王覇」の項で、「必ずしも覇を以て非と為すに非ず（非必以覇為非也）」と「覇」を肯定的に述べるも、同項で、民からみて「王」は「父母」のようであるが、「覇」は「法吏」や「重将」

のような存在であり、両者は大きく異なるとしているのとは差異がある。[12]

商業が盛んであった大坂で芽生えた懐徳堂は、利益を追求する商人たちを前にして、その独自の学問を育ててきた。履軒の「覇」解釈とは、そのような学問的背景を一因として生まれたものと言えよう。

注

（1）伊藤仁斎『語孟字義』、太宰春台『斥非』、藪孤山『崇孟』などが挙げられる。

（2）『孟子逢原』は、大阪大学附属図書館懐徳堂文庫所蔵の履軒自筆抄本を底本とする。なお、判読の困難な文字については、関儀一郎編『日本名家四書註釈全書』に所収の、履軒の曾孫である中井木菟麻呂が校訂・施点した『孟子逢原』を参照している。『孟子雕題』についても、大阪大学附属図書館懐徳堂文庫所蔵の履軒自筆抄本を底本とする。『孟子雕題』は『孟子雕題略』と併せて、懐徳堂記念会より懐徳堂文庫復刻叢書十二として一九九九年に影印復刻刊行されている。表記については、現行の字体・仮名遣いに改めている。

（3）朱子はこの箇所の「道」を、「道とは、天理の自然（道者、天理之自然）」（『孟子集註』）と解釈している。

（4）履軒は、「孔子の道を伝うるは、唯だ『論語』・『孟子』・『中庸』の三種のみ（伝孔子之道者、唯『論語』・『孟子』・『中庸』三種而已矣）」（『孟子逢原』公孫丑）と述べている。また、西村天囚は『懐徳堂考』下巻の「履軒の文詩」において、「履軒の文を論ずるや、論語を天地間第一の文章と為し、孟子之に次ぎ、荘子之に次ぎ……」と指摘している。

（5）履軒は「身」の字を「反」に置き換えて解釈している。

（6）『雕題』では、次のように三文に分けて記されている。「『存疑』云えらく覇とは必ず個大国に有り。方に事を得るを成すに、若し大国無ければ、則ち力小にして以て仁を仮るに足らず（『存疑』云覇者必有個大国。方成得事、若無大国、則力小不足以仮仁矣）。」「張南軒云えらく徳とは即ち仁にして「徳を以て仁を行う」と曰うは、此の章の「仁」、事を以ての言なり（張南軒云徳即仁而曰「以徳行仁」者、此章「仁」以事言）。」「徳字専ら己に有つを以ての言なり。註の「心」宜しく「己」或いは

「身」に作るべし。（徳字専以有於己而言。註「心」宜作「己」或いは「身」）。」

（7）例えば、『論語逢原』学而に、「蓋し心とは惟だ宜しく性を論ずるべく、未だ徳と称するべからず。徳とは只だ人の行いの上に在りて其の理は心に根たるのみ（蓋心惟宜論性、未可称徳。徳只在人行上而其理根乎心）」、「孝弟は行いなり、仁も亦た行いなり（孝弟行也、仁亦行也）」とある。

（8）加地伸行編『中井竹山・中井履軒』（明徳出版社、一九八〇年）に所収の山中氏担当箇所となる「中井履軒の思想」の項を参照。山中氏の指摘は、「七経逢原」の一つである『大学雑議』第一章に見られる「徳は得なり。之を修むるに自ら工夫有り。工夫既に成りて、己に得る有り。然る後に之を称して徳と為すなり（徳者得也。修之自有工夫。工夫既成、而有得於己。然後称之為徳也）」との注釈によっている。

（9）『雕題』においては「尚お諸侯の盟を主る（尚主諸侯之盟）」が「尚お覇業を失わず（尚不失覇業）」に作る。また、「五覇は宋襄を除きて晋襄を補いて成すの一説を備うべし。晋悼も亦た不可無し。亦た以て楚荘を除くべし（五覇成除宋襄而補晋襄可備一説。晋悼亦無不可。亦可以除楚荘矣）」の一文が『逢原』には見られない。他は細かな字句が異なるも同意。

（10）近藤正則「『孟子』の王覇論及び管仲評価をめぐる北宋諸儒の議論について」（『東洋文化』復刊五八、無窮会、一九八七年）を参照。

（11）『論語聞書』とは、懐徳堂の初代学主である三宅石庵と履軒が師事した五井蘭洲の父である五井持軒との講義を筆記したもの。原文は漢字カタカナ交じり文である。原本は大阪大学附属図書館懐徳堂文庫に現存している。本章で挙げた箇所は、五井持軒が講義した箇所となる。『万年先生論孟首章講義』の「万年」とは三宅石庵の号。懐徳堂が幕府から官許を得た享保一一年（一七二六）に行った講演の筆記録である。原文は漢字カタカナ交じり文。原本は大阪大学附属図書館懐徳堂文庫に現存している。なお、『万年先生論孟首章講義』の翻刻・現代語訳をしたものとして、湯浅邦弘・竹田健二・杉山一也・藤居岳人・井上了「懐徳堂文庫所蔵『論孟首章講義』について―デジタルコンテンツとしての位置づけ―」（『中国研究集刊』第二七号、大阪大学中国学会、二〇〇〇年）がある。

（12）履軒が仁斎の影響を受けたとする説については、吉永慎二郎氏の「仁斎と履軒―中井履軒の思想史的位置」（懐徳堂文庫復刻叢書十二『孟子雕題』、懐徳堂記念会、一九九九年）を参照。『語孟字義』は、猪飼敬所の批校本を用いた関儀一郎編『日本儒林叢書』第六巻（鳳出版社、一九七一年）に所収のものによる。なお、該当箇所の本文は以下のとおり。「蓋し王者の民を治むるや、子を以て之を養う。覇者の民を治むるや、民を以て之を治む。子を以て民を養う、故に民も亦た上を視ること父母の如し。民を以て之を治む、故に民も亦た上を視ること法吏の如く、重将の如く、奔走服役し、其の命に従うこと之れ暇あらずと雖も、然れども実は心服に非ず。禍有らば則ち避け、難に臨まば則ち逃げ、君と患難を同じゅうせず。其れ心を設くるの異なること、毫釐の間に在るも、民の上に応ずる所以の者、霄壌の隔たり有り（蓋王者之治民也、以子養之。覇者之治民也、以民治之。以子養之、故民亦視上如父母。以民治之、故民亦視上如法吏、如重将、雖奔走服役、従其命之不暇、然実非心服。有禍則避、臨難則逃、不与君同患難。其設心之異、在毫釐之間、而民之所以応上者、有霄壌之隔）。」

第六章　中井履軒の『論語』注釈——『論語逢原』「学而篇」を中心に——

久 米 裕 子

はじめに

本章は、中井履軒の経学研究の代表作である『論語逢原』（以下『逢原』と略記する）を取りあげ、その注釈方法の特色を明らかにすることを目的とする。[1] 履軒の『論語』注釈書には、『論語集注』（以下『集注』と略記する）の刊本の欄外に注釈を記入した『論語雕題』、およびその概略を記した『論語雕題略』があり、『逢原』はこれらの注釈書を集大成したもので、これら履軒の『論語』解釈の原点は、まさに朱子の『集注』にあると言える。そして履軒は、朱子の『論語』解釈に対して批判的であったことで知られる。

たとえば、『逢原』「学而篇」には、その篇名および全十六章に対して、計百十七条の注釈が施されている。履軒の注釈にただ「註」とあれば、それは『集注』を指している。また「註」として明記する以外に、「程子曰」、「謝氏曰」、「張説」等として『集注』に引かれた諸儒の名前を挙げたり、あるいは『集注』の原文を引用したりするなどしている。このように非常に明確な形で『集注』の説を取りあげている注釈が『逢原』「学而篇」全体のほぼ半数を占めている。さらに注釈の中には、たとえ『集注』に言及していなくても、「性」や「仁」に対して、『集注』とは異なる解釈を提示するなど、明らかに朱子を意識しているものもある。要するに『逢原』の大部分の注釈は『集注』と何らかの関連性をもっており、『集注』と全く無関係である注釈を見つけることの方がむしろ難しい。そして『集注』と関連性をもつこれらの注釈の内容を見てみると、やはりそのほとんどが朱子の『集注』に対する批判の語で埋めつくされている。

ではそれは具体的にどのような形での批判であり、履軒は『集注』の何を切り捨てたのであろうか。この点について、『論語』の中でも最もよく読まれる篇の一つである「学而篇」に注目し、検討を加えてゆきたい。なおテキストとしては、『日本名家四書注釈全書』（東洋図書刊行会、大正一四年）所収のものを使用した。

一　「学而篇」に見られる『集注』批判の語

『逢原』「学而篇」を開くと、「〜を失す」あるいは「未だ允《あた》らず」といった『集注』に対する批判の語がたちまち目に飛び込んでくる。本節では、「皆 非なり」、「従い難し」、「〜の謂いに非ず」といった一般的な評語を除き、『逢原』に特徴的に見られる評語を取りあげて考察する。

①「必ずしも言わず」

『論語』は、『集注』に述べられているような内容を、必ずしも趣旨としていないという意味である。たとえば、「学而時習之」章の『集注』に「性は善なり」、「初めに復《かえ》る」、「後覚の者は必ず先覚の為す所に効《なら》う」（『孟子』「万章篇上」）とあるが、これに対して履軒は「必ずしも言わず」とだけ記している。履軒は、朱子の説に修正を加えるわけでもなく、あるいは代替案を提示するわけでもない。このほか『集注』には、「学而篇」の篇名の下に「〔学而篇は〕

本を務むるの意 多し」、「〔学而篇は〕道に入るの門なり」と、「吾日三省吾身」章に「〔曾子〕字は子輿」、「〔曾子 此の三者を以て日々其の身を省みる。有れば則ち之を改め、無ければ則ち〕加々《ますます》勉む」、「三者の序〔は則ち又 忠信を以て伝習の本と為すなり〕」と、「道千乗之国」章に「〔治国の要、此の五者に在り。亦〕本を務むるの意なり」と、「礼之用和為貴」章に「〔蓋し礼の体たる、厳なりと雖も、然も皆〕自然の理〔に出づ〕」とあるが、履軒はこれらの注釈に対して、すべて「必ずしも言わず」としている。なお『逢原』には往々にしてこのように結論のみが記され、その根拠や説明については何も述べられていないケースが多々見られる。(2)

②「玩味の卮言《しげん》」

これはすでにいくつかの先行研究において指摘されている評語であるが(3)、「玩味」は『朱子語類』や『朱子文集』で頻繁に用いられる語で、よく味わうこと、「卮言」は『荘子』「寓言篇」に見られる語で、臨機応変な言葉という意味で、あわせて資料を深く読み込で行う自在な解釈、ひいては自分勝手な解釈という意味になる。たとえば、「其為人也孝弟」章において、『集注』が「性を論ずれは則ち仁を以て孝弟の本と為す」と注釈していることに対して、履軒は「夫れ有子 未だ嘗て性を論ぜず。此れ何の労攘《ろうじょう》ぞ。」と述べ、これを「玩味の卮言」としている。(4) このほか「玩味の卮言」は、「其為人也孝弟」章および「礼用和為貴」の章にそれぞれ一回ずつ用いられている。

③「紐連《ちゅうれん》の失」

「紐連」の語は、「学而篇」において計二回しか登場しない語であるが、履軒が批判したいものが何であるかを示す、重要な手がかりとなる評語である。「学而時習之」章の『逢原』に次のようにある(5)〔引用の末尾に、その注釈が『論語』の第何章の第何節に対する何番目の注釈であるかを記した。以下、これに倣う〕。

此の章の三節は三平にして、相い紐連するを得ず。註に、「学ぶことの正しく」、「習うことの熟し」等と。並びに正意を失す。「説」・「楽」は元より工夫するものに非ず、亦 難事に非ず。程註に、「楽しむに非ずんば以て君子を語るに足らず」と。大いに之を失す。「楽しみは説《よろこ》ぶに由りて得」も、亦 紐連の失なり。語気を傷《そこな》うものなり。所謂 玩味の卮言とは、此の類を謂うなり。（第一章・第三節・第二条）

「紐連」とは、本来バラバラなものを、ヒモによって結びつけ、かかわりをもたせることである。「子 曰く、学び而して時に之を習う、亦 説ばしからずや[6]」、「朋 有り遠方より来る、亦 楽しからずや」、「人 知らずして慍《いか》らず、亦 君子ならずや」という三節から成る「学而篇・第一章」であるが、これについて『集注』は「徳の成る所以も、亦 学ぶことの正しく、習うことの熟し、説ぶことの深く、而して已まざるによるのみ」と述べる。つまり朱子はこの三節を有機的に結びつけ、第一節から順を践んでいけば、最終的には第三節の君子の域に到達するというのである。さらに朱子は、程子の言を引いて「楽しい」という感情は「説ばしい」という感情をへてはじめて得られるとして、第一節と第二節を無理矢理に結びつけている。これを履軒は「紐連の失」と称している。本来結びつかないはずのものを結びつけた結果、第一章のニュアンスは大いに損なわれていると履軒は言う。また履軒はこれをテキストの深読み、すなわち「玩味の卮言」から生じたあやまりとしている。そして履軒はこの三節は相互に因果関係をもたない並列の関係にあるとみなしている。

　このように履軒は、しばしば朱子が組み立てた緻密なロジックをあっさりと解体してしまっている。このほか、たとえば、「吾日三省吾身」章の「人の為《ため》に謀りて云々」、「朋友と交わりて云々」、「習わざるを云々」の三者について、『集注』は序列を設け、「忠信を以て伝習の本と為す」とし、また「道千乗之国」章では、「事を敬す」、「信あり」、「用を節す」、「人を愛す」、「民を使うに時を以てす」の五者が相互に因果関係をもち、五者の中で特に「敬」が最も根本であるとしているが、それぞれ履軒によって、「必ずしも言わず」、「皆 非なり」とされている。

④「耦対《ぐうたい》の祟り」・「対説に失す」

「学而篇」において、「耦対」は計二回、「対説」は計四回、登場する。いずれも対句的表現を多用することによって生じる問題を指摘する履軒の評語である。

まず「耦対」について、「耦」は「偶」に通じ、「耦対」とは対句のことである。たとえば、「弟子入則孝」章の『逢原』に次のようにある。

「謹」は、放肆《ほうし》の反対なり。「信」は猶お「誠」なり。(7) 必ずしも専ら「言」に属さず。註に、「行いの常 有り」、「言の実 有り」と。耦対 厭《いと》うべし。縦令《たと》い解義に失する所 無きも、竟に隔韈抓癢《かくべつそうよう》たり。況んや此の章をや。

（第六章・第二条）

『集注』は、「謹」は「行の常 有るなり」、「信」は「言の実 有るなり」として、非常に限定的な解釈を加えている。これに対して履軒は、「勤」は必ずしも人の行為についてのみ用いられる語ではなく、同様に「信」もまた人の言葉についてのみ用いられる語ではないと述べ、このあやまりが生じた原因は、まさに対句表現を駆使し、均整の取れた美しい注釈をめざす、朱子のレトリックにあるとしている。

次に「対説」について、これは対比させて論じることで、たとえば、『集注』は、『論語』に「忠信」とあれば「学」を、「礼」とあれば「楽」をしばしば引き合いに出している。甚だしきに至っては、『論語』の本文に「用」とあることから、孔子の時代にはまだなかった「体用説」を持ち出してきて、「礼の用」と対比させながら「礼の体」について論じている。「礼之用和為貴」章の『逢原』に次のようにある。

「和」字、「楽」の意味 有りと雖も、亦 礼の上に在りて言い、未だ嘗て礼と対せず。譬《たと》えば猶お陰中の陽なり。程子 径《ただ》ちに礼楽を取りて之を対説す。主張 大いに過《あやま》つに似たり。然れども亦 玩味の卮言なり。彼 自ら病 無

し。而して伝註に釆入するは非なり。（第十二章・第二節・第二条）

この注釈から、「対説」によるあやまりもまた「玩味の卮言」から生まれていることがわかる。また「玩味の卮言」自体は問題はないが、それを経書の注解に取り入れるのは間違いであると履軒は述べている。

⑤「本語」と「推窮の言」

「本語」と「推窮の言」については、「其為人也孝弟」章の『逢原』に次のようにある。

『孟子』に言う、「惻隠の心は、仁の端なり」（公孫丑篇下）と。此れ本語為《た》り。其の端を拡充し、以て仁徳を成すべきを謂う。又言う、「惻隠の心は仁なり」（告子篇上）と。是れ推窮の言なり。而して意に緩急有り。後人往往にして徒《いたずら》に推窮の言に靠《よ》る。而して本語に闇《くら》し。故に性中の存否、徒然として焦唇す。大いに孔孟の意を失す。然れども今弁正する所は、姑《しばら》く推窮の言に就きて爾《し》か云う。（第二章・第二節・第十五条）

すなわち「惻隠の心は、仁の端なり」が「本語」であり、これを端折った言い方をした「惻隠の心は仁なり」が「推窮の言」である。両者の違いについて履軒は「意に緩急有り」、すなわち「本語」が「緩」で、「推窮の言」が「急」であるとしている。後の人々は往々にして簡潔な言い方をした「推窮の言」ばかりに依拠したため、たとえば、「性」に関する議論がいたずらに複雑化したと履軒は指摘する。(8)

二　「学而篇」に見られる『集注』批判の論調

『逢原』が『集注』に対する批判の語で埋め尽くされていることは、すでに指摘したとおりであるが、本節では、その批判の度合いについて、もう少し細かく検討したい。

まず「必ずしも言わず」について、注目すべき点は、やはり「必ずしも」という点であろう。つまり履軒は、『論語』には朱子たちが指摘するような議論が絶対に無かったとは言っていないのである。また不要な議論であれば、「当に削るべし」と記すべきところであるが、それもされていない。「学而篇」において、「必ずしも言わず」は、計七回にわたって見られるが、「当に削るべし」は、「吾日三省吾身」章に、ただ一度、出てくるだけである。[9] たとえば、これを『逢原』の序にあたる「集註序説」と比べてみると、主として『集注』が引く『史記』「孔子世家」に対し、履軒は「削去すべし」、「辨ずるに足らず」、「臆度なり」、「虚誕なり」、「妄謬なり」等と述べ、その批判の度合いはかなり強く、「学而篇」における批判がやや穏当であることがわかる。

次に「玩味の卮言」について、『逢原』「集註序説」では、「夫れ卮言は、或は後学の病を貽す。誡めざるべけんや」とあるが、「学而篇」においては、たとえば、「其為人也孝弟」章の『逢原』には、「元来 玩味の卮言にして、不可なる者 無し」、「礼用和為貴」章の『逢原』には、「主張 大いに過《あやま》つに似たり。然れども亦 玩味の卮言なり。彼 自ら病 無し」とある。つまり前節でも指摘したように、履軒は「玩味の卮言」それ自体は、けっして悪いものではないとしているのである。ただしこの「玩味の卮言」に関する履軒の注釈は、この後、「其為人也孝弟」章では、「〔玩味の卮言は〕註解に援入すれば、便ち其の病を見《あらわ》す」と、「礼用和為貴」章では、「〔玩味の卮言は〕伝註に采入するは非なり」と続く。またこのほか、「学而篇」には、三箇所にわたって「当に采入すべからず」という評語が見られる。これもまた、『集注』における各種議論は、それ自体があやまりというわけではないが、一旦、『論語』の注釈に組み込まれると、さまざまな弊害をもたらすことになるというのである。なお「玩味の卮言」から派生した「紐連の失」・「耦対の祟り」・「対説に失す」についても、これと同様に、前後の文章のつながりを検討すること、物事を対比させて考えること、それ自体は問題はないことと考えられる。

最後に「学而篇」に最も多く登場する「〜を失す」という評語について、「失」とは「あやまち」という意味だが、たとえば、荻生徂徠『訳文筌蹄』に「失」は「アヤマチト訓ス。（中略）覚ヘスフトシタルシソコナヒヲイフ」、また「過字ニ似タリ」とある。そして同じ「あやまち」でも、「謬」とは趣を異にするようである。同じく『訳文筌蹄』に「謬」は「繆字ト通用ス。繆ハ織物ノ糸スヂノチガヒタルナリ。（中略）謬ハ狂者之妄言也ト。注シテ詞ノ理《スヂ》ノトリチガヘアルコトヲ云フ」とある。「学而篇」に「失」は、計十六条の注釈に見られ、「過」は計二条、「謬」は計五条と少ない。「学而篇」に頻繁に見られる「〜を失す」という評語は、あるいはその批判の度合いは比較的軽いと考えられる。

経書の字句でさえ改めることを厭わない履軒であるから、(10)朱子の注釈にも容赦ない批判が繰り返されていると思われがちであるが、必ずしもそうではないようである。「礼之用和為貴」章においても、履軒は「宋の諸賢、喜びて毫《ごう》釐《り》の差を論ず。其の言 当たる有り、当たらざる有り」と述べており、宋儒の注釈だからと言って、一概に排除するという態度は取っていないことがわかる。

三　履軒の経書解釈の態度

本節では『逢原』を、同時代に編纂された『論語』注釈書と比較することで、履軒の経書解釈の態度に迫りたい。履軒に先駆けて『集注』を批判した『論語』注釈書として、伊藤仁斎の『論語古義』と荻生徂徠の『論語徴』がある。両書と『逢原』を比べた時、『逢原』の特色として、まず言えることは、『逢原』が非常に断片的であるということである。同一章に対する各注釈は、おおむね『論語』の本文あるいは『集注』の内容の順番に並んでいるが、相互にはほどんど関連していない。そもそも『逢原』が、『論語雕題』という『集注』の欄外に記されたメモを出発点としていることから、それは当然の結果と言えよう。これに対して『論語古義』は、各章に対して「小注」「大注」「論注」を設け[11]、それぞれ語意ならびに章の大意、各章を理解する上での注意点、仁斎自身の見解、という具合に、非常に体系的に注釈を加えている。また『論語徴』も『論語古義』ほどには整然としていないが、論述形式で各章に対してひとまとまりの注釈を提示している。

また仁斎は、「意味」、「血脈」、「文勢」、「字義」という四つの経書解釈の方針を打ち立てている[12]。「意味」とは文章の内容、「血脈」とは孔孟に一貫して流れる根本思想、「文勢」とは文の枠組みやそこに流れる微妙な調子、「義理」とは概念の定義、字義のことを言う。これに対して履軒は、経書を解釈する際に、仁斎の「血脈」のような概念は想定していない。むしろ『集注』に特徴的に見られる、『論語』全篇ひいては経書全体に対して整合性をもった体系的解釈を加えようとする態度に対して履軒は批判的であり、履軒が『論語』の各章あるいは各節を有機的に結びつけようとする朱子の説の解体を試みたことはすでに述べたとおりである。

では履軒の経書解釈の指針とも言うべきものは何か。『逢原』「季氏篇」に次のようにある。

言 各々当たる有り。章 各々旨 有り。『論語』中と雖も、援来合掌して解を作すを得ず。況や『中庸』は更に別手を出すをや。豈に合掌して解を著すべけんや。凡そ程・張以下諸子、皆 其の理を玩味するを喜び、而して本章の語気文勢を玩味せず。故に憾《うら》むべきもの多し。蓋し其の平日に文章を愛さざればならん。（第十章・第四条）

履軒は、個々の言葉や個々の章の背景にはそれぞれ別個のコンテキストが存在すると言い、同じ『論語』の中の文章であっても、ある章の解釈を引いて別の章の解釈に当てることはできないとし、『集注』が『中庸』の文章を引いて『論語』の解釈に当てていることを批判している。また重要なのは経書が説く理論を追い求めることではなく、経書に書かれた語彙の微妙なニュアンスや文章の流れを捉えることであるとしている[13]。また『逢原』「陽貨篇」には「但だ当に語脈を尋ねて読むべきのみ」（第二章・第三条）とあり、履軒は、ここでもコンテキストといったものを重要視している。要するに経書の言葉は、どのような状況で、どのような人によって用いられたのか、というコンテキストを明らかにしてはじめて理解できるというのである[14]。とすると、コンテキストを明らかにするには、たとえ経書の言葉が断片的なものであっても、それを無理に結びつけようとするのではなく、むしろ先入観を捨てて、あるがままに読み進めるしかない。たとえば、「其為人也孝弟」章の『逢原』に次のようにある。

或ひと曰く、「為」は衍文なり、当に削るべしと。此の言 誠に理 有り。然れども有子の語、毎《つね》に弛漫迂滞たり。蓋し其れ癖と云う。陸象山 詬《はずかし》めて「支離」と為す（『陸九淵集』巻三十四）も、亦 多失ならず。故に此れ必ずしも衍ならず。読者「為」の有無に拘《こだわ》らずして、可なり。（第二章・第二節・第十六条）

これは同章の「其為仁之本与」を「其れ仁の本 為《た》るか」と読むべきか、あるいは「其れ仁を為すの本か」と読むべきかという議論に対する注釈である。ある人が「為」は衍字であり、これを取り払って「其仁之本与」とするべきだとした。履軒は理屈の上では、その通りだとしながらも、発話者である有子がいつもしまりがなくまどろっこしい話し方をする、そういう癖をもった人物であることから、これは衍字ではないと結論づけている。また同じく「其為人也孝弟」章の『逢原』に次のようにある。

程註に、「本 立てば則ち其の道 充大す」と。此の句 太迫なり。夫れ之を充大するも、亦 自ずから工夫 有り。本 立ちて即成するものに非ず。蓋し本 既に立ち、而れども道 未だ充大せざる者、古今 甚だ多し。其の得と得ざるは、其の人に存す。未だ理を以て之を断ずべからず。（第二章・第二節・第四条）

程子が「基本が確立すればその道は拡充する」と言っているが、履軒は根本を確立して即座に道が完成するものではなく、むしろ基本は修めたが、依然として道が拡充しない人は今も昔も多いとする。要するに拡充できるできないは人によると結論づけ、現実を無視して、理論だけによって決断を下すべきではないとしている。あるいは「夫子至於是邦也」章において、『集注』は、一国の君主が孔子に政治の相談をするのはその「良心」にもとづき、最終的に政治を任せないのは、その「私欲」に妨げられるからであるとするが、履軒はこれを「事情を得ざるなり」として、人間感情を複雑に絡む仕官の道の厳しさについて平易に述べている。いずれも『論語』の本文から読み取れる当時の社会状況や登場人物の人柄といったコンテキストに即して注釈が施されているため、履軒の解釈は無理がなく非常に自然なものとなっている。

おわりに

朱子が、『論語』ひいては経書全体を束ねる世界観や人間観というものをあらかじめ想定し、それに基づいて『論語』の各章の意味を捉えようとしたのに対し、履軒は、こうした前提を設けることが、しばしば解釈を誤らせること、そしてそれを防ぐには個々のコンテキストを明らかにすることが重要であることを主張している。したがってこうした履軒の注釈態度からすれば、『集注』では、テキストの深読みが横行し、『論語』本文の内容とかけ離れた議論や無理なこじつけが行われているということになるのである。なお履軒が個々のコンテキストを重視して注釈を施したからと言って、履軒の注釈が場当たり的なもので、全体として整合性を欠くものであったということはない。それはたとえば、「性」に関する履軒の一連の議論を見れば、履軒の思想に一貫性があることがわかる[15]。言うなれば、履軒は統一的世界観を解釈の前提としなかったが、結果的に一つの世界観が像を結んだのである。

履軒の解釈は全般的に平易かつ自然な解釈であるが、時として論証を欠いた直感的なものという印象を我々に与える。それは履軒の解釈の根拠、すなわち個々のコンテキスト理解が、履軒個人の言語感覚や実体験によって形成された常識的判断に基づいているためである[16]。そのため履軒には、「こう読まなければならない」、あるいは「こうした意味でしかありえない」等という強い断定は難しく、そのことは同時に『集注』への批判も強い断定的な批判とはなりえなかったことを意味する。歴史主義あるいは文献実証主義を旨とする清朝考証学者の注釈態度と履軒の注釈態度の違いについてはすでに指摘されるところであるが[17]、かりに履軒が清朝考証学者のような方法論を取っていたとするならば、おそらく履軒は強硬な態度で朱子の解釈を批判していたであろう。

以上のような履軒の『集注』批判が、全体を見渡す視点を欠いた、一種の揚げ足とりのように見えるとするならば、それは物事は体系的に理解しなければならないという朱子流の考えにとらわれているからであろう。履軒は、まさにそうした巨視的・体系的視点をもたないという方法によって『論語』を解釈し、巨視的・体系的視点から『論語』を解釈しようとした朱子の『集注』を批判しているのである。

また我々は、履軒がある種の統一的な世界観を提出するために『集注』を批判しており、本章で取りあげた履軒の『集注』批判の内容も、履軒の『論語』解釈全体から巨視的・体系的に理解されるべきであると考えがちである。しかしこうしたアプローチの仕方は、履軒の注釈態度とは相容れないものと言える。なぜなら履軒の『集注』批判は、そうした巨視的・体系的視点からなされていない点に最大の意義があるからである。履軒の『集注』批判を本当の意味で理解するためには、むしろ履軒の注釈を虚心に読むというアプローチが有効ではないだろうか。

注

（1）『論語逢原』ならびに履軒の『論語』注釈書に関する先行研究については、藤居岳人「中井履軒『論語』注釈書研究史」（『阿南工業高等専門学校研究紀要』第四〇号、二〇〇四年）を参照。

（2）履軒の注釈には、いたずらに議論を複雑化させることを避ける傾向がある。たとえば、『逢原』「学而篇」には、「当に拘解すべからず」（第一章・第二節・第二条）、「必ずしも葛藤を生ぜずして可なり」（第二章・第二節・第三条）、「此れ何の労擾ぞ」（第二章・第二節・第六条）、「読者「為」の有無に拘らずして、可なり」（第二章・第二節・第十六章）、「此の語 有るによりて、講解 益々繁なり。弁説 往往にして数紙に連なりても了らず。今 言わざるの愈るに如かず。」（第二章・第二節・第十七条）、「音せざるを以て別に解を生ずる勿れ」（第四章・第一条）、「何ぞ必ずしも穿鑿し、一一至味を求めんかな」（第五章・第七条）、「豈に事事にして毫釐を咎めんや」（第十二章・第二節・第九条）というような履軒が煩雑な議論を嫌っていたことを示す発言が見られる。

（3）「玩味の卮言」について、詳しくは、加地伸行「中井履軒の『論語逢原』について」（『大阪の都市文化とその産業基盤』第一輯、一九八五年）、宇野田尚哉「中井履軒『論語逢原』の位置」（『懐徳』第六二号、平成六年）を参照。

（4）このほか「学而時習之」章、「礼之用和為貴」章に「玩味の卮言」の語が使われている。また注3の宇野田論考に拠れば、他篇には「玩味の卮言」ではなく、「卮言の錯出」、「一時の卮言」という言い回しも見られる。なお同論考の注には、『逢原』中、「卮言」の用例が見られる章をすべて列挙している。

（5）履軒の手稿本『逢原』は、この注釈を「正意を失す」の句を境に二つに分けているが、ここでは『日本名家四書注釈全書』所収の『逢原』に従って一つの注釈として引用した。なお手稿本に従えば、『逢原』「学而篇」の注釈の総数は計百十八条になる。

（6）『日本名家四書注釈全書』所収の『逢原』は、「学」の下に「ビ」、「而」の下に「シテ」と送りがなを付しているので、ここではこれに従って訓読した。

（7）履軒独自の訓読法である「水哉館読法」に従って訓読した。「水哉館読法」では「猶」は再読しない。

（8）なお履軒は言葉の微妙なニュアンスの違いを説明する際に、「緩急」以外にも、「本末」、「大小」、「遠近」、「綱目」、「汎切」、「緊漫」などのといったカテゴリーを用いている。このことは注4の宇野田論考も五九頁において指摘している。

（9）「学而篇」において、履軒が「当に削るべし」としたのは、「吾日三省吾身」章の『集注』に見られる「道統の説」である。

（10）「学而篇」では、履軒は、「賢賢易色」章の「言」字ならびに「夫子至於是邦也」章の「諸」字を衍字としている。

（11）必ずしもすべての章について、この三種の注釈が完備しているというわけではない。仁斎の注釈方法について、詳しくは、藤本雅彦「伊藤仁斎の論語注釈の方法―『論語古義』学而第一章の解釈の試み―」（『大阪大学日本学報』第一号、一九八二年）、金培懿「『論語古義』の注釈方法について」（『九州中国学会報』第三六巻、平成十年）を参照。

（12）註11の金論考の七七―七八頁を参照。

（13）履軒が語彙の微妙なニュアンスの分析に力を入れていたことはすでに指摘したとおりである。また『逢原』には、しばしば「語気を失す」という評語が見られ、履軒が「語気」というものに注目していたことがわかる。

（14）註3の宇野田論考の五五―五七を参照。宇野田論考は、文脈主義的解釈は、荻生徂徠に始まり、履軒はこの方法論を徹底化したと言い、さらに『逢原』中、『論語徴』を継承しているとされる説が見られる章を同論考の注に列挙している。なお宇野田論考が指摘する以外に、『逢原』「学而篇」では、「君子不重則不威」章を異なる二つの内容を含む章として二分割した点、「信近於義」章にて「因」を「姻」と解し、「宗」を「宗子」と解した点に、あるいは徂徠の影響が見られる。

（15）履軒の人性論については、吉永慎二郎「仁斎と履軒―中井履軒の思想史的位置―」（『孟子雕題』所収、吉川弘文館、平成一一年）、藤居岳人「中井履軒の性論と気稟論と―『論語逢原』を中心に―」（『懐徳』第七三号、平成一七年）および本書第四部第二章の同「中井履軒の性善説」（『懐徳』第七四号、平成一八年）を参照。

（16）注3の加地論考の一〇頁を参照。

（17）注3の加地論考の一〇―一一頁を参照。

第七章　中井履軒の宇宙観―その天文関係図を読む―

湯城吉信

はじめに

本章では、中井履軒の宇宙観を明らかにすることにより彼の天文関係図を読み解きたい。

履軒は、経書研究だけでなく、自然科学にも興味を持ち、日本初の顕微鏡の観察記録と言われる「顕微鏡記」や解剖図を載せる『越俎弄筆』、本草関係の著作も残している。履軒は、天文学にも興味を持っていた。当時一流の天文学者である麻田剛立と交流を持ち、『天経或問』という天文書に書き入れをしている（『天経或問離題』）。また、「木製天図」「紙製天図」「方図」と呼ばれる三つの図を残している[1]（図1～図3）。

これらの天文関係図および履軒の天文観については、従来ほとんど研究がされていない。例えば、懐徳堂に関する専著である西村天囚著『懐徳堂考』（同志出版、一九一一）と加地伸行編『中井竹山・中井履軒』（明徳出版社、一九八〇）とでは、後者が天図などの存在を紹介するに過ぎない。また、陶徳民著『懐徳堂朱子学の研究』（大阪大学出版会、一九九四）でも、「会虞―観天地第一」という賦におけるスケールの大きい相対主義を高く評価しながらも天動説を突破できなかった点に思想的限界を認めるに止まっている。唯一、久米裕子「中井履軒の天文学とその背景」（『懐徳堂

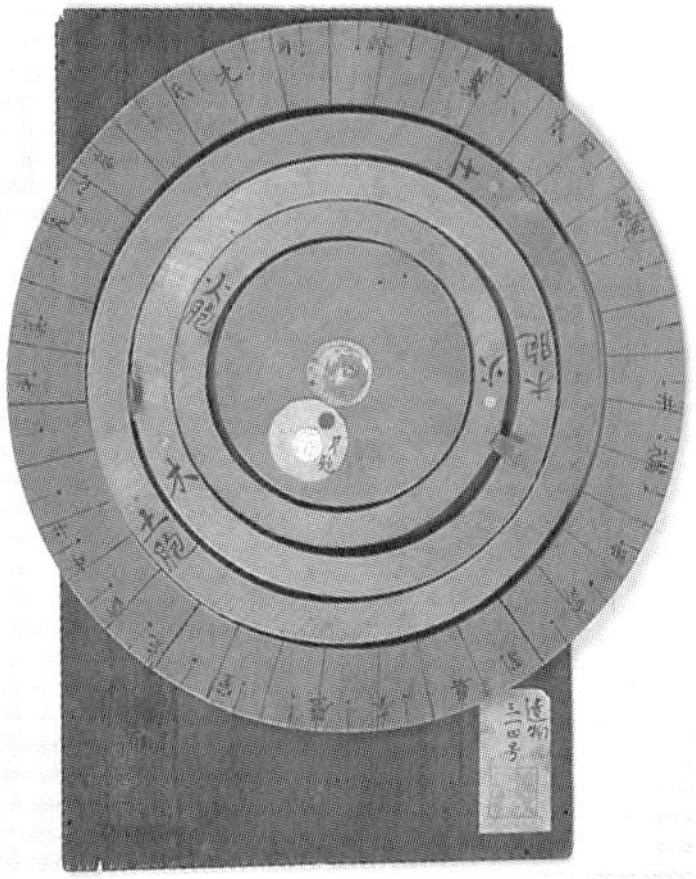

図１　木製天図
（大阪大学懐徳堂文庫所蔵）

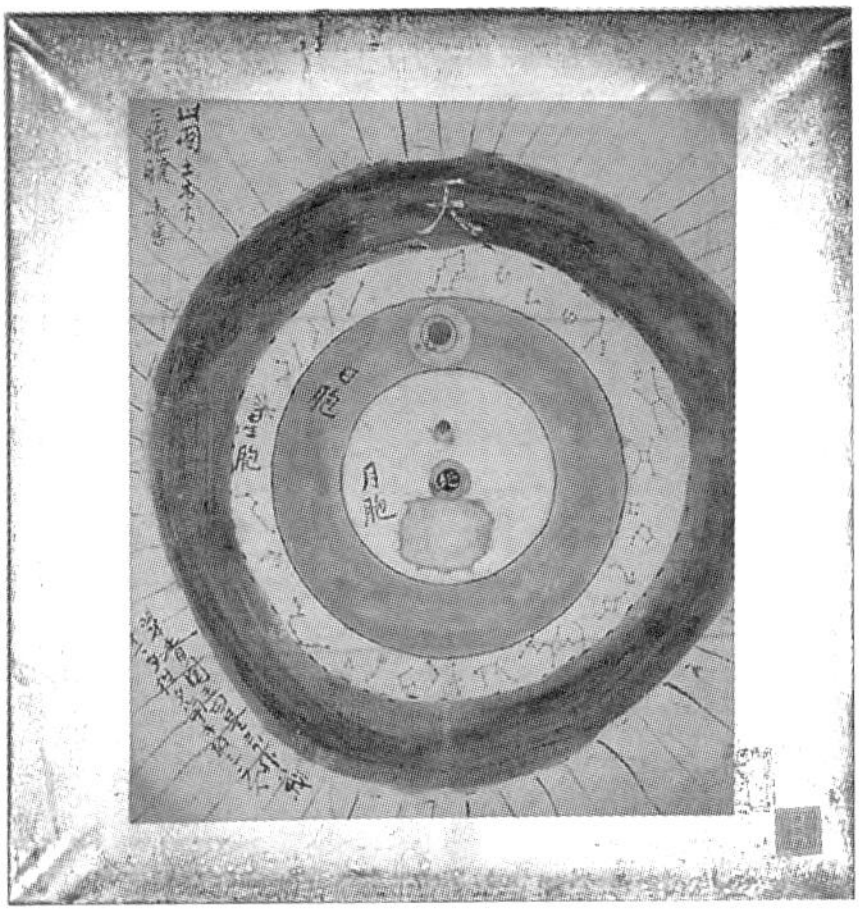

図２　方図
（大阪大学懐徳堂文庫所蔵）

図３　紙製天図
（大阪大学懐徳堂文庫所蔵）

知識人の学問と生―生きることと知ること』懐徳堂記念会編、和泉書院、二〇〇四）が履軒天文学に関する専著である。同論考は、木製天図の構造がティコ・ブラーエ説に一致する点に注目し、その来歴を探っている。ただし、同論考は、地動説・天動説という視点に終始し、両説を巡る天文学史を紹介するに止まり、履軒自身の天文観についての検討は不十分である。

以上のような現状に鑑み、本章では、履軒の著述により彼の宇宙観全体を明らかにした上で、彼の天文関係図の意味するものを探ってみたい。主として扱う資料は、『天経或問離題』、「七胞論」（『幽人先生反古録』所収）、「会虞―観天地第一」（『履軒古風』所収）である（いずれも、大阪大学図書館懐徳堂文庫所蔵）。

履軒の天文関係図には疑問が多い。木製天図では太陽が中心にあるのに、方図ではどうして地球が中心にあるのか。また拍子抜けするほど単純な構造の紙製天図は何なのか。そして、現在評価の高い木製天図が白木作りで飾り気がないのに対し、現在評価されていない紙製天図と方図とが木枠に張られきれいに表装されているのはなぜか。本章では、このような問いに対する答えを探りたい。

一　履軒の天文観の基本的態度

本節では、『天経或問離題』を中心に、彼の天文観の基本的態度を確認したい。

中国の天文書『天経或問』は、享保一五年（一七三〇）に西川正休が訓点本を出してから日本で流行した。履軒がその和刻本『天経或問』に線引きや書き入れをしたのが『天経或問離題』である。履軒の天文観を探る上で最も基本的な資料であると言える。

（一）『天経或問』について

清の游藝著『天経或問』（一六七五年序）は、暦算術には詳しくなかったが、西洋天文学説の大要を伝え、恰好の入門書として日本で流行した。履軒が雕題を付けた西川正休訓点本は「首之巻（序図）」「天之巻」「地之巻」の三冊（以下、各々「図巻」「天巻」「地巻」と呼ぶ）に分かれ、さらに西川による解説書「大略天学名目鈔」が付されている。『四庫全書総目提要』では、迷信からの脱却を高く評価している（「至于占験之術、則悉屏不言、尤為深識」）が、実際、本書には天人相関思想がかなり顕著に見える。

もっとも、これらがすべて中国の伝統的迷信だとは言えない。例えば、天の有意志については、キリスト教の神も同様だし、また、「地巻」の「四行五行」では、西洋の四元素説（アリストテレス説）と中国の五行を混淆している。『天経或問』は、西洋の説と東洋の説とを融合し、気という言葉を筆頭に、それを中国の言葉で表現したものだと言える。その点が、日本の知識人に広く読まれた理由であろうと考えられている。(2)

（二）『天経或問雕題』に見る履軒の基本的態度

履軒は経書を中心に様々な本の雕題を書いた。この雕題は、単なる注ではない。懐徳堂学派は中庸錯簡説に代表されるように、原典自体を疑い、それを批判的に読んでいた。履軒が雕題を施している（線引きし、書き入れしている）のも、主に批判箇所である。それでは、履軒は『天経或問』のどのような箇所に雕題を付けているのか。

①　自然なる天―天の主宰者の否定

履軒は、天は自然なもので主宰者はいないと考えた。『天経或問離題』では、天の主宰者に関する記述には悉く離題を付けて退けている。例えば、天巻の「天地之原」の「天之有体、非自為体、有所以為体者（天の形は勝手にそうなったのではなくそうなさしめたものがある）」という記述に対しては、「有所以為体者」に線引きして、「天が天で地が地になっているのは、すべて自然にである。創造者がいるのではない。自然にそうなっている以外どうして理由などあろうか（天自為天、地自為地、皆出自然。非有造作之者。自然之外、豈有復原委）」と離題を付けている。(3)

また、天巻「太陽」の離題では次のように言う。

天の運行は元々人のために設けたものではない。だから、その数は半端である。ただ人は私の心をもって天を窺い、天は自分のために運行すると言い、半端な数字について理由を求めてやまず、井蛙の見を成している。人が井戸から脱出し大海に浮かび、天運を自然に帰すことができれば、天文学は半ば達成できたと言えよう。(4)

人が自らの基準で設けた数字などにより天を法則的に説明することに反対し、天文を自然だと認識することが天文学の最重要ポイントだと言うのである。これは宇宙に神の仕業としての数学的美を求める西洋思想とは対照的な思想だと言えよう。

② 天人相関説、五行説の否定

履軒は、天文に意味を持たせることを一切否定している。以下、具体的に見てみよう。

まず、星座と地上とが対応しているとする分野説や天文による占いは、一言で否定している。(5) そして、星座については、「児戯に等しい」とまで言う。(6) 二十八宿もただ人の都合で黄道上から選び出した目印であり、特別な意味はないとし、二十八という数字は不合理だとして、二十四宿に改めるべきだと言っている。(7) 五惑星については、惑星が木火土金水と名付けられているのは記号に過ぎず、五行に附会するのは間違っているとする[8]。

③　可知、不可知の識別―実測の重視

履軒は、当時一流の天文学者麻田剛立と交流を持った。麻田は、安永元年（一七七二）大坂に行き、中井竹山・履軒兄弟のもとに身をよせた。彼は、山片蟠桃の師にもなった。彼は、天文学史上、高精度の天文観測を始めた人物として名高い[9]。

履軒は、麻田の実測結果に全幅の信頼を寄せていた。『天経或問雕題』では、天巻に「麻子新測歳差二万六千年一周」と言うのに始まり、「(麻子)新測」という言葉で麻田の観測結果を多く引き『天経或問』の数字を訂正している。履軒は基本的に注釈者であり、スタンダードな本を読んで、それに書き入れをするのが学問の基本的方法である。だが、一方、顕微鏡や解剖を見に行ったりしているように、実見を重んじた。天文については、麻田の実測がそれに当たる。履軒は、先人の書と実測・実見に基づき、自らの常識を活用してその考えを形成していった。

このような履軒は、「知」(可知、不可知)について一家言を成している。以下、具体的に述べたい。

履軒は、天巻「歳差」の「天体現象や気候は時として不定で、法則化することはできない（其日月星辰之象、陰陽寒暑之候、亦有時而不斉、亦不能以一定而求之）」という本文に対して以下のような雕題を付けている。

「時として不定」であっても、必ず法則があるはずで、ただ人の知が至っていないだけだ。…人は限りある命で悠久の数を究めようとしても及ばないことがあるだけだ。だが、天の運行は漠然としており法則を求めることができないというのは間違いだ。暦学者は自らその精度を吹聴しながら、自分がわからないことについては追究できないとして求めないのは、自他共に欺き、天を侮辱する行為だ。嘆かわしいではないか。ああ、天下が乱れているのはすべてそうだ、どうして暦学だけと言えようか[10]。

ただし、履軒はその理を数学的に美しい数字に求めることを諌めている。地巻「游気」の雕題で次のように言う。天の数は自然に定まっているが、算は人為に拠る。だから、算がいくら精微であっても、自然の数には適わず欠けるところがあるのだ。術者が聖人きどりで自らの非力を顧みず、他に責任転嫁しているのは間違いだ[11]。つまり、自然には一定の法則があるが、それは人の基準で定めた数学に一致するはずがないというのである。これは、自然に神の仕業としての数学的美を求める西洋思想（（一）参照）や複雑な数字で辻褄合わせする中国の象数論と対照を成す思想だと言えよう。

一方、天巻冒頭の「天地之原」においては、天地の始めなど考えてもわからないと言っている[12]。また、方図の左下（天殻の外）には「華胥国王曰、是ヨリ外ハ我イマダ往タルコトナキ故シラズ」とある。わからないものはわからないというのが履軒の考えなのである。

以上のように、履軒は合理的考えに基づき、可知と不可知とを峻別していたと言える。

履軒は、天は自然にして人事と無関係だとし、天人相関説や予定調和説を徹底的に排除した。そして、実測を重視し、知ることができるものと知ることができないものとを厳格に区別した。このような履軒は宇宙の構造をどのように考えていたのだろうか。

『天経或問』	履軒	
常静天（天殻）	（無窮）	
宗動天（無星）	天殻（宗動・恒星）	陰（青）
恒星天		
土	星胞（土）	中心は太陽
木	星胞（木）	
火	星胞（火）	
日胞（附水金）	日胞（含水金）	陽（赤）
月	月胞	日胞内
	（虚）	
地	地	

表　『天経或問』と履軒の宇宙観

二　履軒の宇宙構造論

履軒は、『天経或問』への書き入れを通して自らの考えを述べている。ただ、離題で述べきれなかった（溢れ出た）考えは別に二つの論文にまとめた[13]。それが、「七胞論」と「十二支論」とである。ともに孫並河寒泉の抄で『幽人先生反古録』（新田文庫『履軒先生遺稿雑集』所収）に収められている。その中、「七胞論」には、きわめて具体的に宇宙のイメージが述べられている。以下、「七胞論」によって履軒の考えを確認したい。

（一）「胞」説

履軒は、力学的に宇宙をイメージしていた。太陽、惑星の周りには、それを支え動かす物質が存在していると考え、それを「胞」と名付けた。胞は胎盤から想像されたらしいが、卵の白身や豚の脂肪のようで、透明で有形無質なものだと言う。ゲル状のものをイメージしていたのであろう[14]。これは、西洋のエーテルを想起させるものであるが、渾天説における卵の譬えや「脬豆《ほうとう》」[15]など、履軒の周辺からも類似する前説を指摘することができる。

天の構造については、履軒は『天経或問』の説に修正を加えている。『天経或問』では、地球の上に、月、日（水金を伴う）、火、木、土、星、宗動（星はない）、常静（天殻）の各天が層を成しているとされている。天動説では、外側が動いてその動きが内側に伝わるとされた。その天全体の動きを引っ張る天が宗動天である。そして、さらにその外側に宗動天を動かす「所以」のものとして設定されたのが常静天である。この中、履軒は常静天を否定し、星天、宗動天、常静天の性質を一つに合わせた天殻を考えた（表参照）。

常静天を否定したのは、天は「自然」で「所以」などないという考え（第一節参照）からである。[16] そして、さらにその内側の無星の宗動天を否定し、恒星天がすなわち宗動天だとした。この恒星天（天殻）は星座が密につまっている（方図や紙製天図では青色に塗られている）。そして、この天殻の飛び出た所が恒星として見えるのだと言う。[17] この天殻が動き（宗動天）、その内側にある土胞、木胞、火胞、日胞へと運動が伝わっていく。履軒は、その運動の伝わりを「激（たぎる）」という言葉を使って活写している。[18]

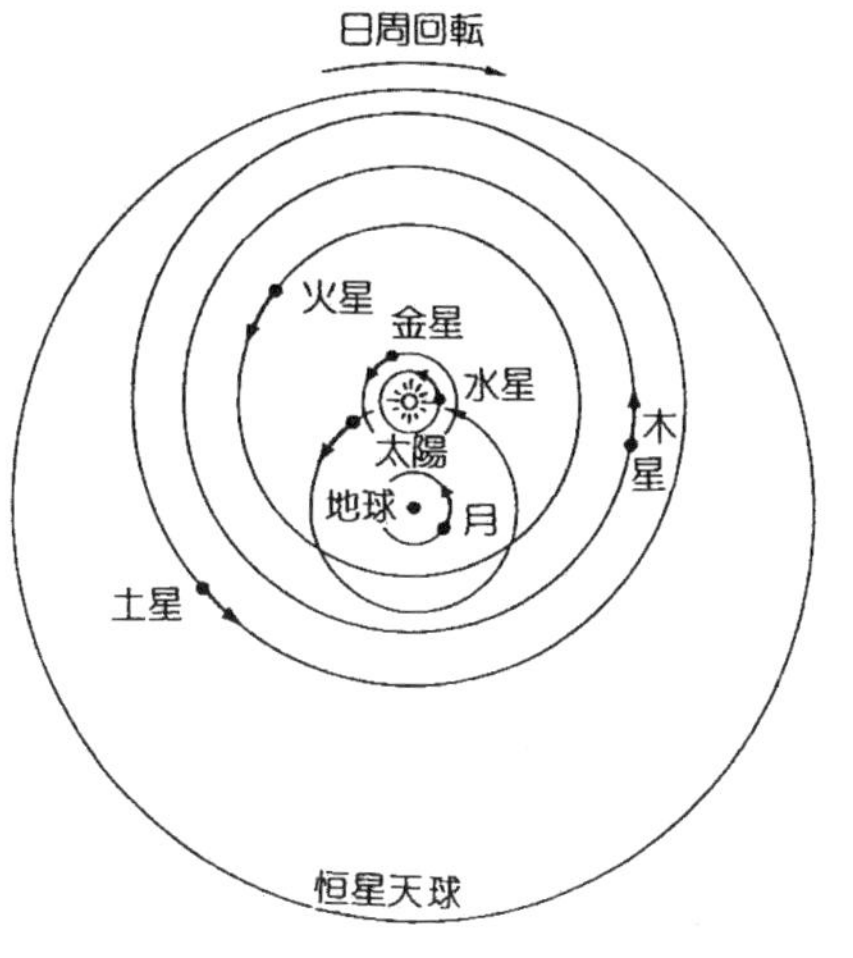

図4　ティコ・ブラーエの宇宙体系
（渡辺正雄『文化としての近代科学』講談社、2000、83頁）

そして、胞がゲル状（透明）であるため、運動にずれや不規則性があると考えたのであろう。内側の方に行って、日胞まで伝わった運動は、水胞金胞へと伝えられる。地球は回りに「虚」があり、おそらくはこの部分で運動が消されると考えたのであろう。当時はすでに地球は丸いと考えられていたが、履軒は地球が支えられている原理についても、丸薬を手で捏ねる譬えを使って実に具体的に描写している。[19]

「七胞論」では、以下、太陽系の構造について、太陽が惑星の中心にあるというティコの体系を説く[20]（図4）。そ

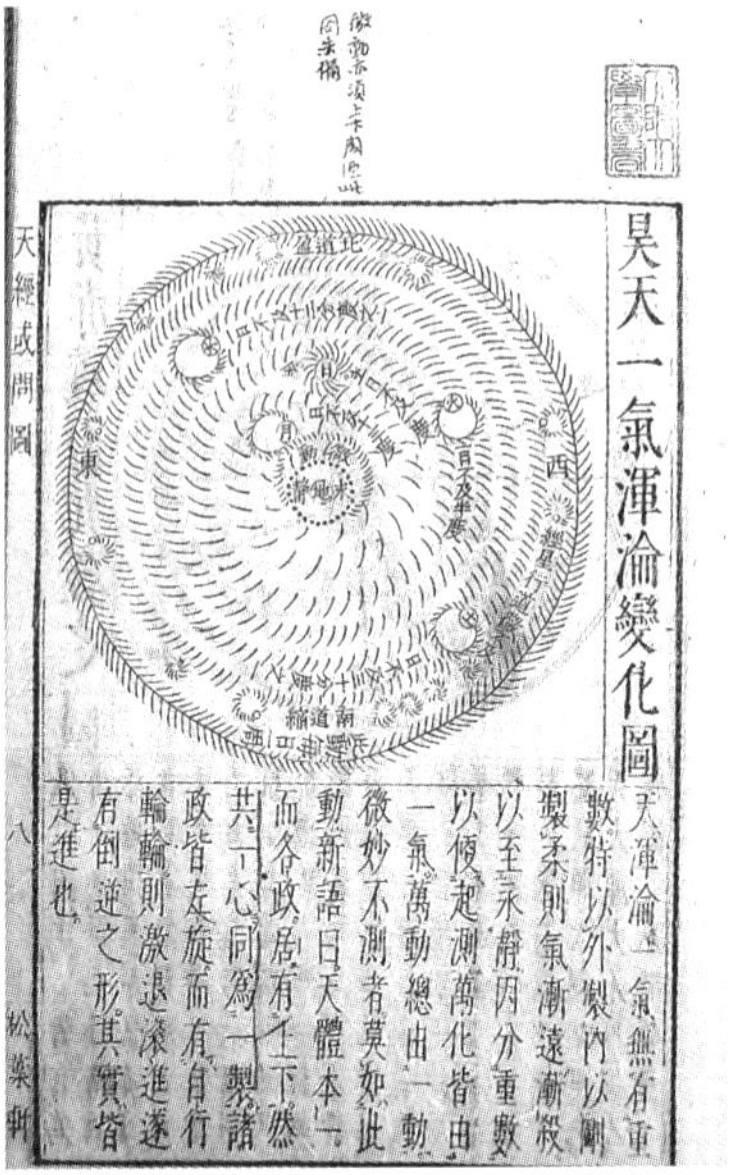

図５「昊天一気渾淪変化図」

して、「月胞は日胞の片端にある（月胞在日胞中偏側）」とした上で、割り注で「月が日胞の中で片端にあるというのは、実は地が天殻の中心にあるので、太陽が地球の片端にあるということにすぎない（月在日胞中為偏側、是実地為天殻之中心矣。則日自在地之偏側耳）」と言い、あくまで地球が天殻の中心に位置することに固執している(21)。

以上、履軒が考える宇宙構造と運動との概略を述べた。これらの生き生きしたイメージは、先人の説を自ら納得できる形に組み替えたものであるが、胞の考え自体は履軒独特のものであろう。構造は、常静天（天殻）、宗動天（無星）、恒星天を一つにまとめ、一方惑星の構造についてはティコ説も導入した。運動は、『天経或問』天巻「天体」や「恒星天」に見えるものと同じである。運動の伝導を表現する「激」という字も、『天経或問』に見える表現である（図巻「昊天一気渾淪変化図」（図５）下の説明および地巻「雹」末尾）。

（二）　熱理論（陰陽論）

履軒の胞の理論で注目すべきは、その熱力学的視点である。月水金地を包み込む日胞は、構造的には天巻「天体」に「金水は太陽に付属して動く（金水二星天皆従太陽天行）」とする考えによっている。ただし、履軒はこれを単に構造的に理解していたのではなく、太陽の熱の及ぶ範囲と考えていた。履軒は次のように言う。

月胞は地球の周りを取り囲み、太陽の熱気を防ぎ、地球が高温にならないようにしている。太陽の熱気はそれでも突き抜けて地球に達し、寒暑をなす。太陽熱の強烈さがわかろう。太陽は陽のエッセンスであり、その胞は陽気で、燃えさかる炎のようだ。五惑星と月とはみな陰のエッセンスで、その胞は陰気であり、氷のように冷たい。およそ天地間の事はただ陰陽の相互関係による。(22)

この末尾の文句から、第一節で述べた「天自然」の考えとともに、この熱理論（陰陽論）は履軒の宇宙論の核心であることがわかる。(23)

履軒の天文図において日胞が赤く、天（天殼）が青く塗られている（その他の胞は無色）ことからすれば、大まかに言って「日胞＝陽、天殼＝陰」という対比であると言えよう。

「七胞論」本文は以上で終わるが、その後に賛がある。そこでは、土木火の三星が昼間に集まれば（見えれば）夜は寒くなり、夜に集まれば（見えれば）その反対になると言う。履軒は、すでに説明した自らの熱理論（陰陽説）により、地球の寒暑を類推しているのである。自ら「これは天文家のでたらめとは違い事実だ」と言うように、これは彼が自信のある説だったらしい。(24)これは、気象学の実際に合わないが、履軒の論理的思考の表れとして注目に値しよう。

以上のように、履軒は、先人の説を参考にして、自ら納得できる宇宙像をきわめて具体的にイメージしていた。構造的にティコ説と一致するというのは履軒の論の一部に過ぎず、むしろ、胞の考えによるダイナミズムと熱理論にこそ注目すべきであろう。

三　天動説と地動説と—相対的思考と視点の移動

第二節で見たように、履軒の宇宙観は、構造的にはティコ・ブラーエの体系と同じであった。ティコ・ブラーエの説とコペルニクスの説とは、地球を固定するか、太陽を固定するかの違いだけであり、構造は同じで、運動も相対的に等しかった。本節では、履軒はどうしてコペルニクス説（太陽中心説）を採らなかったのかを考えたい。

（一）　履軒当時におけるティコ説の広がり

結論から言えば、履軒がティコ体系を採用したことは、当時の状況から言って極めて常識的かつ一般的なことであった。『天経或問』は九天説の同心円説を基本としつつ、一部ティコ説も混じっている[25]。そして、享保一五年（一七三〇）、西川正休が和刻本を出す時点で『天経或問』中の惑星運動理論は時代遅れだと認識されていた[26]。また、履軒の天文学の師というべき麻田剛立は、『暦象考成』『崇禎暦書』などティコ説を紹介した中国の書の影響を受け、自らもティコ説を支持していたと考えられる[27]。また、『崇禎暦書』の名は履軒の雕題にも見え（図巻十一葉）、履軒は目にしたと考えられる。（「七胞論」冒頭に「若日月星辰、皆施輪矣。其数既合、其形則未得也」とあることからもティコ説を含む諸説を知っていたと推測できる。）要するに、履軒周辺では、ティコ説が主流になっていたのである。

（二）　地動説の導入

一方、コペルニクスの地動説が初めて日本に導入されたのは、本木良永の『天地二球用法』（一七七四）だと言われている[28]。同じく地動説を唱えた山片蟠桃の『夢の代』は文化二年（一八〇五）からおそらく文化四年（一八〇七）頃に成立したと考えられている[29]。『夢の代』はその内容から西洋の地動説を目にしていたことがはっきり確認できる。履軒は『夢の代』を校閲し名付け親にもなっているので、当然地動説は知っていたであろう。また、剛立も書簡や遺著に「地動説によれば」という記述が見えることから、地動説を知っていたとされる[30]。履軒の時代は地動説が紹介される時期に当たり、履軒も地動説については知っていたのである。

『天経或問』自体にも地動説が見える。そこでは、舟と岸との例えで地動説が説明されている[31]。相対論による地動説は中国古代思想（緯書）にも例を見出すことができるが、『天経或問』のそれは、おそらく宣教師ジャコブ・ロー（羅雅谷）著『五緯暦指』の影響であろう[32]。

一方、履軒も、大きい物を小さく見、小さい物を大きく見る相対的視点をその思考の特徴としていた[33]。また、『天経或問』や麻田剛立の観測結果には地球と太陽のサイズが述べられており[34]、履軒は太陽が地球に比べとてつもなく大きいものだということを認識していた。そこで、天巻「七曜離地」の本文で「若人従星上視地、決如一塵不能見矣（もし人が星の上から地球を見れば、きっと塵のようで見えないだろう）」という部分に傍点を付け賛意を表したり、天巻「太陽」の項で、太陽が（地球上の）万物を照らし育んでくれるという内容に対して、履軒は、「地球は太陽に比べれば塵のように小さいのに、どうして太陽が顧みてくれよう[35]」と述べたりしている。

（三）　相対的思考による太陽中心説批判

（二）で述べたように、『天経或問』中に相対論的発想による地動説は見え、また、履軒自身、相対的発想を持ち、太陽と地球の大きさについては大小を意識していた。それでは、履軒が地動説（太陽中心説）を唱えるに至らなかったのはなぜか[36]。

逆説的に聞こえるかもしれないが、履軒は相対的思考を有していたがゆえに、かえって太陽中心説を唱えなかった。天巻「太陽」の項で『黄帝経』の説を引き「（太陽が）天の真ん中におり…万物を済う（居天之中…能済万物）」という本文に対して、「太陽が天の中心だというのは嵩山天頂説[37]のようなものだ（以日天為天之中、無以異嵩高天中之説也）」と言う。

履軒は、太陽と恒星を同列に見ている。例えば、天巻「天体」で太陽は恒星と対にすべきだと言い[38]、「会虞―観天地第一」（（三）参照）でも、天に昇ってみると恒星が太陽みたいに光り輝いていたとある[39]。蟠桃は『夢の代』で太陽は恒星の一つだとし大宇宙論を唱えた。履軒が太陽と恒星とを同列に扱うのは、蟠桃の大宇宙論に通じる。以上のように、履軒は、地球を微小なものと見たのと同様に、太陽も絶対化せず、宇宙の中心ではありえないと考えたのである。

ただ、それなら、地球が中心であることは更にあり得ないことになるであろう。この点は、履軒の思想の矛盾と言えるだろう。『天経或問』では、相対論による地動説に対し、作者游藝は、「地が動くと落ち着いていられるはずがない」と反論している。おそらく、游藝と同じく履軒も、日常感覚から地が動いているはずがないと考えたのであろう。履軒の注釈は、常識に基本を置くことが大きな特徴として挙げられるからである[40]。

（四）「会虞―観天地第一」に見る天からの視点

（一）で述べたように、履軒は宇宙について考える際、視点を移動し高みから眺める（想像する）相対的思考を有していた。それが文学作品として結実したのが、「会虞―観天地第一」と題する賦である[41]。題名の「会虞」は「虞《おそれ》に遭う」の意であろう。この賦は履軒の漢詩集『履軒古風』巻四に見え、冒頭部に「朕（華胥国王＝履軒）が生を受けてから七〇年になる（朕遊乎宇宙之間兮、七十載於今）」とあることから、履軒七十歳頃の作だと思われる。天に飛翔し高みから地上を眺めるという設定は、『荘子』や『楚辞』に多見される伝統的パターンである。ただ、履軒の場合、単なる空想ではなく、彼の宇宙観を表現している点に特徴がある。

履軒は、顕微鏡を見ることを切望し、それを果たす。そして、小さい物が巨大に見えた驚きを、克明な観察記録として残した（「顕微鏡記」『弊帚続編』所収）。それと同様（反対？）に、この賦では、履軒は望遠鏡で宇宙を見ることを切望し、その気持ちが天に通じ、天に飛翔し天帝から望遠鏡を授かる。そして、星天（星胞）、火天（日胞）、水天（月胞）と順番に眺めていく。だが、どうしても地球が見えない。やっと見え、その微小さに愕然とするところで目が覚める。

履軒は、自らの居宅を「華胥国」と名付け、自らの精神世界に遊んだ。現実から空想への視点の移動である。そこで、履軒は一般人が価値を置くものを軽んじ、逆に一般人が軽視するものを重んじる相対的思考を発揮した。それと同様に、履軒は、ある時は顕微鏡の世界で微小な物を巨大化し、ある時は天へと視点を移動し巨大な物を微小化したのであろう。

四　「木製天図」「方図」「紙製天図」の表すもの

本節では、履軒の木製天図、方図[42]、紙製天図の分析をしたい。それぞれの図はいったい何を表しているのか。また、その構造の違いは何を意味するのか。

（一）「木製天図」

この図は、各木枠を動かすことにより惑星の位置関係を確認するための道具であろう。二十八宿が記された外枠に三十六目盛りあることから、二十八宿を基準に各惑星の位置を表示するものであることがわかる（例えば『天文図解』（一六八九）にも、各惑星の位置が度数表示されている）。履軒は、麻田のデータを元に、木製天図の火胞木胞土胞を回すことにより各惑星の位置（度数）を確認していたのであろう。

この図は太陽を中心に惑星を描いているが、一方、盤に固定されているのは地球であり、ティコ体系に類似する。ただ、ティコ体系では一番外側の恒星天球の中心が地球であるのに対し、木製天図では太陽になっている。「七胞論」では履軒はティコ説と同じ構造を説いていた（第二節）のに、どうしてなのであろうか。

それは、木製天図は惑星の位置をシミュレーションするための機器であり、正確な天体模型を目指したものではないからであろう。履軒は天殻だけを「天」だと考えた（第二節）。そして、方図、紙製天図では天が青く塗られているのに、木製天図の外枠は白木のままである（日胞の方はちゃんと赤色が塗られているのに）。それはこの外枠は目盛りに過ぎず、天殻を表すものではないからであろう。

木製天図の火胞木胞土胞の幅の適当さから見ても、彼の天の構造に関する全体像を正確に表すものとは言えまい。履軒は、『天経或問』や麻田剛立によって、各惑星間の具体的な距離を認識していたからである（天巻「七曜離地」）。

なお、この図には第二節で見た「胞」が明示されている。火星木星土星が軌道（火輪木輪土輪）上を運行するのではなく、それぞれ火胞木胞土胞の中に浮いているのは、幅のある輪しか作れなかったという技術的問題によるものではない。名前は書かれていないが、中心部の赤く塗られた部分が日胞（太陽の胞）である。この日胞は、太陽だけでなく、水胞金胞（水星金星）、月胞も包み込んでいる。そして、その月胞の中に地球があるのである（日胞の中にある太陽、水星、金星、地球、月はすべて紙で作られている）。ただ、これは単純に技術的問題だろうが、この図は「七胞論」に見えるような、天殻からゲル状の胞へと運動が伝わっていくダイナミズムを再現できる物ではない。

この図を視点に注目して言えば、地球から見える惑星の位置に焦点を当て、惑星だけをクローズアップしたものだと言える（そもそも、天動説・地動説は、惑星の動きを説明するために問題となったものである）。そこで大きくは星胞に含まれる火木土各胞が分けられているのだ[43]。だが、すでに述べたように、相対的考えを有する履軒は、惑星が宇宙の主役だと考えていたわけではない[44]。この図は、彼の天の構造の全体像を正確に表すものとは言えまい。

（二）「方図」

この図において注目すべきは、外側の二十八宿の並びが木製天図と逆であることである。これは、木製天図の視点が地球にあるのに対し、方図の視点が宇宙にあることを意味する。天球儀に張り付けられた星座が地球からの見え方と逆になっているようなものだが、単純には、紙に書いたものを裏から透かしてみると左右逆になるのを想起されたい[45]。

つまり、方図は天から地球に向かって抉っていった（地球に迫っていった）図と言えよう（「会虞」と対応）。各円は同心円を意味するものではなかろう。それでは、左上に「此図土木火ノ三胞脱、未悉（この図は土木火の三胞が欠けており、完全なものではない）」と火木土各胞を意識しながら描いていないのはなぜか。それは、すでに述べたように、履軒は惑星は宇宙の中では取るに足りないものだと考え、火木土各星は大きくは、星胞に含まれると考えていたので、宇宙全体図ではわざわざ描かなかったのであろう。実は、描き方がわからなかったのかもしれないが。

その他、天の外に放射状の線が引かれている。履軒は、天殻の外については、知らないから述べないという基本姿勢を持っていたが、一方、無窮だと言い、天（天殻）の外の宇宙を意識していた。そこでは天殻（宗動天）の動きがだんだん弱まっていくと考えていた。[46] このような考えは山片蟠桃の大宇宙論につながる思想だと言えよう。

方図は履軒の天文図ではもっとも詳しく履軒の宇宙像を表した図と言えるだろう。

（三）「紙製天図」

二十八宿の並びは方図と同じで、視点が宇宙にあることがわかる。

この天図の左上部には「星天、即動天矣、即天殼…[47]（恒星天がすなわち宗動天であり、すなわち天殻は…）」と書かれている。第二節で明らかにしたように、履軒は、「天」とは天殻だけだと考え、九天説の複雑な層構造を否定した。[48] つまり、この図はまさに履軒の考える「天」だけを表したものと言える。

それにしても、天の内部がただ「気」とだけ書かれているのはなぜか。またこの単純な図に金縁を施しきれいに表装していたのはなぜか。

想像をたくましくすれば、この図を見てあっけにとられる客人に対し、履軒は「天はこの青色の殻があるだけで、他は何もありません。その内側は茫々とした気が広がっているだけです。人間が七曜と言っているものは塵のようなもので、普通は見えません」とでもうそぶいていたのではなかろうか。[49]

以上のように考えれば、この天図こそが縮尺に偽りのない（どこにも焦点を当てない・クローズアップしない）履軒の宇宙鳥瞰図であり、履軒の真骨頂と言えるかもしれない。履軒が表装したのもゆえなしとはしない。

以上のように見れば、各図の違いは履軒に特徴的な「視点の移動」によるものであり、履軒の思想の分裂や思想の変化の産物ではないと言えよう（逆に言えば、これらの図は、視点を動かすことによってのみ正しく読むことができると言える）。その中、五惑星の位置関係を正しく表しそれをシミュレーションする模型を作っていた点も注目に値するが、私はむしろ他の二図にこそ履軒の思想的特徴を見出すことができるのではないかと考える。

おわりに

今だけでなく、昔も理系文系の分離はあった。天文学者（暦学者）が宇宙観を説くことは稀であったし、逆に儒者は天文学の知識に疎かった（中山茂『日本の天文学』岩波書店、一九七二、八五頁、一五七頁、一六二頁）。だが、宇宙観の成立は、実測に基づく天文学と宇宙構造について考える世界観（哲学）とが結びついて初めて可能である。クーンはそれはヨーロッパに特有のものであったと言う（トーマス・クーン『コペルニクス革命』紀伊国屋書店、一九七六、第一章四五頁）。クーンの言うことが正しいとすれば、履軒は例外であろう。

履軒は、天人相関説や予定調和的思考を徹底的に排除し、実見を重視した。視点を移動する相対的思考を有した彼は、観測結果を見、先人の説を批判的に検討することにより、宇宙の具体的イメージを練り上げた。その方法は、数学的美を求めたコペルニクスらとは対照的である。この点において、履軒は彼らよりいっそう強靱な思考を持っていたと言えるのではないか。山片蟠桃の独創的思想はこのような思想的土壌の上に育ったものだと言えるであろう。

注

（1）この三図は大阪大学懐徳堂文庫復刊刊行会『華胥国物語』（吉川弘文館、一九九〇）、懐徳堂友の会・懐徳堂記念会『懐徳堂―浪華の学問所』（大阪大学出版会、一九九四）にも見える。

（2）以上、吉田忠「『天経或問』の受容」（『科学史研究』Ⅱ―二四（一五六）、岩波書店、一九八五）による。

（3）他に、天巻「天地之原」の本文で主宰者を船頭に例えて「豈舟之自為哉。有舵師操之」とあるのに対し「譬之、天之形象舟也、其主宰舵也、天自具之、不須外借也」という雕題を付けている。

（4）原文「天之運行元不為人物而設。故其数不恰好。惟人用私心窺天、謂天為己而運行、則於其不恰好者、必求其説而不止、竟成就井蛙之見已。人能脱井底而浮洋海、帰天運于自然、則於天学思過半。」

（5）地巻「分野」雕題「分野之妄不足辨。」地巻「望気」雕題「全篇誕妄不足辨。」地巻「占候」雕題「亦一篇妄誕。」

（6）地巻「星座」雕題「星名不知出於何人、亦何有意義。猶之児戯土塊之瓶釜葉露之酒漿、何煩辨論。」

（7）天巻「経星名位」雕題「二十八宿度之多少非天度有定数也。惟人就黄道側近挙大星為標準耳。故度自然有多少、亦是偶然、勿作鑿説可也。」「二十八宿外無大星可標乎哉。然古来如此、後人不敢改耳。」地巻「度分宮舎」雕題「天度有定数而二十八宿広狭不律。蓋古来循用不変耳、元非精選。勿回護作説。若後世名之、必選恰好之数。周天已分十二宮、則宜立十二舎、又剖之為二十四舎、更剖之為四十八舎、於暦算豈不便乎。星雖有大小亦不患不給。十二宮名春秋伝既見之。然猶出於二十八宿之後也。故不能相合耳。」なお、以上の説は別に「十二支論」（『幽人先生反古録』所収）という論文にまとめられている。

（8）天巻「経星名位」本文「五星像五行之色、故名為金木水火土。」雕題「経星命名非有道理、無足論焉。災異家之言、亦無足辨焉。」

（9）中山茂「麻田剛立の天文学」（『梅園学会報』一〇、一九八五）。

（10）原文「『有時而不斉』亦必有一定之理矣、但人之知未至焉耳。…人以有涯之生必欲窮数万年之数、顧有弗及耳。然謂天運渺茫竟無一定之理不可推求者誣也。歴家往々以精詣自誇張、其所不能推者、謂為無可推之理而弗復求焉、自欺欺人、至於以誣天。可勝嘆哉。噫天下滔々皆是、豈特歴学乎哉。」＊『論語』微子篇「滔々者天下皆是也。」履軒著『論語逢原』「『滔々』、漲漫之貌、与蕩々浩々同。謂凶暴無道満天下之意。旧解『流而不反之意』失当。…『是也』猶言如此也。言四方滔々皆無道、如今所避逃国也。」

（11）原文「天数自然有定而算成乎人為。故雖算尽精微、而未足適乎自然之数、必有欠闕也。術者自聖不自省其不足、而帰咎於他物、非也。」

（12）本文「噫是亦未深思也。」雕題「雖深思之豈能得之。」

（13）天巻「天体」雕題「月星之天謂玻璃可也。至於日天必当有赤色。我故有日胞月胞星胞之説、別具」とあり、それをまとめたのが「七胞論」である。

（14）原文「蓋七曜既有質、必附于物、然後能転運也。不得空輪自懸于虚中矣。物謂之胞、日星附此、猶胎之在胞也。胞者如水如気、似卵之青、似豕之脂、有形而無質、玲瓏猶玻璃、亦非空虚。」

（15）脬豆説は方以智『物理小識』巻一「歴類」に「天圜地方言其徳也。地体実圜、在天之中、喩如脬豆。脬豆者以豆入脬吹気鼓之、則豆正居其中央。或謂此遠西之説」とある。『天経或問』図巻序にも「泰西士脬豆之論」と言及されている。また、司馬江漢著『和蘭天説』（一七九五）でも紹介されている。

（16）天巻「天体」雕題「是蓋用宋儒守静之説附会焉耳。不可従。」常静天の否定については、天巻「常静天」の項にもある。

（17）原文「天殻是衆星之密布堆積、猶天漢也。殻有凹有凸、恒星天漢、皆其凸處、故人目唯能覩凸之恒星天漢、而弗覩凹之衆星矣、以其益邈也。」天殻については、他に天巻「天体」雕題で、「謂為天殻必是一層堅梗物事、可謂井蛙之見矣。亦不辨無窮之過耳」と言う。天の構造については、他に天巻「天体」雕題参照。

（18）原文「天殻之右転也、殻下気激、而倒送土胞、以左之。木胞火胞、遆相激而左旋、以及于日胞、是為五緯左旋之行也。然其大勢、則随天殻而右転、一日略一周也。」

（19）原文「今人丸粉薬、右手按指稍重、則丸不成矣。若指軽、而薬遊於内。」

（20）原文「天殻之内有土胞、土胞之内有木胞、木胞之内有火胞、火胞之内有日胞、火胞以日胞為軸、木胞以火胞為軸、土胞以木胞為軸。…金水二胞、在日胞之中、而環抱日輪、金胞以水胞為軸。而水胞又以日輪為軸、金水之環日輪也、掌周匝護日輪、使其正圓不外潰也。土木火之環日胞也、亦掌護日胞、使其火気不散漫流蕩也、五星皆以日心為心矣。」

(21) それに続けて「環抱地而以地為軸、故以地心為心者、唯月胞天殻矣」と言い、ティコ体系と同じ構造であることがわかる。

(22) 原文「月胞掌周匝護地、以抗禦日気、使不内熱也。日気猶透徹射地、以作寒暑也。亦可以知日陽之猛烈矣。日輪者陽精也、其胞為陽気、正如炎火。五星与月、皆陰精也、其胞為陰気、其寒如氷。凡天地間之事、唯陰陽相扶相禦而已矣。」

(23) 『左伝雕題』昭公元年でも、履軒は「古人称陰陽多在寒暖上、不如後人専以語気也」と言う。

(24) 原文「賛曰、華胥国有占星知寒暑軽重之術云。蓋土木火三星、皆聚于昼分、則夜間地上、取冷多矣。故夏月暑軽、而冬月寒重。三星皆聚于夜分者反之。春秋亦以此為準。然弗若冬夏之分明耳。其三星分布于昼夜者、各以其多少遠近、乗除消息焉、亦略可知已。此皆拠実之言。与星家孟浪虚誕有間焉。」

(25) 『天経或問』天巻「五星遅疾伏退」に「土木火之本天大、皆以太陽為心而包地」「金水之本天、雖亦以太陽為心而不包地」とある。『天経或問』のティコ説の部分的採用については、吉田忠「『天経或問』の受容」、中山茂「『天経或問後集』について」(『東洋の科学と技術　藪内清先生頌寿記念論文集』同朋舎、一九八二)に見える。

(26) 『天経或問』西川正休凡例に以下のようにある。

「一　…又宗動天無形象。庸詎測之。為愚考玄覧所説、七曜離地大小等数、斯乃西儒旧説耳。今中西倶莫之用。請須知焉。」

「一　此書所載若謂小輪最高卑、不同心圏、又土木火三星之運旋、亦疎漏而不能過欧羅巴回回説。請君子悉焉。」

(27) 末中哲夫『麻田剛立』(大分県教育委員会〈大分県先哲叢書〉、二〇〇〇)二一一頁。

(28) 渡辺敏夫『近世日本天文学史』二六五頁。

(29) 『富永仲基・山片蟠桃』(岩波書店〈日本思想大系四三〉、一九七六)解説七一九頁。

(30) 渡辺敏夫「麻田剛立と天文学」(『梅園学会報』一一、一九八六)五頁。

(31) 地巻「地震」本文「黄石斎老師云、地動而天静也。地転而天運也。如舟行而岸移。非岸移也。実舟行也。」

(32) 小川晴久「東アジアの地転説と宇宙無限論」(伊東俊太郎・村上陽一郎編『比較科学史の地平』培風館〈講座科学史三〉、一九八九)参照。

(33) 履軒の相対的思考の例は枚挙に暇がない。「華胥国記」(『弊帚続編』所収)の冒頭だけを挙げる。「華胥之国、幅員至小、亦至大。小之則僅容膝矣。大之則包乎宇宙之外。」その他「蝸牛巨図」(『履軒古風』所収)「顕微鏡記」(『弊帚続編』所収)「歎拘」「会虞」(『履軒古風』所収)など。

(34) 「麻子測法」による地球や太陽の大きさは、天巻「七曜離地」雕題、および『履軒数聞』に見える。

(35) 原文「地之於日、猶微塵之小耳。微塵中之万物、豈能被太陽之顧眄哉。太陽亦能料涼熱之候而占居處哉。」

(36) 履軒は、『天経或問』の地動説には雕題を付けていない。

(37) 『初学天文指南』(一七〇六)の天球儀の図で、天頂に「嵩高山」と書かれているのを参照。

(38) 原文「其実大陽自与恒天衆星為対。」

(39) 原文「維星天之晶瑩、如鏡如氷兮、如玻璃之浄。…唉、天漢之匹練兮、更駭其博広。昔覩其如砂如沫兮密布、今乃如日如月兮照映。矧乃列宿之厖大兮、其以容言哉。」

(40) 宇野田尚哉「中井履軒『論語逢原』の位置」(『懐徳』六二、一九九四)および、肱岡泰典「中井履軒の文学観」(『詩雕題』、吉川弘文館〈懐徳堂文庫復刻叢書八〉、一九九五)を参照。

(41) それに先立ち、履軒が三十七歳の京都滞在期に書いたと思われる「歎拘」という賦(『洛汭奚嚢』『履軒古風』所収)にも同様の視点が見える(拙稿「『洛汭奚嚢』―中井履軒の京都行」『懐徳堂センター報』二〇〇四(大阪大学大学院文学研究科・文学部懐徳堂センター)参照)。

(42) 紙製天図には、「天図」という名が履軒筆で記されているが、「木製天図」「方図」には名称が書かれていない。ただ、『懐徳堂水哉館遺書遺物目録』にあるので、あるいは履軒以来、懐徳堂でそのように呼ばれていたのかもしれない。「方図」という名は「天円地方」の語に基づくものとされている(湯浅邦弘編『懐徳堂事典』大阪大学出版会、二〇〇一、一四三頁)が、この図は地と天との両方を表す(「天」「地」ともその場所に字が書かれているのに注目)。ただ、四角く作られていることと、後に述べるように「地」を見た図ということからして、「方図」という命名も的はずれだとは言えない。本章では、この呼称に従う。

（43）天巻「天体」雕題「我故有日胞月胞星胞之説、別具」及び「会麌」を参照。

（44）天巻「天体」雕題「蓋称日月与五緯為七曜者、人間之語耳。…如六曜猶大陽之唾珠耳」。太陽系の惑星の大小については、天巻「星体大小」に数字が見える。木星土星については、実際よりもかなり小さくなっている。

（45）ただし、星座は地球から見える形のままである。また、そもそも履軒の論では二十八宿は天殻にあるはずだ。おそらく天殻の内側に点が打たれているのがそれで、それを見えやすく星胞の部分に取り出したのであろう。また、履軒は二十四宿を唱えていたがそれも表現されていない。

（46）天巻「天体」雕題「不必立常静天為主宰。据理言之、宗動天之外旋転之気漸々緩縵、則宜常静不動而止也。然天外無終極、帰之無窮。無窮者無形無象、不可名為天。」

（47）その後に字がすりきれた跡があり、数字分下に「已」だけが見える。おそらく「〜のみ（だけだ）」という文句があったのであろう。

（48）「七胞論」にも「星天者、天殻也。獨無胞、此掌動矣。不須別立宗動天也」とある。

（49）「会麌」で地球を探す部分に「既而神定意怡兮、髣乎髴乎、覩中有物。譬如水底之泡兮、升未達乎水面、濛濛焉惟一気之混沌兮」とあるのを参照。

＊本章で扱った資料は、拙稿「中井履軒　天文・暦法・時法関係資料」（『懐徳堂センター報』二〇〇六、大阪大学大学院文学研究科・文学部　懐徳堂センター）にまとめている。

第一章　ロシア軍艦ディアナ号と懐徳堂――並河寒泉の「攘夷」――

湯浅邦弘

はじめに

嘉永七年（一八五四）九月十八日、一艘の異国船が大阪湾安治《あじ》川の河口、天保山の沖に碇泊した。その船は、ロシアの海軍中将プチャーチン率いる軍艦ディアナ号であった。

ディアナ号は、これに先立つ八月二十四日、日本との条約締結の特命を受け、樺太対岸のインペラートル湾を出航。八月三十日に箱館に入港した。九月五日、プチャーチンは大坂に直行する旨の文書を老中宛に発送した後、九月八日に箱館を出発。紀州日高郡南塩屋浦沖、同・加太浦沖を通過して、九月十六日には和歌山城下沖に到達。岸和田沖を経て、瀬戸内に進入、播州明石郡東垂水村沖に至った後に東進し、九月十八日大阪湾に突入したのである。

同日未の刻、急報が西町奉行所へ届けられ、川村対馬守修就《ながたか》は騎乗により急行した。ところが、ロシア側二十余名はすでに小艇（launch）一隻にて安治川第四街に上陸していた。対馬守はロシア側を退去させるとともに、安治川口

ロシア軍艦ディアナ号
(神戸市立博物館蔵、同館『特別展よみがえる兵庫津』2004年)

に和小船を並べて航路を封鎖し上陸を阻止した。何の予告も受けていなかった大坂は大混乱に陥り、大坂城代、両町奉行はその対応に追われた(1)。

当時、異国との交渉には第一外国語であるオランダ語が使われた。このロシア側との交渉に際しても、オランダ語に通じた適塾の塾生が動員されたことはよく知られている(2)。ただ、交渉には漢文による筆談も行われ、外交文書の内の一通は必ず漢文によって作成されることとなっていた。実は、このディアナ号来航の際、大坂学問所「懐徳堂」の教授が漢文による筆談に備えて天保山に詰めていたのである(3)。

懐徳堂は、享保九年（一七二四）、大坂の有力町人によって創設された学塾で、二年後の享保十一年には、大坂学問所として官許を受けた。中井竹山・履軒兄弟の頃には江戸の昌平黌をも凌ぐとされる隆盛を誇り、その門下からは、富永仲基、山片蟠桃、草間直方などの近代的英知も輩出した。外国通詞が常設されていない大阪の地で、頼るべき知的拠点はこの懐徳堂であった。

この点について、懐徳堂研究の第一の基礎資料である西村天囚『懐徳堂考』は次のように述べる[4]。

嘉永七年改元、安政紀元九月十八日、露西亜の軍艦大阪湾に入りて、天保山沖に突入せしことあり、幕吏出張して応接せしが、寒泉桐園に応接の史官を命ぜらる、蓋し今の通訳なるべく、外国軍艦には定めて漢文に通ぜし者あらんとて、筆談の役目に召出されしなるべし、二人は懐徳堂の授業をも休みて、日々詰所に出張し、時には或は舟にて軍艦にも赴きしとの事なれど、露艦中に果たして漢文を知る者ありて、筆談せしことありや否やは詳《つまびらか》ならず、未だ幾ばくならずして露艦去り、御用も済みければ、幕府より寒泉に白銀七枚を桐園に五枚を賜ひて、其の労に酬いられたりき。

つまり、天囚は、懐徳堂教授の並河寒泉と預り人の中井桐園が「応接の史官」を拝命したことを指摘し、その功によって後に幕府から褒賞されたことを記している。ただ、具体的な交渉の様子、特に漢文による筆談が行われたのかどうかについては「詳《つまびらか》ならず」としている。

これに対して、中井木菟麻呂『懐徳堂水哉館先哲遺事』（以下、『先哲遺事』と略称する）には、やや異なる記述が見える。

嘉永中、露西亜ノ軍艦ガ天保山沖ニ突入セシ時、寒泉ハ先考桐園ト共ニ応接史官ヲ命ゼラレ、一時懐徳堂ノ授業ヲ休ミテ、日々出張シ、応接ノ事アル時ハ軍艦ニ舟ヲ進メ、漢文ヲ以テ応接セシガ、事罷ミテ、官ヨリ白銀七錠ヲ賜ヒテ、其功ヲ賞セラレタリ、是ニ於テ寒泉漢文ヲ以テ其顛末ヲ録シテ、拝恩志喜ト題シタリ、右ノ白銀七錠ノ目録ハ、台ノママニ存シ、年毎ニ一回之ヲ出シテ、当時ヲ記念シタリ。（「魯艦入港ニ付　応接史官ヲ命ゼラレシコト」の項）

このように、『先哲遺事』は、寒泉・桐園が実際に「軍艦に舟を進め」、「漢文」によって「応接」したと明言しているのである。

木菟麻呂は、懐徳堂で代々学主（教授）・預り人（事務長）を務めた中井家の子孫で、明治二年の懐徳堂閉校後も中井家の重要資料を継承するとともに、懐徳堂の復興に尽力した。この『先哲遺事』も、中井家伝来の資料や並河寒泉から直接聞いた事柄をもとに作成されたものであり、特に中井竹山・履軒以降の記述は詳しく、その資料的価値は高い。西村天囚の『懐徳堂考』が最大の根拠資料としたのも、この『先哲遺事』であり、両者を比較すると、『懐徳堂考』がいかに『先哲遺事』の記述を襲っていたかが分かる。

ではなぜ、この箇所について、『先哲遺事』と『懐徳堂考』との間に記述の相違があるのであろうか。その手がかりとなるのは、『先哲遺事』が言及する『拝恩志喜』であろう。木菟麻呂は、寒泉がこの顚末を『拝恩志喜』という漢文の記録に残したと明記し、更にこの記述に続いて、「寒泉ノ著書」として、主著『辨怪』に並べて、この『拝恩志喜』を掲げているのである。

とすれば、『拝恩志喜』の内容を検討することにより、この点を解明できる可能性が高いと言えよう。果たして漢文による筆談は行われたのか。本章では、『懐徳堂考』が言及しない『拝恩志喜』を取り上げ、ロシア軍艦来航に際して、懐徳堂の教授がどのような行動を取り、またそこにいかなる思想が投影されているのかについて考察を加えてみることとしたい。

一　漢文による筆談

大阪大学懐徳堂文庫には、近年蒐集された未整理の資料が多数あり、並河寒泉関係資料についても、「並河寒泉文庫」と仮称して調査が進められている。ただ、残念ながら、現時点に於て、寒泉が記したとされる『拝恩志喜』の原本は見つかっていない[5]。しかし幸いなことに、東京大学史料編纂所蔵の抄本が残っているので、これを基に『拝恩志喜』の内容について検討してみたい。この写本は、大正五年（一九一六）並河總次郎所蔵原本によるもので、抄写時に頭注の形で一部校訂が加えられている[6]。

構成は、表紙、扉に続き、「安政乙卯（二年）（一八五五）二月」の自序三葉、本文二十一葉から成り、更に、「告祖先文」一葉半（奥付「安政乙卯正月朔旦」）、「告懐徳堂諸先修廟文」一葉（奥付「安政乙卯正月元旦」）が附され、これらを合わせると計二十四葉から成るかなりの長文である。

以下、本文に従って、その内容を概観してみよう。なお日付は、『拝恩志喜』の記載する陰暦に従う[7]。

まず、九月十八日、ディアナ号来航直後の様子は前記の通りであるが、寒泉が不穏な動きを知ったのは、同日朝、友人清水伯鋒が寄せた手紙によるという。それは、十七日の「昧爽」、「加多（太）沖[8]」に「夷船」が出現し、岸和田侯が警備を始めたが、情報が錯綜しているという内容であった[9]。

同日午後には、懐徳堂の門前を「防火装」の「吏人」が奔走、西方（天保山方面）に向かい、街も騒然となるが、寒泉はこの時点ではまだ詳細を知らなかったという。同日夜になって、「内山氏」宅に出講するが、取次の者より、夷船が「天保丘」に碇泊したため、主人（内山氏）はすでに二日帰宅せずと告げられ、帰庠した。寒泉はこの時、初めて夷船の来航を知ったのである。

同日「初鼓」、両町奉行から懐徳堂預り人の中井桐園（汲泉）に天保山手前の「市岡荘」（市岡新田会所）に赴け、また病気の場合は代理者を派遣せよとの急命が下る。寒泉は、門生の藤枝公名を付けて桐園を先発させた。寅の刻になって、公名が帰庠し、寒泉にも出張の命があり、市岡荘の詰め所に急行した。

翌九月十九日早朝、「東曹八田氏（東町与力八田五郎左衛門）」「西曹山本氏（西町与力山本善之助）」が、「海門衙曹太田氏（船手与力太田資五郎）」を従え、「公鷁」に乗って「夷艦」に赴いた。寒泉・桐園は、両町奉行とともに天保山に至った。この日、早くも見物人があふれ、両町奉行より観覧禁止の命令が出た。また兵庫、西宮、尼崎、堺方面から小船に乗ってディアナ号に接近し、積載した野菜や雑器を「夷物」と物々交換しようとする者があり、奉行所により十数人が捕縛され、この後は接近する者が絶えたという。ロシア側はこの日小艇を三回出動させるが、いずれも上陸できず、本艦に引き返した。このように、十九日には、日本側役人がロシア艦に赴いたとされるが、寒泉自身は、「本艦に予到らず、其の状を知らず。因りて記すを得ずと云う」と、ディアナ号本艦には赴いていないと述べている(10)。

寒泉とロシア側との間接的な交渉があったのは、ディアナ号出現の三日目、すなわち九月二十日の午後である。この日、「三曹」（「東曹八田氏」「西曹山本氏」「海門衙曹太田氏」）がディアナ号に到り、またそれまで特に公務のなかった寒泉に初めて奉行よりお召しがあった。両奉行より、漢文による「夷奴文書」が提示されたのである。寒泉は一読した後、支離滅裂な漢文で大意をつかむのが精一杯であると一喝した。答書作成の命は下らなかった。

翌九月二十一日から二十六日についても、寒泉は、天保山周辺の警護状況を記し、その布陣整然たる様子を強調するなど、事細かに記録を続けるが、交渉という点では大きな進展はなかった。

動きが出てくるのは二十七日からである。この日、両町奉行が大坂城へ登城。翌二十八日に万年橋たもとの民舎を「応接司官舎」とし、寒泉一行が詰め所を移動した。またこの日、ロシア側が水を要求し、「十槽」分授与した。西町与力山本善之助はこの任に当たることとなったが、万一登艦を求められた場合に備えて、登艦謝絶の漢文の作成を寒泉に依頼した。水の受け渡しは無事終了し、この寒泉作成の謝絶文は実際には使用されなかった。また、この日、寒泉は、ディアナ号に対して下田回航を指示する文書二通（ロシア側への通達用と下田奉行への通達用）の作成を命じられた。

二日後の十月一日、寒泉は、腰痛のため、その前日より懐徳堂で静養していたが、暮方に使者があり、詰め所に出張した。ロシア側から文書が届いたためである。桐園が既に作成していた答辞を寒泉が点検、ロシア側に渡した。官舎にて、八田、山本両与力より寒泉に対し、明日（十月二日）、ロシア本艦に乗船するとの予告があった。寒泉は「固より願う所なり」と答え、就寝した。

十月二日朝、小雨の中、寒泉は、八田、山本両与力らとともに小船に乗り、ロシア側の札艇と湾内海上で接舷、交渉・筆談が開始された。日本側はみな佩刀していた。

寒泉の観察によれば、寒泉と筆談した者は年齢五十歳余、「鬚（あごひげ）」はあるが「髯（ほおひげ）」はなく、白髪交じり。鼻はそれほど高くはなく、色もそれほど白くはない[11]。喜怒の情が激しく、交渉の間もその感情を露わにした。先方の漢文は鵞ペンによって記され、先日（九月二十日）のものと違って読みやすく、同筆ではないとの印象を記している[12]。

なお、ディアナ号には、中国語・漢文のできるヨシフ・ゴシュケービッチ（一八一四〜四八七五年。漢字表記「臥斯結威」、のち初代駐日ロシア領事）が同乗していたが、寒泉と筆談したのが、このゴシュケービッチであるかどうかは未詳である。ちなみに、寒泉は「年五十有餘」と記すが、嘉永七年（一八五四）はゴシュケービッチ四十歳の時に当たる。

この交渉では、結局さしたる結論は得られず、交渉途上でロシア側は帰艦した。そして、翌十月三日、ディアナ号は、突如、天保山沖を退去するのである。以下は、多くの史書によって周知の通り、十月十五日、ディアナ号は下田に入港、二十三日に到着した日本全権団との交渉を経て、十二月十五日、交渉妥結、二十一日、日露和親条約が調印されるのである。また、十一月四日の安政の大地震大津波によってディアナ号が大破し、回航途中に沈没、戸田での日本側協力による再建（初の洋式帆船建造）の後にようやく帰国を果たすという美談もよく知られている。

さて、このように『拝恩志喜』を概観すると、寒泉とロシア側との接触は確かにあり、文書を介した間接的な交渉（九月二十日および十月一日）、船上での筆談による直接交渉（十月二日）が行われたことが分かる。とすれば、『懐徳堂考』と『先哲遺事』との記述の相違は、やはりこの『拝恩志喜』を実見していたかどうかに起因していたと言えよう。中井家伝来の文書を大切に保存していた木菟麻呂は、この書の存在を知っていたからこそ、『拝恩志喜』を寒泉の著作として明記し、またその内容を知っていたがために、漢文による筆談があったと躊躇いなく明記したのである。

これに対して、『懐徳堂考』がこの点を未詳としたのは、要するに『拝恩志喜』を実見する機会を得なかったからであろう。当初、新聞連載「懐徳堂研究」として掲載が始まった『懐徳堂考』は、短期間のうちに懐徳堂創立以来二百年余の歴史をまとめる必要があった。『先哲遺事』に依拠して執筆を進めたとは言え、膨大なその記録を前に、場合によっては大幅な記述の節略を余儀なくされ、また個々の詳細については、逐一原典にあたって確認をとる暇がなかったのではないかと推測される。両者の記述の相違は、やはりこの点に求められるであろう(13)。

ただ、想像を逞しくすれば、天囚が『拝恩志喜』の内容を知っていながら、その内容ゆえに、あえて無視した、あるいは意図的に隠蔽したという可能性も一応は考えられる。

二　「皇国」と「夷狄」

そこで次に、『拝恩志喜』に窺うことのできる寒泉の思想について検討してみよう。まずディアナ号に対する呼称について、寒泉は、本文中で「魯西亜夷舩」「夷艦」「夷舶」、本文に附録した「告祖先文」では「魯夷師艦」「夷艦」、同附録の「告懐徳堂諸先修廟文」では「魯西亜夷軍艦」「夷艦」と称している。この内、「夷」は夷狄（外国）を表す語で、もとは、中華と夷狄の差別を前提とする古代中国の華夷思想に基づく語である。ただ、鎖国を国是とする当時の状況の中で、これのみをもって直ちに華夷観念に基づく強烈な排外思想を表明したものとまでは即断できないであろう。

しかし、個々の記録の中には、相当激烈な表現を伴うものもある。まず、九月十八日、ロシア側が小艇によって上陸した件では、「夷児札艇を放ち、鯵水《アジカワ》第四街に犯し入り、既に上岸す」と述べる。「夷児」という表現、「犯」という語が注目される。また海上封鎖の後も、ロシア側は三度上陸を試みたとされるが、その小艇操櫓の様は見事だったようである。ただ寒泉は、「左右均しく潮を撃ちて進む。数里一瞬、進退唯意、疾きこと飛鳥の如し」とロシア小艇の統制の良さに言及するものの、同時に、「宛然機発の木偶人」とそれはまるで心を持たぬ機械の如くであり、「機制の巧、固より彼の長ずる所のみ。復た奚ぞ羨まん」と悔し紛れのような批評も加えている。

また九月二十日、ロシア側のもたらした「夷奴文書」を両奉行から示された寒泉は、「文滅裂、字潦草、顚倒有り、誤字有り、歯牙に上すに足らず」と述べている。そもそも漢文の体をなしていないという侮蔑の言葉とともに、やはり「夷奴」という表現にも寒泉の心理を読み取ることができよう。

次に、十月一日、「内山氏」よりの伝聞として、ロシア人の不器用さと貪欲さを示すエピソードが記されている。それによれば、内山氏が「夷艇」と交渉した際、日本側の舟中に「鑪」があったが、「夷狗」はその中の炭火を火箸でつかもうとしたもののできず、遂には怒りを発して投げ捨てたのに対し、内山氏は最も小さい炭を容易くつかみ挙げたという。また、「夷児」が日本側の提灯を欲しがり、ではロシア側のガラスのランプと交換しようというと俄に拒絶したとし、これは彼らの「貪惰利心」を示すものであると説く。

また、十月二日、漢文による筆談が行われた際、寒泉はロシアの船員を仔細に観察しているが、その中で、疱瘡について言及する。寒泉は、外国には種痘法があり疱瘡の痕がないと聞いていたが、「舟奴」の中には痘痕の蜂巣状の者がおり、この話は甚だ疑わしいと述べる。西洋医学の発達という情報に対して、懐疑的である(14)。

そして、当日の交渉における「夷情（ロシア人の情況）」は、神聖なる外交交渉の場に於て甚だ誠意を欠いたものであり、彼らの態度は「虚喝」「侮慢」「詭譎」の三語に集約できるという。例えば、文を書き終えた後は、舷側に寄りかかって寝そべり、寒泉の答辞執筆の様を横目で眺めるという有様であった。寒泉は、こうした態度を「憤悶に勝えず」とし、『孟子』の言葉を踏まえて「禽獣」の行いであるとさえ言う(15)。

このように個々の内容と表現に注目すると、寒泉がかなりの敵意・蔑視をもって交渉に臨んでいたことが推測される。そのことを更に端的に表すのは、ディアナ号退去の後日談である。

十月三日、抜錨したディアナ号は、大阪湾を南下、加太を経て十月五日暮、外洋に姿を消した。その後、ディアナ号は、十一月四日の安政の大地震による大津波によって大破し、戸田への回航途中に沈没する訳であるが、寒泉は、関東でその様子を見聞したという「府人」からの情報としてそれに言及している。

ここで注目されるのは、その伝聞を受けて「夷艦の覆滅、夷種の溺没、豈に痛快ならざらんや」とディアナ号の沈没を「痛快」とし、先に「天保丘の役」に従事した者で同じく「痛快」を叫ばない者はいないであろうと豪語する点である。続いて寒泉は日本の歴史を振り返り、「皇国」の「夷狄」への対処法には容赦がないとして、遠くは征夷大将軍坂上田村麻呂の蝦夷征伐、近くは元寇を撃退した北条氏の例を挙げる(16)。そして、「皇国」は周囲を海で囲まれていて、「外夷と接せずして自足」できるという地理的環境にあり、対夷狄の方針もこれに基づくと説く(17)。寒泉にとってディアナ号の沈没は、声なき天の喩す所であり、「皇国」の「顕然」たる「赫威」がもたらした「膺懲」だったのである[18]。

このように、『拝恩志喜』に見える寒泉の思想は、鎖国下において当時の人々が抱いていた、異国人に対する単純な恐怖や嫌悪といったものではなく、強烈な攘夷の立場を表明するものであったと言えよう。寒泉は、「皇国」と「夷狄」とを対比して「皇国」の優位性を説くとともに、この「夷艦」の覆滅が、「皇国」を犯したことによる天罰であったとさえ言うのである。

とすれば、こうした激烈な内容は、西村天囚『懐徳堂考』にとって、どのような意味を持っていたのであろうか。天囚は、『拝恩志喜』を見ていながら、こうした強烈な思想ゆえに、このディアナ号の一件を「詳ならず」と記したのであろうか。

ところが、『懐徳堂考』には、並河寒泉の国粋主義や攘夷の立場は、次のように明快に記されている。

・寒泉の為人《ひととなり》謹厳方直にして、燕居と雖も必ず危坐し、平生朴素自ら安じて衣服什器も粗悪を厭はず、慷慨にして志気を尚び、深く赤穂義士を景慕して、坐右常に義人録を置き、大石良雄真蹟の墨、及び遺物の模造品を蓄へ、講堂に出づる時は、必ず大高源吾が木刀に模せしを佩び、人に喩すに義気和魂を以せり。（『懐徳堂考』巻下（五十八）寒泉の晩年）

・尊攘説の盛なりし比《ころ》は、志士の周旋を聞く毎に感奮措く能はざる状ありて、勤王家の詩歌等、聞くに随ひて蒐録せり、洋風を嫌忌すること蛇蝎の如く、維新後も洋品を用ひず、洋服の客には面会を謝絶せりといふ。（同）

前者は、寒泉の性格が厳格で、「赤穂義士」を具体的な敬慕の対象とする「義気和魂」を尊んでいたことを説く。また、後者は、尊皇攘夷派の活躍を耳にするたびに感激し、「洋風」を嫌悪し、明治維新後もその姿勢を貫いたことを説く。これらの記述も、木菟麻呂の『先哲遺事』に基づくものであり、ここに、寒泉の思想を隠蔽しようとする意図は全く感じられない。

確かに、竹山・履軒の頃の懐徳堂全盛期に比べれば、幕末の懐徳堂は、衰退の一途をたどった訳で、天囚もその点については、次のように述べている。

其の懐徳堂に於ける経書講義の内容は、朱註一方の単純なる解釈にして、輪講などにも、諸家の説を交へ引きて議論を上下するを許さざりけるより、游学の諸生は其の学風に満足せずして、競ひて東畡の門（藤沢東畡の泊園書院）に集まるを致せり。……要するに碩果以来は、閉鎖退嬰の方針を取り、寒泉桐園も亦其の風を守りて、学校の中に割拠したりしかば、竹山時代の大学は、此に至りて名実共に一郷校とは為れりき。（『懐徳堂考』下巻（五十二）寒泉桐園と大阪諸儒）

しかし、これは時流のなせる止むを得ざる現象であって、寒泉自身が批判されている訳ではない。天囚は、「然れど父祖の流風余韻を承けて儒林の世業を紹ぎ、学風の醇粋を期して、高く俗儒の外に標置し、人をして正学此に在るを知らしめて、以て帰嚮する所あらしめしは、世道人心に裨益せしこと尠《すく》なからず」と、むしろそうした時代にあって、懐徳堂の学風を継承した点を高く評価している(19)。『懐徳堂考』の「結論」部分に、「竹山履軒歿後の懐徳堂は、強弩の末力のみ、幸ひに寒泉ありて、儒業を継承し、以て維新の際に至りしを多とす」とあるのは、そうした寒泉評価を端的に表明するものであろう。

従って、天囚は寒泉の攘夷の姿勢を批判的に捉えていた訳ではない。また、『懐徳堂考』執筆に際し、それを隠蔽しなければならない必然性もなかったと言えよう。仮に『拝恩志喜』の内容が不適切に思われたのなら、「魯艦応接」の項そのものを削除したり、単に「漢文」による筆談があったとだけ記してその詳細に触れない、などという方法も天囚には残されていたはずである。しかし天囚は、「魯艦応接」を寒泉の功績とし、幕府から褒賞されたことを明記している。従って、天囚が、漢文による筆談の有無を「詳ならず」としたのは、やはり、『拝恩志喜』の内容を確認していないという単純な理由に求めておくのが妥当であろう。[20]

三　寒泉の「攘夷」

このように、ディアナ号来坂に際して、並河寒泉は漢文による筆談を行い、その顛末を『拝恩志喜』として克明に記録した。そこには、寒泉の攘夷の姿勢が鮮明に打ち出されていた。それでは、寒泉にとって、結局この出来事と自らの行動はどのような意味を持っていたのであろうか。

そのことを示唆するのは、十月三日、ディアナ号が天保山を去ってからの寒泉の行動を記した部分である。早朝、ディアナ号が突如退去したとの報を受け、寒泉らは官命により小船に分乗して追跡を開始した。しかし、折からの暴風で、追跡は困難を極めた。ディアナ号自身も針路が定まらなかったが、ようやく南進を開始し、紀州方面に向かった。ここで寒泉らは、ディアナ号が和歌山と淡路島の間の友ヶ島水道を通過すると判断し、ここに「加多之行」が決定する。

翌十月四日寅の刻、寒泉らは三艘に分乗し、加太に向けて出発したものの、強風波浪によりやむなく天保山に帰還、内一艘が行方不明となった。暮れになり、その一艘が岸和田に到着したとの報を得て、官舎に帰還し、子の刻に就寝した。

翌五日、依然として波は高く、ここで「舟行」と並行して「陸行」が決定する。すなわち水陸両方面から追跡することとなったのである。寒泉・桐園・公名らは「陸行」組となり、奉行所手配の轎《かご》に乗って出発、午後、堺・岸和田を経て、日暮れには貝塚にて夕食。その日は徹夜で進み、翌六日巳の刻、加太の一里手前の「加田之口」に到着、轎を卸して休息した。ところが、加太からの使者により、「魯艦昨暮を以て加田を去る」の報を得た。寒泉らは一里の道を加太に急ぎ、正午到着。夷艦退去の情況を聞き、昼食をとった後、加太を離れた。翌七日、岸和田にて昼食、堺にて夕食。「初鼓」、天保丘に到着、帰庠したのは「四鼓」であった。

このように、寒泉は九月十九日夕刻から十月七日深夜まで「殆《ほとんど》一旬」、懐徳堂の校務を離れて、この件に奔走したのである。[21] この事件は、文人寒泉に、学校外における具体的な行動を求めることとなった。一つは、懐徳堂教授という学力によって、実際にロシア側担当者と漢文による筆談を行ったことであり、今ひとつは、姿を消したディアナ号を追って、紀州加太に急行したことである。

寒泉にとって、これらは紛れもなく、栄えある攘夷の実践であった。その前年にペリーが来航して以来、攘夷の気風が高揚する中、過激な実力行使に打って出る「志士」も現れ始める。しかし、知識人の代表たる懐徳堂の教授にとって、異国人に斬りつけるというような文字通りの攘夷の実践はかなうはずもない。自らの学力により、また、官命をもって「夷艦」を駆逐したとの思いは、十月二十六日、幕府からの褒賞によって絶頂を極めた。

翌安政二年正月、寒泉は、懐徳堂諸先の霊に「告祖先文」「告懐徳堂諸先修廟文」を捧げ、この一件を報告した。寒泉は、幕府からの褒賞を「感銘の至りに勝えず」とし、その意義を次のように記す。

斯の役や、事は外夷に係る。而して官命を奉じて、以て染翰《せんかん》に従事し、竟《つい》に斯の恩賜を忝《かたじけな》くす。豈に吾が輩浅学の能く效す所ならんや。抑《そもそ》も書堂の設、百有三十年にして今に于《いた》る。寛政中、文恵《ぶんけい》先生（中井竹山）逸史《いつし》献納の日、章服を恩戴するの栄、殊出異数、是れ咸《みな》先生学徳淵茂の致す所にして、吾が輩今日の栄も、亦た諸先生余徳の致し及ぼす所以なり。（「告懐徳堂諸先修廟文」）

つまり、「外夷」との交渉というこの「役」に際し、寒泉は、「官命を奉じて」、自ら得意とする「染翰」(文筆)に従事し、偉大な成果を収めたと自己評価する。そして、この栄光を、かつて外祖父・中井竹山が幕府に『逸史』を献上して褒賞された姿に重ね合わせるのである。竹山は寛政年間に、幕府の求めに応じて、徳川家康の一代記を大著『逸史』としてまとめ、幕府から「章服(時服)」を賜った。寒泉にとって、自らの「攘夷」の実践は、懐徳堂全盛期を築いた竹山の快挙にも匹敵する出来事だったのである。『拝恩志喜』という名称も、この褒賞を賜った恩を拝し、その喜びを志す、という意味であろう。

それでは、こうした寒泉の思想はどのように形成されたのであろうか。最後にこの点について若干言及しておきたい。

懐徳堂では、明和八年(一七七一)ごろから水戸藩の『大日本史』の筆写が総力をあげて行われ、一部が懐徳堂に納められた。『大日本史』は、懐徳堂初代学主三宅石庵の弟・三宅観瀾が総裁として編纂に関与しており、大義名分を説き南朝正統論を採る点に特色がある。懐徳堂に於て筆写に与った者は三十七名、校訂者は三宅春楼・中井竹山・履軒・加藤景範の四名である。懐徳堂と水戸学との密接な関係を想起することができよう。

またこれに関連して、懐徳堂の歴史学の立場を示すものとして「正閏論」を挙げることができる。正閏論とは、歴史を大義名分によって解釈し、王朝の正統を厳密に問う論で、「正」は正統、「閏」は正統でない天子の位の意である。例えば、中井履軒の『通語』は、保元の乱より南北朝の終焉に至る、およそ二六〇年間についての歴史書であるが、その中で、履軒は尊王斥覇(皇室を尊び覇王を斥けること)の論を展開し、大義名分論の立場から、南朝を正統と認めている。

こうしたことから、懐徳堂では、「尊王(尊皇)」がその基本的立場として継承されていて、幕末に至り、それが

「攘夷」の思想へと移行したということは比較的容易に理解されよう。もっとも、『拝恩志喜』には寒泉の個人的な激情がほとばしっているとも言えるが、そうした思想を醸成する基盤が懐徳堂そのものにあったことは認めて良いと思われる。

一方、寒泉が「夷奴」と呼んだ当時のロシアに関する情報については、例えば、中井竹山が松平定信に呈上した『草茅危言』には「蝦夷」の項があり、そこでは、蝦夷経営における「北狄」の脅威に言及している。また、幕末の懐徳堂で、夜の講義の後に語られた談義をまとめた『懐徳堂夜話』（談者は中井碩果、筆録者はその門人の野村広善）にも、ロシアへの言及がある。すなわち天保八年六月十二日の夜話では米価高騰が話題となり、碩果は「日本は結構な土地でどこでも米ができるが、「オロシヤなどは、千里も通ふ間に米一粒も出来ざる土地あり」と述べている。こうしたロシア観が懐徳堂の共通認識であったとすれば、そのことも、寒泉の攘夷の思想に一定の影響を与えていたと言えるであろう。

おわりに

明治二年（一八六九）十二月二十五日、並河寒泉は、廃校となった懐徳堂を去り、城北の本庄村に移った。そこでもなお、かつての門生を集めて「懐徳堂」の額を掲げ、暫くは桐園とともに教授を継続したという。また、晩年わずかに残った髪で小さな髷を結い、結髪の遺風を存して断髪をよしとしなかったという（『先哲遺事』『懐徳堂考』）。明治維新後も、寒泉の志操は貫かれたのである。

だが、百四十年余の歴史を有する懐徳堂の閉校、外国との通商の開始、大阪・神戸への異人の上陸と、時代は、寒泉にとって好ましからざる方向に大きく転換していった。嘉永七年、寒泉の断行した「攘夷」は、文人として望みうる最高の「攘夷」の実践であった。その「攘夷」によって駆逐したはずの「夷奴」が、今や大阪の街を闊歩する様を、寒泉は、どのような気持ちで見ていたのであろうか。明治十一年二月六日、寒泉は八十三歳の生涯を閉じた。

注

（1）プチャーチンが箱館において大坂直行の旨を記した文書を老中に発送したのは九月五日であるが、それが江戸に届いたのは九月二十八日である。

（2）緒方銈次郎「露艦大阪入津と緒方塾」（『上方』第一三三号、一九四二年）は、適塾の二宮敬作の息子逸二（嘉永七年閏七月四日入門の適塾生）が、ディアナ号来航四日後の九月二十二日付で、父・敬作に宛てた書状を紹介する。そこには、伊藤慎蔵、栗原唯一らが緒方洪庵代理として「民間の代理通訳」として通詞に当たったことが見えるが、どのような通訳・交渉が行われたのかなどの詳細については記されていない。

（3）「天保山」は天保二（一八三一）～三（一八三二）年、安治川の浚渫を行った際の土砂を積み上げてできた防波堤で、大坂三郷は目印山番所を置いていた。そこで「目印山」「目標山」「天保丘」と表記される場合もあるが、本章では、特に資料の原文に従う場合を除き、通称である「天保山」と表記する。

（4）『懐徳堂考』下巻（五十三）「魯艦応接と御城入」の項。以下、原文の引用に際しては、旧字体を現行字体に改め、原著に付されている総ルビは割愛した。なお、『懐徳堂考』は大正重印本、昭和復刻本も含めて現在入手が困難であるが、筆者は先に、『懐徳堂考』全頁を電子化した「電子懐徳堂考ＣＤ―ＲＯＭ」を制作した。その詳細については、拙稿「電子懐徳堂考の制作」（『懐徳』第七二号、二〇〇四年）参照。

（5）懐徳堂文庫についての総合調査、およびそれに基づく電子目録、貴重資料データベースについては、ＷＥＢ懐徳堂http://kaitokudo.jp/ 参照。

（6）『先哲遺事』『懐徳堂考』によれば、寒泉には二男七女があったが、長男と女子三人は夭折し、次男尚一（蜑街）も二十歳で病没した。従って、寒泉には嗣子がなく、京都の並河總次郎の幼女を以て後を承けしめたという。

（7）ディアナ号来坂を含む日露交渉の詳細については、ロシア側資料、日本側外交関係史料などを総合的に突き合わせて検討する必要があるが、ここでは、紙幅の関係もあり、あくまで『拝恩志喜』の記述を中心に論述することとしたい。

（8）現在の和歌山市北西約十㎞。現在の表記は「加太」であるが、史書に「加田」「加多」などと表記されることもある。『拝恩志喜』でも、「加多」「加田」の両表記が見える。

（9）当時の日本側関係資料の中では、異国船の数を四艘とするもの、五艘とするものなど、情報が混乱している。管見によれば、『浪華紀事』などが「八九艘」とするのが最大である。

（10）南要「ロシア艦の大阪湾来航に就いて」（『上方』第一三三号、一九四二年）は、前記の与力三名に加え、「蘭学者緒方洪庵、漢学者並河寒泉等の一行六名が乗船して露鑑に赴き」と記すが、洪庵と寒泉が赴いたというのは事実誤認であろう。

（11）「與予筆談者、年五十有餘、有鬚而無髯、脱帽則多髪斑白、鼻柱不太隆、面色不太白、其性喜怒不常、應接間、一有不適意則忿、有適意忽喜」。

（12）「書用楷法、以換螺文蟹字、又以成漢語、比諸前日所見、易讀且鮮、想非同筆也、書亦稍異」。

（13）なお『大阪市史』二（大阪市参事会編、一九一四年）は、このディアナ号来航関連の記載に際して、『拝恩志喜』を根拠資料の一つに挙げ、一部は原文も引用している。ただ、「（大坂）城代の伺書に対する江戸表の第一指令は、廿六日を以て到着せり」とし、老中からの通達を承けてディアナ号が退去したとするなどの事実誤認があり、そのようには記述していない『拝恩志喜』の内容を仔細に検討していたかどうかにも疑問がある。プチャーチンが函館で大坂直行の旨の通達書を幕府（老中）に発送したのは九月五日、それが江戸に届いたのは九月二十八日、大坂城代の伺書に対する回答を老中が発送したのは九月二十九日、それが大坂に届くのは十月三日である。

（14）「舟奴中、有痘痕如蜂窠者、是其非夷種可知矣、聞外夷有種痘法、是故一無有痕者、而今如此、是可疑之甚者、惜夫不説詰其由」。

(15)「但應酬之況、渠已擱筆、則馮舷枕肘頓身、而流視予運筆、筆了授之、則遽然起身而受、其侮慢如此者、予目撃之、弗勝憤悶也、然要之、禽獣而已矣、復奚難、鄒夫子遺訓存」。

(16)「皇国待夷狄之法、不少仮借、疾其屢至也、樹征夷征狄二将軍、以膺懲之、遠焉田村将軍之於英夷、近焉北条氏之於元夷、史冊歴々可徴矣」。

(17)「皇国之方構、四屏八塞、非山則海矣、閉四門而不接外夷而自足矣、則其立法之意、亦其在于此也」。

(18)「抑今日夷艦之覆没於暴颶也、我恐天不言、而有所喩也歟、要之、所以致也」。

(19)その他、『懐徳堂考』では、当時の人物批評「浪華風流月旦」に寒泉の名が見えること、また文久二年（一八六二）、将軍家茂の命により、お城入り儒者五人の一人に寒泉が選出されたことを記し、「内々奉行在番等の為に経を講ずるとは異なり、公然城に入りて城代以下一統の為に講釈するものなれば、頗る重き身柄にて、竹山も亦嘗て此の命を受け」たと、寒泉を顕彰している。

(20)もっとも、天囚が『拝恩志喜』を確認しなかったとしても、そのまま木菟麻呂『先哲遺事』の記述を襲って、漢文による筆談があったと記すことも可能であったかと思われる。しかし天囚がそれをしなかったのは、無論、『拝恩志喜』を確認しないまま根拠のないことは言わないという誠実な態度に基づくものであったと言えよう。ただ、それに加えて今ひとつの可能性として考えられるのは、天囚と木菟麻呂との懐徳堂をめぐる確執である。明治時代の末から大正時代の初めにかけて、懐徳堂の再興をめぐって、両者の間には、若干の思いの相違があったようである。中井家の子孫として、甃庵・竹山・履軒以来の中井家学の再興を悲願とする木菟麻呂と、懐徳堂は中井家の一家学ではないとする記念会（西村天囚）側とには、多少の感情のすれ違いがあったと推測される。これに関連して、中井木菟麻呂が大正天皇に献上するためにまとめた懐徳堂の編年史『懐徳堂紀年』の成立をめぐって考察したものに、竹田健二氏の一連の研究がある。詳細については、本書第六部第一章・第二章参照。

(21)中井木菟麻呂が大正天皇に献上するためにまとめた懐徳堂の編年史『懐徳堂紀年』の草稿では、この事件が次のように記されている。「(安政元年甲寅) 秋九月十八日、魯西亜軍艦、倏爾入於府西海口、碇泊於避濤丘西南里許、府帥両定鎮両衙尹、以至諸曹掾胥吏及侯伯庶邸之處守、帥群警衛焉、両尹馳書於書院、召寒泉桐園於市岡新田行衙、以命文筆應答之事、及魯艦去、有加多之行、居丘二旬、以十月十七日、歸庠」。この記述が『拝恩志喜』に依拠するものであることは明らかであろう。ただ、「歸庠」を「以十月十七日」とするのは『懐徳堂紀年』の誤記であろう。ちなみに、この草稿は、懐徳堂記念会による大幅な削除を経た後、大正天皇に献上され、現在その献上本が宮内庁書陵部に保管されている。草稿に手を加えたのは西村天囚であった可能性が高いが、そこでは、特に幕末の記事について大胆な削除があり、嘉永七年（安政元年）のこの記事も記載されていない。ただ、これは、全体の分量やバランスを考慮して、幕末関係記事が割愛されたものと考えられ、特にこの事件だけが意図的に隠蔽されたという訳ではない。

第二章　並河寒泉撰『難波なかづかみ』の攘夷的心情

矢羽野隆男

はじめに

『難波なかづかみ』は、懐徳堂最後の教授であった並河寒泉（一七九七〜一八七九）の著した通俗的な内容の能楽の小品で、大阪大学附属図書館の懐徳堂文庫に寒泉手稿本が存する。この資料の内容については、すでに吉田鋭雄「懐徳堂所蔵懐徳堂先賢著述書目」（『懐徳』第十九号、昭和十四年〈一九三九〉）が次のように紹介している。

難波なかづかみ　寒泉先生手稿　仮綴一冊
文久二年正月難波の南に子飼の豹《ナカヅカミ》が見世物に出たといふ由来に就て、横浜の遊女が義烈を歌ふた戯作ものである、凡て四葉。

この解説によって、見世物の豹を題材にして遊女の義烈を記した作品であることが知られる。ただ、その「義烈」の中身に触れていないため、ここから主題を察することは難しい。また、本資料の内題下に「寒泉戯作」とあるのに拠って「戯作もの」と紹介することにより、洒落本・人情本・滑稽本など通俗小説の類かという印象を与える。
実はこの作品は、後述のように、寒泉の趣味であった謡曲の形式を用い、当時見世物として評判となった舶来の豹の由来に絡めて、横浜の遊女の攘夷的言動を記し且つ称賛したもので、吉田氏の紹介には主題・表現に関して補足修正が必要である。趣味的な小品ではあるが、豹の見世物という題材に当時の世相が反映するとともに、寒泉の趣味や思想傾向が窺える著作である。

以下、先ず『難波なかづかみ』の本文（懐徳堂文庫所蔵本を底本とする）を掲げ、(1)次いで、その題材・表現・主題について解説する。

一　『難波なかづかみ』本文

難波なかづかみ　寒泉戯作

世に伝ふ、言の葉しげき口々に、虚実《きよじつ》はそれ共《（とも）》白真弓《（しらまゆみ）》の、中にも直《（すぐ）》なる其道は、貴賤尊卑にかゝ《（関）》はらす《（ず）》、なには《（難波）》の事も中つ《（づ）》かみ、取る道なれは《（ば）》聞ままに、こと精《（くわし）》くも語り申さん。

〈語〉《（かたり）》抑《（そもそも）》ことし文久二年の正月〈チ〉《（地）》中比《（なかごろ）》、難波の南に当て、子飼《がひ》の豹《ナカヅカミ》を見す。其由来を尋《（たずぬ）》るに、比《（ころ）》は安政の末とかや、横浜といふ里に一人の遊女あり。ゑみし《（蝦夷）》のかた《（語）》らひに来りしか《（が）》、ある日ゑみしの言様《（いうよう）》、「わか《（が）》船に綾羅《りやうら》・錦繍《きんしう》をあまた積たり。汝の望みに任《まか》すへ《（べ）》し」と有りしかは《（ば）》、遊女少しものそ《（望）》む気色なし。又言様、「伽羅《きやら》・麝香《じやかう》・玳《たい》瑁《まい》・珊瑚珠《さんごじゆ》も、山のこと《（如）》くつみ《（積）》来りたり。何にても汝か《（が）》望に任すへ《（べ）》し」と、重《（かさね）》ていひしかと《（ど）》、ついに一つものそ《（ぞ）》ます《（ず）》。「傾城《けいせい》の身として、何一つ貪《（むさ）》ほ《（ぼ）》らぬは、異《い》な女かな」とゑみし大《（おおい）》に怪しめは《（ば）》、「わらはとても木石にあらさ《（ざ）》れは《（ば）》、望のなき事は候はし《（じ）》」と対《（こた）》へしかは《（ば）》、「其《（その）》のそ《（ぞ）》みとは何もの」と、ゑみしせま《（迫）》つて尋ぬれは《（ば）》、「それ虎《とら》といふものは、百獣《ひやくじう》の長《ちやう》とはきけ《（聞）》と《（ど）》、画にこそ見、遂に真《ま》ものを見たることなし。されは《（ば）》虎をこそ望む所なれ」といふ。ゑみしも「こは」と驚き明《あ》きれしか共、さらぬ体《てい》にて、「安きことよ」とて返《（かえり）》にしか《（が）》、又の便りに小き豹を持来《（もちきた）》り、「これこそ望みの虎なり」とて予《（あた）》へけれは《（ば）》、さなから《（が）》女な《（ママ）》なり。豹と虎とのけぢめもなく、唯悦《たゝよろこび》の眉《まゆ》をあげ、子飼餌飼《こがひえがひ》に日を楽《たの》しみ送《おく》り、一月斗《ばか》りも立ぬれは《（ば）》、秋かせ《（風）》の吹ままに、八百《やを》の財《たから》に売りしろし、其十の四つをもて、我か《（が）》身のしろ《（代）》となし、遂に花のちまたの門《かど》を立離《たちはな》れたり。さてゑみしにかく〱（かく）のこと〻告《つげ》けれは《（ば）》、ゑみし太《（はなはだ）》打ゑみ《（笑）》、「それこそわれも望む所よ。いまよりは妻ともなし、国へもつれ《（連）》ゆかん」とありけれは《（ば）》、遊女もつての外に気色《けしき》をかへ、「汝気《け》がら《穢》ひ畜生《ちくせう》め、今迄はわれ匪類《ひるい》の身なれは《（ば）》、汝をまらふど《（客人）》よ様《さま》といひてもてなしたれ。ああ勿体《もつたい》なや、われはこれ日の本の御神《おほんかみ》の御末なるぞ。汝畜《ちく》生如きものに、再ひ《（び）》言《（言葉）》はをかは《（交）》さし《（じ）》」と、いひもはて《（果）》ずのゝしり《（罵）》すて《（捨）》、袂《たもと》を払《はらひ》て立去りぬ。ゑみしは唯茫然《たゝばうぜん》として夢の如し。なん《（何）》ぼういさ《（勇）》ましき遊女にてはなきか。

〈上哥《（あげうた）》〉か〻るためしを日の本の、〱（かかるためしを日の本の）、匪類《ひるい》遊女の末迄も、かく斗《（ばか）》り義烈《ぎれつ》を取そ《（ぞ）》かし。まして干戈《たてほこ》を枕《まくら》とし、太刀や刀を横《（よこた）》ふ武士《もののふ》は、申《（もうす）》も中々愚《おろか》なり。下民草《しもたみくさ》に至る迄、か〻る義烈のかせ《（風）》に靡《なびき》なは《（ば）》、此《（この）》日の本の御運《ごうん》、千秋万歳と目出度《（めでた）》き御世を仰く《（ぐ）》哉、〱（目出度き御世を仰ぐ哉）。

ぐはんぜ無魂大夫令章句志也

二　題材（見世物の豹）

そもそも舶来の珍獣は近世初頭から既に人気の高い見世物《みせもの》で、従来長崎に舶載されたが、安政五年（一八五八）の日米修好通商条約締結の後は、新たに開港した横浜への入港が多くなった。『難波なかづかみ』（以下『なかづかみ』）

の題材となった見世物の豹（「なかづかみ」は豹の古名）も、こうして横浜に渡来したものである。[2]

万延元年（一八六〇）五月下旬に一隻のオランダ商船が横浜に来航した。その貨物の中に豹の子がいた。それを聞きつけた江戸の香具師仲間らは横浜へ出向いて購入し、七月下旬から江戸の西両国で見世物興行が催されることとなった。

この豹の見世物は江戸で大評判を取った。もっとも、当時の大衆には豹と虎との区別がはっきりとはつかず、「虎」として宣伝もされた。例えば『舶来虎豹幼絵説』に「見る者日毎に数万人、虎といひ豹と称へ、又豹は虎の牝なりとし、諸説区々にして一定せず。」と記され、[3]また豹を描いた当時の錦絵やビラも、それを「虎」と称している。江戸の人々に動物に関する知識が乏しかったことに加えて、文化史的にも圧倒的に虎の認知度が高かったことにもよろう。[4]

この豹の見世物は、江戸を皮切りに東海道を経て、大坂は難波新地で興行となった。『大阪繁昌詩』にも「文久二年壬戌春、夷虜齎す所の豹」と題する詩が収められ、「郊南珍獣時々来、昔日駱駝今日豹」云々と詠まれている。その時期（文久二年壬戌春）・場所（郊南）は、『なかづかみ』の「抑ことし文久二年の正月中比、難波の南に当て、子飼の豹を見す。」と一致することから、寒泉がその由来を聞き及んだ豹がこれとわかる。

『なかづかみ』は風聞の記録らしく時代状況を映している。例えば、「ゑみし」（以下「えみし」。史実に照らせばオランダ人を指す）が珍品を満載して横浜に来航したという『なかづかみ』の記述は、外国商船が横浜に来航するようになった当時の状況を描いている。また『なかづかみ』は、えみしが豹を虎と偽って遊女に与え、また遊女も虎・豹の違いに頓着しない、と記すが、これらの点は虎・豹を混同する当時の認識を映している。

風聞の記録であるから、『なかづかみ』に史実を読み取るのは危ないが、見世物が世間に与えた影響の一端は見て取ることができる。そのような意味で、『なかづかみ』は見世物史の資料ともなりうるであろう。

三　表現（能楽）

『なかづかみ』は、内容は通俗的ながら、その表現・構成は能楽的構成をとっている。[5] 能の構成は、全体を序（冒頭）・破（主体）・急（結末）の三部に区分する「序・破・急」の理論にのっとってなされる。複雑な構成になる場合もあるが、三部構成が基本である。また、シテの中入りのあるなしで単式能・複式能に分けられる。『なかづかみ』の場合、序「世に伝ふ〜語り申さん」、破「仰ことし文久二年〜遊女にてはなきか」、急「かかるためしを日の本の〜目出度き御世を仰ぐ哉」の三部構成、かつ、シテの中入りのない一場構成の単式能で、極めて単純な構成からなる能楽作品といえる。

本文の途中に記された「語《かたり》」「チ（地）《ぢ》」「上哥《あげうた》」は、能楽を構成する謡《うたい》の単位である。「語」はシテやワキが物語をする、節のない部分。「チ」は、恐らく「地（地謡《ぢうたい》の略）」で、そうならばナレーションの役割をもつ六〜十二人による斉唱。「上哥」は、「かかるためしを日の本の〱」と初めの七五の繰り返しを特色とする七五調の韻文で、叙情・叙景を内容とするものである。ここにも演出効果を意識した能楽的な構成が見られる。

巻末に「ぐわんぜ無魂大夫令章句志也」と記すが、これは能楽のシテ方家元である観世大夫を模したものと思われる。実在した観世左近太夫（九世　一五六六〜一六二六、十五世　一七二二〜一七七四）をもじって「右近」、更に「右近・ウコン」を「無魂・ムコン」ともじったものではないかと推測する。寒泉の趣味は能狂言であった。[6]『なかづかみ』は、寒泉自ら架空の能楽師に擬し、趣味の延長として「戯作（戯れ作った）」した能楽小品といえる。

四　主題（華夷思想・攘夷論）

『なかづかみ』は遊女の「義烈」を賞賛する作品であるが、その義烈とは「われはこれ日の本の御神の御末なるぞ。汝畜生如きものに、再ひ言はをかはさし」と有る如く、「えみし」に対して発せられた義烈であった。「綾羅・錦繡」「伽羅・麝香・玳瑁・珊瑚珠」という財貨の誘惑に負けず、また商人の妻としての裕福な生活を放棄し、「日の本の御神の御末」という自らの精神的価値の優位を主張して「畜生」を蹴散らし、ひいては「日の本の御運」を隆盛に導くに足る遊女の言動、それが「義烈」の中身である。いわば華夷思想に根ざした攘夷的な遊女の言動、それを称揚することが、この作品の主題である。

攘夷論が台頭した幕末、遊女の中には、『なかづかみ』の遊女の他にも、華夷思想から西洋人に身を委ねるのを潔しとしない者が有ったらしい。寒泉の日記『居諸録』の安政六年（一八五九）八月十五日の条には次のような記述が見える。「江戸・横浜の二妓、身を夷狗に委ぬるを疾み、海に投じて死す（江戸横浜二妓、疾委身夷狗、投海而死）」（訓読は引用者による）という事件があり、それを大坂西町奉行の久須美佐渡守が「恩に感じ愛に酬いて身を致すは安く、恥を知り生を棄てて義を全うするは難し。海泥の中に投ず一雙の玉、金谷の墮楼と為して看る莫かれ（感恩酬愛致身安、知恥棄生全義難。投海泥中一雙玉、莫為金谷墮楼看）」という絶句に詠んで、その修辞上の教示を寒泉に請うたという記述である。[7] 寒泉がわざわざこの一件を記したのも、妓女の「義を全うする」行動に対する奉行の称賛に共鳴したからであろう。その三年後、寒泉は自ら『なかづかみ』を執筆して遊女の義烈を称揚したのである。

寒泉は赤穂義士を敬慕する慷慨家であった。尊王攘夷の思潮が世を風靡した時期には、「義気」「和魂」を唱道し、志士の詩歌をまとめ『慷慨集』と題した詩集を愛読した。また維新後も洋品を用いず、髷を結って旧幕時代の遺風を存したという[8]。寒泉の攘夷的感情は相当激しく、例えば、『居諸録』安政七年（一八六〇）二月五日の条に、英国に強硬姿勢を貫いた林則徐の詩幅を掛けたことを記し[9]、また同年八月十八日の条に、英国人の富士登山での遭難について「嗚呼、愉快」と記す[10]。『なかづかみ』にはそんな寒泉の攘夷的心情がよく表れている。

ここで懐徳堂の対外観を振り返るに、中井竹山・履軒の対外観は、総じて積極的なものではなかった。竹山は、中国・朝鮮・琉球との交易は日本経済にとって有害であり、生産技術（薬・紙・書籍）において遜色ない日本としては輸入を制限すべしと説いた。朝鮮通信使についても、財政逼迫の中「千載属国たる小夷」に過ぎない朝鮮の使節を国を挙げて歓待する意味は無い、規模を縮小して対馬で応接せよと説く。朝鮮を「千載属国たる小夷」と称する所に華夷思想も見て取れる。また、ロシアの南下で緊張の高まる蝦夷地については、農業技術の伝授や交易など経済的な見地からの蝦夷地開拓は主張したが、ロシアから侵攻を受けた場合には「〔交易の〕府を徹して済すべし」として蝦夷地を国防の対象とみなさず、対立を回避するよう説いた[11]。履軒も、中国・琉球などとの交易や朝鮮通信使については竹山とほぼ同じ見解ながら[12]、蝦夷地については、「今までかけはなれてありしものを、別に事を通じて之を近付、何の益あらんや」（『辺策』）と、蝦夷地を不毛のまま開拓せずにおく方が国防上得策であると論じ[13]、竹山より更に対立回避の傾向が強かった。竹山・履軒を師とした実業家山片蟠桃もほぼ同様である[14]。

このように、竹山・履軒ら懐徳堂の対外観は、経済的利害の見地から、あるいは日本を優位と見る自己意識および華夷思想から、外国との交易・交際には縮小志向であった。また西洋の脅威には、できる限り対立を回避する穏健な姿勢であった。しかし、西洋列強の進出で対外的危機が増大した幕末、尊王攘夷論の高まりの中で、寒泉の対外観も当時の思潮と軌を一にして華夷思想を先鋭化させ、その結果、過激な攘夷的言動を賛美する方向へと傾斜していったのである。

おわりに

並河寒泉にはまとまった著述が少ないこともあり、これまで寒泉の事績については数篇の論文が紹介するものの[15]、その思想方面についてはあまり研究がなされてこなかった[16]。その意味では、『なかづかみ』は、趣味的な小品ながら寒泉の思想傾向を窺うものとして資料的価値があろう。幕末維新期という懐徳堂の歴史においても激動の時代に身を処した寒泉については、時事問題に対する思想の他、他学派との関係などにも研究の必要を感じるが、幸い井上了「大阪大学蔵「並河寒泉文庫」簡介」（『懐徳』第七十一号、平成十五年）によって大阪大学蔵「並河寒泉文庫」の全体像が示され、環境が整備された。寒泉関係の資料調査およびその思想研究が待たれるところである。

注

（1）　本文の翻刻にあたっては、以下のように処理した。
一、漢字仮名の別、送り仮名、仮名遣いについては、底本の表記に従った。
一、漢字の旧字体・異体字は、現行の字体に改めた。
一、明らかに底本の誤りと思われるものは右に（ママ）とした。
一、本文中に記された謡の小段は、〈〉に括って表示した。
一、読解を容易にするため、以下の方法を取った。
一、清濁の別については、底本の表記に従った。ただし、底本にない濁点を補う場合は、該当語の右側に（）で括って表示した。
一、読点は、底本に従った。ただし、底本には無い句読点の区別を設けた。
一、改行や改段落は、内容に即して適宜施した。
一、鍵括弧「」や中黒点・など底本にはない記号を適宜付した。
一、漢字を当てられるものは、該当語の右側に（）で括って表示した。
一、振り仮名は、底本に従った。ただし、底本には無い振り仮名を補う場合には、現代仮名遣いによって該当語の右側に（）に括って表示した。
一、踊り字の「丶」や「〱」は底本の表記に従った。ただし、漢字の場合は「々」を用いた。また「〱」の後には、省略された言葉を（）に括って補った。

（2）見世物に関しては以下の書を参考にした。朝倉無声著『見世物研究』（思文閣出版、一九七七年初版、一九九九年四版）、古河三樹著『図説 庶民芸能―江戸の見世物』（雄山閣出版、一九九七年）。
（3）注2朝倉・古河前掲書所載による。
（4）豹の錦絵・報状などについては、川添裕「見世物絵を楽しむ 3」（『月刊百科』三三九号、平凡社、一九九〇年）参照。
（5）能楽の構成・用語などについては、『謡曲集』（朝日新聞社〈日本古典全書〉、昭和二十四年）、『謡曲集』（小学館〈新編日本古典文学全集〉、一九九九年）、『大日本百科全書』十八（小学館、一九九五年）参照。
（6）『懐徳堂考』（一九一一年、一九八四年復刻）下巻一二〇頁下段参照。
（7）陶徳民「並河寒泉の社会政治観」（『日本思想史学』二十号、日本思想史学会、一九八八年。後に『懐徳堂朱子学の研究』〈大阪大学出版会、一九九四年〉に収録）参照。なお、『居諸録』に関する論考に以下のものがある。羽倉敬尚「並河寒泉の日記「居諸録」―懐徳書院教育の実相に及ぶ―（上・中・下）」（『芸林』八―一・二・三、芸林会、一九五七年）、黒江一郎「「居諸録」に現れた崇祖の精神と二三の日向人」（『宮崎大学学芸学部紀要』六号、一九五九年）、鳥居清「並河寒泉の『居諸録』について」（『ビブリア』七十五、天理図書館、一九八〇年）。

（8）西村天囚著『懐徳堂考』下巻一二〇頁、および中井終子「安政以後の大阪学校」（『懐徳』第九号、一九三一年）参照。

（9）陶前掲注7論文参照。

（10）羽倉前掲注7論文参照。

（11）『草茅危言』巻四「外船互市の事」「朝鮮の事」「琉球の事」、葛本一雄「朝鮮通信使の廃絶と中井竹山―徳川中期に見る日本的華夷思想―」（『東アジア研究』二十一号、大阪経済法科大学アジア研究所、一九九八年）、久保田恭平「中井竹山の蝦夷開業論」（『北海道産業開発研究所紀要』二・三号、函館大学北海道産業開発研究所、一九七〇年）参照。

（12）中国・琉球との貿易、朝鮮通信使に関する履軒の見解は「柔遠」（『四茅議』『遺草合巻』所収）に見え、『遺草合巻』「柔遠」は『華胥国物語（懐徳堂文庫復刻叢書　三）』（吉川弘文館、一九九四年）に収める。なお「柔遠」の所説は、竹山の『草茅危言』巻四に「或人の茅議雑篇」の説として紹介され、竹山の見解の一部を成している。

（13）植手通有著『日本近代思想の形成』（岩波書店、一九七四年）参照。なお『辺策』に関しては、湯浅邦弘編『懐徳堂文庫の研究』（大阪大学大学院文学研究科、二〇〇三年）所収の藤居岳人『辺策私弁』解題を参照。

（14）『夢の代』歴代巻四、制度巻五参照。

（15）注7に挙げたものの他、羽倉敬尚「懐徳堂遺聞―並河寒泉と其の周辺―」（『懐徳』二十号、昭和十七年）、同「大阪学校懐徳書院最後の名教授並河華翁」（『東洋文化』復刊十七号（通巻二五一号）、無窮会東洋文化研究所、一九六八年）、中井木菟麻呂「己巳残愁録」（『懐徳』十号、一九三二年）などがある。

（16）陶前掲注7論文は、寒泉の無鬼論、対外観、蝦夷地に対する関心などについて述べる。寒泉の攘夷的行動および思想形成については、本書第五部第一章「ロシア艦ディアナ号と懐徳堂―並河寒泉の「攘夷」―」に詳しい。

第六部　明治・大正の懐徳堂

第一章　『懐徳堂紀年』とその成立過程

竹田健二

はじめに

昭和五十四年（一九七九）に大阪大学に寄贈され、現在懐徳堂文庫に収められている新田文庫は、中井木菟麻呂の異母妹・終子の養女に当たる新田和子氏が所蔵していた資料であり、中井家に伝わる資料として極めて貴重な価値を持つ。しかしながら、寄贈された時期が昭和五十一年（一九七六）の『懐徳堂文庫図書目録』刊行より後であり、従って新田文庫に含まれる書籍の情報は『懐徳堂文庫図書目録』に記載されていない。こうしたことなどから、懐徳堂並びに重建懐徳堂の研究を進める上で、新田文庫の資料はこれまで十分には活用されてこなかった面があると思われる。

筆者は、懐徳堂データベースのコンテンツ作成の過程で、新田文庫に収められている『懐徳堂紀年』に関する調査を行った[1]。その結果、『懐徳堂紀年』の成立と大正初期における懐徳堂記念会の活動とは、密接に関わっていることが明らかになった。そこで本章では、調査の結果得られた知見を紹介しつつ、『懐徳堂紀年』の成立過程の問題について考察を加えることにする。

一　『懐徳堂紀年』とは何か

『懐徳堂紀年』は、懐徳堂の歴史をまとめた編年史で、三宅石庵が大坂で塾を開いた元禄十三年（一七〇〇）から、懐徳堂が廃校となった明治二年（一八六九）までの、懐徳堂に関する様々な出来事を漢文で記したものである。特に出来事が無い年も年号と干支とは必ず記されており、年表のような体裁になっている点に特色がある。手稿本で、巻末に本文と同一の筆跡の識語が付され、識語の末尾に「中井天生識」とある。このため、『懐徳堂紀年』の著者は中井木菟麻呂であると考えられる。

基本的な書誌的情報は、下記の通りである。

［書式］白口、四周双辺、有界、黒魚尾の紙（左下隅に「東京　榛原製」と印刷された罫紙）を使用。九行二〇字前後。
［内題］「懐徳堂紀年」
［外題］「懐徳堂紀年」と打付け書き
［印記］第一葉右下に「新田文庫」、「79CL00534」
［装丁］四針眼訂法。全三八葉
［備考］随所に墨筆・朱筆・藍筆で、本文及び割り注への加筆訂正と思われる書き込みがある。紙面の一部に同じ罫紙を切り取った紙片を貼り付け、その紙片の上に文字を記した箇所もある。また、本文には圏点の句点（藍筆）

が加えられている。

巻末の中井木菟麻呂の識語の全文は、下記の通りである。[2]

懐徳堂記録。年歳之可徴者。寛政以前有學問所建立記録。懐徳堂内外事記。學校公務記録。天保以後有寒濤樓居諸録。中間則闕如也。其餘則文詩簡牘耳。斯編之成。在蒼卒之際。居諸録不得悉閲。取材於遺書。亦不過其二三。異日當随獲而追録焉。

大正三年冬十一月　　　　奠陰後学中井天生識

この識語から、『懐徳堂紀年』は懐徳堂の歴史を記録することを意図して、中井木菟麻呂が大正三年（一九一四）に著したものであること、その執筆に当たって用いられた主な資料は、寛政以前については『學問所建立記録』『懐徳堂内事記』『懐徳堂外事記』『學校公務記録』、天保以後については並河寒泉の『居諸録』であったこと、その他詩文や手紙も参照されたことなどが分かる。また、「蒼卒の際に在りて、居諸録悉くは閲するを得ず。材を遺書に取ることも亦た其の二三を過ぎず」との記述から、何らかの事情により執筆が急がれたことが窺われる。しかし、木菟麻呂がどのような経緯で、何のために『懐徳堂紀年』を執筆したのか、また執筆を急がなければならなかった事情が何なのかは分からない。

その後の調査により、北山文庫の中にも、同じく『懐徳堂紀年』という名を持つ資料が存在することが分かった。[3]新田文庫に収められている『懐徳堂紀年』（以下、新田文庫本）と北山文庫に収められている『懐徳堂紀年』（以下、北山文庫本）とは、全体として概ね同じ内容であり、両本に使用されている罫紙やその葉数も同じである。また先に紹介した新田文庫本巻末の識語は、北山文庫本にも全く同一のものが付されており、やはり末尾に「中井天生識」と記され、加えて「天生」「成文」の印記もある。新田文庫本の方が本文の筆遣いがややあらいように思われるが、両本の筆跡も同一人物のものと認められる。

従って、この二つの『懐徳堂紀年』は、ともに中井木菟麻呂が執筆した、基本的に同一の文献であると考えられる。もっとも、両者は全く同じ文献という訳ではない。詳しくは後述するように、両本はともにその本文に対して修正が多数加えられており、そうした修正がなされる前の本文同士を比較すると、両本の間には多数の字句の異同が存在する。また、両本に加えられている修正の内容も、わずかな例外を除いてほとんどが異なる。

この北山文庫本を調査した際、『懐徳堂紀年』成立の事情を記したと見られる貴重な資料が得られた。それは、折りたたまれて帙内に挟み込まれた一枚の原稿用紙である。昭和初期に大阪府立図書館に勤め、重建懐徳堂の幹事でもあった上松寅三が、昭和四年（一九二九）に書いたと見られるこの原稿用紙には、漢文で次のように記されている。(4)

大正三年十一月　先帝陛下為陸軍大演習統監行幸大阪府此時懐徳堂記念會有嘱懐徳堂編年史之編于中井木菟麻呂氏以供　乙夜之覽之議既而稿成焉理事故文學博士西村時彦氏聊加取舍而浄書清装納之函以請傳献幸辱　嘉納本書即是其底本矣時予幹事頃日探之筐底乃加帙以返贈云

昭和四年七月　　　　上松寅三識

大正三年（一九一四）に大正天皇が陸軍大演習を統監すべく大阪に行幸した折、懐徳堂記念会は大正天皇に懐徳堂の編年史を献上することにし、その執筆を中井木菟麻呂に依頼した。木菟麻呂が執筆した原稿に対して、記念会の理事であった西村天囚が「聊か取舍を加」えて修正し、浄書して大正天皇に献上した。北山文庫本はその「底本」である、というのである。

後に、こうした『懐徳堂紀年』成立の事情については、中井木菟麻呂が著した「懐徳堂年譜」の識語にも記述があることが分かった。「懐徳堂年譜」は、漢字仮名交じり文で記された懐徳堂の編年史で、大正十四年（一九二五）に再刊された『懐徳堂考』に収められている。その巻末に付されている木菟麻呂の識語は、以下の通りである。

懐徳堂に編年の記録なし年歳の徴すへき者寛政以前には懐徳堂内外事記學校公務記録あり天保以後には寒濤樓居諸録あり其餘は文詩簡牘のみ大正三年冬十一月

天子武を攝河泉の野に閱し大纛を大阪城に駐めさせ給ひし時懷德堂記念會舊學校の年譜を乙夜の覽に供し奉らむと欲し天生に囑して編纂せしめき當時蒼黃毫を援き年次に因りて書院興廢の顚末を收錄せし者を懷德堂紀年といふ記念會頗る删削して獻納の事を終へたり後天生其舊稿を增修し書題を改めて懷德堂年表と爲し以て家に藏す今茲甲子の夏懷德堂記念會碩園西村博士の懷德堂考を刊行する擧あり卷尾に年譜を附載せむと欲し教授松山直藏君を以て天生に其編纂を託せらる因りて懷德堂年表を撮略して本編を撰し題して懷德堂年譜といふ讀者請ふ懷德堂編年の記錄に大同にして小異なる斯の三編あることを領得し給はむことを

大正甲子仲夏　　中井天生　識

この識語は大正三年（一九一四）に記された部分と、「大正甲子」、すなわち大正十三年（一九二四）に記された部分とが組み合わされている。このうちの大正三年の部分は、先に見た『懐徳堂紀年』の木菟麻呂の識語と書かれた年月が一致しており、内容についても、『懐徳堂紀年』の執筆に用いた資料を説明している箇所を抽出して、書き下したものと見なすことができる。

問題は大正十三年に書かれた部分である。そこには『懐徳堂紀年』執筆の事情が、著者である木菟麻呂自身によって述べられており、その内容は、上松寅三が記述するところと概ね一致する。つまり、大正天皇が閲兵のため大阪城に行幸した折に、懐徳堂記念会は「舊學校」、つまり懐徳堂の年譜を献上することにし、その執筆を中井木菟麻呂に依嘱した。こうして木菟麻呂が執筆した懐徳堂の編年史が『懐徳堂紀年』であり、木菟麻呂の執筆した『懐徳堂紀年』は、記念会が「頗る删削し」た上で大正天皇に献上された、というのである。『懐徳堂紀年』は、大正天皇に献上されたものだったのである。

そこで、大正天皇に献上された『懐徳堂紀年』が現存するかどうか調査したところ、果たしてそれは宮内庁書陵部に現存した[5]。

『懐徳堂紀年』執筆の目的から判断して、大正天皇に献上され、現在宮内庁書陵部が所蔵する『懐徳堂紀年』（以下、宮内庁本）を、『懐徳堂紀年』の完本と考えるべきであろう。本文及び割り注に対して、加筆訂正と思われる書き込みが随所に存在する新田文庫本と北山文庫本とは、その二種類の稿本と見なされる。とすれば、新田文庫本と北山文庫本との先後関係を明らかにすることによって、『懐徳堂紀年』の成立過程を解明することが出来ると考えられる。

そこで次節では、新田文庫本と北山文庫本との先後関係を検討する手がかりを得るべく、両本に加えられた修正についても検討することにする。

二　新田文庫本・北山文庫本における修正

先ず新田文庫本に加えられている修正について見てみよう。

新田文庫本における修正は、大部分が本文に対して直接書き込まれたものである。書き込みは、墨筆がほとんどであるが、一部は藍筆で、まれに赤鉛筆や青鉛筆によると思われるものがある。この他、紙面に紙片が貼り付けられ、その上に本文が書写されている箇所があり、その中には本文の修正を目的としたものが含まれていると考えられる。

始めに、本文に対して直接書き込まれた修正について見てみると、本文の或る一字の上に「〇」を書き込んだり、或いは本文の文字列上に縦に連続した線を書き込んだりした箇所が多数存在する。こうした書き込みは、墨筆のものと藍筆のものとがあるが、その中には、右脇に別の字句が書き添えられているものが多い（図(1)・図(2)）。これらはいずれも所謂見消であり、上から書き込まれた「〇」や線は削除を指示するもので、右脇に書き添えられている字句は、削除された箇所に新たに挿入するよう指示された文字列である。

図(1)

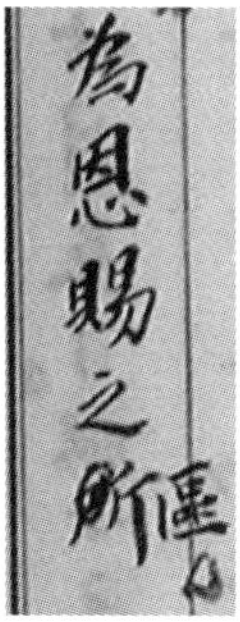

（新田文庫本第四葉裏第九行）

図(2)

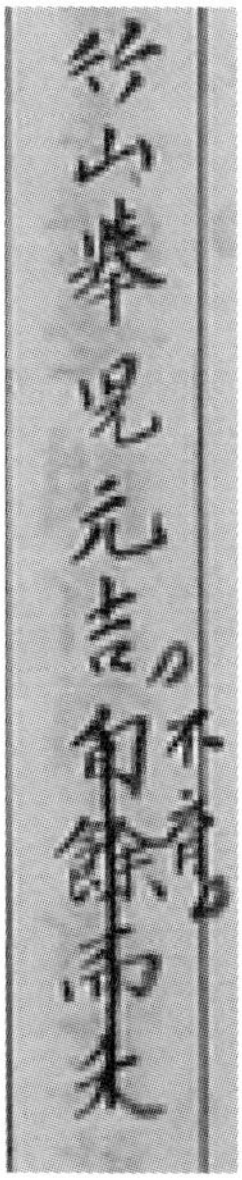

（新田文庫本第七葉表第五行）

また、墨筆で、本文の文字と文字との間に小さな「○」、或いは「、」を加筆した上で、その右脇にも「○」或いは「、」を記し、続けて字句を書き込んでいる箇所も多い（図(3)・図(4)）。加えて、墨筆或いは藍筆で、本文の文字と文字との間から左、或いは右脇に線を引き、字句をその線の先に書き込む場合もある（図(5)）。これらは、いずれも本文に字句を挿入するよう指示したものであろう。

図(3)

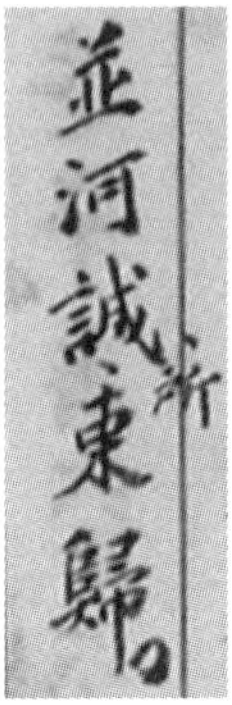

（新田文庫本第四葉表第六行）

図(4)

（新田文庫本第四葉裏第四行）

図(5)

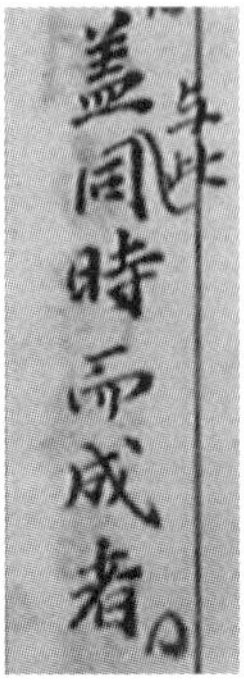

（新田文庫本第七葉表第二行）

この他に、本文右脇に墨筆で小さく字句だけを書き込んだもの、本文として青鉛筆で書き込んだもの、墨筆で行と行との間の罫線上に字句を加筆したものなどもあるが、それらも皆字句の挿入を指示していると思われる。

なお、本文には藍筆による句点が付されているが、句点の付加は基本的に、字句の削除や挿入などを指示する本文への書き込みがなされた後で行われている。このことは、図(2)の箇所のように、削除された本文には句点が付されておらず、右脇に書き込まれ挿入された字句の右下に句点が付されている箇所があることから明らかである。

なお、藍筆で句点が付される際に、同時に同じ藍筆で本文の修正も行われた可能性がある。

図(6)

（新田文庫本第七葉表第一行）

図(6)の箇所は、「為」の字の上に「〇」を、またその右に「製」を加筆する墨筆による修正と、「遺」の字の上に「〇」を、「墨」の字の右に「迹」を加筆する藍筆による修正とが行われている。藍筆による句点は、藍筆で加筆された「迹」の右下にあるため、藍筆による句点の付加が墨筆による本文の修正の後であることは確実であるが、同じく藍筆で行われている本文の修正と句点の付加とは、同時に行われた可能性が考えられるのである[6]。

続いて、紙面に紙片を貼り付けて行われた修正について見てみる。

新田文庫本における紙片の貼り付けは、単に紙面の上から紙片を貼り付ける場合と、紙面の一部を切り取り、その部分に紙片を貼り付ける場合とがある。上から紙片を貼り付けてある場合、紙片に覆われているもともとの文字を確認することができる箇所もあるが、現状では確認できない箇所もある。紙面を一部切り取った上で紙片が貼り付けてある場合は、無論切り抜かれた部分の文字については分からない。

こうした紙片の貼り付けの中には、本文を書写する前の段階で、書き損ねて反故となった罫紙を再利用するために行ったものがあるが、これは本文の修正とは直接は関わらない。

例えば、次の図(7)を見てみよう。

図(7)

（新田文庫本第十三葉表第一行）

これは、おそらく「懐」の字を行頭から書こうとした際、何らかの事情で中断して反故となった罫紙があり、後でそれを再利用するため、上から同種の罫紙を切り取って作った紙片を貼り付けて、書き損じた部分を覆い隠したのであろう。

紙面の一部を切り取り、その部分に別の罫紙から切り取った紙片を貼り付けている場合のほとんどは、やはり反故紙の再利用のためであると思われる。すなわち、第十六葉表第一行、第十五・十七葉表第一行から第二行、第十八・十九・三十七葉表第一行から第三行までは、いずれも行単位で罫紙が切り取られ、その部分に別な罫紙が貼り付けられ、その上に本文が書写されている。切り取られているのはいずれも各葉の表、冒頭部の一行から三行であることから見て、これらは、書き損ねて反故となった罫紙を再利用するためであった可能性が高い。

もっとも、紙片の貼り付けがすべて反故紙の再利用を目的としていた訳ではない。本文を書写しつつある時や書写を終えた後で誤字・脱字などに気付き、それらを修正するために、或いは本文の修正を覆い隠して浄書するために、紙面に紙片を貼り付けてその上に字句を記した箇所もある。これらはいずれも、本文の修正に関わるものといえよう。

例えば、第十二葉裏第一行「（安永）五年丙申春二月」の「春」は、紙面に上から貼り付けられた紙片に記されているが、その紙片の下に、もともと「西」の字が記されていたことが確認できる。この部分については、後文の「西尹」に目移りしたか何かで「西」と誤って書いた後で、それを修正するために紙片が貼り付けられ、その紙片の上に正しい字句を記したものと推測される。

また第十三葉表第七行七字目から八行末尾にかけての箇所について、この部分は、貼り付けられた紙の下に、「竹山母植村氏壽躋七十春三月設宴請客三次詩章四十有八首収在懐徳辛丑壽巻」と記されている。この字句は、続く第十三葉裏第一行三字目から第二行末尾までの本文とほぼ同じである。従って、おそらくこの箇所は、本文として「竹山母」から「懐徳辛丑壽巻」までを記した後で、この事項の前に記すべき事項があることに気付き、一旦書いた文字列の上に紙片を貼り付けて覆い隠し、その上に正しい本文を記したと推測される。

更に、第十三葉裏第九行には「掲白鹿洞學規刻板於講堂」とあり、この部分の「刻版」の二字は、紙面に上から貼り付けられた紙片に記されているが、その紙片の下に「於講」の二字が記されていたことが確認できる。この箇所は、おそらく「於講」と書いた段階で「刻版」の脱字に気付き、紙片を貼り付けて修正したものと思われる。

加えて、第三十四葉表第七行八字目からの部分は、紙片の貼り付けによって本文の修正を覆い隠し、その上から修正後の本文を浄書したものと考えられる。すなわち、この箇所は、貼り付けられた紙片の上に「聽者衆多」と記されているが、紙片の下には、もともとの本文として「講席多入」と記されており、その文字上に墨筆で線が加筆され、その右にやはり墨筆で「聽者衆多」と書き添えられている。つまりこの箇所は、本文への直接の書き込みによって「講席多入」を「聽者衆多」に修正した上で、その修正を覆い隠す形で紙片を貼り付け、その紙片に修正後の字句である「聽者衆多」を改めて記しているのである。

なお、紙片の下に書き込まれた修正後の字句である「聽者衆多」の右下には、藍筆の句点が付されており、その一部が上に貼り付けられた紙片からはみ出して見える。一方、紙片の上に記された「聽者衆多」の右下には、墨筆で句点が付されている。従って、この箇所では、先ず墨筆による直接の書き込み修正、次いで藍筆の句点の付加が行われ、更にその後紙片が貼り付けられて修正後の本文が浄書され、その際に墨筆の句点も付されたと考えられる。

以上、新田文庫本において認められる、本文に対して直接書き込まれた修正、及び紙面に紙片を貼り付けて行われた修正について見てきた。

既に触れたように、本文への直接の書き込みや、紙片を貼り付けてその上に文字を記すといった修正は、すべてが一時になされた訳ではない。或る箇所では墨筆による書き込みが重ねて行われ、或る箇所では書き込みによる修正と紙片の貼り付けによる修正とが組み合わされて行われ、また或る箇所では墨筆の書き込みと藍筆の書き込みとがそれぞれ別に加えられている。

例えば次の図⑻の箇所では、墨筆による本文への書き込みの修正が重ねて行われている。

図⑻

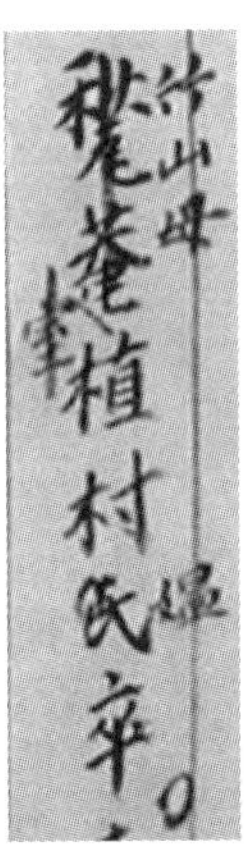

（新田文庫本第十四葉裏第二行）

この箇所は、おそらく「甃菴植村氏卒」、「甃菴室植村氏卒」、「竹山母植村氏卒」、「竹山母植村媼卒」と修正を重ねられたと見られるが、少なくとも墨筆で一旦挿入された「室」が、後から削除されたことは確実である。

また、第十三葉表第七行から第八行にかけては、紙片の貼り付けによる修正が行われた上で、紙片の上に書かれた本文の「三」の字の上に○を加筆し、右に「二」を加筆する修正がなされている。

このように、新田文庫本には、書き込みや紙片の貼り付けによって修正が重ねて加えられた箇所が存在しているが、修正の結果として書かれている文字の筆跡は、修正前の本文の筆跡と同一であると思われる。つまり、新田文庫本の修正はすべて中井木菟麻呂自身が行ったと考えられ、修正が重ねて加えられた箇所の存在は、木菟麻呂が『懐徳堂紀年』の執筆に当たって、本文を何度も推敲を加えたことを示していると考えられる。

続いて、北山文庫本の本文に対して加えられた修正について見てみる。

北山文庫本の修正も、新田文庫本同様、そのほとんどが本文に対して直接書き込まれたものである。また、紙面に紙片を貼り付けて行われた修正もある。

先ず本文に対する直接の書き込みを詳しく見てみよう。朱筆で本文の或る一字の上に「、」や短い縦線を書き込んだもの、或いはやはり朱筆で本文の文字列上に連続した線を書き込んだものがある（図⑼・図⑽）。「、」や線が書き込まれた箇所の右脇に、朱筆で別の字句が書き添えられているものもある。これらはいずれも見消で、上から「、」や線が書き込まれている文字は削除された文字や文字列、右脇に書き添えられている字句は、その削除された箇所に新たに挿入する文字列であると考えられる。

図⑼

諭以大命

（北山文庫本第三葉裏第三行）

図⑽

五年乙亥冬竹山舉兒元吉不育

（北山文庫本第七葉表第五行）

また、朱筆で本文の文字と文字との間から右脇に線を引き、字句をその線の先に書き込んだ箇所や、墨筆で本文の文字と文字との間に小さな「○」を加筆し、その右脇に墨筆で「○」に続けて字句を書き込んでいる箇所がある（図⑾・図⑿）。こうした修正は、本文に字句を挿入しようとしたものと見られる。

図⑾

（北山文庫本第一葉表第二行）

図⑿

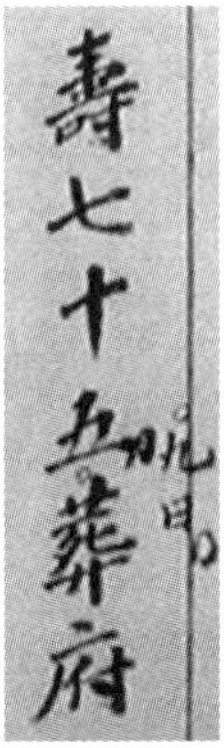

（北山文庫本第十九葉裏第六行）

但し、北山文庫本の本文に対する書き込みの修正は、墨筆によるものよりも、朱筆によるものの方が圧倒的に多数である。そして、そうした朱筆による書き込みの中でも特に注目されるのが、図⒀のような朱筆による鉤括弧、及び鉤括弧状の記号の書き込みである。この朱筆による鉤括弧、及び鉤括弧状の記号の書き込みは百三十箇所以上にも及ぶ。これらは新田文庫本には見られなかったもので、何を意味しているのかは、北山文庫本を見る限りでは不明である。

また『懐徳堂紀年』に三箇所登場する「天皇」という語について、北山文庫本ではその箇所に朱筆で提行を指示する書き込み、すなわち「天皇」の語の直前で改行し、「天皇」の語を行頭から記すように指示する線の書き込みがある。その内の二箇所については、更に「アゲル」「アゲ」の語が書き添えられている（図⒁・⒂・⒃）。こうした提行の指示も、新田文庫本には見られなかった。

図⑬

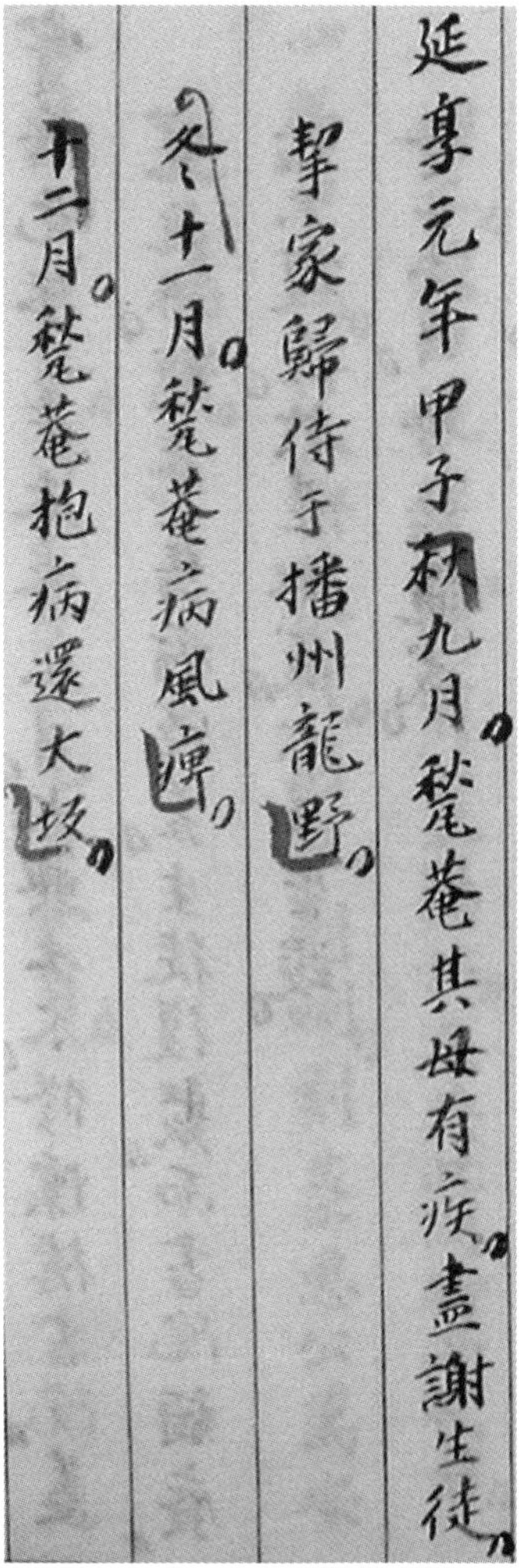
延享元年甲子秋九月甃菴其母有疾盡謝生徒
挈家歸侍于播州龍野
冬十一月甃菴病風痺
十二月甃菴抱病還大坂

（北山文庫本第六葉表第二行～第五行）

図⑭

夏六月二十一日天皇崩停教授十日

（北山文庫本第九葉表第七行）

図⑮

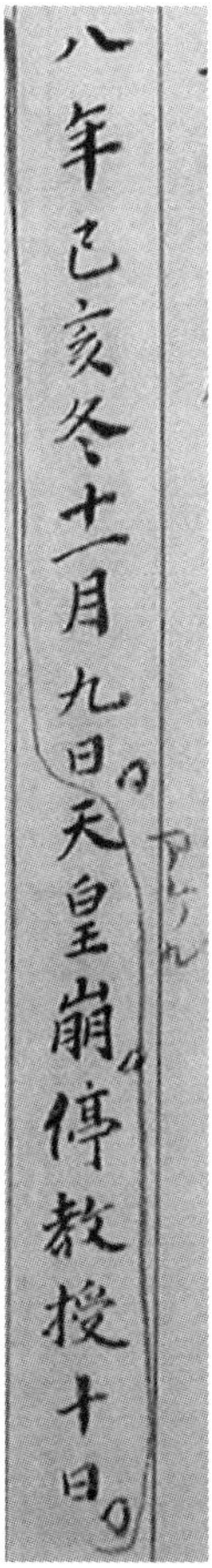
八年己亥冬十一月九日天皇崩停教授十日

（北山文庫本第十二葉裏第六行）

図⑯

是春天皇之幸

（北山文庫本第三十七葉裏第一行）

このように、北山文庫本の朱筆の修正には、新田文庫本には見られない形式や内容のものが多く含まれている。しかも、北山文庫本における朱筆の書き込みと墨筆の書き込みとを比較してみると、墨筆の書き込みが端正な字で記されているのに対して、朱筆で書き込まれた文字や鉤括弧は、かなり乱雑であるとの印象を受ける。

北山文庫本の墨筆による修正の筆跡は、北山文庫本・新田文庫本の修正前の本文の筆跡、並びに新田文庫本の墨筆や藍筆の修正の筆跡と同じであり、従って中井木菟麻呂によるものと思われる。これに対して、北山文庫本における朱筆の修正の筆跡は、記されている文字数もさほど多くはないため、にわかには判断し難いが、おそらくは別人のものと考えられる。

続いて、紙片の貼り付けによる修正についてであるが、北山文庫本においては、紙片の貼り付けられた箇所自体、八箇所しかない。それらはすべて、本文の誤字・脱字などを修正するために行われたものか、或いは本文の修正を覆い隠して浄書するために行われたものである(7)。

なお、北山文庫本の本文にも藍筆による句点が付されているが、藍筆の句点は、朱筆で線が書き込まれ削除が指示されている部分の文字列にも付されている（図⑰）。ここから、藍筆の句点は、朱筆の書き込みよりも前に付されたと見られる。また、第十二葉裏第二行の、紙面を一部切り取り紙片を貼り付けた上に「肩衣袴」と書かれている箇所を見ると、貼り付けられた紙片と紙面にまたがる形で藍筆の句点がある。従って、句点は紙片の貼り付けによる修正の後に付されたと見られる。

図⑰

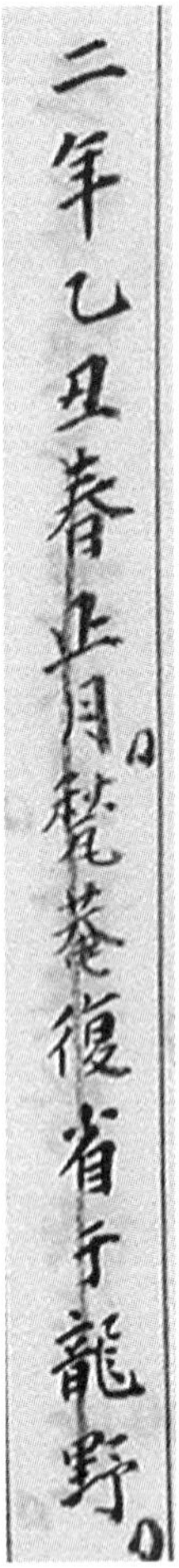

（北山文庫本第六葉表第六行）

また墨筆の書き込みと藍筆の句点との先後関係については、墨筆で挿入された語句の右下に藍筆の句点が付されていることから見て、明らかに墨筆の書き込みが先である（図⑫）。こうしたことから、北山文庫本においては、先ず墨筆で本文に直接書き込む修正や紙片の貼り付けによる修正、次いで藍筆による句点の付加、その後更に朱筆の修正と、順次加えられていったと考えられる。従って、朱筆による修正は、木菟麻呂による修正がすべて終わった後から加えられたものと推測される。

以上、本節では、新田文庫本と北山文庫本とにおいて認められる、本文に対する修正について概観した。続いて次節では、両本における修正とそれぞれの本文との関係を手がかりにしながら、両本の先後関係について検討し、『懐徳堂紀年』の成立過程について考察する。

三　『懐徳堂紀年』の成立過程

新田文庫本・北山文庫本両本の本文を、修正が一切加えられていない修正前の本文と、すべての修正の内容を反映させた修正後の本文とに区別した上で、両本の修正前後の本文をそれぞれ比較するならば、新田文庫本の修正後の本文と北山文庫本の修正前の本文とは、ほぼ一致している。両者の間には、一部を除いて字句の異同がほとんど存在しないのである。これに対して、新田文庫本の修正前の本文と北山文庫本の修正前及び修正後の本文と、或いは新田文庫本の修正後の本文と北山文庫本の修正後の本文とは、いずれも字句の異同がかなり存在する。

従って、加えられた修正と本文との関係から見るならば、先ず新田文庫本の本文が書写され、次いでその新田文庫本の本文に対して様々な修正が加えられ、その後新田文庫本に加えられた様々な修正を反映する形で北山文庫本の本文が書写され、更に北山文庫本の本文に対しても修正が加えられた、と見て間違いなかろう。すなわち、新田文庫本と北山文庫本との先後関係は、新田文庫本が先に成立し、北山文庫本が後から成立したと考えられるのである。

このことは、両本に付されている藍筆の句点の修正状況からも確認出来る。すなわち、新田文庫本と北山文庫本とには、前述の通り藍筆による句点が付されており、しかもその付されている箇所はほぼ一致する。但し、新田文庫本には、一旦藍筆で句点を付した後、その上からやはり藍筆で短い横線、或いは「×」印を加筆し、その句点を削除しようとする修正が存在する（図⑱）。新田文庫本のこうした修正は七箇所あるが、北山文庫本には、該当する箇所にいずれも句点が存在しない。このことから、北山文庫本における藍筆の句点の位置は、新田文庫本における句点の修正に従っていると考えられるのである[8]。

図⑱

（新田文庫本第一葉表第四行）

また、新田文庫本が先に成立し、北山文庫本が後から成立したのであるならば、完本である宮内庁本の本文は、北山文庫本の本文に対する修正を反映させた形になっていると予測される。そこで、北山文庫本の修正後の本文と宮内庁本の本文とを比較すると、北山文庫本本文に加えられた墨筆や朱筆による字句の修正や提行の指示などは、宮内庁本の本文においてほとんどすべてが反映されていることが確認できる。

問題は、北山文庫本を見る限りでは何を意味するのか分からなかった、多数の鉤括弧及び鉤括弧状の記号である。北山文庫本と宮内庁本とを比較すると、北山文庫本において鉤括弧でくくられている箇所の文字列は、宮内庁本においてはまったく存在していない。従って、北山文庫本の鉤括弧及び鉤括弧状の記号は、実は概ね段落単位で文字列を削除するよう指示する記号だったのであり、宮内庁本の本文は北山文庫本の修正を反映していると見なしてよいと考えられる。

以上のことから、『懐徳堂紀年』の成立過程は、先ず新田文庫本が第一次稿本として成立、新田文庫本に対して様々な修正が加えられた後、その修正を反映する形で第二次稿本の北山文庫本が成立、更に北山文庫本にも修正が加えられ、その修正に従って完本である宮内庁本が成立した、と考えられる(9)。

なお、第一節で述べたように、木菟麻呂が執筆した『懐徳堂紀年』は、懐徳堂記念会、具体的にはおそらく西村天囚によって修正が加えられた上で浄書され、大正天皇に献上された。従って、新田文庫本・北山文庫本に加えられている修正の中には、大正天皇に献上する前に西村天囚が加えた修正も含んでいると考えられる。

この天囚の修正について、上松寅三は西村天囚が「聊か取舎を加」えたと述べており、また中井木菟麻呂は懐徳堂記念会が「頗る刪削」したと述べている。ここから、天囚が行った修正に、複数の箇所にわたる削除の指示が含まれていたことは、ほぼ確実である。とすれば、概ね段落単位で文字列を削除する指示であった北山文庫本における朱筆の鉤括弧及び鉤括弧状の記号の書き込み、及びその他すべての北山文庫本の朱筆の修正こそ、天囚によるものであったと推測される。

先述の通り、北山文庫本の朱筆の修正はかなり乱雑で、新田文庫本・北山文庫本の本文や墨筆や藍筆による修正の筆跡とは異なっており、おそらく別人によるものと考えられた。また、北山文庫本の朱筆の修正は、墨筆の修正や紙片を貼り付ける修正などが行われた後から加えられたものと見られた。こうしたことから、北山文庫本の朱筆による修正が西村天囚によるものである可能性は、かなり高いと考えられる(10)。

以上、本節では、新田文庫本と北山文庫本との先後関係について検討を加え、『懐徳堂紀年』の成立過程について考察した。『懐徳堂紀年』の成立過程の概略と、新田文庫本と北山文庫本とがそれぞれ懐徳堂文庫に収められるに至った経緯とをまとめると、概ね以下の通りと考えられる。

大正三年（一九一四）、懐徳堂記念会より懐徳堂の編年史の執筆を要請された中井木菟麻呂は、『懐徳堂紀年』の原稿を執筆し、一応の完成を見た。これが第一次の稿本・新田文庫本の修正前の本文である。木菟麻呂はその後推敲を加え、この第一次稿本に対して様々な修正を加えていった。その痕跡が新田文庫本に残る様々な修正である。次いで木菟麻呂は、第一次稿本に加えた修正を反映させつつ、記念会に呈上する第二次の稿本を作成した。これが北山文庫本の修正前の本文である。

第一次の稿本は、おそらくそのまま木菟麻呂の手元に残り、後に中井家に伝承され、後日新田文庫中の一冊として懐徳堂文庫に寄贈された。一方、第二次稿本の方は、記念会に呈上された後、西村天囚により朱筆で更に修正が加えられた。そして天囚は、その修正を反映させつつ、大正天皇に献上する『懐徳堂紀年』の完本を浄書した。これが宮内庁本である。

宮内庁本が成立した後、第二次稿本が木菟麻呂に返却されることはなかったのであろう。このあたりの事情については、詳細はなお不明であるが、第二次稿本はおそらく懐徳堂記念会の所有するところとなり、重建懐徳堂最後の教授であった吉田鋭雄氏の手元に移った後、北山文庫中の一冊として懐徳堂に寄贈されるに至ったと考えられる。

『懐徳堂紀年』の成立過程と各稿本のその後の経緯は、基本的にこうしたものであったと考えられるが、新田文庫本・北山文庫本・宮内庁本の関係については、なお若干の問題点が存在する。そこで次節では、そうした問題点について、個々に検討を加えることにする。

四　三つの『懐徳堂紀年』の関係に関する問題点

（一）　新田文庫本・北山文庫本に存在する、同一内容・同一体裁の修正

先述の通り、新田文庫本の本文に対して加えられた修正は、そのほとんどが北山文庫本の修正前の本文に反映されている。しかし、下記の箇所については例外的に、まったく同じ内容で同じ体裁の修正が加えられている。

・第十四葉裏第八行　「令」と「周易」との間に小さく「〇」を加筆、その右に「〇講」と加筆（墨筆）
・第十五葉表第八行　「堀田」と「侯」との間に小さく「〇」を加筆、その右に「〇豊前」と加筆（墨筆）
・第十九葉裏第六行　「七十五」と「葬」との間に小さく「〇」を加筆、その右に「〇九日」と加筆（墨筆）
・第二十七葉表第五行　「月」と「水」との間に小さく「〇」を加筆、右に「〇十四日」と加筆（墨筆）
・第二十九葉裏第八行　「葬」の前・右に「十一日」と加筆挿入（墨筆）
・第三十葉裏第九行　「當」の前・右に「亦」と加筆挿入（墨筆）
・第三十二葉表第四行　「事」の前・右に「之」と加筆挿入（藍筆）

右の箇所は、いずれも両本の修正前の本文は同一である。そこに、同じ字句を挿入する修正が、まったく同じ体裁で加えられているのである（図⒆・⒇）。

図(19)

（新田文庫本第十四葉裏第八行）

図(20)

（北山文庫本第十四葉裏第八行）

これらは、中井木菟麻呂が第二次稿本を記念会に呈上する前に、その本文にまだ修正すべき点があることに気付き、二つの稿本にほぼ同時に、同一の修正を加えたものである可能性が考えられる。もっとも、第一次稿本の本文に字句を挿入する修正を加えたのだが、第二次稿本作成の際にそれを見落としてしまい、記念会に呈上する前に木菟麻呂がそれに気付いて、後から同じように修正を加えた、との可能性も一応は考えられる。しかし、内容のみならず体裁までもほぼ完全に一致する修正が両本の同じ所にあることから見て、修正は両本ほぼ同時に行われた可能性の方が高いと推測される[11]。

興味深いのは、次に示す両本の第九葉裏第二行の修正である（図(21)・(22)）。

図(21)

（新田文庫本第九葉裏第二行）

図(22)

（北山文庫本第九葉裏第二行）

この箇所は、新田文庫本では墨筆によって「寅」上に「〇」が、その右に「申」が書き込まれている。北山文庫本では、紙片の貼り付けによる修正が行われており、「申」字が貼り付けられた紙片の上に記されているのだが、実はこの紙片の下に、新田文庫本と同一内容・同一体裁の、墨筆による修正が存在することを確認することができる。この箇所の北山文庫本の修正は、いわば浄書のためのものだったのである。

この箇所は、北山文庫本の本文に対する墨筆の修正が行われているところの中でも、文献全体の先頭に最も近い。ここから、記念会に呈上する第二次稿本について、当初木菟麻呂は、本文に直接墨筆で修正を書き込んだ箇所については、紙片を貼り付けた上に浄書するという修正を重ねて加え、体裁を整えようとしたのではないか、と推測される。木菟麻呂が他の箇所でこうした修正をしなかった理由は不明だが、先に触れたように、執筆を急がねばならない事情と関連がある可能性があると思われる。

（二）　北山文庫本の本文に反映されていない新田文庫本の修正

新田文庫本の本文に対して加えられた修正は、そのほとんどが北山文庫本の修正前の本文に反映されている。しかし、次に挙げる新田文庫本の修正は、北山文庫本の修正前・修正後の本文に全く反映されていない。

・第五葉裏第三行　「改」と「壁」との間に小さく「〇」を加筆、その右に「懐徳堂」と加筆（墨筆）

・第九葉表第七行　「天皇」右下にやや小さく「桃園」と加筆（墨筆）

・第十一葉表第四行　「庚寅」の後に「夏四月十七日逸史題辭成」と加筆（青鉛筆）
・第十九葉裏第八行末尾、第七行と第八行との間にある罫線上に、「学校預人又称管校」と加筆し、更に加筆した語句の上から右下にかけて、「「」状の線を加筆（墨筆）
・第二十二葉表第四行　「歿」の前・右に「先生」と墨筆で加筆挿入し、更に赤鉛筆で「柚園」の前へ挿入箇所を変更

こうした加筆修正が、第二次稿本である北山文庫本の成立前、或いは第二次稿本を記念会に呈上する前の段階で加えられたとするならば、何故それらが北山文庫本の修正前の本文に反映されていないか、或いは北山文庫本にも同様の修正が加えられていないのか、説明することが出来ない。

第一節に引用した「懐徳堂年譜」の識語によれば、中井木菟麻呂は『懐徳堂紀年』を著した後、「舊稿を増修」して「懐徳堂年表」を著し、更に大正十三年（一九二四）に「懐徳堂年表」を「撮略」して「懐徳堂年譜」を表した。とすれば、右に挙げた修正は、分量的にはわずかではあるが、木菟麻呂が『懐徳堂紀年』に対する「増修」として書き込んだものである可能性があると推測される。

「懐徳堂年表」は現存するかどうか確認できず、未見であるため、右に挙げた修正箇所に該当する「懐徳堂年譜」の記述を見てみると、第十九葉裏第八行と第二十二葉表第四行との二箇所については、新田文庫本の書き込みとは関係がない。ところが、他の三箇所は、「懐徳堂年譜」の表記が新田文庫本の書き込みを反映した形になっていることが確認できる。すなわち、「懐徳堂年譜」には、「懐徳堂壁署の末節を改む」（元文二年）、「天皇（桃園）崩す」（宝暦十二年）、「四月十七日逸史題辭成る」（明和七年）とそれぞれ記述されているのである。従って、北山文庫本の本文に反映されていない新田文庫本の修正の一部には、木菟麻呂が『懐徳堂紀年』をもとにして、より完成度の高い懐徳堂の

編年史を作成しようとした際に書き込まれものが確かに含まれていると考えられる。

（三）宮内庁本における表記の不統一

新田文庫本・北山文庫本の本文においては、大阪・大坂の表記はすべて「大坂」で統一されており、「大阪」となっている箇所はない。一方、宮内庁本の本文では、書写の際に「大阪」で統一しようとしたらしく、「大阪」と書き改められている箇所が多い。ところが、宮内庁本においてすべて「大阪」に改められているという訳ではなく、第三葉表第六行を始め、「大坂」と書かれている箇所が六箇所存在している。

北山文庫本には「大坂」を「大阪」に修正する指示は確認できないことから、完本において「大阪」への書き換えがなされたのは、おそらく浄書の際の西村天囚の判断によると考えられる。しかし、その書き換えが徹底せず、「大阪」に改められた箇所と、北山文庫本同様「大坂」と表記された箇所とが混在していることは、極めて奇妙に思われる。

ちなみに、新田文庫本・北山文庫本では、懐徳堂について「懐徳堂」と「懐徳書院」との二種類の表記が存在する。例えば北山文庫本第三葉裏第九行、享保九年の項には「懐徳堂始爲大坂府學問所」、続く第四葉第一行には「學主石菴始講經於懐徳書院」とある。これに対して宮内庁本の本文は「懐徳堂」の表記で統一されており、例えば享保九年の項は「學主石菴始講經於懐徳堂」と改められている。しかし、「懐徳書院」から「懐徳堂」への書き換えについても、北山文庫本には修正の指示はまったくない。おそらくは、これも浄書の際に天囚が書き換えたものであろう。

（四）宮内庁本における誤記と思われる箇所

北山文庫本第二十葉裏第四行、文化十四年の項の「中井履軒卒。壽八十六。十八日。葬府南誓願寺。」とある箇所が、宮内庁本の該当する箇所では、「十八日」ではなく「十六日」となっている。北山文庫本には、本文への修正の指示が存在していない。おそらく宮内庁本を書写する際に、単純に「八」を「六」と見誤ったのであろう。

また、北山文庫本第四葉表第二行、修正前の本文で「並河誠所」となっている箇所は、朱筆で修正が加えられており、修正後の本文は「誠所並河永」となる。ところが、宮内庁本の該当する箇所を見ると、「誠斎並河永」と書写されている。これもおそらく、三輪執斎の「斎」の字に目移りしたための誤記であろう。

更に、人名の表記に関して、北山文庫本第三葉第七行、享保十年の項に「三輪執齋」とある箇所が、宮内庁本の該当する箇所では単に「執齋」となっている。これも誤記である可能性がある。

もっとも、宮内庁本において人名は、基本的に、最初に登場する際と没年とを除き、姓が省かれて号だけが記されている。例えば三宅石菴・中井甃菴・中井履軒は、「石菴」「甃菴」「履軒」と記されている。この享保十年の項は、三輪執齋の名が登場する二番目の箇所であるので、宮内庁本を書写する際に、表記の統一を図ろうとした可能性も否定できない。ちなみに、三輪執齋の名が『懐徳堂紀年』に最初に登場するのは直前の享保九年の項で、北山文庫本では、修正前の本文は「三輪執齋」とあるが、朱筆で「執齋三輪希賢」とするように修正が指示されており、宮内庁本の該当箇所は、指示通り修正されている。(12)

(五)　宮内庁本において欠落した事項

北山文庫本の第二十六葉裏第八行から第二十八葉表第五行までは、安政四年の項であるが、そこには朱筆による鉤括弧や文字列の朱線により、字句を大幅に削除する指示が記されている。しかしながら、年号・干支を除く安政四年の項のすべての記述を削除する指示がなされている訳ではない。北山文庫本に書き込まれている朱筆の修正によれば、本来は、以下の記述が宮内庁本の本文として残されているべきである。

四年丁巳三月二十三日水戸侯徳川齊昭賜其所翻刻破邪集一部八巻於書院／夏四月十四日徳川齊昭又賜水府藏梓大日本史十帙百巻於書院

ところが、宮内庁本の安政四年の項には、「四年丁巳」としか記述がない。本来残されるべき右の記述を、欠落させてしまっているのである。この脱文は、安政元年から明治二年にかけて、北山文庫本には削除の指示がかなり連続しているため、残すべき文字列を見落としたことによって生じたと見られる。

以上、本節では、新田文庫本・北山文庫本・宮内庁本の三つの『懐徳堂紀年』の関係に関するいくつかの問題点について述べた。この内（三）・（四）・（五）の問題は、宮内庁本の本文に表記の不統一や誤記、脱文が存在するというものである。完本である宮内庁本は、稿本の段階で重ねて行われた修正を踏まえて作成され、大正天皇に献上されたものだった。にもかかわらず、こうした表記の不統一や誤記、脱文があるということは、甚だ意外である。

宮内庁本の表記にこうした問題が存在する原因は不明だが、新田文庫本・北山文庫本の巻末の識語の中で、木菟麻呂が、『懐徳堂紀年』の執筆は「蒼卒の際に在」ったと述べていることと関連があるものと推測される。

そもそも『懐徳堂紀年』は、大阪へ行幸する大正天皇に懐徳堂の編年史を献上しようという、懐徳堂記念会の企画から生まれた。従って、『懐徳堂紀年』は、当然行幸に間に合うように完成しなければならなかった。しかし、懐徳堂の編年史の執筆は、木菟麻呂にとっても初めてのことであった。資料の収集や執筆、推敲には、かなりの時間を必要としたに違いない。とすれば、木菟麻呂による記念会への北山文庫本の呈上が、当初の予定よりかなり遅れた可能性は十分に考えられる。そうであったとするならば、天囚による修正や宮内庁本の浄書は、かなり短時間で行わざるを得なかったことになろう。完本における表記の問題には、こうした事情が影響を与えた可能性が考えられるのである。

おわりに

木菟麻呂が執筆した北山文庫本に対して、西村天囚が加えた修正のことを、上松寅三は「聊か取舎を加」えたと表現したが、中井木菟麻呂は「頗る删削」したと述べている。天囚が削除を指示した箇所は百三十箇所以上に及ぶのであるから、客観的に見れば、天囚の修正・削除の指示は、「聊か」といった程度ではなかったといえよう。

木菟麻呂が、献上された完本『懐徳堂紀年』の内容や体裁について、どのようにして知ったのかは不明だが、更に取材を行って『懐徳堂紀年』に「追録」し、一層充実した懐徳堂の編年史を完成せんと決意していた木菟麻呂にとって、推敲を重ねた『懐徳堂紀年』が「頗る删削」されたことは、大きな衝撃であったと推測される。

記念会による「删削」は、実は『懐徳堂紀年』の本文についてだけではない。新田文庫本・北山文庫本の巻末に付されていた木菟麻呂の識語や署名は、宮内庁本においてはすべて削られており、その巻末には「財團法人懐徳堂記念會編」と書き加えられている。記念会は、『懐徳堂紀年』から中井木菟麻呂の名を消し去り、その功績をいわば奪い取ったのである。

『懐徳堂紀年』の成立は、木菟麻呂と懐徳堂記念会との間に、大きなしこりを残したに違いない[13]。

注

（1）懐徳堂データベースのコンテンツ作成の調査の成果としては、『懐徳堂事典』（大阪大学出版会、二〇〇一年）、『懐徳堂データベース全コンテンツ』（『大阪大学大学院文学研究科紀要』第42巻―2、二〇〇二年）、『懐徳堂文庫の研究　共同研究報告書』（大阪大学大学院文学研究科湯浅邦弘編、二〇〇三年）、『懐徳堂アーカイブ　懐徳堂の歴史を読む』（湯浅邦弘・竹田健二編著、大阪大学出版会、二〇〇五年）などがある。

（2）識語の本文には、墨筆で修正が加えられている。引用は、修正後の本文による。なお、新田文庫の『懐徳堂紀年』については、拙稿「資料紹介　新田文庫本『懐徳堂紀年』」（国語教育論叢第一三号、二〇〇三年）参照。

（3）北山文庫は、重建懐徳堂最後の教授であった吉田鋭雄氏の旧蔵書約四千四百冊を指す。昭和三十一年（一九五六）に大阪大学に寄贈された後、更に昭和五十四年（一九七九）に追加分約四百点が寄贈された。現在はすべて懐徳堂文庫に収められている。北山文庫の『懐徳堂紀年』は、昭和五十四年に寄贈されたものの一部である。

（4）上松寅三については、山村太郎「今井館長と上松老人のこと」（「懐徳」第三七号、一九六六年）参照。

（5）宮内庁本については、拙稿「資料紹介　宮内庁書陵部蔵『懐徳堂紀年』」（「懐徳」第七二号、二〇〇四年）参照。

（6）藍筆による本文の修正は、新田文庫本全三十八葉中、末尾の部分に集中している。すなわち、第三十二葉より前の部分ではわずかに三箇所しかないのに対して、第三十二葉から巻末にかけては十箇所存在している。但し、第三十二葉から巻末までの部分には、墨筆による本文の修正も二十五箇所あり、本文の修正がすべて藍筆によって行われている訳ではない。本文の修正は、おそらく先ず墨筆によって、次いで藍筆によってと、それぞれ別の機会になされた可能性が高いと思われる。

（7）第九葉と第十三葉とは、葉の表と裏とがもともと別の罫紙で、版心の部分で張り合わされている。書き損じた部分を含む半葉を切り取った後、正しい本文を書写した別の葉と張り合わせた可能性が高いと思われる。

（8）北山文庫本の藍筆の句点については、新田文庫本には句点が付されているが北山文庫本には句点が存在していないという箇所が五箇所、また新田文庫本には句点が存在しないが北山文庫本には句点が付されているという箇所が三箇所あり、両本の藍筆の句点の位置は完全には一致していない。しかしながら、そうした両本の間の句点のずれは、句点の総数から見て極めて少ない。北山文庫本の句点の位置については、基本的に新田文庫本における句点の修正の結果に基づきつつ、更に一部若干の修正を加えられたと推測される。

（9）新田文庫本が成立する前の段階において、別に草稿が存在した可能性も十分考えられる。しかし、現在その存在を確認することは出来ないため、ここでは新田文庫本を第一次の稿本と考える。

（10）北山文庫本においては、朱筆の鉤括弧でくくられた文字列のなかに、やはり朱筆で字句の修正が加えられているものがある。このことは、天囚の朱筆による修正がすべて一度に行われたのではないことを示している。

なお、天囚の修正・削除がどのような意図に基づくものであったかについては、更に検討する必要があるが、『懐徳堂紀年』の特に後半、幕末の部分に削除の指示が集中している。この点については、木菟麻呂の記述は幕末の並河寒泉（華翁）に関して特に詳細に過ぎ、懐徳堂の歴史全体としてバランスを欠くとの、天囚の判断があった可能性が考えられる。

寒泉に関して木菟麻呂が詳しく記しているのは、もちろん用いることのできる資料が豊富であったこともあろうが、外祖父・寒泉を顕彰せんとする意図が木菟麻呂自身にあったためではないかと推測される。羽倉敬尚「中井木菟麻呂翁の業歴―旧教聖書及び正教聖典の翻譯に献身盡力―」（懐徳堂堂友会「懐徳」第四四号、一九七四年）によれば、「並河華翁は書院最後の教育文功者として、大正八年（一九一九―竹田注）十一月、贈正五位の榮譽に浴した」が、「この表賞については府當局の依囑」により、木菟麻呂が「傳記事略を作って提出」している。中村健之介・中村悦子『ニコライ堂の女性たち』（教文館、二〇〇三年）によれば、木菟麻呂は明治十一年（一八七八）三月に洗礼を受け、それが「寒泉の怒りをかい、義絶され」ているが、幕末の懐徳堂を支えた最後の学主・寒泉の事績は、木菟麻呂にとって特筆すべき重要な事柄であったと思われる。

（11）北山文庫本における墨筆の修正の内、第三十葉裏第二行の、「東旋」と「十八日」との間に小さな「〇」を加筆し、その右に「〇二」を加筆した修正、及び第三十三葉表第二行の、「両衙」と「十一日」との間に小さな「〇」を加筆し、その右に「〇尹」を加筆した修正は、新田文庫本には存在しない（宮内庁本では、この二箇所の修正を含む項目自体が削除されて存在しない）。この二点は、木菟麻呂が第二次稿本完成後、第一次稿本と第二次稿本に同一の修正を加えようとした際、懐徳堂記念会に呈上する方を優先したため、第二次稿本（北山文庫本）には書き込んだものの、第一次稿本（新田文庫本）には加筆し忘れたために生じたと推測される。

（12）但し、実は宮内庁本において、二度目以降の人名の表記が厳密に統一されている訳ではないため、宮内庁本が意図的に

「執齋」としたかどうかははっきりしない。例えば三度名が登場する「富永芳春」は、すべて「富永芳春」と表記されている。また三宅春楼は、最初に登場する享保十五年の項に「石庵嗣正誼号春楼」と表記され、その他宝暦八年の項の六月と七月とは「三宅春楼」、同年八月は「春楼」（二回）、宝暦九年も「春楼」、没年の天明二年は「三宅春楼」と、それぞれ表記されている。中井竹山は、最初に登場するのは享保十五年、二度目の宝暦四年は「竹山」、三度目の宝暦八年は「中井竹山」、その他は文化元年の項に「中井竹山卒」とあるのを除き、すべて「竹山」と表記されている。ちなみに、『懐徳堂紀年』において、改元があった年の年号は、改元後のものだけが記されている。竹山の死は、『懐徳堂紀年』では文化元年の項に記されているが、享和から文化への改元は三月であるから、竹山の没年は享和四年である。

（13）懐徳堂記念会と木菟麻呂との関係について、前掲中村健之介・中村悦子『ニコライ堂の女性たち』は、「記念会の理事たちは中井家を冷遇する傾向にあ」り、それは理事たちが「一家（中井家のこと—竹田注）がキリスト教徒であったことと木菟麿が再建された重建懐徳堂の学主（校長）になることを希望していたこと」に反発を感じていたためであったと考えられる、と指摘する。

第二章　第二次北山文庫「懐徳堂年譜」について

竹田健二

はじめに

重建懐徳堂最後の教授・吉田鋭雄（号は北山）の旧蔵書である北山文庫は、懐徳堂や重建懐徳堂に関する貴重な資料を多数含んでいる。ところが、北山文庫の資料のうち、昭和三十一年（一九五六）に寄贈された第一次分については、昭和五十一年（一九七六）に刊行された『懐徳堂文庫図書目録』（大阪大学文学部）に書誌情報が記載されているものの、昭和五十四年（一九七九）に追加して寄贈された第二次分（以下、第二次北山文庫と略記する）については、長らく目録が存在しなかった[1]。

井上了氏の「大阪大学附属図書館蔵「北山文庫続」暫定目録」（『懐徳堂センター報二〇〇四』、大阪大学大学院文学研究科・文学部懐徳堂センター、二〇〇四年。以下、「暫定目録」と略記する）は、氏が大阪大学附属図書館に備附されているカードに基づきつつ、懐徳堂文庫内の現物を精力的に調査して作成した、第二次北山文庫の初めての目録である。この目録は、今後の懐徳堂研究に多大な利益をもたらすに違いない。

ところで、井上氏はこの「暫定目録」作成の過程において得られた知見の一つとして、次のように述べている。

宮内庁蔵『懐徳堂紀年』の稿本が北山文庫続に架蔵されている（80CL03017）ことが最近報告されたが（竹田健二「『懐徳堂紀年』とその成立過程」、『中国研究集刊』調号、二〇〇三年）、今回の調査によって、これよりもさらに古い段階のものと思われる草本を新たにみいだした（80CL03175）。

この指摘に疑問を感じた筆者は、確認のための調査を行った。本章では、その調査の結果を踏まえ、第二次北山文庫「80CL03175」の「懐徳堂年譜」について私見を述べ、併せてその成立事情に関して考察を加えることにする。

一「懐徳堂年譜」と『懐徳堂紀年』

先ず、第二次北山文庫の「懐徳堂年譜」の書誌情報について示しておく。井上氏の暫定目録には、次のように記されている。

懐徳堂年譜（抄本、一冊）（大正甲子仲夏中井天生識、尚文堂用箋）

筆者の調査に基づく同資料の書誌情報は、以下の通りである。

・縦二三・四五㎝、横三三・五五㎝。縦二〇字、横二〇行の四〇〇字詰め原稿用紙（枠の右上に「（二十字詰二十

行)」、右下に「(尚文堂印行)」と印刷されたもの）を使用（表紙・裏表紙も同じ）。二つ折りしたものを仮綴じ。

・表紙一葉、本文三三葉、裏表紙一葉、合計三五葉。

・表紙に「懐徳堂年譜」と打ち付け書き。

・本文第一葉表右下に「北山文庫」「80CL03175」、裏表紙の葉・表下に「大阪大学附属図書館」の印記あり。

・内容は、元禄十三年から明治二年に至るまでの懐徳堂の編年史。漢字仮名交じり文で記されており、末尾に中井木菟麻呂（天生）の識語あり。

・本文は墨筆。後から墨筆、及び藍筆による修正が多数加えられている。また、朱筆による修正も一箇所認められる。

結論から言えば、第二次北山文庫「80CL03175」の「懐徳堂年譜」（以下、「北山本年譜」と略記する）は、大正十四年（一九二五）に再刊された西村天囚の『懐徳堂考』に付されているところの「懐徳堂年譜」（以下、「活字本年譜」と略記する）の原稿である。つまり、井上氏が言うように北山文庫本『懐徳堂紀年』より「さらに古い段階のもの」なのではなく、むしろ北山文庫本『懐徳堂紀年』より新しい資料である[2]。

北山本年譜が活字本年譜の原稿であることは、両資料の比較から確認できる[3]。

先ず、両資料は、題名が「懐徳堂年譜」でまったく同じであり、しかも漢字仮名交じり文で記されている本文の内容も、ほとんど同じである。更に両資料とも、末尾に中井木菟麻呂が記した識語が付されているが、この識語が完全に同じものである。これらは、北山本年譜と活字本年譜とが基本的に同一の資料であることを示している。

もとより、原稿用紙に書かれた北山本年譜と、印刷物である活字本年譜とでは、体裁や文字に関して若干異なる点がある。例えば、干支の表記について、北山本年譜では割注の形で記されているが、活字本年譜では、年号・本文と同じ大きさの文字で「（　）」に入れて記されている。注についても、北山本年譜では割注、活字本年譜では本文と同じ大きさの文字で「（　）」に入れて記されている。また、北山本年譜の略字は、活字本年譜では本字になっている。しかしながら、そうした相違点は、いずれも内容に直接関係するものではない。活字本年譜印刷の際に生じた誤植であろうと考えられるわずかな相違を除くならば、両資料の内容は同一と言ってよい(4)。

このように基本的に同一の資料である北山本年譜と活字本年譜とについて、その先後関係を考える上で決め手となるのは、北山本年譜の本文に修正が加えられている箇所である。北山本年譜には、修正が加えられている箇所が多数存在する。そうした修正は、主として墨筆によるものであるが、その北山本年譜の修正箇所について、修正前・後の本文と活字本年譜の本文とを比較すると、修正前の本文は活字本年譜と一致せず、修正後の本文が活字本年譜と完全に一致している。このことは、活字本年譜の本文が、北山本年譜の本文に加えられた修正を反映していることを示していると考えられる。抄本である北山本年譜が、活字本年譜が印刷される際の原稿であったと判断されるのは、このためである。

なお、北山本年譜が北山文庫本『懐徳堂紀年』よりも「さらに古い段階のもの」ではないことは、両資料に付されている中井木菟麻呂の識語から明らかである。暫定目録において井上氏が、北山本年譜の成書時期を「大正甲子仲夏」としているのは、木菟麻呂の識語の末尾にそのように記されているからであると思われる。この「大正甲子」は、大正十三年（一九二四）のことである。懐徳堂記念会が『懐徳堂紀年』の浄書本を大正天皇に献上したのは大正三年（一九一四）、そしてその二つの稿本、すなわち北山文庫本と新田文庫本の『懐徳堂紀年』が木菟麻呂によって執筆されたのも、両稿本の識語によれば「大正三年冬十一月」である。すなわち、北山本年譜は、北山文庫本『懐徳堂紀年』

が書かれた十年後に著されたものなのである。

二　「懐徳堂年譜」の成立事情

それでは、「懐徳堂年譜」の成立事情は、如何なるものであったのだろうか。その概略については、「懐徳堂年譜」の末尾に付された、中井木菟麻呂の識語から窺うことができる。識語の全文は、以下の通りである。

懐徳堂に編年の記録なし年歳の徴すへき者寛政以前には懐徳堂内外事記學校公務記録あり天保以後には寒濤樓居諸錄あり其餘は文詩簡牘のみ大正三年冬十一月

天子武を攝河泉の野に閲し大纛を大阪城に駐めさせ給ひし時懐徳堂記念會舊學校の年譜を乙夜の覽に供し奉らむと欲し天生に囑して編纂せしめき當時蒼黃毫を援き年次に因りて書院興廢の顚末を收錄せし者を懐徳堂紀年といふ記念會頗る删削して獻納の事を終へたり後天生其舊稿を增修し書題を改めて懐徳堂年表と爲し以て家に藏す今茲甲子の夏懐徳堂記念會碩園西村博士の懐徳堂考を刊行する擧あり卷尾に年譜を附載せむと欲し教授松山直藏君を以て天生に其編纂を託せらる因りて懐徳堂年表を撮略して本編を撰し題して懐徳堂年譜といふ讀者請ふ懐徳堂編年の記錄に大同にして小異なる斯の三編あることを領得し給はむことを

大正甲子仲夏　　中井天生　識

これによれば、中井木菟麻呂自身は懐徳堂の「編年の記録」を三つ執筆している。『懐徳堂紀年』「懐徳堂年表」

「懐徳堂年譜」の三者である。

この内もっとも古いものは『懐徳堂紀年』である。大正三年（一九一四）、大正天皇が陸軍大演習を統監すべく大阪に行幸した折、大正天皇に懐徳堂の編年史を献上することにした懐徳堂記念会が、中井木菟麻呂に執筆を依頼した。これが『懐徳堂紀年』である。

ところが、木菟麻呂の執筆した原稿が、そのまま大正天皇に献上されたのではなかった。木菟麻呂の原稿は、記念会の理事であった西村天囚により削除や修正が加えられた上で浄書され、献上が行われた。このことは木菟麻呂自身も知っており、右の識語の中で「記念會頗る删削して獻納の事を終へたり」と述べている。(5)『懐徳堂紀年』を執筆した後、木菟麻呂は「舊稿を增修し書題を改め」て「懐徳堂年表」を執筆し、これを家蔵していた。更にその後、西村天囚の『懐徳堂考』が再刊される際、その巻末に懐徳堂の年譜を附載することにした懐徳堂記念会が、その執筆を大正十三年（一九二四）夏に木菟麻呂に依頼した。そこで木菟麻呂は、「懐徳堂年表」を「撮略」して「懐徳堂年譜」を執筆したのである。

「懐徳堂年表」は今のところは所在不明であるが、(6)右のような執筆の経緯から見て、木菟麻呂が執筆した三つの懐徳堂の編年史は、『懐徳堂紀年』が原型となったと見なせよう。しかも、木菟麻呂自身、三者は「大同にして小異なる」ものであると、右の識語において述べている。従って、『懐徳堂紀年』とその後執筆された二つの懐徳堂の編年史とは、内容的にかなり重複しており、それほど大幅な違いはないと考えられる。

このことを確認するために、『懐徳堂紀年』と「懐徳堂年譜」とを比較してみよう。(7)

そもそも『懐徳堂紀年』は漢文で、「懐徳堂年譜」は漢字仮名交じり文で書かれており、両資料の表記には大きな違いがある。しかしながら、その内容について見るならば、明らかにかなりの部分が重複しており、表現上の強い関連性が認められる。基本的には『懐徳堂紀年』本文の漢文を書き下し文にしたものが「懐徳堂年譜」の本文になっていると見なすことができる。

例として、両資料の本文の冒頭部分を見てみよう。両資料とも本文は元禄十三年（一七〇〇）から始まっており、その記述はそれぞれ以下の通りである。

・元祿十三年庚辰。三宅石菴在大坂僊坡尼崎坊第二街。下帷教授。尼崎坊講學之時。中井甃菴委贄服事。其門有中村良齋三星屋武右衛門富永芳春道明寺屋吉左衛門長崎克之舟橋屋四郎右衛門等。（『懐徳堂紀年』）

・元祿十三年（庚辰）三宅石菴大阪船場尼崎町二丁目に教授す此の際門下に中井甃菴中村良齋（三星屋武右衛門）富永芳春（道明寺屋吉左衛門）長崎克之（舟橋屋四郎右衛門）等あり（「懐徳堂年譜」）

また、両資料の本文の末尾、明治二年（一八六九）の記述はそれぞれ以下の通りである。

・二年己巳冬十二月二十五日。華翁桐園盡謝生徒。閉鎖學校。移居於府北本莊邑。蓋吾懐徳書院。晩年雖有王侯之致意於興復。時遷命否。同志多彫落。勢不能復支。終歸于泯滅。自享保建學至于此。實一百四十有四年。去校時。華翁貼詩歌各一首於門扉。以爲千載遺恨。（『懐徳堂紀年』）

・同二年（己巳）十二月廿五日華翁桐園悉く生徒を謝し學校を閉鎖して居を府北本莊村に移す懐徳書院晩年王侯の意を興復に致しゝことありと雖時運屯蹇同志多く彫落して復支ふること能はす終に廢校の已むなきに至れり享保建學より此に至るまて實に一百四十四年なり校を去る時華翁詩歌各一首を門扉に貼付して千載の恨事となせり

（「懐徳堂年譜」）

細かく見れば、「懐徳堂年譜」の本文は、漢文の『懐徳堂紀年』の本文をそのまま書き下し文にしたものという訳ではなく、用いられている語句など表現に一部違いが見られる。しかし、「懐徳堂年譜」の本文は『懐徳堂紀年』の書き下し文に極めて近い。特に右に挙げた末尾の部分中、『懐徳堂紀年』の「華翁桐園畫謝生徒。閉鎖學校。移居於府北本莊邑」と、「懐徳堂年譜」の「華翁桐園悉く生徒を謝し學校を閉鎖して居を府北本莊村に移す」とは、非常によく似ている。この部分の「懐徳堂年譜」は『懐徳堂紀年』の本文をほぼそのまま書き下しにしたものと見て良い。両資料の表現上の違いは、さほど大幅なものではないのである。

もちろん、両資料の間には、一方には記述されている事柄が、他方には存在しない、という現象が見られる。例えば、「懐徳堂年譜」に存在する以下の記述は、木菟麻呂が執筆した『懐徳堂紀年』には存在していない。

・三宅春樓生る（正徳二年）
・五井蘭洲父持軒の喪に遭ふ（享保六年）
・子華孝狀成る（明和二年）
・逸史を上梓す（嘉永元年）
・十二月廿九日天皇（孝明）崩す（慶応二年）
・正月五日堂事上疏の改正草案を京都の並河尙教に郵寄す六日森三壽來庠堂事上疏第二篇の文義を謀る八日華翁鬌街をして堂事上疏第二篇の改正草案を森氏に致さしめ森氏の領可を得て之を高橋並河二氏に送らしむ▲十四

日桐園東組與力八田五郎左衞門を訪ひて庠事を密議す▲廿一日授業を開始す華翁質問を西夾に聽き桐園蜑街講堂に助讀す廿五日華翁文會を設く每月是の日を文會定日と爲す▲二月二日夜講の定日なり然るに華翁眼を患ひて燈下書を看るを忌むか故に二七四九の夜講皆晝講と改む四九には華翁講說し二七には桐園代講す▲六日華翁濱松邸に處守武田善左衞門を訪ひて堂事を國老に托せむことを請ふ武田氏近日藩命を奉して東行するか故なり（去年林祭酒か前將軍に扈して大阪に在りし時儒官保田鈼太郎を書院に遣して學校の由來を問はしめ桐園之に建學記を呈せし事あり頃者林祭酒か江戸四所の學校を振興することを建議したりと聞きたる故に此の事を托せしなり）▲十日赤松孫太郎來庠の際其父新平翁東行に付堂事を托せむ事を請ふ▲廿五日桐園堂事を嘆訴する書を東町奉行所に奉る三月十四日桐園召に赴く朝岡退藏町奉行の命を傳へて請ふ所の事は當然なれとも大廷用途浩繁にして聞き屆け難き旨を告く桐園憮然として退く（此の時桐園窃に退藏を引きて八田氏に托せし事を告けしに退藏曉る所あり今日の言に別牒を付して再請すへき由を告く明日桐園重訴せり）▲五月廿日華翁は淀侯か老職總裁となりたる由を聞き藩士荒井木公に托して懷德堂嘆訴牒を致さしむ▲十一月十八日華翁塾徒に經史の會讀を課す二七の夕は孟子四九の夕は十八史畧廿三日桐園輪講を聽く輪講定日前には一六の日なりしか今更に三八の日を加ふ▲十月三日桐園召に赴く町奉行は嘆訴牒大府に納れられさる旨を傳ふ（慶応三年）[8]

・三月十八日桐園岡本吉哉と裁判臺に往く臺吏大命を宣諭して曰く阪府學校の事嚮に仁和寺宮に請ふ所ありしか一切願意の如く舊典に從ふへしと（明治元年）

また逆に、以下の記述は「懐徳堂年譜」に存在せず、『懐徳堂紀年』には存在する。

・甃菴服闋。復游大坂。館于社友吉田氏家。（享保七年）
・夏四月。甃菴歸大坂。（享保十五年）
・夏六月。春樓修其居室。（寛延三年）
・蓋寛延中。甃菴舊痾寖差。生徒復聚。而書院頽廢。殆不復支。於是俶載。（宝暦元年）
・五年乙亥冬。竹山擧児元吉。不育。（宝暦五年）
・冬十月戊辰。鵩鵂止于書齋北牖。竹山作鵩鵂賦。（宝暦六年）
・八月。掲示學主與學問所預人新定於講堂前房。（宝暦八年）
・是月坊正川井立牧改正學問所住者之名籍。（同右）
・五月。竹山擧女。加藤子常以國詩慶賀。併贈描金雪竹杯。竹山賦雪竹杯歌一闋謝之。秋八月。竹山攜妻孥適西岡婦家革島氏。幹其蠱。後分月而居。寓中所得雜著。集為一巻。名曰西岡集。冬。醫師足立榮安来居右塾蘭洲舊居。通意於坊正。而蠲役如舊。（明和元年）
・秋九月。榮安去右塾。（明和二年）
・春正月二十八日。竹山擧女布美。十一月二十七日夭。賦七絶三首哭之。（明和三年）
・古林正民来住。（同右）
・春正月二十二日。坊正召學問所預人。稱疾不往。使人問其意。即命校内三家。来欵印於名籍。不應。秋九月。下吏来令欵印云。毎月當来請印。唯歳首至坊廳所欵之。否則就坊正居可也。亦不應。（明和四年）
・九月。坊正令下吏来請印。冬十一月。竹山擧男休吉。（明和五年）
・夏四月。尾張矦使人賜絹一疋於竹山履軒。明日。竹山抵邸拜謝。是月坊廳下吏来請印。而意未釋然也。六月。

竹山男休吉夭。（明和六年）

・五月。竹山作龍野貞婦記録。爲請救恤。（明和八年）

・夏四月十八日。履軒室革島氏卒。年二十七。葬府南誓願寺。私謚曰貞曜。秋八月。坊正怒。約不復来請印。九月。下吏来請印如故。後訴之市正。吏召戒之。事即釋。冬十二月。春樓招坊正。令與學問所預人相輯睦。（安永二年）

・春三月二十四日。有棄女児於門前者。即申報西衙。児患瘡。使古林正民治之。以其在鬮役之地。坊正不任收育之事也。夏五月八日。棄子不育。竹山申報西衙。（安永三年）

・夏六月十五日。竹山謁西尹京極伊豫矦。受授讀二子之命。冬十月。登西尹第。授讀其二子。（安永四年）

・春二月。竹山亾児阿末。秋七月亾阿作。是月西尹為其息行謝禮。并賜肩衣袴。（安永五年）

・春。竹山亾児牛吉。夏六月。西尹賜章服。（安永六年）

・是月竹山為頼千秋价篠田義齋長女成昏。贈合巹頌。（安永八年）

・秋七月。竹山適龍野。行驛随學問所預人名。不稱脇坂家臣。冬十一月。上書両衙。請學問所名籍作別牒。呈諸両衙。不循戸籍常例。及定棄子收育之法。十二月。十九日廿七日東衙召竹山。告棄子市廳取之。定收育之法。名籍別牒亦如所請。（安永九年）

・是歳竹山母植村媼亦壽躋七十。三月吉辰。設宴請客三次。詞章四十有八首。收在懐徳辛丑壽卷。（天明元年）

・春三月三日。中村両峯卒于京師。（天明二年）

・春正月。畫工蔀關月来居左塾。（天明三年）

・秋八月二十六日。竹山母植村媼卒。壽七十四。二十九日。葬府南誓願寺。私謚曰貞範。（天明五年）

・秋八月十六日。大鎮堀田豊前矦召竹山講書。（天明八年）
・十月。越中公臣柳川儀右衛門来。請文臺銘及鐘銘跋。（同）
・春二月。越中公賜飛紗綾二端。（寛政元年）
・夏四月朔。竹山室革島氏卒。年四十九。葬府南誓願寺。私謚曰貞淑。（同）
・是月相模矦使竹山撰定世子諱。十二月十九日。堀田相模矦使竹山辭龍野藩廩俸。二十四日。竹山上書於龍野邸。辭之。（同）
・春三月。請本書随進牋一函。（寛政十一年[9]）
・五月。上進于本府。但以進牋之議未定。令攜歸待命。竹山請護書備變。即令坊正發丁。秋七月十二日。有命。（同[10]）
・春正月。蕉園養痾于伊丹。秋。又病于京師。（享和三年）
・二十四日。碩果謂寒泉曰。山中善氏所藏聖像。曩嬰兵燹。剥落不完。欲命工修補。而無様。因欲假堂中所藏。予辭曰。我庠中素不藏聖像。以吾先子有説也。聞子之宗家。曽藏銅像。勒朱氏家藏四字者。請馳書。為假借爲。後懐徳堂有建聖廟之議、並河尚教納之于堂、今不知所在、冬十月望。懐徳堂有詩筵。題命冬霽。（天保八年[11]）
・春三月二十九日。龍野脇坂淡路矦賜花布一段。疏視一羽。矦潛心文學。曩价中井常菴。借覧懐徳堂遺書。今賜之以報謝也。夏四月。桐園設位進奠。以告于文恵文清両家君之靈。（弘化二年）
・秋八月。西尹欲使郎君讀書。請寒泉桐園教授爲。五日。始就業。是後二人更詣西衙教授。（嘉永六年）
・六月十一日。中井黄裳生。中井氏四十二年間無一熊夢。黄裳之生。寒泉欣然賦一絶。一以慶。一以戒。（安政二年）

・十八日。寒泉女豊菊適淡輪參郎。（安政三年）
・二十六日。堂前海棠盛開。桐園設詩筵。（安政四年）
・二十一日。國老龍野矦召見桐園。賜連環章肩衣袴。二十二日。矦發駕于玉造。桐園拜送。駕過學校門前。稲垣菊堂代桐園。盛服候駕。近侍受謁。號曰。中井修治門人。乃行。冬十二月五日。加藤喜太郎来。謝門生服部五郎因華翁斡旋為入氏之義子。入氏懐徳堂舊同志古金屋助十郎之後也。（同）
・三月十五日。藤井善作来訪。善作為竹山門下之裔。而中絶問候。今将尋舊好也。（安政六年）
・秋七月八日。碩果室篠田氏卒。壽七十九。十一日。葬府南誓願寺。私謚曰貞正。（同）
・秋七月二十六日。華翁視業。桐園及蝨街助爲。蝨街上堂助教。不知始于何日。見于居諸録。是為始。（文久元年）
・二十四日。森三壽男敏藏来。示五孝子傳。記文甃菴。畫一鷺菴。與山片氏所贈府庠者同其製。盖同時而成者。（文久二年）
・晦。西衙召桐園。傳明日東西両尹欲往觀堂構之意。而明日有公事。遂止。(12)（文久三年）
・十二月二十六日。玉造京橋口両鎮。各賜金五百匹。謝進献餘逸史也。（同）
・五月十二日。開講逸史。秋七月二十日。長藩松井雄二郎来云。吾藩浪士。恇擾京師。砲火施及市家。處々焚焜。坂邸亦今夕或舉火。於是華翁與桐園謀。收藏神主及書籍什器於庫中。八月十三日。華翁講堂視業。門生山村禹輔助爲。九月三日。華翁桐園入城。上講筵。桐園先講論語。次華翁講逸史。二十日。桐園入城。華翁以疾不往。桐園講論語。後代講逸史。聽者衆多。冬十月九日。赤松孫太郎示其弟民之助書曰。曩管校中井氏之北上也。献逸史一本於一橋黄門公。明日。公欲有所賜。而中井氏已南下。因命民之助代受爲。乃以五日詣第。拜受銀七錠。十二月三日。桐園入城講說。華翁不得往。是日府帥遣人。迎聖像。攜以擔子。盖曩有命也。桐園従而往。（元

治元年）

・三月五日。庠園梨花方開。桐園啓詩筵。題命庠園梨花。（慶應元年）

・冬十一月六日。蝨街晬日。且加冠。改小字阿二郎名秀二郎。十二月二十四日夜。迎本田作内賦詩。題命瓶梅知春。又以壁上所挂竹山書幅。疾風知勁草。板蕩識忠臣為題。雑以間書畫。（同）

単純に考えるならば、「懐徳堂年譜」には存在するが『懐徳堂紀年』に存在していない記述は、「懐徳堂年表」執筆の際に「増修」されたもので、「懐徳堂年譜」に存在せず『懐徳堂紀年』には存在する記述は、「懐徳堂年表」から「撮略」されたものである可能性が考えられる。但し、残念ながら「懐徳堂年表」の内容を確認することができないため、具体的にどの段階でどのように木菟麻呂が「増修」や「撮略」を行ったのかについて、詳細は把握できない。しかし、右に示したような「懐徳堂年譜」と『懐徳堂紀年』との記述の相違からは、木菟麻呂が確かに「増修」や「撮略」を加えたこと、そして比較的「撮略」の方が多かったことを見て取ることができる。[13]

もっとも、こうした『懐徳堂紀年』と「懐徳堂年譜」との間の相違は、文献全体として見れば部分的で、両資料のかなりの部分の内容は重複している。木菟麻呂自身が述べているように、『懐徳堂紀年』と「懐徳堂年譜」とは、懐徳堂の編年史として「大同にして小異」なのである。

木菟麻呂が最初に執筆した『懐徳堂紀年』を原型とし、そこからそれほど大きくは異ならない形で「懐徳堂年譜」を執筆したということは、「懐徳堂年譜」の識語の構造からも窺うことができる。すなわち、「懐徳堂年譜」の識語は、「大正三年」（一九一四）の十一月に記された部分と、「大正甲子」、すなわち大正十三年（一九二四）の夏に記された部分とが組み合わされている。「懐徳堂年譜」の識語の「大正三年」の部分を今一度見てみよう。

懐徳堂に編年の記録なし年歳の徴すへき者寛政以前には懐徳堂内外事記學校公務記録あり天保以後には寒濤楼居諸録あり其餘は文詩簡牘のみ大正三年冬十一月

これは、木菟麻呂が漢文で書いた『懐徳堂紀年』稿本、つまり新田文庫本・北山文庫本『懐徳堂紀年』の識語の中の、執筆に用いた懐徳堂関係の資料を紹介している部分とほぼ同一の内容であり、概ねそれを書き下し文にしたものである。(14)『懐徳堂紀年』稿本の識語全文は、以下の通りである。

懐徳堂記録。年歳之可徵者。寛政以前有學問所建立記録。懐徳堂内外事記。學校公務記録。天保以後有寒濤楼居諸録。中間則闕如也。其餘則文詩簡牘耳。斯編之成。在蒼卒之際。居諸録不得悉閲。取材於遺書。亦不過其二三。異日當随獲而追録焉。

大正三年冬十一月　　　　　黌陰後学中井天生識

これによれば、木菟麻呂は『懐徳堂紀年』の執筆に当たり、資料を十分収集することができなかったと考えていたようである。後日更に資料を収集した上で、必要な情報を「追録」し、懐徳堂の編年史としてより完成度の高いものを執筆したいと、木菟麻呂は望んでいたのである。

その木菟麻呂が、この『懐徳堂紀年』の識語の中の、執筆に用いた資料を説明する部分を抽出して書き下し文にし、それを「懐徳堂年譜」の識語に組み入れていること、しかも「大正三年冬十一月」と、識語の執筆時期まで明示していることは、一体何を意味しているのであろうか。おそらくこれは、「懐徳堂年譜」を執筆するに当たり、『懐徳堂紀年』執筆の際に用いた資料以外に、特に新たな資料を得てそれを活用するということが無かったことを示していると推測される[15]。

すなわち、木菟麻呂が行った「増修」や「撮略」には、表現や体裁に関する修正も当然含まれていたであろうが、内容的には、『懐徳堂紀年』の執筆の際に用いた資料に記載されている事柄の中から改めて取捨選択を行い、部分的に加筆や削除をしたということに止まると考えられるのである。そうであるからこそ、三つの懐徳堂の編年史は「大同にして小異」なるものにならざるを得なかったのであろう。

以上、本節では、中井木菟麻呂の「懐徳堂年譜」の識語からその成立事情を検討した。「懐徳堂年譜」の成立事情について述べている資料は、実は別にもう一つ存在する。それは、再刊本『懐徳堂考』の序文である。次節では、この再刊本『懐徳堂考』の序文について検討を加える。

三　懐徳堂記念会と「懐徳堂年譜」

再刊本『懐徳堂考』の序文は、重建懐徳堂の初代教授である松山直蔵が、「大正乙丑」、つまり大正十四年（一九二五）の九月に記したものである。その中の「懐徳堂年譜」について言及している部分は、以下の通りである。

巻末今坿するに懐徳堂復興小史及懐徳堂年譜を以てす。前者は會の記録を抄して以て復興の縁由と現状とを明かにせるものなり。後者は黃裳中井君の撰するところ、君名家の裔を以て祖考の業を追念し、嘗て家藏懷徳堂舊記及先師儒の遺文日乘に據り、年表一巻を撰す。事祖考に關するもの尤詳密にして復た遺こすところなし。余嘗て子俊の言を聞く、懐徳堂は浪華の公學にして、一家の私塾に非ずと。懐徳堂考幷に其の草するところの懷德堂記念會趣旨書倶に頗る意を此處に致せり。因りて以爲へらく、年表中若し專ら家常瑣事に繫かるものを删りて、以て懷德堂考の後に坿することを得ば、讀者の便大ならんと。乃ち子俊に凾して之を諮る。子俊之を賛す。余因りて君を訪ふて勸むるに節略合印の事を以てす。君も亦概然之を諾す。時恰さに盛夏、君勞劬事に從ひ、年表を約して年譜を編す。既にして子俊世を謝し、重印の事亦爲めに頓挫し、荏苒秊を踰え、今纔かに功を竣ふ。

この序文によれば、もともと中井木菟麻呂は「祖考の業を追念し、嘗て家藏懷德堂舊記及先師儒の遺文日乘に據り」、「年表一巻」を著していた。そしてこの「年表」から「專ら家常瑣事に繫かるものを删りて」作成したのが「懐徳堂年譜」である。また序文は、「懐徳堂年譜」を作成してそれを『懐徳堂考』に合印することは松山直蔵が発案し、西村天囚に提案して同意を得た上で、木菟麻呂に自ら依頼したとしている。

「懐徳堂年譜」の作成がそもそも懐徳堂記念会の側から提案され、そしてその執筆を松山直蔵が中井木菟麻呂に依頼したとする点は、前節で検討した木菟麻呂の「懐徳堂年譜」の識語の記述と合致する。しかしながら、「懐徳堂年譜」識語の内容を踏まえて考えるならば、次の疑問点が浮かんでくる。それは、松山直蔵が『懐徳堂紀年』に関してまったく触れておらず、「懐徳堂年譜」の母体となった懐徳堂の編年史について、それを「年表」としているのは何故か、という点である。

先に筆者は、『懐徳堂紀年』をめぐって、懐徳堂記念会のふるまいに、甚だ奇妙な点が認められることを指摘した。(16)すなわち、再刊本『懐徳堂考』に「懐徳堂年譜」とともに合印されている「懐徳堂復興小史（懐徳堂記念会記事鈔録）」

は、右の序文にも触れられているように、懐徳堂記念会が創立前後の事情をまとめた資料であるが、その中には、『懐徳堂紀年』の大正天皇への献上に関する記述がまったく存在していない。大正天皇と懐徳堂記念会との関係については、二度にわたって下賜金を受けたことを「優恩に霑被」したと特記し、積極的に取り上げているにもかかわらず、献上のことについては一言も触れていないのである。

また懐徳堂記念会は、大正十五年（一九二六）十月に『懐徳堂要覧』を刊行している。その中の「新懐徳堂沿革」は、「懐徳堂復興小史」と概ね同じ内容であるが、やはり『懐徳堂紀年』の献上に触れていない。

現在宮内庁書陵部には、記念会から大正天皇に献上された完本『懐徳堂紀年』が存在しており、その末尾には「財団法人懐徳堂記念会編」と記されている。従って、懐徳堂記念会が大正天皇に『懐徳堂紀年』を献上した事実は動かし難い。しかも懐徳堂記念会関係者がそのことを認めている資料も存在する。それは、北山文庫に収められている『懐徳堂紀年』の稿本に挟み込まれていた一枚の原稿用紙である。その原稿用紙には、以下のように記されている。

大正三年十一月　先帝陛下為陸軍大演習統監行幸大阪府此時懐徳堂記念會有嘱懐徳堂編年史之編于中井木菟麻呂氏以供　乙夜之覽之議既而稿成焉理事故文學博士西村時彦氏聊加取舍而浄書清装納之函以請傳献幸辱　嘉納本書即是其底本矣時予幹事頃日探之筐底乃加帙以返贈云

昭和四年七月　　　上　松　寅　三　識

これを書いた上松寅三は、昭和初期に大阪府立図書館に勤め、重建懐徳堂の幹事でもあった人物である。[17] そしてこのメモの内容は、前節で検討した「懐徳堂年譜」末尾に付されている木菟麻呂の識語の内容と、ほぼ一致している。

懐徳堂記念会が『懐徳堂紀年』を大正天皇に献上したということは、懐徳堂記念会内部の人間も十分認識していたのである。

懐徳堂記念会が財団法人として認可されたのは、大正二年（一九一三）のことであり、大正天皇に『懐徳堂紀年』を献上する前年である。記念会にとって『懐徳堂紀年』の献上は、その存在が社会的に認められる上で、おそらく重要な意味を持つことであったに違いない。にもかかわらず、その後懐徳堂記念会が刊行した物の中に、献上のことがまったく言及されていないのは、甚だ奇妙である。

松山直蔵の序文が、「懐徳堂年譜」の成立事情を説明するに当たって『懐徳堂紀年』に一切触れていないのは、右に述べたような懐徳堂記念会の奇妙な振る舞いと軌を一にしている。前述の通り、再刊本『懐徳堂考』に収められている「懐徳堂年譜」の識語の中で、中井木菟麻呂は、「懐徳堂記念會舊學校の年譜を乙夜の覽に供し奉らむと欲し天生に囑して編纂せしめき」と、懐徳堂記念会が大正天皇に献上しようとして『懐徳堂紀年』の執筆を依頼してきたことを明記している。この木菟麻呂の識語は、松山直蔵の序文が書かれた年の前年に書かれており、従って松山直蔵は、木菟麻呂が『懐徳堂紀年』に言及していることを知っていた可能性が高いと推測される。にもかかわらず松山直蔵は、何故か『懐徳堂紀年』に触れていない。

おそらくこれは、単なる誤りといった類のものではなく、意図的にそのようにしたと考えられる。松山直蔵を含む当時の懐徳堂記念会関係者にとって、『懐徳堂紀年』そのもの、及びそれを大正天皇に献上したことは、公には触れてはならないことであったに違いない。

何故『懐徳堂紀年』は、懐徳堂記念会関係者にとって触れてはならないものであったのだろうか。残念ながら、その理由については、今のところよく分からない。

あくまでも推測に過ぎないが、これには懐徳堂記念会内部の何らかの事情が影響した可能性が高いと思われる。例えば、『懐徳堂紀年』の献上は西村天囚を中心とする一部の関係者の独断で行われ、そのことが後日問題となり、記念会の公的な活動として否定、抹消された、といったことがあったのではなかろうか。また、執筆を依頼した木菟麻呂と懐徳堂記念会との間の何らかのトラブルがあり、それが影響した可能性も考えられる。

なお、松山直蔵が序文の中で「懐徳堂年譜」の母体を「年表」と表現していることとも、おそらく『懐徳堂紀年』には触れてはならなかったことと関連していると推測される。序文にあるように、「年表」から中井家に関する事項を削除することを、松山直蔵が発案したというのが事実であるならば、松山直蔵は木菟麻呂の書いた「年表」を読んでいたということになる。松山直蔵の言うこの「年表」が、「懐徳堂年表」を指しているとすれば、松山直蔵には木菟麻呂が家蔵していたという「懐徳堂年表」を読む機会があったということになるが、それは不自然ではあるまいか。

私見では、松山直蔵がいう「年表」とは、木菟麻呂が『懐徳堂紀年』を執筆した際に懐徳堂記念会に呈上した稿本、すなわち現在の北山文庫本『懐徳堂紀年』のことであると考えられる。再刊本『懐徳堂考』の序文において『懐徳堂紀年』に触れてはならなかった松山直蔵は、「懐徳堂年譜」の成立事情について木菟麻呂が述べていることを知りながらも、それを認めることも否定することもできず、『懐徳堂紀年』の稿本のことを「年表」と曖昧に表現した、と推測されるのである。(18)

おわりに

中井木菟麻呂には、懐徳堂に関しては中井家の子孫である自分こそが最も理解しているとの強い自負があったと思われる。木菟麻呂自身、安政二年（一八五五）に懐徳堂内で生まれ、十四歳で迎えた明治二年（一八六九）の閉校まで懐徳堂内で育ったのであるから、木菟麻呂がそうした自負を抱いていたとしても当然のことといえよう。

木菟麻呂以上に懐徳堂をよく知る者がいないことは、懐徳堂記念会の側も認めざるを得なかったに違いない。『懐徳堂紀年』献上の時も、「懐徳堂年譜」の時も、懐徳堂記念会が懐徳堂の編年史の執筆を自力では行わず、二度とも木菟麻呂に依頼していることが、端的にそれを示していると思われる。

しかし、記念会は同時に、木菟麻呂を遠ざけようともしていた面があるように思われる。「懐徳堂復興小史」によれば、懐徳堂記念会設立のきっかけとなった明治四十三年（一九一〇）一月の大阪人文会においてなされた議決は、次のようなものであった。

> 懐徳堂は中井氏の私學に非ずして、幕府の保護と志ある市民の協力とに成りし公立の學問所なり。然れば公祭は大阪人文會の私すべきに非ず、大阪府教育會は勿論、（当時市教育會は解散して、未だ復興せざりき。）懐徳堂に縁故深き鴻池善右衞門君（懐徳堂創立五同士の一人なる鴻池宗古は、其の一族なり。）住友吉左衞門君（其の一族にして別子銅山に功ありし入江育齋通稱泉屋利兵衞は、性理學を修めたるが、五井蘭洲の門人なり。）を初として、同士の紳士に請ふに發起人たらんことを以てすべし

懐徳堂記念会は、「懐徳堂は中井氏の私學に非ず」との認識に立ち、懐徳堂が「公」の存在であったと強調していた。記念会にとって中井家の子孫である中井木菟麻呂は、或る一定の距離を置くべき存在だったのである。

もっとも、大正十五年（一九二六）に懐徳堂記念会が刊行した『懐徳堂要覧』においては、明治四十三年（一九一〇）

一月の大阪人文会においてなされた議決の引用から、「懷徳堂は中井氏の私學に非ずして」という文言が消えている。これは、木菟麻呂を遠ざけようとしていた記念会が、その姿勢を若干変化させたことを示唆するものであろう。そしておそらくこの変化は、大正十三年（一九二四）に西村天囚が亡くなったことと関係がある。というのも、再刊本『懷徳堂考』序文で松山直蔵は、「余嘗て子俊の言を聞く、懷徳堂は浪華の公學にして、一家の私塾に非ずと。懷徳堂考并に其の草するところの懷徳堂記念會趣旨書倶に頗る意を此處に致せり」と述べている。子俊とは西村天囚の号であり、「懷徳堂は中井氏の私學に非ず」との主張は、実は西村天囚その人の主張だったと考えられるからである。

懐徳堂記念会や松山直蔵が『懐徳堂紀年』の献上に触れない理由や、懐徳堂記念会と中井木菟麻呂との関係については、なお不明な点が残る。今後はそうした課題の解明に、これまでほとんど用いられてこなかった北山文庫や新田文庫の資料が大いに寄与するものと期待される。

注

（1）木村英一「懐徳堂先賢の業績と遺品との蒐集・整理・保存に関する近況について」（『懐徳』第五〇号、一九八〇年）は、第二次北山文庫の資料「約四百点」について、その概要を紹介している。

（2）『懐徳堂紀年』については、本書第六部第一章の拙稿「『懐徳堂紀年』とその成立過程」（初出は「中国研究集刊」第三二号、二〇〇三年）、及び「資料紹介　新田文庫本『懐徳堂紀年』」（国語教育論叢第一三号、二〇〇三年）、「資料紹介　宮内庁書陵部蔵『懐徳堂紀年』」（『懐徳』第七二号、二〇〇四年）、『懐徳堂アーカイブ　懐徳堂の歴史を読む』（湯浅邦弘・竹田健二編著、大阪大学出版会、二〇〇五年）参照。

（3）比較に用いた再刊本『懐徳堂考』は、筆者の所有する「懐徳堂考和紙印刷五拾五部之内第貳拾参號」である。

（4）活字本年譜印刷の際の誤植と考えられる箇所は、左の表に示す通りである。

	北山本年譜	活字本年譜
享保十一年	春甃菴三たひ	春甃菴三たび
〃	社友五名ゝ	社友五名更に
元文二年	支配人を置かす	支配人を置かず
宝暦元年	竣を告く	竣を告ぐ
元治元年	元治元年	同治元年

（5）注（2）前掲の拙論「『懐徳堂紀年』とその成立過程」、「資料紹介　新田文庫本『懐徳堂紀年』」参照。

（6）「懐徳堂年表」は、第一次・第二次新田文庫にも含まれていないようである。井上了「懐徳堂文庫等所蔵新収資料・器物等目録」（大阪大学大学院文学研究科　湯浅邦弘編『懐徳堂文庫の研究　共同研究報告書』、二〇〇三年）、及び池田光子「第一次新田文庫暫定目録」（『懐徳堂センター報二〇〇四』、大阪大学大学院文学研究科・文学部懐徳堂センター、二〇〇四年）参照。

（7）ここでいう『懐徳堂紀年』は、新田文庫本・北山文庫本における木菟麻呂の記述した本文のことを指し、基本的に北山文庫本の表記による。北山文庫本には、西村天囚が後に加えた朱筆の修正・削除の指示があるが、ここでの比較に際してそれらはすべて無視している。また、「懐徳堂年譜」は、活字本年譜の表記に従う。

（8）慶応三年の条については、「懐徳堂年譜」にかなりの分量の記述があるのに対して、『懐徳堂紀年』には、稿本の新田文庫本・北山文庫本にもまったく記述がない。『懐徳堂紀年』稿本は、幕末、特に安政年間以降は毎年かなりの分量の記述があり、その中で慶応三年のみ記述がないのは、甚だ不自然に思われる。原因は不明で、単純な編集上のミスによる可能性も否定できない。ただ、「懐徳堂年譜」の記述から見ると、この年は、桐園が奉行所に「堂事を嘆訴」したが聞き届けられなかったといった、懐徳堂運営の立て直しがうまく進まなかった話が多い。木菟麻呂がこれを不名誉なことと捉えて、意図的に削った可能性もあると思われる。

（9）北山本年譜には、本文として「三月。本書に進牋を添へむことを請ふ」と記された後、藍筆で見消になっている。
（10）北山本年譜には、本文として「五月本府に上進す進牋の議未定らさるを以て命を待たしむ七月十二日命降る」と記された後、藍筆で見消になっている。
（11）北山本年譜には、本文として「十月十五日懐徳堂詩筵あり題冬霽」と記された後、墨筆で見消になっている。
（12）北山本年譜には、本文として「晦西町奉行所桐園を召して明日両使君か往きて書院を観むと欲する旨を告く然るに公事ありて果さ、りき」と記された後、墨筆で見消になっている。
（13）新田文庫本『懐徳堂紀年』には、木菟麻呂が記念会に呈上した北山文庫本『懐徳堂紀年』の本文に反映されていない加筆修正が五箇所認められる。この加筆は、木菟麻呂が「懐徳堂年表」を表す際の「増修」に含まれるものであった可能性が高い。注（2）前掲の拙稿「『懐徳堂紀年』とその成立過程」第四節（一）参照。また、『懐徳堂紀年』稿本には存在するが、「懐徳堂年譜」には存在しないという記述の多くは、『懐徳堂紀年』が大正天皇へ献上される際、浄書本作成に当たって西村天囚によって削除されている部分と重なる。木菟麻呂の「撮略」は、そうした天囚の判断の影響を強く受けている可能性がある。
（14）『懐徳堂紀年』稿本の木菟麻呂の識語は、大正天皇に献上された浄書本ではすべて削除されている。なお、『懐徳堂紀年』稿本の識語には、執筆に用いた資料として『学問所建立記録』も挙げられているが、「懐徳堂年譜」の識語の「大正三年」の部分には、『学問所建立記録』が挙げられていない。その理由は不明である。
（15）後述する松山直蔵の再刊本『懐徳堂考』序文によれば、懐徳堂記念会が木菟麻呂に「懐徳堂年譜」執筆を依頼したのは大正十三年（一九二四）の「盛夏」である。木菟麻呂は「懐徳堂年譜」の識語を同年の「仲夏」に書いており、木菟麻呂が依頼を受けてから執筆に費やした時間は、かなり短かったと見られる。このことも「懐徳堂年譜」の内容に新たに加えられた要素が少ないことに影響したと推測される。
（16）注（2）前掲の拙稿「資料紹介　新田文庫本『懐徳堂紀年』」参照。
（17）上松寅三については、山村太郎「今井館長と上松老人のこと」（『懐徳』第三七号、一九六六年）参照。

（18）再刊本『懐徳堂考』序文で松山直蔵は、「懐徳堂年譜」作成の際、「年表」中の「専ら家常瑣事に繋かるもの」を削除したかのように述べている。「年表」が北山文庫本『懐徳堂紀年』を指すのだとするならば、その指摘には問題がある。確かに、『懐徳堂紀年』に存在して「懐徳堂年譜」には存在しない記述の中には、懐徳堂の公的な活動とは直接関係しない、竹山や履軒の家族の出生や死去といった、中井家の私的な事柄も含まれている。しかしながら、例えば安永三年（一七七四）に懐徳堂の門前に女児が棄てられていた事件も、『懐徳堂紀年』には記述があるが「懐徳堂年譜」には記述がない。この捨て子事件は、小堀一正・山中浩之・加地伸行・井上明大『叢書・日本の思想家　中井竹山・中井履軒』（明徳出版社、一九八〇年）が注目するように、懐徳堂と町方・奉行所との関係に関わる出来事であり、懐徳堂の公的な地位に関わる重大な問題をはらんでいたと考えられる。松山直蔵のいう「年表」が北山文庫本『懐徳堂紀年』のことであり、そして「懐徳堂年譜」成立の段階でこうした記述が削除されたのだとするならば、松山直蔵の序文の表現は当たらないことになると思われる。

なお、西村天囚の遺稿を集めた『碩園先生遺集』（懐徳堂記念会、一九三六年）中の「碩園先生文集巻三」には、「擬伝献懐徳堂年表表」と題された一文が収められている。この文は、「甲寅十一月」に記されたものであり、大正三年（一九一四）十一月、『懐徳堂紀年』を大正天皇に献上した際に西村天囚が書いたものと考えられる。このことから、天囚ら懐徳堂記念会関係者の間では、『懐徳堂紀年』が「懐徳堂年表」とも呼ばれていた可能性が存在すると考えられる。

第三章　西村天囚と泊園書院と―藤沢南岳編『論語彙纂』の天囚書入れをめぐって―

矢羽野隆男

はじめに

中井竹山・履軒兄弟の時代には江戸の昌平黌をも凌駕したほどの懐徳堂も、碩果以降、校運は衰退、財政も逼迫し、終に明治二年、百四十余年の歴史に幕を閉じた。藤沢東畡（一七九四～一八六四）が文政八年（一八二五）大坂淡路町に泊園書院を開いて徂徠学を講じたのは懐徳堂の衰退期に当たり、寒泉の朱註一辺倒の解釈に飽き足りない書生は泊園書院に集まったという[1]。東畡の死去に伴い書院は一旦閉校となるが、長子南岳（名は恒太郎。一八四二～一九二〇）が明治六年に再興、以後三十年間に入門者が五千名に達する隆盛を呈した[2]。書院の運営は南岳から黄鵠（南岳長子、名は元造。一八七四～一九二四）、黄坡（南岳次子、名は章次郎。一八七六～一九四八）へと引き継がれ、米軍の空襲による焼失まで百二十年に亘り漢学の拠点として存続した。

懐徳堂と徂徠学派およびその学統を継ぐ泊園書院との間には、『論語』をめぐって学問的学派的な対立が有った。徂徠の『論語徴』に対して、程朱学を奉じる五井蘭洲（懐徳堂助教）が『非物篇』を、蘭洲に師事した竹山が『非徴』を著し（天明四年に合刻）、強烈な批判を加え、対する東畡は蘭洲『非物篇』を批判して『辨非物』を著した。『辨非物』は八佾篇までの恐らく未完の手稿本であるから、懐徳堂の学者が目にすることは無かったであろうが、懐徳堂と泊園書院との学問上の対立関係を察することができる(3)。

時は移り明治四十三年、懐徳堂の顕彰と世道人心の振興とを目的として懐徳堂記念会が発足する。その中心的役割を果たしたのが西村天囚（一八六五〜一九二四）である。彼の死後、その旧蔵書は「碩園記念文庫」として懐徳堂記念会に寄贈された。幸いに戦災を免れた書籍資料は昭和二十四年に記念会から大阪大学に寄贈され、懐徳堂文庫として現在に至っている。この旧「碩園記念文庫」には天囚の書入れが有る書籍が少なくなく、『論語』類では『集註』『古義』『徴』『逢原』『後案』等に書入れが認められる。藤沢南岳編『論語彙纂』もその一つである。かつて蘭州・竹山が強烈に批判した徂徠学派に連なり、かつ明治以後も栄えた泊園書院の『論語』解釈である。天囚も関心を持ったらしく、全編に亘って書入れが見える。この書入れ自体は私的な読書の痕跡であるが、そこに天囚の価値観や志向を窺うことは可能であろう。本章では、天囚の書入れから泊園書院の教学に対する評価等を考察し、併せて明治大正期における天囚と泊園書院との交流を概観して、泊園書院に対する天囚の意識を推考する。かつて同じ大坂に在って対立し、対照的な運命をたどった懐徳堂と泊園書院、両校の〈その後〉の一端を明らかにしたい。

一　『論語彙纂』と泊園学と

南岳編『論語彙纂』五巻附巻首（以下『彙纂』）は明治二十五年に刊行された(4)。『論語』全章を、教学・徳行・政治・礼楽・時命・品藻・警誘・志気・動止・毀誉の十目に類従し、巻首に南岳による「目次」「例言」「経解提要」を付載する。雑録体の『論語』を初学者の学習の便を図って再編した書で、章毎に先ず『論語』正文を訓読文で掲げ、次いで章旨、諸家の注（以下〈諸家注〉）、末尾の○印以下に東畡・南岳の説を記す。〈諸家注〉は東畡が漢唐宋明および邦儒から選定した諸説を基に南岳が選択を加えたもの。巻首の「経解提要」（以下「提要」）は南岳著「皇朝経解提要」から『論語』注釈書二十四種の提要を抽出したもので、東畡の〈諸家注〉の参考に供する意図も有ったと思われる。但し南岳の「提要」に収録されながら〈諸家注〉に引用されないものも多い。例えば「提要」は中井履軒撰『論語雕題』二巻の提要を収録し「其説卓異」と評価するが、〈諸家注〉には履軒の引用は一条も無い。因みに「提要」に『論語雕題』二巻と記すものは、「正文七八字を掲げ、下に解説を施す」（『雕題』提要）という体裁および巻数から見て、『雕題』ではなく『雕題略』であろう。

『彙纂』は泊園書院の教学（以下 泊園学）を反映して編纂されている。泊園学は「天人参賛」「政教一致」を要とし、「利用、厚生、正徳」（『尚書』大禹謨）のうち「正徳」を重んじた。[5] 各篇序はこれを反映し、「聖人 正徳を主とし、教化を興す」（教学）、「百般の行事、皆 徳に原《もと》づく。利用厚生、必ず徳に頼りて、以て美なり」（徳行）、「政教を判《わか》ちて国家 治平ならず」（政治）などの篇旨を掲げている。

各篇序のみならず、解釈にも東畡・南岳の説を収載する。〈諸家注〉に引く徂徠説は全四百九十章のうち百六十五章で約三分の一を占める。その他、徂徠の名は出さずに徂徠が是とする旧説を引くものも多く、泊園学が徂徠学を基調とすることがよく分かる。ただ独自の説も少なくない。[6] 例えば「原聖志」（『泊園家言』所収）には東畡の尊王思想を投影した孔子観が見える。〈孔子は諸侯を遍歴したが君主と仰いだのは周王のみ。易姓革命は孔子の忌諱する所であった〉と東畡は考え、この立場から『論語』の十世可知也章（為政）を次の様に理解する。「『或いは周を継ぐ者は、百世と雖も知るべきなり』とは、夫子自ら道《い》う。『周を継ぐ』と曰うは即ち『東周を為す』なり。『周に代わる』とは曰わず。豈に姓を易《か》えんや」（原聖志）、つまり「周を継ぐ者」とは易姓革命によって周に取って代わる者を指すのではなく、周を守り立て「吾其れ東周を為さん」（陽貨）との志を抱いた孔子自身である、と解釈する。『彙纂』はこれを反映して、「恒謹んで按ずるに…『周を継ぐ』とは目今の制度を継ぎて東周を興すを謂う（恒謹按…『継周』謂継目今之制度而興東周也）」（本節の『彙纂』引用には天囚の批点「。」「、」を残す）と記す。「恒謹按」と有るが、実は東畡以来の解釈である。

また東畡が敢て徂徠に従わずに示す自説の一つに攻乎異端章（為政）が有る。〈異端（異心を懐く者）を攻めれば異変を激化させる〉とする徂徠に対し、東畡は「凡そ道を説きて端緒を異にする者も亦各《おのおの》適する所有り。容れて之を存して可なり（凡説道而異端緒者、亦各有所適。容而存之可也）」（教学）と言う。異見への寛容を説く解釈である。また南岳にも独自の見解が有る。温故而知新章（為政）では、〈旧聞を習う毎に新しく得る所がある〉とする朱註に対し、「『新』『故』の両者、必ず相待ちて相益するが故なり。偏する所有るべからず（『新』『故』両者、必相待而相益故也。不可有所偏矣）」（教学）とする。現実での実践を強調した解釈と言えよう。

その他、字句の解釈を超えた思想信条の表明も多く収載されている。例えば不患人之不己知章（憲問）に対する南岳説「躬《み》自《みずか》ら責めよと語《つ》ぐる者、前後四章、語異なれども旨は一。学者苟くも能く自ら其の躬を責むるを知れば、則ち百般の事業、成らざること有る莫し。而して天を怨み人を尤《とが》むるの弊も亦自ら熄《や》まんか（語躬自責者、前後四章、語異而旨一。学者苟能知自責其躬、則百般事業、莫有不成也。而怨天尤人之弊、亦自熄乎）」（徳行）、為政以徳章（為政）に対する南岳説「制度法律は猶お文体のごとし。徳は之が精神為り。徳無きの政は、即ち精神無きの人か（制度法律、猶文体也。徳為之精神也。無徳之政、即無精神之人乎）」（政治）などである。なお、『彙纂』にはその普及を図る為であろう、表現を平易に改めた黄坡・広田剛編『論語彙纂通解』（宝文館、明治四十二年）もある。『論語』は泊園学の大きな分野を占めるが、『彙纂』は泊園書院の『論語』説を集成した著述と言える。

二　『論語彙纂』の天囚書入れ

書入れの時期は日付が無く確定できないが、引用される『逢原』から推測が可能である。そもそも天囚が懐徳堂に深く関わるのは明治四十年以降、また『逢原』は秘蔵されて流布せぬ書であり[7]、天囚がそれを容易に参照できたのは、恐らく『懐徳堂考』執筆の明治四十三年から四十四年、そして懐徳堂記念会から『逢原』が刊行された明治四十四年以降であろう。よって書入れは明治四十年以降、更に言えば四十三年以降の可能性が高い。書入れは内容から、ア〈諸家注〉および東畡・南岳説への批評、イ 批点、ウ 当該章に関連する章を注記し参照に供するもの、エ 天囚自身の解釈を示すもの、の四種に分類できる。ウ・エは分量的に多く、天囚の『論語』理解が窺えて興味深いが、ここではアを主な考察の対象とし、イに若干言及することとする。アは短くとも評語を付すもので、諸説に対する天囚の評価を知ることができる。イには傍点の他、◯（肯定）と△（否定）とがあり、天囚の関心の所在と共に賛否を見ることができる。

ア〈諸家注〉および東畡・南岳説への批評

アの一群では履軒説を挙げるものが目立つ。そこで先ずＡ 履軒説を挙げるもの、次いでＢ それ以外の批評（否定的なもの）、Ｃ 同上（肯定的なもの）の順に該当例を全て列挙して考察する。なお評語の下の（　）内は、『彙纂』篇名、当該章の略称、『論語』篇名を示す。

A　履軒説を挙げるもの

①履軒云「亦」旁及之辞。人固有可悦之事、其類非一而此亦可悦事。○以下（東畡説を指す）敷衍此説。（教学、学而時習章、学而）

②履軒云、「諸」猶之也。「諸」元合「之」「乎」二字義。○以下亦勦此説。（教学、貧而無諂章、学而）

③此亦『逢原』。（教学、詩三百章、為政）

④『逢原』与旁証合。（教学、温故而知新章、為政）

⑤与履軒説同。〔履軒も東畡も〕並本趙鹿泉説。（警誘、子張学干禄章、為政）

⑥履軒已補『不』字。（警誘、宰我問三年之喪章、陽貨）

⑦履軒曰、釣弋皆男子之事、亦娯楽耳。（動止、子釣而不綱章、述而）

⑧履軒「餲」上補「酒」。（動止、食不厭精章、郷党）

⑨履軒已言之。（「提要」猪飼『考文』提要、賢賢易色章、学而）

個々について見ると、①は学而時習章（学而）に対する東畡説「悦ぶ可く楽しむ可く君子と称す可きこと、世に其の事多し。而して此の三条も亦た悦ぶ可く楽しむ可く君子と称す可きことなり」（教学）について、それが履軒説「『亦』旁及之辞云々」を敷衍したものとする。②は「告諸往而知来者」（学而）に対する東畡説「『諸』は之乎なり」（教学）について、東畡説は履軒説の剽窃だとする。③は「思無邪」（為政）に対する東畡説「〔詩は〕凡そ人情の変、包羅せざる莫し。之を要するに、其れ人の感情の注ぐ所、略《ほぼ》邪曲無きなり」（教学）について、これも『逢原』（履軒説）と同じとする。④も南岳の温故而知新章の解釈（前述）が『逢原』と合致すると言う。⑤は、通説では〈俸禄を求める〉と解釈する「干禄」（為政）に対して、東畡は「『干禄』は『詩』の旱麓及び仮楽篇の字面。『干』は求なり。『禄』は天禄なり。顓孫子、蓋し『詩』を誦し因りて之を問う」とする。この東畡説について、履軒・趙佑（一七二七〜一八〇〇）に先行説があると指摘する。⑥は「予也有三年之愛於其父母乎」（陽貨）に対する東畡説「『有』の上、蓋し『不』字を脱するか」について、履軒が既に脱字を指摘し本文を補訂していると言う。⑦は「子 釣して綱せず、弋して宿を射ず」（述而）に対する東畡説「〈釣と弋とは〉以て祭と賓客とに供す。蓋し礼に在りては、士は釣弋すべきも、綱すると宿を射るとは則ち為さざる所なり」について、〈釣も弋も男子の娯楽で、祭祀や賓客の饗応の為に非ず〉とする履軒説を挙げる。⑧は「食饐而餲」（郷党）に対する割注「中山騮曰く、『餲』の上、恐らくは『飯』字を脱す」（中山騮は東畡の師中山城山の子）について、「飯」ではなく「酒」を脱字と見る履軒説を挙げる。⑨は「提要」所収の猪飼彦博『論語考文』提要において南岳が紹介する猪飼説、すなわち「与朋友交言而有信」（学而）の「交」字を衍字とする説について、既に履軒が述べていると指摘する。

〈諸家注〉には朱熹や徂徠らの引用が多いにもかかわらず、①〜⑨の批評は全て東畡・南岳に向けたもので、天囚の関心が泊園書院に在るのは明白である。但し天囚は、『論語徴』への書入れで、〈聖人は学んで至るべからず〉とする徂徠説について「物学の病む処」（学而時習之章、学而）、〈難に死ぬのは妾婦の節だ〉とする徂徠説について「此解士風を壊《こぼ》ち民俗を傷《やぶ》る。訓《おしえ》と為すべからず」（賢賢易色章、学而）と記す。聖人を修養の師表とせず、君臣倫理を乱すとして徂徠説を厳しく非難するものである。これに比べれば、泊園書院への批判は文献学上の問題に止まる。徂徠学に比して正徳・尊王を前面に押し出した泊園学と天囚の思想傾向（後述）との一致ゆえと思われる。

履軒説に対する天囚の関心は、本編の他、「経解提要」への書入れにも窺える。天囚は、履軒に対する南岳の評価「其の説の卓異なる者、概ね此の如し（其説卓異者、概如此也）」（『雕題』提要）に引用の如く圏点（批点とは異なる）を付して注目する。また田中頤『論語講義』の提要において、南岳は「唯だ〈田中の〉干禄の解、先子と符合す。奇と謂うべし（唯干禄解、与先子符合。可謂奇矣）」と記し、東畡の「干禄」解釈（前掲A⑤）を創見と看做すが、これに対しても天囚は圏点を付す。履軒説が東畡説に先行すると考える天囚には、履軒説を視野に入れない南岳の認識は看過し得なかったのであろう。このように「提要」にも履軒説の評価に敏感な天囚の意識が窺える。

天囚の批評に戻る。②「〔東畡は〕此の（履軒の）説を勦《かす》む」は厳しい東畡批判ではある。但し東畡当時における履軒説の流布状況を考えると、天囚の批判には一考を要する。『雕題略』は門人を通じて遍く学界に流布したから、東畡はそれを見た可能性は有る。しかし『逢原』は天囚自身が述べる様に門外不出の書であった。[8] ①②⑥⑦⑧⑨はその『逢原』にのみ見える説である。東畡は『逢原』を見得なかった、との認識が天囚には有った筈で、『逢原』に拠る東畡批判は酷に過ぎる。では履軒説を指摘するのは何故か。黄式三『後案』への天囚書入れがその手掛りとなる。天囚は黄式三（一七八九〜一八六二）の説に対しても「履軒既言之」と記し（為政以徳章、為政）、しかもその履軒説は『逢原』にのみ見えるものである。清人に対して門外不出の履軒説を剽窃したと責める道理は無い。とすれば『彙纂』における履軒説の指摘は、対抗意識から厳しい表現も用いるが、その実、東畡らの剽窃を非難することよりも、履軒の埋もれた偉業の確認と明示とに重きが有ったと見るのが妥当であろう。

B　それ以外の批評（否定的なもの）

① 非也。（政治、其為人也孝弟章、学而）

② 竹山曰、此解有理。但明高中玄、袁了凡、張爾公、皆已有此説。（教学、賢賢易色章、学而）

③ 「助語」一斎説。（政治、或謂孔子曰章、為政）

④ 又一説。然文不辞矣。（政治、吾之於人也章、衛霊公）

⑤　徂徠説。（礼楽、子張問十世章、為政）
⑥　不訛。「詐」通。（時命、古者民有三疾章、陽貨）
⑦　非也。（品藻、雍也可使南面章、雍也）
⑧　非也。「先行」句。「其言」二字移「而後」下以看、其義自明。（警誘、子貢問君子章、為政）
⑨　物（物茂卿すなわち徂徠に基づくの意）。（警誘、子張学干禄章、為政）
⑩　「已、止」朱注也。（警誘、宰我問三年之喪章、陽貨）
⑪　物説本焦循。（動止、子罕言利章、子罕）

①は南岳、②⑪は徂徠、その他は東畡への批評で、やはり主たる関心は泊園書院に在る。内容では、②③⑤⑨⑩⑪は先行説の指摘、①④⑥⑦⑧は解釈上の批評。個々に見ると、①は「犯を上す」「乱を作す」（学而）に対する南岳説「『上を犯し』『乱を好む』は凡民を以て言う」の否定。②は「吾必ず之を学びたりと謂わん」（学而）に対する徂徠説「『必』は懸断の辞」について、竹山（『非徴』）に先行説の指摘が有ると言う。③は「有政に施す」（為政）に対する東畡説「『有政』の『有』は助語なり」について、佐藤一斎の先行説を指摘。④は「吾の人に於けるや」（衛霊公）の「吾」は通説では孔子だが、東畡は「『吾』字は人君を指す」とする。これに対し、〈東畡説は一説ながら表現が順当ならず〉と言う。⑤は「十世知るべきか」（為政）に対する東畡説「『世』は則ち父子相受くるの称のみ。『代』字と混ずべからず」について、それが徂徠説であることの指摘。⑥「今の愚や詐《いつわ》るのみ」（陽貨）に対する東畡説「『詐』、『愚』と対せず、恐らくは訛字か」について、訛誤は無いとする。⑦は雍也可使南面章（雍也）における、東畡説「『仲弓問』以下は別時の語」の否定。⑧は「先行其言而後従之」（為政）について、「行いを其の言よりも先にして而して後に之に従う」と訓む東畡に対し、天囚はそれを否定し、自説「先ず行う。其の言は而して後に之に従う」を示

す。⑨は「其の中に在り」（為政等）という表現に対する東畡説「此を為して彼を得」について、それが徂徠説であることの指摘。⑩は「三年之喪、期已久矣」「期可已矣」（陽貨）について、両「已」字を「止む」と訓む東畡に対し、朱熹の先行説を指摘。⑪は徂徠独特の解釈で有名な「子罕《まれ》に利を言う、命と与《とも》にし仁と与《とも》にす」（子罕）について、焦循の先行説を指摘する。

先行説の指摘が多いが、これは天囚が高く評価する履軒に対しても同様で、天囚の『逢原』への書入れでも、履軒に先行する仁斎、徂徠、春台らの説を指摘している。独創に厳密な天囚の一面が見て取れる。なお④は東畡説が一説として成立することを認める評価でもある。

C　それ以外の批評（肯定的なもの）

①　物氏之説頗佳。（志気、仁者雖告之曰章、雍也）
②　此解章絶。（徳行、何如斯可謂之士章、子路）
③　東周是一説。（礼楽、子張問十世章、為政）
④　「行」「蔵」押韻、南岳云「古言」。二句韻語為古諺可知也。（警誘、子謂顔淵章、述而）
⑤　此解似創見。（志気、富而可求也章、述而）
⑥　東畡卓見、似衆人未道。但宧伯銘『論語稽』与之暗合。（動止、子見斉衰者章、子罕）

①②は「仁者雖告之曰井有仁焉、従之也」（雍也）、「斗筲之人」（子路）についての徂徠説を絶賛する。③は「周を継ぐ」（為政）を「吾は其れ東周を為さんか」（陽貨）と関連させる独特の泊園学（前述）への評価。④は「用之則行、舍之則蔵」（述而）の八字を「蓋し古言なり」とする南岳説への同意。⑤は「執鞭之士」（述而）に対する割注「『士』、

『塩鉄論』に『事』に作る。蓋し古字通用す」および東畡説「富若《も》し求むべくんば、則ち賤しきこと彼の執鞭の事の如しと雖も、且《まさ》に之を為さんとす」について、東畡の創見かと評価。⑥は「冕衣装の者と瞽者とを見れば、之を見ては、少《わか》しと雖も必ず作《た》つ」（子罕）に対する東畡説「瞽者 楽を伝う、故に之を敬す」を卓見と評価する。

①②からは、思想信条において徂徠に批判的な天囚も、その文献学上の業績は高く評価することがわかる。徂徠は古文辞学の立場から、孔子当時と異なる古来の言葉を「古言」として区別するという方法を多用するが、④の南岳説はその継承であろう。また東畡説に⑤「卓見」、⑥「創見」を見出し、③の泊園学独特の説にも評価を与える点は注目したい。

イ　批　点

イにおいても徂徠および東畡・南岳に対するものが殆どである。内容では、『論語』解釈の他、解釈の範囲を超えた思想信条に対するものも少なくない。

① 孟武伯為人暴虤、故孔子戒之。（警誘、孟武伯問孝章、為政）

② 恒謹按、政刑理国、秦漢以下皆然。遂使民不知廉恥、可悲也。噫使民知恥者、是政之要旨乎。（政治、道之以政章、為政）

①は孔子が孟武伯に「父母には唯だ其の疾をのみ之れ憂えしむ」と説いた理由を、孟武伯の暴虐さゆえと解釈する東畡説、②は南岳の政教一致の立場の表明である。二例のみ示したが、第一節で引用した『彙纂』には天囚の批点をそのまま残したので参照願いたい。泊園学に対する天囚の関心の所在が察せられるであろう。

以上、『彙纂』への書入れから、天囚の、懐徳堂に据えた視座、泊園書院への対抗意識、埋もれた履軒説の顕彰、泊園学に対する評価・関心、などが読み取れた。これに関連して、『後案』への天囚書入れに触れておく。『後案』書入れは、仁斎・徂徠・春台・竹山・履軒・南冥ら邦儒の説を引用し、邦儒の説を集約する意図を感じさせるものだが、そこでも履軒説が圧倒的に多く、また東畡・南岳の説（前掲アA⑤、C③・⑥、イ①）も引用されている。『後案』書入れにも履軒説の顕彰、泊園書院への一定の評価、が見て取れる。

天囚には『論語集釈』（未刊）なる著述がある。「首に集釈を挙げ、次に折中参観異説私案の四目を立てる」という体裁で、学而から泰伯第八章までの未完の書である[9]。所在不明であるため未見だが、その体裁や『後案』書入れを勘案するに、履軒説を大量に引用して顕彰し、且つ泊園書院の説も相応に引用するものと想像する。

三　天囚と泊園書院との交流

『彙纂』書入れから泊園書院に対する天囚の関心が窺えたが、実際に天囚と泊園書院とにはどのような交流が有ったのだろうか。天囚は「教育勅語に拠り儒教的国家主義の立場に立って儒教道徳の復興運動につとめた[10]」人物で、懐徳堂顕彰運動も教育勅語の精神とそれに符合する漢学とによって人心の荒廃を救うことを目的とするものであった。一方、南岳も教育勅語が発布されるや『聖勅衍義』を刊行、儒教と教育勅語との一致を示して、勅語の精神の普及による国民教化を図った[11]。天囚・南岳の思想は軌を一にするものと言える。明治二十二年に大阪公論社に入社して以降大阪で活動した天囚が、思想的立場を同じくする碩儒との間に交流が有ったと見るのが自然であろう。管見によれば、張謇『癸卯東遊日記』明治二十九年五月五日の条に、天囚を介して「漢学老儒藤沢南岳」と面識を得たとの記述が見える。遅くともこの時点には何らかの交際が有ったことが知られる。

天囚と懐徳堂顕彰運動との関わりは、明治四十年八月、懐徳堂再興を願う中井木菟麻呂が天囚に協力を要請したことに始まる。[12] その後、明治四十三年一月、大阪の郷土文化を研究する大阪人文会の第二回例会席上、天囚は懐徳堂記念会設立を提案、九月には人文会の主唱で懐徳堂記念会発起人会が開かれ、四十四年十月五日を期して懐徳堂の先師の為に公祭（師儒公祭）を挙行する運びとなった。この事業の起点となった大阪人文会は懐徳堂記念会に発展解消したが、「大阪人文会員名簿」（明治四十三年刷、懐徳堂文庫蔵）には藤沢黄鵠の名前が見える。彼は明治三十五年に南岳から泊園書院の運営を継承して書院を代表する立場に在り、師儒公祭では祭典係の他、天囚と共に編纂係も務めた。新たに発足した懐徳堂記念会では、南岳が会頭の委嘱により名誉会員に、黄鵠・天囚が特別会員、黄坡が普通会員に名を連ねた。また師儒公祭の翌六日・七日に「当今の碩儒を聘して[13]」催された懐徳堂記念講演会で、南岳は「三教の辯」と題する講演を行い、「儒を以て一世を風靡せし懐徳堂を記念せる本会の教化の及ぶ大ならんことを切望す」云々と期待を述べた。[14] 大正二年、師儒公祭の余剰金を基に記念会は財団法人化され、天囚は理事、南岳は評議員を務めた。また、関西財界で手腕を発揮し、懐徳堂顕彰運動を経営面で支えた理事長の永田仁助は、かつて泊園書院に学んだ人物で「東畡先生略伝」（南岳輯『寿客叢録』附録）の著が有る。

大正十年、黄鵠から書院を継承した黄坡は東亜学芸の研究を目的とする泊園書院学会を設立、その例会には懐徳堂から天囚始め松山直蔵・武内義雄・吉田鋭雄も参加した。[15] 大正十三年七月三十日、天囚は六十年の生涯を閉じたが、それから二ヶ月も経ない九月二十日、黄鵠も後を追う様に世を去った。黄坡は天囚追悼の詩「哭碩園西村博士[16]」で、「豈に思わんや　伯氏の君を追いて去り、白玉楼中に旧盟を訂せんとは[17]」と詠んだ。同年輩の天囚と黄鵠、二人の旧盟とは、「聖訓に由りて斯学を振興し、偏を矯《た》め本に務め以て時弊を救う[18]」というものであったかと想像する。

おわりに

『彙纂』の天囚書入れから、自らを懐徳堂の立場に置き、泊園書院を強く意識しつつ、埋もれた懐徳堂の業績を明示すると同時に、泊園学にも理解と評価とを示すという姿勢が窺えた。この姿勢は、天囚と泊園書院との実際の交流にも相通じる様に見える。懐徳堂顕彰に尽力した天囚には、かつて懐徳堂と学問上で対立し、今尚お繁栄する泊園書院に対抗意識は有っただろうが、しかし既に対立者に対するものではなく、同じ大阪に在って漢学による国民教化を共通目的とする協力者に対する意識であった。

注

（1）西村天囚『懐徳堂考』（明治四十四年〈一九一一〉、一九八四年復刻）下巻一〇九頁参照。
（2）壺井義正「藤澤南岳の見識」（『泊園』三十号、一九九〇年）参照。
（3）加地伸行「泊園書院と懐徳堂―大坂の学問―」（『泊園』三十号、一九九〇年）参照。なお同論考は『中庸』についても両校に見解の相違の有ったことを指摘する。
（4）『彙纂』の泊園学については長谷川雅樹「泊園書院の論語」（『泊園』三十号、一九九〇年）参照。
（5）石浜純太郎『浪速儒林伝』（全国書房、一九四二年）五十六～七頁、壺井義正「明治期の泊園学」（『泊園』十号、一九七一年）、壺井前掲注2論考、参照。
（6）例えば『辨非物』には徂徠説に従わぬとの明言が六箇所ある。なお『辨非物』は二〇〇一年に関西大学出版会から長谷川雅樹氏の解説を付して影印出版されている。

（7）『懐徳堂考』下巻七十四～五頁に「〔雕題略は〕展転伝写して遍く学界に布かれしも（中略）此の書（逢原）のみは生前より死後までも秘して世に出さざりし」とある。
（8）注7参照。
（9）「碩園先生著述目録」（『懐徳』二号〈碩園先生追悼録〉、一九二五年）参照。
（10）梅渓昇「懐徳堂と西村時彦」（『大坂学問史の周辺』思文閣、一九九一年）参照。
（11）陶徳民「藤沢南岳の国家主義的教育思想」（『近世近代の地域と権力』清文堂、一九九八年）参照。
（12）天囚の懐徳堂顕彰については、梅渓前掲注10論考の他、釜田啓市「重建懐徳堂の成立」（『清真学園紀要』十九・二十合併号、二〇〇五年）参照。
（13）『懐徳堂考』下巻附記に「当今の碩儒を聘して講演を請はん計画あり」と見える。
（14）題目・講演内容は『懐徳堂記念会会務報告』（大正二年〈一九一三〉、大阪府立中之島図書館蔵）参照。なお大阪朝日新聞（明治四十四年十月八日）は題目を「三教の辨」とする。
（15）長谷川雅樹「泊園書院の四先生」（『大阪春秋』三十五号、一九八三年）参照。
（16）『懐徳』二号（大正十四年〈一九二五〉）所収。
（17）「伯氏」は黄鵠を指す。「白玉楼」は、天帝がこの世を去る文人の為に建てる天上の楼閣。
（18）西村天囚「校刊論語義疏序」（大正十二年〈一九二三〉五月、『碩園先生遺集』文集巻一）参照。

初出誌一覧

（各章の原著者・原タイトル・初出誌を以下に列挙する。ただし、本書に採録するにあたり、加筆修正を加えたものもある。）

第一部　懐徳堂通史

第一章　湯浅邦弘「懐徳堂の祭祀空間―中国古礼の受容と展開―」（『大阪大学大学院文学研究科紀要』第四六巻、二〇〇六年）

第二章　湯浅邦弘「孔子の見た夢―懐徳堂学派の『論語』注釈―」（荒木浩編『〈心〉と〈外部〉』、大阪大学大学院文学研究科、二〇〇二年）

第二部　初期懐徳堂

第一章　寺門日出男「懐徳堂文庫蔵『萬年先生遺稿』をめぐって」（『中国研究集刊』第三二号、二〇〇三年）

第二章　寺門日出男「五井蘭洲遺稿の伝存」（『国文学論考』第四〇号、二〇〇四年）

第三部　中井竹山

第一章　湯浅邦弘「奈良　大坂　墨の道―古梅園蔵懐徳堂墨型について―」（『懐徳』第七三号、二〇〇五年）

第二章　福田哲之「懐徳堂における唐様書道の特色―中井竹山の書論を中心に―」（『懐徳』第七五号、二〇〇七年）

第三章　矢羽野（古賀）芳枝「『詩律兆』における蘐園学派批判」（『中国学の十字路』、研文出版、二〇〇六年）

第四章　上野洋子「二つの「十無詩」―儒者・中井竹山の詩作と感性―」（『懐徳』第七一号、二〇〇三年）

第四部　中井履軒

第一章　藤居岳人「『論語逢原』に見える聖人観」（『懐徳堂センター報二〇〇五』、二〇〇五年）
第二章　藤居岳人「中井履軒の性善説―『論語逢原』に見える「習」「蔽」の語を中心に―」（『懐徳』第七四号、二〇〇六年）
第三章　佐野大介「中井履軒の「孝」観」（『懐徳堂文庫の研究』、二〇〇三年）
第四章　井上了「中井履軒の『春秋』観」（『懐徳』第七三号、二〇〇五年）
第五章　池田光子「中井履軒『孟子逢原』の王道観」（『待兼山論叢』（哲学篇）第三六号、二〇〇二年）
第六章　久米裕子「中井履軒の『論語』注釈方法に関する一考察―『論語逢原』「学而篇」を中心に―」（『中国学の十字路』、研文出版、二〇〇六年）
第七章　湯城吉信「中井履軒の宇宙観―その天文関係図を読む―」（『日本中国学会報』第五七集、二〇〇五年）

第五部　幕末の懐徳堂

第一章　湯浅邦弘「ロシア軍艦ディアナ号と懐徳堂―並河寒泉の「攘夷」―」（『国語教育論叢』第一四号、二〇〇五年）
第二章　矢羽野隆男「並河寒泉撰『難波なかづかみ』翻刻と解説」（『中国研究集刊』第三四号、二〇〇三年）

第六部　明治・大正の懐徳堂

第一章　竹田健二「『懐徳堂紀年』とその成立過程」（『中国研究集刊』第三二号、二〇〇三年）

第二章　竹田健二「第二次北山文庫「懐徳堂年譜」について」（『懐徳堂センター報二〇〇五』、二〇〇五年）

第三章　矢羽野隆男「西村天囚と泊園書院と―藤沢南岳編『論語彙纂』への天囚書入れをめぐって―」（『中国学の十字路』、研文出版、二〇〇六年）

［附記］本書は、日本学術振興会平成十九年度科学研究費補助金（研究成果公開促進費）による刊行物である。

懐徳堂研究

二〇〇七年十一月二十日　発行

編　者　湯　浅　邦　弘
発行者　石　坂　叡　志
整版印刷　富　士　リ　プ　ロ　㈱
発行所　汲　古　書　院
〒102-0072 東京都千代田区飯田橋二-五-四
電　話　〇三（三二六五）九七六四
ＦＡＸ　〇三（三二二二）一八四五

ISBN978-4-7629-2827-7　C3021
Kunihiro Yuasa ©2007
KYUKO-SHOIN, Co., Ltd. Tokyo.

『懐徳堂研究』著者紹介（掲載順）

湯浅邦弘（ゆあさくにひろ）

1957年生まれ。大阪大学大学院文学研究科教授。中国哲学専攻。『懐徳堂事典』（編著、大阪大学出版会、2001）、『戦いの神—中国古代兵学の展開—』（研文出版、2007）、『中国古代軍事思想史の研究』（研文出版、1999）、『よみがえる中国の兵法』（大修館書店、2003）、『上博楚簡研究』（編著、汲古書院、2007）、「中井竹山の印章」（『懐徳堂センター報2007』、2007）ほか。

寺門日出男（てらかどひでお）

1958年生まれ。都留文科大学文学部教授。漢代儒教思想史・日本近世思想史専攻。「中井履軒の『国語』注釈について」（『中国研究集刊』26号、2000）、「中井履軒撰『漢書雕題』について」（『中国文化』62号、2004）、『新釈漢文大系史記（十表 一）』（明治書院、2005）ほか。

福田哲之（ふくだてつゆき）

1959年生まれ。島根大学教育学部教授。中国文字学・書法史専攻。『文字の発見が歴史をゆるがす—20世紀中国出土文字資料の証言—』（二玄社、2003）、『説文以前小学書の研究』（創文社、2004）、「森鷗外と顔真卿『裴将軍帖』」（『國文學—解釈と教材の研究—』第50巻第２号、2005）ほか。

矢羽野(古賀)芳枝（やはの(こが)よしえ）

1964年生まれ。大阪大学非常勤講師。中国哲学専攻。「中井履軒『春秋左氏伝』関連諸本の考察」（『懐徳』第66号、1998）、「老荘思想受容の変遷と中井履軒の老荘理解と」（大阪大学懐徳堂文庫復刻刊行会『懐徳堂文庫復刻叢書11　荘子雕題』、1998）ほか。

上野洋子（うえのようこ）

1974年生まれ。日本学術振興会特別研究員。中国哲学専攻。「『夢占逸旨』外篇について」（『待兼山論叢』（哲学篇）第38号、2004）、「『夢占逸旨』における陳士元の夢の思想—「真人無夢」をめぐって—」（『東方宗教』105号、2005）ほか。

2　著者紹介

藤居岳人（ふじいたけと）
1965年生まれ。奈良工業高等専門学校准教授。中国古代思想史・日本近世思想史専攻。「中井履軒の性論―伊藤仁斎・荻生徂徠の所説と比較して―」（『懐徳堂センター報2007』、2007）、「中井履軒の「権」の思想」（『中国学の十字路』、研文出版、2006）ほか

佐野大介（さのだいすけ）
1973年生まれ。明道大学応用日語学系助理教授。中国倫理思想史専攻。「孝子義兵衛関連文献と懐徳堂との間　附翻刻」（『懐徳堂センター報2005』、2005）、「中井履軒「錫類記」及び孝女はつ関連文献について」（『懐徳堂センター報2006』、2006）ほか。

井上了（いのうえりょう）
1973年生まれ。大阪大学懐徳堂センター職員。周漢政治思想史専攻。「中井履軒の「顕微鏡記」について」（大阪大学総合学術博物館編『「見る科学」の歴史』、大阪大学出版会、2006）、「中井履軒『越俎戴筆』に見える門脈とゲール管について」（『懐徳』74、2006）ほか。

池田光子（いけだみつこ）
1976年生まれ。大阪大学大学院文学研究科助教。中国哲学・日本近世思想史専攻。『「見る科学」の歴史―懐徳堂・中井履軒の目―』（共著、大阪大学出版会、2006）、「第一次新田文庫暫定目録」（『懐徳堂センター報2004』、2004）ほか。

久米裕子（くめひろこ）
1968年生まれ。京都産業大学文化学部准教授。中国哲学専攻。「中井履軒の天文学とその背景」（『懐徳堂知識人の学問と生』、和泉書院、2004）、「訳注『論語逢原』(2)」（『京都産業大学論集』第35号、2006）ほか。

湯城吉信（ゆうきよしのぶ）
1964年生まれ。大阪府立工業高等専門学校准教授。中国思想史・日本思想史専攻。「「専言」「偏言」から「泛言」「専言」へ―中井履軒による朱子学用語の換骨奪胎」（『中国学の十字路』、研文出版、2006）、「中井履軒 天文・暦法・時法関係資料」（『懐徳堂センター報2006』、2006）ほか。

矢羽野隆男（やはのたかお）

1965年生まれ。四天王寺国際仏教大学人文社会学部准教授。中国哲学専攻。「「長恨歌」の主題と構成―「李夫人」・悼亡詩との比較から―」（『日本語日本文化論叢 埴生野』第４号、四天王寺国際仏教大学、2005）、「黄遵憲『日本国志』の宗教観―清末外交官の見た神国―」（『東方宗教』第109号、2007）ほか。

竹田健二（たけだけんじ）

1962年生まれ。島根大学教育学部教授。中国古代思想史専攻。『懐徳堂アーカイブ　懐徳堂の歴史を読む』（共編著、大阪大学出版会、2005）、『諸子百家〈再発見〉―掘り起こされる古代中国思想―』（共著、岩波書店、2004）ほか。

懐徳堂年表

西暦（年号）	記　事
1670（寛文10）	五井持軒、大坂で私塾を開く。
1700（元禄13）	三宅石庵、尼崎町で私塾を開く。
1706（宝永３）	中井甃庵の父・玄端、一家を率いて龍野から大坂に移住。
1713（正徳３）	三宅石庵、安土町に私塾「多松堂」を開く。
1716（享保元）	享保の改革始まる。
1717（享保２）	大坂の平野郷に「含翠堂」できる。
1719（享保４）	三宅石庵、高麗橋町に転居。
1721（享保６）	五井持軒没。
1724（享保９）	大坂市中大火、いわゆる「妙知焼」。同志ら尼崎町の富永芳春の隠居所跡に学舎を建て、平野に難を避けていた三宅石庵を迎え、「懐徳堂」を設立。
1726（享保11）	懐徳堂に官許の認可がおりる。初代学主に三宅石庵、預り人に中井甃庵が就任。石庵、開学記念講義を行う（『万年先生論孟首章講義』）。
1728（享保13）	荻生徂徠没。
1729（享保14）	五井蘭洲、江戸に出る。
1730（享保15）	中井竹山、生まれる。三宅石庵没。中井甃庵、学主兼預り人となる。
1731（享保16）	五井蘭洲、津軽藩に仕官する。
1732（享保17）	中井履軒、生まれる。
1735（享保20）	懐徳堂の学則「播州大坂尼崎町学問所定約」全７条、制定。
1739（元文４）	五井蘭洲、津軽藩を去り大坂に帰る。中井竹山（10歳）・履軒（８歳）蘭洲に学ぶ。中井甃庵『五孝子伝』を記す。
1744（寛保４）	中井甃庵、「墨菊図」（泉冶筆）に賛文を記し軸装する。
1745（延享２）	富永仲基『出定後語』刊行。
1746（延享３）	富永仲基『翁の文』刊行。仲基没。
1751（寛延４）	懐徳堂、改築。
1751（宝暦元）	五井蘭洲『勢語通』を著す。
1756（宝暦６）	中井竹山『春秋左伝比事蹄』を著す。
1758（宝暦８）	中井甃庵没。三宅春楼（47歳）学主、中井竹山（29歳）預り人となり、

	「学問所建立記録」を記す。「宝暦八年定書」全３条、「懐徳堂定約附記」全５条制定。
1760（宝暦10）	山片蟠桃、升屋別家伯父・久兵衛の養子となり、升屋本家に奉公を始め、懐徳堂に通学。
1762（宝暦12）	五井蘭洲没。
1764（宝暦14）	懐徳堂寄宿舎が建てられ、中井竹山、寄宿生に対する「懐徳書院掲示」を制定。
1764（明和元）	稲垣子華、孝子として幕府から顕彰される。
1765（明和２）	混沌社結成。中井履軒、反古紙を使って「深衣」を作製、『深衣図解』を著す。
1766（明和３）	中井履軒、京都高辻家に招聘される。
1767（明和４）	中井履軒帰坂、私塾「水哉館」を開く。五井蘭洲『瑣語』刊行。
1771（明和８）	懐徳堂で『大日本史』の筆写開始。中井竹山、『龍野貞婦記録』を著す。
1773（安永２）	中井履軒『越俎弄筆』成書。
1774（安永３）	中井竹山、『社倉私議』を龍野藩に呈出。草間直方、鴻池家の別家・草間家の女婿となる。前野良沢・杉田玄白ら、翻訳解剖書『解体新書』を刊行。
1776（安永５）	中井竹山『詩律兆』刊行。
1777（安永６）	「安永六年正月定書」全１条、制定。
1778（安永７）	「安永七年六月定書」全８条、制定。
1780（安永９）	「学問所」を「学校」と改称、学問所の人別は町内から離れて別証文になる。中井履軒、米屋町に転居、「華胥国門」の扁額を掲げる。
1782（天明２）	三宅春楼没。竹山、学主兼預り人となり、『同志中相談覚』を示す。また、高辻胤長の下命により「建学私議」を上呈。
1784（天明４）	五井蘭洲『非物篇』、中井竹山『非徴』、懐徳堂蔵版で刊行。
1785（天明５）	大坂に心学明誠舎が開設される。
1787（天明７）	松平定信老中首座となり、寛政の改革始まる。
1788（天明８）	松平定信来坂、竹山その諮問に答える。
1790（寛政２）	寛政異学の禁、発令。
1791（寛政３）	中井竹山の経世策をまとめた『草茅危言』完成。

1792（寛政４）	懐徳堂全焼。中井竹山、再建願いのため、江戸に下向。蕉園、「一宵十賦」の詩才を示す。
1795（寛政７）	再建の許可が下り、手当金300両下賜される。
1796（寛政８）	再建落成。総経費700両余。中井竹山「懐徳堂記」を撰す。
1797（寛政９）	「宋六君子図」懐徳堂に贈られる。中井竹山隠居。中井蕉園、学校預り人となる。並河寒泉生まれる。
1798（寛政10）	中井竹山の肖像画描かる。100人参加、１人５ヶ年500目の義金募集始まる。中井蕉園江戸へ行く。
1799（寛政11）	中井竹山、『逸史』を幕府に献上。
1802（享和２）	山片蟠桃、『夢の代』の初稿『宰我の償』を著し、中井竹山に校閲を求める。
1803（享和３）	中井蕉園没。中井碩果預り人となる。
1804（享和４）	中井竹山没。
1804（文化元）	中井碩果、教授兼預り人となる。
1808（文化５）	草間直方、独立して今橋で両替屋を経営。通称・鴻池伊助。
1813（文化10）	並河寒泉、懐徳堂に入る。履軒の『七経逢原』このころ完成か。
1817（文化14）	中井履軒没。中井碩果教授、並河寒泉預り人となる。草間直方『三貨図彙』、山片蟠桃『夢の代』成る。
1820（文政３）	中井柚園、父履軒の聖賢扇を筆写。
1823（文政６）	中井桐園生まれる。
1832（天保３）	中井桐園、碩果の嗣子となり、並河寒泉懐徳堂を出る。
1833（天保４）	この年より天保７年にかけて、天保の大飢饉。
1834（天保５）	中井柚園没。『天楽楼書籍遺蔵目録』作成。
1837（天保８）	大塩平八郎の乱。
1838（天保９）	緒方洪庵、適塾を開学。
1840（天保11）	中井碩果没。寒泉懐徳堂に戻って教授となり、桐園預り人となる。
1847（弘化４）	並河寒泉、『辨怪』を著す。
1848（嘉永元）	並河寒泉、『逸史』（中井竹山）を刊行。
1854（嘉永７）	９月、ロシア軍艦ディアナ号大坂湾に侵入。寒泉・桐園ロシア使節の応対に出る。
1855（安政２）	並河寒泉、『拝恩志喜』を著す。中井木菟麻呂、生まれる。

1857（安政４）　水戸藩、『大日本史』を懐徳堂に贈る。

1859（安政６）　同志とはかり、懐徳堂永続助成金を集める。

1863（文久３）　永続助成金の再延長を決める。

1864（元治元）　禁門の変。書籍・什器を文庫に収める。

1868（慶応４）　鳥羽伏見の戦い、戊辰戦争おこる。中井桐園のみ書院に残り、並河寒泉は河内稲垣家へ、桐園の家族は中河内竹村家へ避難。

1869（明治２）　財政逼迫し、懐徳堂を閉鎖。並河寒泉、「出懐徳堂歌」を残して懐徳堂を去り、本庄村で桐園と私塾を開く。

1871（明治４）　並河寒泉、本庄村で寒濤廬塾を開く。

1878（明治11）　懐徳堂最後の教授並河寒泉没。

1881（明治14）　懐徳堂最後の預り人中井桐園没。

1886（明治19）　中井木菟麻呂、『華胥国物語』（中井履軒）を版行。

1893（明治26）　中井木菟麻呂、懐徳堂と水哉館の再興を目指し、「重建懐徳堂意見」「重建水哉館意見」を作成、関係者に配布。

1910（明治43）　西村天囚、「五井蘭洲伝」を講演、懐徳堂記念会設立。中井木菟麻呂『懐徳堂水哉館先哲遺事』執筆。

1911（明治44）　府立大阪博物場美術館において懐徳堂展覧会開催。懐徳堂師儒公祭挙行される。西村天囚『懐徳堂考』刊行。懐徳堂記念会から『懐徳堂五種』『懐徳堂印存』など復刊される。

1913（大正２）　懐徳堂記念会、財団法人として認可される。

1914（大正３）　懐徳堂記念会、『懐徳堂紀年』（中井木菟麻呂執筆）に修正・削除を加え、大正天皇に献上。

1915（大正４）　重建懐徳堂の建設が決まる。

1916（大正５）　大阪市東区豊後町19番地に重建懐徳堂竣工、松山直蔵を教授として招聘。

1922（大正11）　孔子没後2400年記念事業として、孔子祭を挙行する。

1923（大正12）　孔子没後2400年記念刊行として、武内義雄講師校訂の『論語義疏』、懐徳堂より出版される。懐徳堂堂友会発足。

1924（大正13）　懐徳堂堂友会、『懐徳』を創刊。

1925（大正14）　『懐徳堂文科学術講演集』『懐徳堂百科通俗講演集第一輯』刊行。西村天囚旧蔵書、碩園記念文庫として懐徳堂に寄贈される。懐徳堂記念会、

天囚の『懐徳堂考』を再刊。

1926（大正15）　懐徳堂創学200年、重建懐徳堂10周年記念として懐徳堂書庫ならびに研究室竣工。『懐徳堂要覧』刊行。中井木菟麻呂、再び「重建水哉館意見」を作成、配布。

1931（昭和６）　中井木菟麻呂「旧懐徳堂平面図」作成。

1932（昭和７）　中井木菟麻呂、中井家伝来の懐徳堂関係資料を懐徳堂記念会に寄贈。

1936（昭和11）　中国の精華大学教授劉文典来堂、碩園文庫の調査研究を行う。

1939（昭和14）　中井木菟麻呂、昭和７年に続き、中井家伝来資料を懐徳堂記念会に寄贈。伊藤介夫遺族より、旧懐徳堂図書寄贈される。

1942（昭和17）　重建懐徳堂25周年記念事業として中井竹山『草茅危言』を刊行。

1943（昭和18）　中井木菟麻呂没。

1945（昭和20）　大阪大空襲により書庫部分を除き重建懐徳堂焼失。

1949（昭和24）　懐徳堂記念会、戦災を免れた重建懐徳堂蔵書を一括して大阪大学に寄贈。「懐徳堂文庫」と命名され、受入先となった文学部が整理にあたる。（この当時、図書館本館はまだ建設されておらず、各部局に文学部分室、法学部分室のように分室が設けられていた。なお、分室は後に分館と改称された。）

1950（昭和25）　懐徳堂記念講演会開催（大阪大学）。

1951（昭和26）　懐徳堂記念会、文化功労者として大阪府教育委員会より表彰され、「なにわ賞」を受ける。懐徳堂記念講座開始。

1953（昭和28）　『懐徳堂の過去と現在』（大阪大学）刊行。

1954（昭和29）　懐徳堂記念会の事務所を大阪市東区北浜三丁目の適塾内に移転し、事務連絡所を大阪大学文学部内に設置。

1956（昭和31）　懐徳堂回顧展開催（大阪阪急百貨店）。懐徳堂文庫、大阪大学文学部から附属図書館に管理換となる。但し、資料そのものは、文学部分館、文学部中国哲学研究室などに分散収蔵されたままであった。重建懐徳堂最後の教授吉田鋭雄（号は北山）の旧蔵書が北山文庫として寄贈される（第一次「北山文庫」）。

1960（昭和35）　大阪大学附属図書館本館（豊中地区）第一期工事完成。懐徳堂文庫、一部が図書館に移転。

1965（昭和41）　重建懐徳堂開講50周年記念式典を大阪大学本部松下会館において挙行。

10　懐徳堂年表

	附属図書館本館第二期工事（書庫棟２層の増築）完成。懐徳堂文庫、一括して書庫棟第２層に収蔵される。但し、一部はなお文学部内にあった。
1970（昭和45）	『懐徳堂文庫図書目録』編纂のための総合調査始まる。これに併せて、大阪大学文学部内に残されていた資料も、順次、附属図書館書庫棟第２層に配架されていった。
1976（昭和51）	『懐徳堂文庫図書目録』（大阪大学文学部）、刊行。
1979（昭和54）	新田和子（中井木菟麻呂の妹終子の養女）所蔵中井家関係資料受贈（第一次「新田文庫」）。この年から翌年にかけて、吉田鋭雄の旧蔵書が追加寄贈される（第二次「北山文庫」）。
1981（昭和56）	大阪大学附属図書館書庫棟が増築（３～６層）され、懐徳堂文庫は第６層の貴重図書コーナーに移転。
1983（昭和58）	懐徳堂友の会設立される。懐徳堂古典講座開始。第二次「新田文庫」受贈。計1800余点。
1988（昭和63）	『懐徳堂文庫復刊叢書』（懐徳堂友の会・懐徳堂記念会）の刊行開始。
1994（平成６）	図録『懐徳堂─浪華の学問所』（懐徳堂友の会・懐徳堂記念会）刊行。
1996（平成８）	懐徳堂友の会、財団法人懐徳堂記念会に一本化され、発展的に解消。
1997（平成９）	大阪大学附属図書館、懐徳堂資料の一部を電子化し、「電子展示」としてインターネット（http://www.library.osaka-u.ac.jp/）で公開。
1999（平成11）	懐徳堂記念会創立90年記念『懐徳堂記念会の九十年』刊行。
2000（平成12）	懐徳堂文庫資料の電子情報化開始。大阪大学附属図書館内に研究開発室開設。懐徳堂研究会（事務局は大阪大学中国哲学研究室）発足。
2001（平成13）	５月、大阪大学創立70周年記念事業として、ＣＧによる旧懐徳堂学舎の再現、貴重資料データベースの公開などが行われる。８月、懐徳堂文庫全資料、大阪大学附属図書館旧館書庫から新館（平成12.3.28竣工）６階貴重図書室に総合移転される。12月、『懐徳堂事典』刊行。国際シンポジウム「知の冒険者たち─近世大坂の学問と文化─」開催（ＮＨＫ大阪ホール）。
2002（平成14）	『懐徳堂文庫図書目録』全頁を電子化した「懐徳堂文庫電子図書目録」を制作、インターネットで公開。
2003（平成15）	「電子懐徳堂考」ＣＤ─ＲＯＭ制作される。

2004（平成16）	懐徳堂研究の総合サイトＷＥＢ懐徳堂（http://kaitokudo.jp/）公開。文化庁委嘱「全国の博物館・美術館等における収蔵品デジタル・アーカイブ化に関する調査・研究事業」による研究「「懐徳堂文庫」貴重資料のデジタル・アーカイブ化に関する調査研究」が２年計画で開始される。「体験懐徳堂」ＣＤ―ＲＯＭ制作される。
2005（平成17）	重建懐徳堂復元模型完成。大阪大学文学部玄関に展示される。文化庁委嘱事業の成果として、「懐徳堂の小宇宙―懐徳堂印章展示―」、および「絵図面で見る懐徳堂の歴史―懐徳堂絵図屏風展示―」がＷＥＢ懐徳堂（http://kaitokudo.jp/）で公開される。
2006（平成18）	「懐徳堂印―中井竹山編―」、および「懐徳堂『左九羅帖』」がＷＥＢ懐徳堂（http://kaitokudo.jp/）で公開される。
2007（平成19）	財団法人懐徳堂記念会創立100周年（2010年）に向けての記念事業が開始される。